自由贸易协定商务应用指南丛书

《中国—韩国自由贸易协定》商务应用指南

中国国际贸易促进委员会　编

图书在版编目（CIP）数据

《中国—韩国自由贸易协定》商务应用指南/中国国际贸易促进委员会编.—北京：中国商务出版社，2022.10（2024.6重印）

（自由贸易协定商务应用指南丛书）

ISBN 978-7-5103-4480-0

Ⅰ.①中… Ⅱ.①中… Ⅲ.①自由贸易—国际贸易—贸易协定—中国、韩国—指南 Ⅳ.① F752.731.2-62

中国版本图书馆 CIP 数据核字（2022）第 184980 号

自由贸易协定商务应用指南丛书

《中国—韩国自由贸易协定》商务应用指南
《ZHONGGUO— HANGUO ZIYOU MAOYI XIEDING》SHANGWU YINGYONG ZHINAN

中国国际贸易促进委员会　编

出　　　版：	中国商务出版社
地　　　址：	北京市东城区安定门外大街东后巷 28 号　　邮　编：100710
责任部门：	外语事业部（010-64243656）
责任编辑：	李自满
直销客服：	010-64255862
总 发 行：	中国商务出版社发行部（010-64208388　64515150）
网购零售：	中国商务出版社淘宝店（010-64286917）
网　　　址：	http://www.cctpress.com
网　　　店：	http://shop595663922.taobao.com
邮　　　箱：	278056012@qq.com
排　　　版：	德州华朔广告有限公司
印　　　刷：	北京密兴印刷有限公司
开　　　本：	700 毫米 ×1000 毫米　1/16
印　　　张：	25.75　　　　　　　　　　字　数：406 千字
版　　　次：	2022 年 12 月第 1 版　　　印　次：2024 年 6 月第 2 次印刷
书　　　号：	ISBN 978-7-5103-4480-0
定　　　价：	88.00 元

凡所购本版图书如有印装质量问题，请与本社印制部联系（电话：010-64248236）

版权所有　侵权必究　（盗版侵权举报可发邮件到本社邮箱：cctp@cctpress.com）

自由贸易协定商务应用指南丛书
编委会

主　　任： 任鸿斌

副 主 任： 张慎峰　陈建安　柯良栋　张少刚　于健龙

总 审 校： 张少刚

委　　员： 冯耀祥　闫　芸　俞海燕　李文国　罗胜兰　薛　平　宁　培
　　　　　　孙盛含　韩　剑　刘晨阳　刘　文　卢福永　王亚星　于晓燕

《中国—韩国自由贸易协定》
商务应用指南

编写组：

  山东大学自贸区研究院：

    刘　文（团队负责人）

    白　洁　程子健　徐　萍　孙　杨　程海文　颜相子

    王　涵　魏聪慧　王昌慧　张西安　张　丹　李泰齐

    李金凤　高　舒

  中国国际贸易促进委员会：

    孙盛含　徐　星　郑崇文　郭　灏　麻　琳　唐　华

    汤小伟

审核组： 罗胜兰　房　硕　孙盛含　赵颖欣　王　莹　高一阁

    陈书鸣　胡晓颖　田　耕　孔　蕊　孙　怡　张　雷

审校组： 李学新　赵桂茹　高　爽　李自满　汪　沁　李　君

    刘静知　谢星光

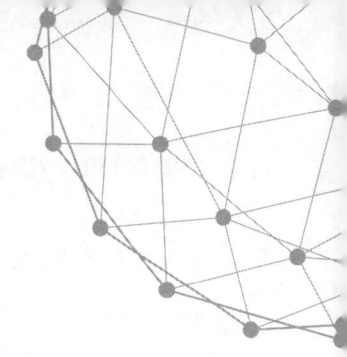

卷首语

　　以世界贸易组织（WTO）为代表的多边贸易体制和以自由贸易协定（FTA）为主要表现形式的区域性贸易安排，是驱动经济全球化发展的两个"轮子"。近年来，开放水平更高、灵活性更强的区域性贸易安排蓬勃发展，在推动全球贸易发展、构建世界经济新规则等方面发挥了重要作用。

　　党中央高度重视自由贸易区建设。党的十七大报告将自由贸易区建设上升为国家战略。十八大报告提出，要加快实施自由贸易区战略。十九大报告提出，要支持多边贸易体制，促进自由贸易区建设，推动建设开放型世界经济。党的十九届五中全会强调，实施自由贸易区提升战略，构建面向全球的高标准自由贸易区网络。截至目前，我国已与26个国家和地区签署了19个自贸协定，自贸伙伴遍及亚洲、大洋洲、拉丁美洲、欧洲和非洲。特别是2022年1月1日，《区域全面经济伙伴关系协定》（RCEP）正式生效，标志着世界上人口数量最多、成员结构最多元、发展潜力最大的自贸区正式落地，将为区域乃至全球贸易投资增长、经济复苏和繁荣发展作出重要贡献。

　　大力推广实施自贸协定，是实施自由贸易区提升战略、推进贸易高质量发展的关键环节，对于增强我国产业在国际国内两个市场配置资源的能力、加快构建新发展格局，具有重要意义。由于自贸协定涉及领域广、专业性强、较为复杂，我国企业对于自贸协定优惠政策不了解、不掌握、不会用的情况较为普遍，自贸协定总体利用率还不够高。自贸协定推广实施工作亟须加强。

　　近年来，中国贸促会认真贯彻落实党中央关于自由贸易区建设的系列决策部署，充分发挥连接政企、衔接内外、对接供需的独特优势，围绕信息发布、政策宣介、企业培训和优惠原产地证签发等，深入开展自贸协定推广实施工作。为帮助广大企业更好了解我国已签署的各项自贸协定，用好用足相关优惠政策，中国贸促会组织编写了自由贸易协定商务应用指南丛书，涉及中国—东盟、中国—巴基斯坦、中国—新加坡、中国—韩国、亚太贸易协定、《内地与港澳关于建立更紧密经贸关系的安排》（CEPA）、中国—格鲁吉亚、《海峡两岸经济合作框架协议》（ECFA）、中国—智利、中国—秘鲁、中国—哥斯达黎加、中国—新西兰、中国—澳大利亚、中国—冰岛、中国—瑞士以及《区域全面经济伙伴关系协定》16个自贸协定。

自由贸易协定商务应用指南丛书通过规则解读、趋势研判和案例剖析相结合的方式，系统介绍各自贸协定的详细规则和使用方法，力求全面准确、重点突出、通俗易懂，为广大企业提供看得懂、用得上的"明白纸"和"工具书"。

欢迎社会各界批评指正，提出宝贵意见和建议，帮助我们不断完善本系列丛书，使之成为中国企业开展对外贸易与投资的重要参考。

中国国际贸易促进委员会会长

任鸿斌

2022年10月8日

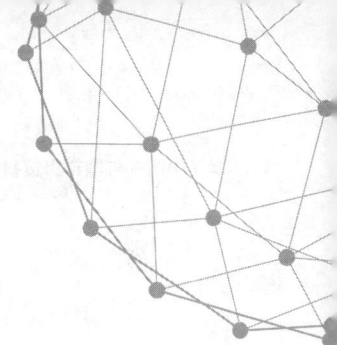

目录

第一章　中国—韩国双边经贸关系及自由贸易区建设进程 ……………… 1
　第一节　中国和韩国经济及贸易发展情况……………………………… 3
　第二节　中国—韩国自由贸易区谈判及建设进程……………………… 27

第二章　《中国—韩国自由贸易协定》中的货物贸易…………………… 37
　第一节　货物贸易规则解读……………………………………………… 39
　第二节　货物贸易自由化政策措施……………………………………… 45
　第三节　中国和韩国的货物贸易自由化政策措施……………………… 49
　第四节　特殊安排………………………………………………………… 83

第三章　《中国—韩国自由贸易协定》中的原产地规则解读及应用…… 87
　第一节　原产地规则深度解读…………………………………………… 89
　第二节　原产地证书申领操作指导……………………………………… 141
　第三节　企业应用享惠策略……………………………………………… 167

第四章　《中国—韩国自由贸易协定》中的服务贸易…………………… 179
　第一节　服务贸易的范围与定义………………………………………… 181
　第二节　服务贸易规则解读……………………………………………… 183
　第三节　服务贸易部门和服务模式说明………………………………… 187
　第四节　解读服务贸易承诺减让表……………………………………… 190
　第五节　中国对韩国服务贸易具体承诺解读…………………………… 193

第六节　韩国对中国服务贸易具体承诺解读……………210
　　第七节　金融章节解读……………………………………226
　　第八节　电信章节解读……………………………………233

第五章　《中国—韩国自由贸易协定》中的投资……………241
　　第一节　投资安排的规则解读……………………………243
　　第二节　韩国投资机会及优惠政策解读…………………251

第六章　《中国—韩国自由贸易协定》中的电子商务………263
　　第一节　电子商务规则解读………………………………265
　　第二节　中韩跨境电子商务相关法规及政策……………271
　　第三节　中韩跨境电子商务主要支付方式及物流方式…276
　　第四节　中韩跨境电子商务进出口通关流程比较………280

第七章　《中国—韩国自由贸易协定》的其他领域规则……285
　　第一节　海关程序和贸易便利化…………………………287
　　第二节　卫生与植物卫生措施……………………………293
　　第三节　技术性贸易壁垒…………………………………301
　　第四节　知识产权规则……………………………………318
　　第五节　经济技术合作规则………………………………326
　　第六节　环境与贸易规则…………………………………331

第八章　《中国—韩国自由贸易协定》的贸易救济措施与争端解决机制…337
　　第一节　贸易救济措施……………………………………339
　　第二节　争端解决机制……………………………………348

第九章　《中国—韩国自由贸易协定》的中韩地方经济合作………361
　　第一节　"公鸡打鸣都能听到的邻居"：威海与仁川地方经济合作示范区
　　　　　　………………………………………………………363

第二节　最像"延边自治州"的东南沿海城市：中韩（盐城）产业园…370

第三节　韩国国内的"中国特区"：新万金产业园……………378

结　语 ……………………………………………………387

参考文献 …………………………………………………393

后　记 ……………………………………………………397

第一章

中国—韩国双边经贸关系及自由贸易区建设进程

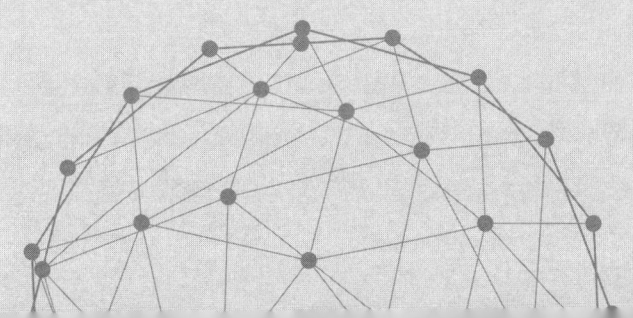

中韩两国毗邻而居，经贸往来历史悠久。进入21世纪，中韩两国在经济结构上的互补性和贸易规模优势使中韩自贸区建设成为必然发展趋势。

通过阅读本章，企业可以了解和掌握以下问题：

1. 中韩双边经贸关系发展状况；

2. 中韩自贸区谈判进程；

3. 中韩自贸区建设的战略意义；

4.《中国—韩国自由贸易协定》主要内容概览。

第一节　中国和韩国经济及贸易发展情况

中国是世界重要经济体之一,同时也是世界第一大货物出口国和第二大货物进口国。近年来,中国经济发展迅速,为世界经济发展作出了重要贡献。

大韩民国(Republic of Korea),简称"韩国",地处亚洲大陆东北部,朝鲜半岛南端,面积约10.33万平方千米,人口约5182万,是一个发达的资本主义国家。韩国东部和东南部与日本隔海相望,北与朝鲜接壤,西与中国隔海相望,与中国威海市仅相隔93海里。

中韩两国,数千年来一衣带水,文化渊源相同,人员往来密切,贸易总体规模呈现增长趋势。

自1992年中韩两国建交以来,经贸关系发展迅速,不仅在贸易和投资领域合作密切,而且在科技、运输、渔业、核能以及人力资源等多领域的双边合作都在深入推进。

一、中国和韩国经济概况

(一)中国经济概况

1. 宏观经济基本情况

中国位于亚洲东部,太平洋西岸,陆地面积约960万平方千米,2020年人口总数约为14.12亿。[①] 2010—2020年中国的宏观经济基本情况见表1-1。

[①] 中国的国土面积及人口数据来源于中国统计出版社《中国统计年鉴2021》。

表1-1　2010—2020年中国的宏观经济基本情况

年份	国内生产总值（万亿元）	国内生产总值（万亿美元）	国内生产总值占世界的比重（%）	国内生产总值年增长率（%）	城镇登记失业率（%）	人均国内生产总值（万元）	人均国内生产总值（美元）
2010	41.2	5.88	9.34	10.6	4.10	3.1	4550
2011	48.8	7.30	10.48	9.3	4.10	3.6	5447
2012	53.9	8.23	11.47	7.8	4.10	4.0	6265
2013	59.3	9.24	12.34	7.7	4.05	4.3	6992
2014	64.4	10.36	13.30	7.3	4.09	4.7	7684
2015	68.9	10.87	14.80	7.0	4.05	5.0	8067
2016	74.6	11.20	14.81	6.8	4.02	5.4	8148
2017	83.2	12.24	15.17	6.9	3.90	6.0	8879
2018	91.9	13.61	15.86	6.8	3.80	6.6	9977
2019	98.7	14.34	16.34	6.0	3.62	7.0	10217
2020	101.6	14.72	17.38	2.3	4.24	7.2	10500

资料来源：根据中国统计出版社《中国统计年鉴》数据计算整理，各指标以最新发布数据为准。

近年来，中国宏观经济发展态势良好，国民经济产业构成日趋完善。

如表1-1所示，2010—2019年，中国国内生产总值年增长率始终保持在较高水平。2020年，受新冠肺炎疫情影响，中国经济增长速度出现下滑。近年来，中国国内生产总值在世界经济中所占比重逐年上升，人均国内生产总值稳步增长，并于2019年超过1万美元。中国的城镇登记失业率总体保持稳定。第一和第二产业增加值占国内生产总值的比重呈逐步下降趋势，第三产业所占比重则稳步上升（见表1-2）。

表1-2　2010—2020年中国各产业增加值占GDP的比重

单位：%

年份	第一产业比重	第二产业比重	第三产业比重
2010	9.3	46.5	44.2
2011	9.2	46.5	44.3
2012	9.1	45.4	45.5
2013	8.9	44.2	46.9

续表

年份	第一产业比重	第二产业比重	第三产业比重
2014	8.6	43.1	48.3
2015	8.4	40.8	50.8
2016	8.1	39.6	52.4
2017	7.5	39.9	52.7
2018	7.0	39.7	53.3
2019	7.1	38.6	54.3
2020	7.7	37.8	54.5

资料来源：中国统计出版社《中国统计年鉴2021》。

2. 货物贸易

中国的货物贸易规模快速扩大，对世界货物贸易的贡献度不断提升。

2010年以来中国货物贸易发展情况见表1-3。根据世界贸易组织的统计，2020年，中国货物出口规模保持世界第一位，出口金额约占世界货物出口总额的14.7%；中国货物进口规模保持世界第二位，进口金额约占世界货物进口总额的11.5%。①

表1-3　2010—2020年中国货物贸易规模

单位：亿美元

年份	进口总额	出口总额	进出口总额	贸易差额
2010	13962.5	15777.5	29740.0	1815.0
2011	17434.8	18983.8	36418.6	1549.0
2012	18184.1	20487.1	38671.2	2303.0
2013	19499.9	22090.0	41589.9	2590.1
2014	19592.4	23422.9	43015.3	3830.5
2015	16795.6	22734.7	39530.3	5939.1
2016	15879.3	20976.3	36855.6	5097.0
2017	18437.9	22633.5	41071.4	4195.6
2018	21357.3	24866.8	46224.2	3509.5
2019	20784.1	24994.8	45778.9	4210.7

① 资料来源：世界贸易组织，*World Trade Statistical Review 2021*。

续　表

年份	进口总额	出口总额	进出口总额	贸易差额
2020	20659.6	25899.5	46559.1	5239.9

资料来源：中国统计出版社《中国统计年鉴2021》。

3. 服务贸易

中国服务贸易规模快速增长，进口需求的增长尤其引人注目。

如表1-4所示，2010—2019年，中国服务贸易增长迅速，2020年，受新冠肺炎疫情影响，中国服务贸易规模有所缩减。目前，中国服务贸易的规模仍然明显小于货物贸易，但服务进口额及进出口总额的增长速度已明显超越同期货物贸易的增长速度。①中国对服务进口的需求增长尤其引人注目。如表1-5所示，运输服务，其他商业服务，加工服务，电信、计算机和信息服务是中国服务出口的主要部门，而中国服务进口的主要部门为运输服务和旅行服务。中国服务出口的主要目的地为中国香港、欧盟、美国、日本和新加坡；进口主要来源地为中国香港、美国、欧盟、日本和加拿大。②

中国服务贸易世界排名基本保持稳定，进口占比显著上升。2020年，中国服务出口居世界第四位，与2010年排名相同，中国服务出口金额约占世界服务出口总额的5.7%，比2010年有所上升；中国服务进口排名从2010年的世界第三位上升至第二位，中国服务进口金额约占世界服务进口总额的8.2%，比2010年时的5.47%有显著提升。③

表1-4　2010—2020年中国服务贸易规模

单位：亿美元

年份	服务进口金额	服务出口金额	服务进出口总额	服务贸易差额
2010	1934.0	1783.4	3717.4	−150.6

① 根据表1-4数据，2010—2020年，中国服务进口额的年均增长率为7.02%，服务进出口总额的年均增长率为5.94%；根据表1-3数据，同期，中国货物进口额的年均增长率为4%，货物进出口总额的年均增长率为4.58%。

② 资料来源：世界贸易组织，Trade Profiles 2021。

③ 资料来源：世界贸易组织，Trade Profiles 2011；世界贸易组织，World Trade Statistical Review 2021。此段数据统计中不包括政府服务。

续 表

年份	服务进口金额	服务出口金额	服务进出口总额	服务贸易差额
2011	2478.4	2010.5	4488.9	−467.9
2012	2813.0	2015.8	4828.8	−797.2
2013	3306.1	2070.1	5376.1	−1236.0
2014	4328.8	2191.4	6520.2	−2137.4
2015	4355.4	2186.2	6541.6	−2169.2
2016	4521.0	2095.3	6616.3	−2425.7
2017	4675.9	2280.9	6956.8	−2395.0
2018	5250.4	2668.4	7981.8	−2582.0
2019	5014.0	2836.0	7850.0	−2178.0
2020	3810.9	2806.3	6617.2	−1004.6

资料来源：中国统计出版社《中国统计年鉴2021》。

中国服务贸易部门结构正在不断优化。

根据商务部的统计，2020年，受新冠肺炎疫情影响，旅行等传统服务贸易部门在中国服务贸易中所占比重显著下降，但电信、计算机和信息服务，金融服务，保险服务以及知识产权使用费等知识密集型服务在服务贸易中占比继续提高，贸易结构不断优化。2020年，中国知识密集型服务进出口额为20331.2亿元，增长8.3%，占服务进出口总额的比重达到44.5%，比上年提升9.9个百分点。① 2020年中国各服务部门进出口情况见表1-5。

表1-5　2020年中国服务贸易情况

服务类别	进出口		出口		进口		贸易差额		
	金额（亿元）	同比（%）	金额（亿元）	同比（%）	金额（亿元）	同比（%）	2020年（亿元）	2019年（亿元）	逆差减少（亿元）
总额	45642.7	−15.7	19356.7	−1.1	26286.0	−24.0	−6929.3	−15024.9	8095.6
运输服务	10434.8	0.2	3904.1	22.9	6530.7	−9.7	−2626.6	−4059.2	1432.6
旅行服务	10192.9	−48.3	1141.3	−52.1	9051.6	−47.7	−7910.3	−14941.6	7031.3

① 资料来源：商务部《中国对外贸易形势报告》（2021年春季）。

续表

服务类别	进出口		出口		进口		贸易差额		
	金额（亿元）	同比（%）	金额（亿元）	同比（%）	金额（亿元）	同比（%）	2020年（亿元）	2019年（亿元）	逆差减少（亿元）
建筑服务	2295.8	−10.8	1733.6	−10.3	562.2	−12.3	1171.4	1290.8	−119.4
保险服务	1222.4	13.9	370.9	12.5	851.4	14.5	−480.5	−413.7	−66.8
金融服务	507.6	15.4	288.7	7.0	219.0	28.5	69.7	99.3	−29.6
电信、计算机和信息服务	6465.4	16.0	4191.4	12.8	2274.0	22.5	1917.4	1860.0	57.4
知识产权使用费	3194.4	12.9	598.9	30.5	2595.5	9.4	−1996.6	−1912.5	−84.1
个人、文化和娱乐服务	298.2	−18.1	90.7	9.8	207.5	−26.3	−116.8	−198.8	82.0
维护和维修服务	760.2	−20.4	528.6	−24.7	231.6	−8.2	296.9	450.0	−153.0
加工服务	1209.3	−11.8	1174.8	−12.9	34.5	60.2	1140.3	1327.7	−187.4
其他商业服务	8643.2	1.7	5160.8	2.0	3482.4	1.3	1678.4	1621.5	56.8
政府服务	418.5	15.3	172.9	62.4	245.6	−4.3	−72.7	−150.1	77.4

资料来源：商务部《中国对外贸易形势报告》(2021年春季)。

4. 直接投资

2010年以来，中国的外商直接投资基本保持稳定增长。中国对外直接投资规模在2010—2016年总体呈快速增长态势，并于2014年超过了同期外商直接投资规模。2017—2019年，中国对外直接投资规模有所下调，2020年又回升至接近2017年的水平。总体而言，2010年以来，中国对外直接投资的增长速度超过了同期外商直接投资的增长速度（见表1-6）。

表1-6　2010—2020年中国外商直接投资及对外直接投资

单位：亿美元

年份	中国外商直接投资	中国对外直接投资流量	中国年末对外直接投资存量
2010	1057.30	688.1	3172.1
2011	1160.11	746.5	4247.8
2012	1117.16	878.0	5319.4
2013	1175.86	1078.4	6604.8

续 表

年份	中国外商直接投资	中国对外直接投资流量	中国年末对外直接投资存量
2014	1195.62	1231.2	8826.4
2015	1262.67	1456.7	10978.6
2016	1260.01	1961.5	13573.9
2017	1310.35	1582.9	18090.4
2018	1349.66	1430.4	19822.7
2019	1381.35	1369.1	21988.8
2020	1443.69	1537.1	25806.6

资料来源：中国统计出版社《中国统计年鉴2021》。

（二）韩国经济概况

1. 宏观经济基本情况

韩国属新兴经济体中发展较快的国家，其经济于20世纪60年代起步，短短几十年，即从人均GDP仅87美元的发展中国家一跃成为发达国家，缔造了令世界瞩目的"汉江奇迹"。韩国于1996年加入经济合作与发展组织（OECD），同年成为世界贸易组织（WTO）创始国之一，20世纪末被称为"亚洲四小龙"之一。2006年人均GDP为21743美元，突破2万美元大关，2012年联合国开发计划署将韩国人类发展指数评分为0.909（极高），2013年人均GDP跨入世界30强。但近年来，韩国经济发展速度放缓，保持低速增长态势，实际GDP增速维持在2%～3%，2020年受新冠肺炎疫情影响出现小幅负增长。根据韩国银行公布数据，2020年韩国名义GDP为16382亿美元，居世界第10位，人均GDP为31440.6美元，居世界第27位（见图1-1、图1-2）。

与其他发达经济体类似，服务业在韩国国民经济中占有重要地位。近年来韩国的农业、工业占GDP比重逐渐降低，服务业占GDP比重则逐渐提高，2020年韩国的第一、第二、第三产业分别占国内生产总值比重的1.8%、41.1%和57.1%（见图1-3）。

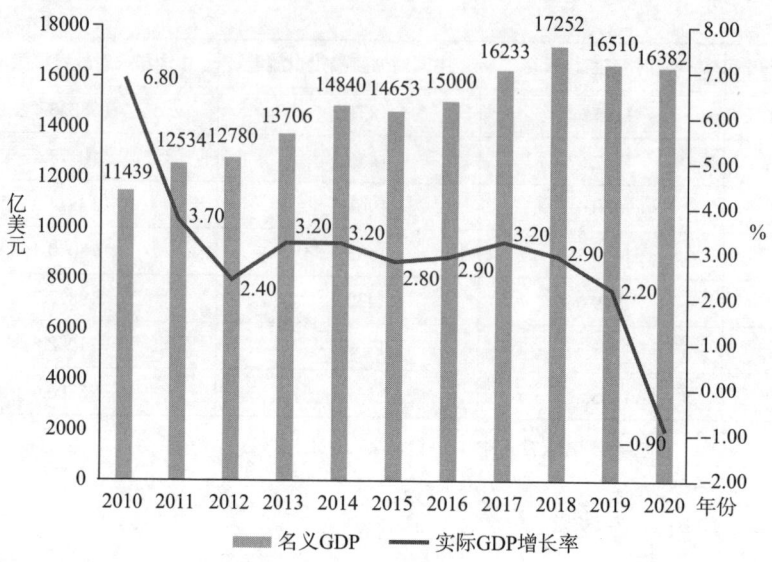

图1-1 2010—2020年韩国宏观经济数据

资料来源：根据韩国银行资料整理。

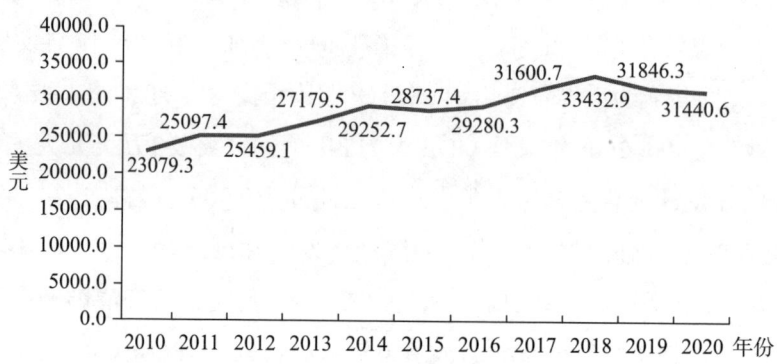

图1-2 2010—2020年韩国人均GDP

资料来源：根据韩国银行资料整理。

韩国的经济、金融环境比较稳定。2020年，国际评级机构惠誉（Fitch）连续8年将韩国主权信用评级为AA-，该机构认为，虽然半岛地缘政治风险、人口老龄化、劳动生产率下降等中期结构性挑战犹存，但韩国稳健的宏观经济与财政运营使其有足够的缓冲能力应对外部不确定性因素。另外两大信评公司穆迪和标准普尔同样对韩国比较看好，信用评级分别为Aa2和AA级，展望稳定。

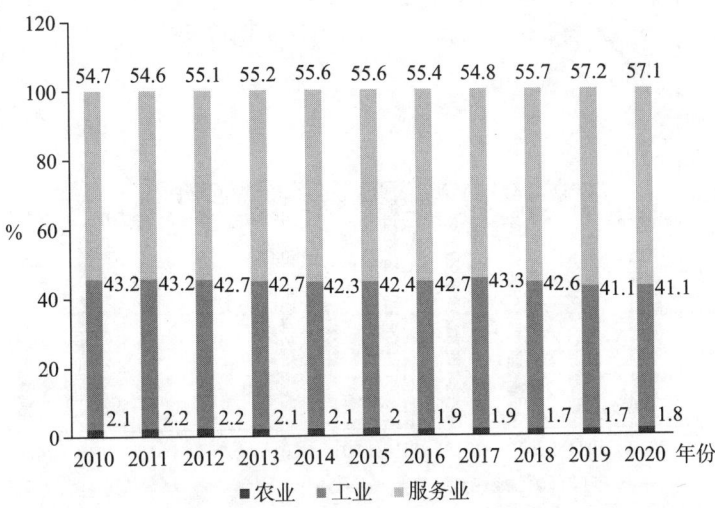

图1-3　2010—2020年韩国产业构成

资料来源：根据韩国银行资料整理。

2. 货物贸易

韩国国土面积较小，人口密度较大，自然资源匮乏，市场相对狭小，因此经济对外依存度高，是以出口为导向的外向型经济，且主要出口商品均为资本或技术密集型产品，如半导体、显示器、石化产品、车辆等，主要进口商品则为油气等能源和燃料、矿石、半导体、电子零部件、机械等。2020年韩国货物总贸易额为9801亿美元，出口总额为5125亿美元，约占世界出口总额的2.9%，居世界第六位，进口总额为4676亿美元，约占世界进口总额的2.8%，居世界第九位，贸易顺差为449亿美元（见图1-4）。

3. 服务贸易

韩国的主要服务贸易伙伴是美国、中国、日本、欧盟和东南亚等地区，不同于货物贸易，韩国服务贸易常年处于贸易逆差状态。根据联合国贸易和发展会议数据，2020年韩国服务贸易总额为1902.1亿美元，同比降低15.83%，其中进口额为1029.36亿美元，出口额为872.74亿美元，贸易逆差为156.62亿美元（见图1-5）。从行业来看，服务贸易顺差行业依次为建筑业、

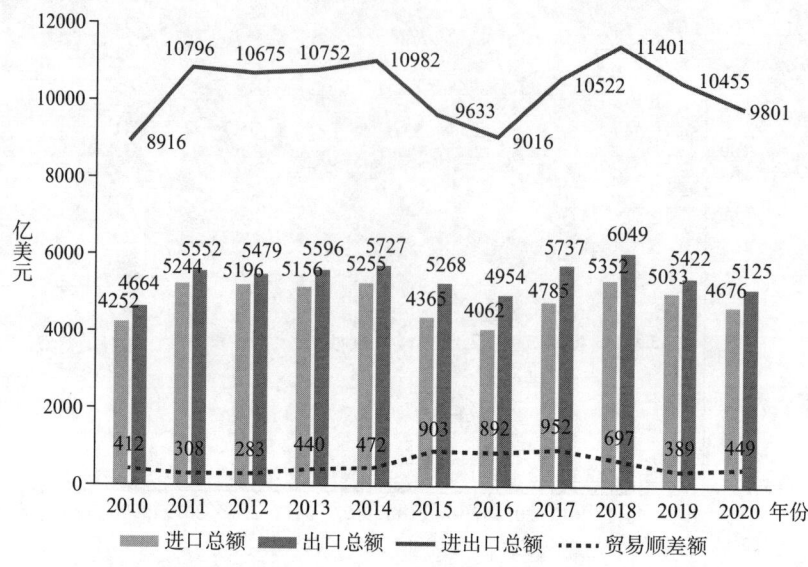

图1-4 2010—2020年韩国对外货物贸易情况

资料来源：根据各年度《中国统计年鉴》附录数据计算整理，各指标以最新发布数据为准。

通信服务业、金融服务、个人闲暇服务；逆差行业依次为其他业务服务（研发、专门领域和经营的咨询、技术和贸易等服务）、旅游、加工服务、知识产权使用、运输业、政府服务、维修、保险服务。

4. 直接投资

在全球对外投资萎缩、中美贸易摩擦、英国脱欧、日本限制对韩国出口等不确定因素持续增加的情况下，联合国贸易和发展会议数据显示，2020年韩国对外投资为324.8亿美元，吸收外资流量为92.24亿美元，截至2020年底，韩国外商直接投资存量为2649.2亿美元（见图1-5、表1-7）。从投资来源地看，欧盟投资保持增长，中国、美国投资大幅减少，日本投资基本持平。从投资领域看，制造业中主要引资行业为化工、电气电子、机械设备、运输机械、食品和医药，上述6个领域占制造业比重高达97.1%；服务业投资主要集中在批发零售、金融保险、信息通信和房地产等领域，上述4个领域合计投资占比高达78.4%。

第一章 中国—韩国双边经贸关系及自由贸易区建设进程

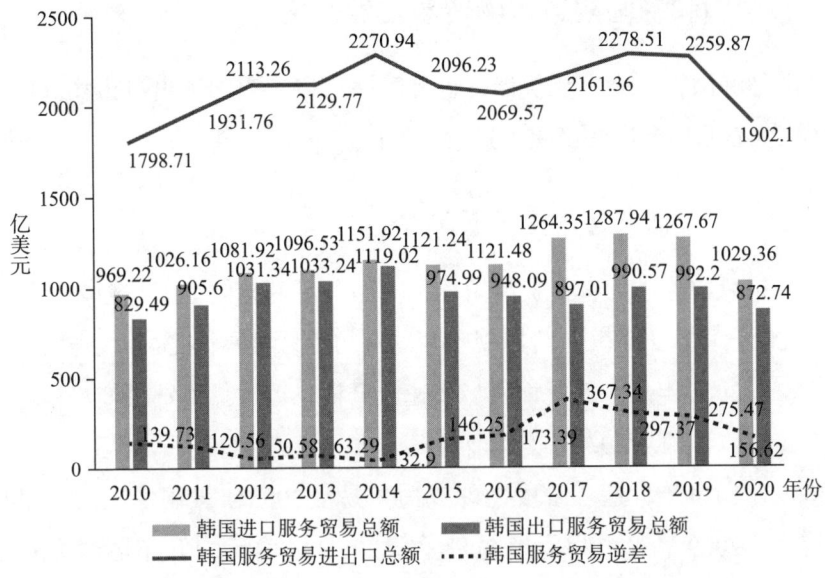

图1-5 2010—2020年韩国对外服务贸易情况

资料来源：根据UNCTAD数据库资料整理。

表1-7 2010—2020年韩国外商直接投资及对外直接投资

单位：亿美元

年份	外商直接投资			对外直接投资		
	流入韩国	全球总额	在世界占比	流出韩国	全球总额	在世界占比
2010	94.97	13937.29	0.68%	282.22	13921.84	2.03%
2011	97.73	16128.90	0.61%	296.48	16274.34	1.82%
2012	94.96	14913.31	0.64%	305.99	13069.21	2.34%
2013	127.67	14535.06	0.88%	283.18	14234.25	1.99%
2014	92.74	14021.17	0.66%	279.99	13708.16	2.04%
2015	41.04	20322.98	0.20%	236.87	16982.09	1.39%
2016	121.04	20652.38	0.59%	298.90	16161.38	1.85%
2017	179.13	16473.12	1.09%	340.69	16046.97	2.12%
2018	121.83	14367.32	0.85%	382.20	8707.15	4.39%
2019	96.34	15302.28	0.63%	352.39	12204.32	2.89%
2020	92.24	9988.91	0.92%	324.80	7398.72	4.39%

资料来源：根据UNCTAD数据库资料整理。

二、中国和韩国双边货物贸易发展情况

中国是韩国第一大贸易伙伴,也是第一进口来源国和出口市场。韩国是中国第三大贸易对象国和第一大进口来源国。

(一)双边货物贸易规模不断扩大

1992年后中韩进入直接贸易阶段,两国贸易额整体呈上升趋势,但也存在小幅波动,可从以下几个阶段观察两国货物贸易发展状况:

1992—2008年是中韩货物贸易快速上升期,双边货物贸易增势稳定、攀升迅速,仅17年即从50.2亿美元增加至1860.7亿美元。

2009—2014年,这一阶段中韩双边贸易受2008年美国爆发的金融危机影响较大。2009年双边货物贸易额下降298.4亿美元,下降幅度为16.4%;2010年回升迅速,同比增长32.6%,此后双边贸易额增速相对放缓,于2014年达到2904.4亿美元(见图1-6)。

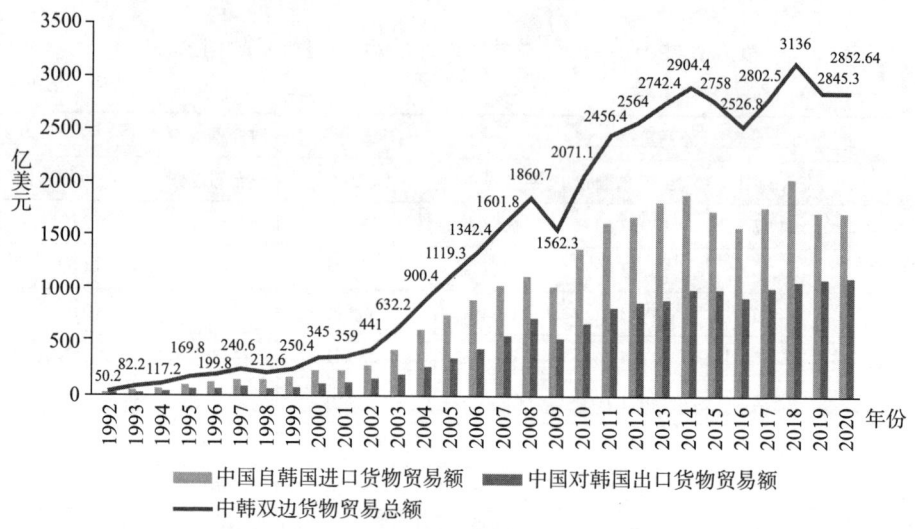

图1-6　1992—2020年中韩货物贸易发展状况

资料来源:根据 UN Comtrade Database 资料整理。

2015—2016年,2015年中国自韩进口减少156亿美元,中韩双边贸易额因此下降5.1%,原因可能在于中国产业升级带来的进口替代效应以及国际市

场需求低迷导致大宗商品价格下跌；2016年韩国部署"萨德"系统的政治影响也使得双边贸易额继续走低，同比下降8.4%。

2017—2020年，2017年双边货物贸易额再次回升，并于2018年达到有史以来的最高峰3136亿美元。2019年同比下降9.3%，原因可能是半导体、石油等产品价格的下跌；2020年全球经受新冠肺炎疫情的考验，但从联合国贸易商品统计数据库数据来看，新冠肺炎疫情对中韩双边货物贸易的冲击有限。

（二）制造业贸易比重越来越高

随着中国经济的高速发展及产业结构的不断优化，中韩两国货物贸易结构中的制造业比重越来越大。

从中韩两国商品进出口分类来看，中国对韩国的进口产品和出口产品相似性非常高。2019年中国从韩国进口的前五大类商品为：机电产品，化工产品，塑料、橡胶，光学、钟表、医疗设备，矿产品。分别占自韩国进口总额的52.0%、14.7%、8.0%、7.2%、6.3%（见表1-8）。同期，韩国从中国进口的前五大类商品为：机电产品，贱金属及其制品，化工产品，纺织品及原料，家具、玩具、杂项制品。分别占对韩国出口总额的50.2%、11.4%、9.6%、5.6%、3.8%（见表1-9）。这种相似性的主要原因在于，随着中国产业技术升级，韩国相对中国在技术、管理和资金方面的优势逐渐消退。20世纪90年代，韩国的产业结构领先于中国。当时中韩两国经贸主要为上下游分工进行产业间贸易，中国向韩国出口大量初级产品，进口大量精炼油、化工产品和机电产品。同时，韩国将一些劳动密集型企业如服装制造等转移到中国。2006年后，中韩两国经贸开始以产业内贸易[①]为主。随着中国生产技术水平的日益提高，在贸易规模扩大的同时，中韩两国的产业结构日趋相同。这种产业内贸易也逐渐由垂直性向水平性转变，[②] 中韩两国间出口的产品结构也因此相近，

[①] 产业内贸易指贸易双方交换同一产业的产品，如一国向他国进口工业品同时出口工业品；而产业间贸易指不同产业间产品的贸易，如一国生产的工业品和他国生产的农产品进行交易。

[②] 垂直性产业内贸易指双方交易同产业产品但质量、价格不同，如一国向他国出口高级轿车同时进口低档轿车；水平性产业内贸易指产品质量、价格相似但特征或属性不同，如一国向他国出口并进口同档次轿车。

均以制造业为主且比重越来越大。

表1-8 中国自韩国进口主要商品构成（类）

海关分类	商品类别	2012年（亿美元）	占比（%）	2017年（亿美元）	占比（%）	2018年（亿美元）	占比（%）	2019年（亿美元）	占比（%）
第16类	机电产品	522.2	38.9	738.4	52.0	880.32	54.3	707.80	52.0
第18类	光学、钟表、医疗设备	238.1	17.7	145.4	10.2	136.18	8.4	98.64	7.2
第6类	化工产品	166.0	12.4	193.4	13.6	223.11	13.8	199.67	14.7
第7类	塑料、橡胶	108.8	8.1	106.3	7.5	115.67	7.1	109.26	8.0
第15类	贱金属及其制品	83.1	6.2	77.5	5.5	84.60	5.2	79.43	5.8
第5类	矿产品	107.9	8.0	72.5	5.1	101.3	6.2	86.36	6.3
第17类	运输设备	57.1	4.3	32.8	2.3	25.53	1.6	27.42	2.0
第11类	纺织品及原料	27.0	2.0	18.5	1.3	18.26	1.1	15.84	1.2
第10类	纤维素浆；纸张	4.1	0.3	4.0	0.3	4.59	0.3	3.86	0.3
第20类	家具、玩具、杂项制品	7.3	0.5	5.3	0.4	4.81	0.3	4.61	0.3
第8类	皮革制品；箱包	3.5	0.3	1.9	0.1	NA	NA	NA	NA
第4类	食品、饮料、烟草	6.2	0.5	7.9	0.6	8.90	0.5	9.46	0.7
第12类	活动物；动物产品	3.4	0.3	1.4	0.1	1.61	0.1	1.49	0.1
第13类	陶瓷；玻璃	3.3	0.3	7.9	0.6	8.54	0.5	8.84	0.7
第14类	贵金属及其制品	2.3	0.2	—	—	2.01	0.1	2.48	0.2
第1类	鞋靴、伞等轻工产品	NA	NA	2.5	0.2	2.75	0.2	3.70	0.3
	其他	3.1	0.2	5.6	0.4	3.10	0.2	3.20	0.2
	总值	1343.3	100.0	1421.2	100.0	1621.25	100.0	1362.03	100.0

资料来源：根据商务部《国别贸易报告》（韩国）各年度数据整理。

表1-9 中国对韩国出口主要商品构成（类）

海关分类	商品类别	2012年（亿美元）	占比（%）	2017年（亿美元）	占比（%）	2018年（亿美元）	占比（%）	2019年（亿美元）	占比（%）
第16类	机电产品	335.6	41.5	457.0	46.7	504.3	47.4	538.5	50.2
第15类	贱金属及其制品	133.9	16.6	129.6	13.2	121.7	11.4	122.4	11.4
第6类	化工产品	61.4	7.6	88.6	9.1	114.6	10.8	103.2	9.6

续表

海关分类	商品类别	2012年（亿美元）	占比（%）	2017年（亿美元）	占比（%）	2018年（亿美元）	占比（%）	2019年（亿美元）	占比（%）
第11类	纺织品及原料	54.8	6.8	57.0	5.8	60.9	5.7	60.2	5.6
第18类	光学、钟表、医疗设备	41.8	5.2	44.5	4.5	45.6	4.3	29.9	2.8
第17类	运输设备	25.6	3.2	22.0	2.3	21.3	2.0	22.9	2.1
第13类	陶瓷；玻璃	25.1	3.1	27.9	2.9	29.3	2.8	27.1	2.5
第20类	家具、玩具、杂项制品	21.8	2.7	35.8	3.7	38.9	3.7	40.5	3.8
第7类	塑料、橡胶	21.2	2.6	30.6	3.1	34.4	3.2	35.2	3.3
第5类	矿产品	18.3	2.3	10.6	1.1	11.8	1.1	10.8	1.0
第12类	鞋靴、伞等轻工产品	12.8	1.6	13.2	1.4	14.6	1.4	14.0	1.3
第4类	食品、饮料、烟草	12.1	1.5	13.9	1.4	15.3	1.4	15.9	1.5
第2类	植物产品	11.5	1.4	11.6	1.2	12.0	1.1	12.1	1.1
第1类	活动物；动物产品	10.3	1.3	10.8	1.1	13.1	1.2	12.3	1.1
第8类	皮革制品；箱包	9.1	1.1	10.0	1.0	10.6	1.0	10.5	1.0
	其他	12.6	1.6	15.8	1.6	16.3	1.5	17.7	1.6
	总值	807.8	100.0	978.6	100.0	1064.9	100.0	1072.3	100.0

资料来源：根据商务部《国别贸易报告》（韩国）各年度数据整理。

具体到商品类别，2019年中国对韩国出口排名前三位的产品为电机电气设备及其零附件、核反应堆、锅炉和机械类及其零附件以及钢铁，分别占韩国自中国进口总额的36.7%、13.6%和5.0%。在中国对韩国出口的主要商品中，机电类及其零附件增幅较大，在原料、家具、玩具等劳动密集型产品上，中国在韩国市场继续保持优势。

三、中韩双边服务贸易的发展

（一）中韩双边服务贸易发展迅速

1998—2018年，中韩双边服务贸易除2009年受金融危机、2017年受"萨德"影响、2020年受新冠肺炎疫情影响出现较大降幅外,总体呈现增长态势。2020年中韩双边服务贸易总额达325.9亿美元,是2002年的7.1倍(见图1-7)。2013年以来,随着中韩双方服务贸易的发展,中国成为韩国最大的服务贸易出口国和服务贸易收支顺差来源国。

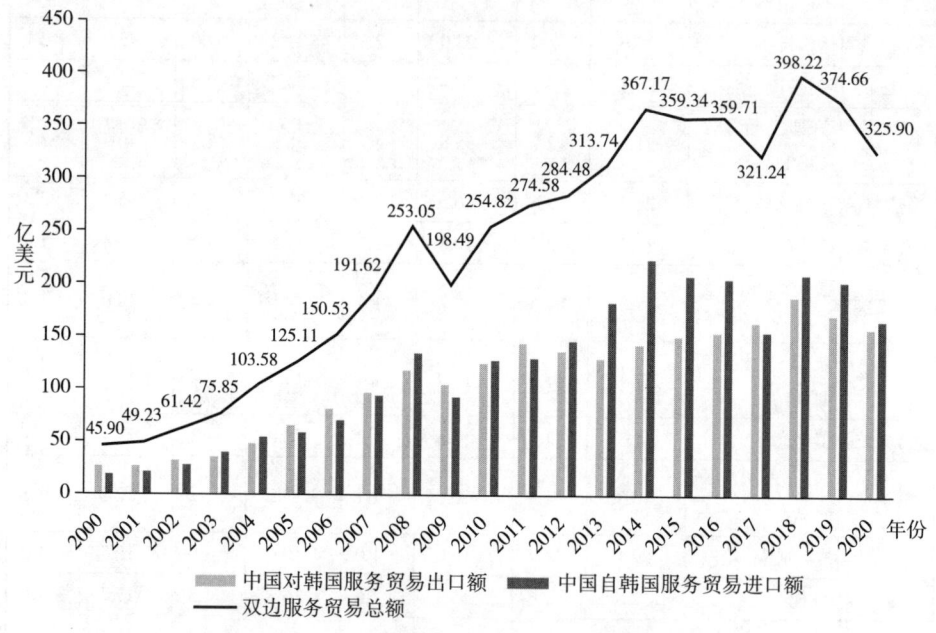

图1-7　2000—2020年中韩服务贸易发展状况

资料来源:根据OECD数据库资料整理。

(二)服务贸易主要集中在制造业、旅行、运输等部门

从服务贸易结构来看,中国与韩国的服务贸易主要集中在制造服务,旅行服务,运输服务,电信、计算机和信息服务,知识产权使用费以及其他商业服务。各部门服务贸易总额呈递增趋势。

2018年,中国对韩国出口服务贸易总额为188.0亿美元,排名前五的部门分别为制造服务,运输服务,旅行服务,其他商业服务,电信、计算机和信息服务。分别占服务贸易总额的38.6%、20.6%、17.7%、16.5%、0.6%(见表1-10)。

表1-10 中国对韩国出口服务贸易主要部门构成

单位：百万美元

年份	2006	2011	2012	2013	2014	2015	2016	2017	2018
总值	8078	14439	13794	13041	14384	15112	15430	16520	18802
制造服务	2666	6832	6599	5894	5844	5971	5846	6556	7254
运输	1995	2471	2627	3098	3548	3614	3718	3966	3871
旅行	2683	2833	2165	2075	2134	2400	2551	2194	3319
保险和养老金服务	-1	19	14	22	29	24	34	29	21
知识产权使用费	5	21	14	14	38	53	90	116	90
电信、计算机和信息服务	107	120	133	71	78	118	119	98	106
其他商业服务	490	1989	2077	1656	2443	2538	2574	2922	3094
政府商品和服务	100	47	55	64	71	137	165	123	90
其他服务	33	107	110	147	199	257	333	516	957

资料来源：根据OECD数据库资料整理。

2018年，中国自韩国进口服务贸易总额为210.2亿美元，排名前五的部门分别为旅行，运输，知识产权使用费，其他商业服务，电信、计算机和信息服务。分别占服务贸易总额的41.88%、27.63%、2.40%、10.00%、1.62%（见表1-11）。

表1-11 中国自韩国进口服务贸易主要部门构成

单位：百万美元

年份	2006	2011	2012	2013	2014	2015	2016	2017	2018
总值	6975	13019	14654	18333	22333	20822	20542	15603	21021
制造服务	83	221	201	167	114	249	192	155	194
运输	4489	7332	8110	8114	7850	7396	5606	4993	5809
旅行	944	2900	3359	5701	9264	9141	10164	5624	8803
保险和养老金服务	15	29	39	29	39	44	42	58	49
知识产权使用费	773	1290	1239	1537	2173	1827	1851	2015	2606
电信、计算机和信息服务	44	129	171	575	349	313	302	242	341
其他商业服务	389	675	973	1639	1827	1153	1502	1718	2102
政府商品和服务	20	30	29	63	121	108	101	73	89
其他服务	218	413	533	508	596	591	782	725	1028

资料来源：根据OECD数据库资料整理。

韩国对中国的服务贸易顺差主要在旅行、运输、知识产权使用费等领域，而中国在双边服务贸易中的优势部门主要是制造服务部门。对比2006年和2018年的服务贸易结构还可以发现一个现象：中国人购买的韩国旅行服务变多了，但是韩国人购买的中国旅行服务相对下降了。可能的原因是，韩国人口较少，且中国的旅游业主要依靠自然景观和名胜古迹，韩国游客赴中国旅游后反复观光的可能性较低，而去往韩国的中国游客却并非以旅游观光和体验为主，韩国的化妆品、服装、电子产品都吸引了大批中国游客反复前往。

四、中韩双边直接投资的发展

（一）中韩双边直接投资总体增长

20世纪80年代，韩国对中国投资主要是由于市场、自然资源的互补性以及中国廉价的劳动力，投资领域主要集中在制造业和农林渔业，方式以间接投资为主。进入21世纪，韩国在华制造业投资额不断上升，2003年，中国成为韩国第一大海外投资对象。从年流量来看，2015—2019年的5年间，韩国在所有在华投资国中均名列第二位，仅次于新加坡。截至2020年，韩国在中国设立外商投资企业总计69389家，累计实际投入外资金额为861.9亿美元，仅次于英属维尔京群岛、日本、新加坡和美国，排名第五位（见图1-8）。

随着中国企业"走出去"步伐加快，中国对韩投资虽然近年来波动较大，但总体呈上升趋势。1992年中国对韩国投资仅约为110万美元，2003年后开始出现较大起伏，最高于2015年达到13.2亿美元。2020年中国对韩直接投资约为1.4亿美元（见图1-9）。

中国对韩国的直接投资增加，也体现在近年来中国企业对韩国企业的并购增加上。2015年2月，随着中国银行首尔分行业务部门接受操作的完成，安邦保险集团股份有限公司以约10亿美元收购韩国东洋人寿63%的股份，是中国企业第一次收购韩国的上市金融企业。2018年4月，TCL科技集团股份有限公司以6160万美元收购了韩国STX集团，是中国资本首次收购韩国贸易公司。同年7月，青岛双星集团有限责任公司通过对韩国锦湖轮胎的并购一举成为中国最大的轮胎制造企业并跻身国际轮胎行业前十强。类似的案例还有很多，具体可见表1-12。

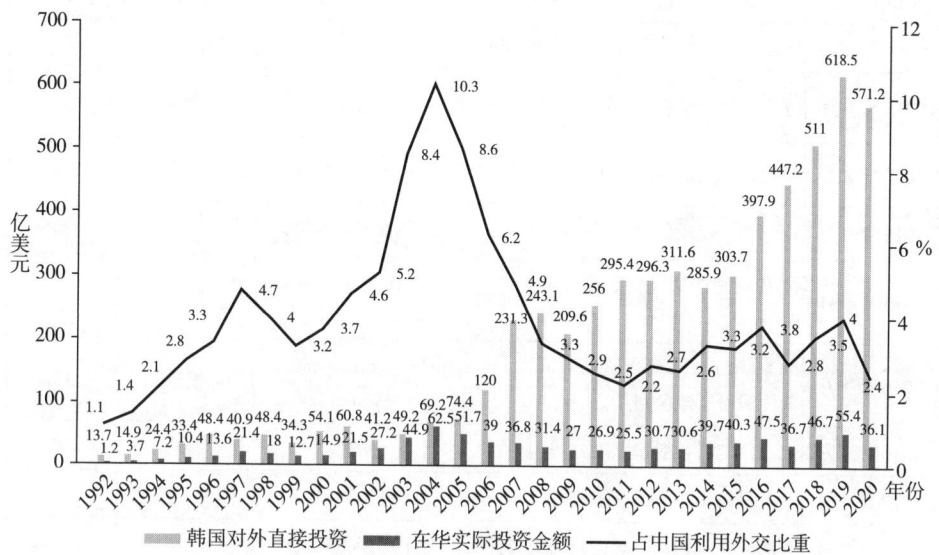

图1-8　1992—2020年韩国FDI输出及对华投资

资料来源：根据商务部历年《中国外资统计公报》和韩国进出口银行资料整理。

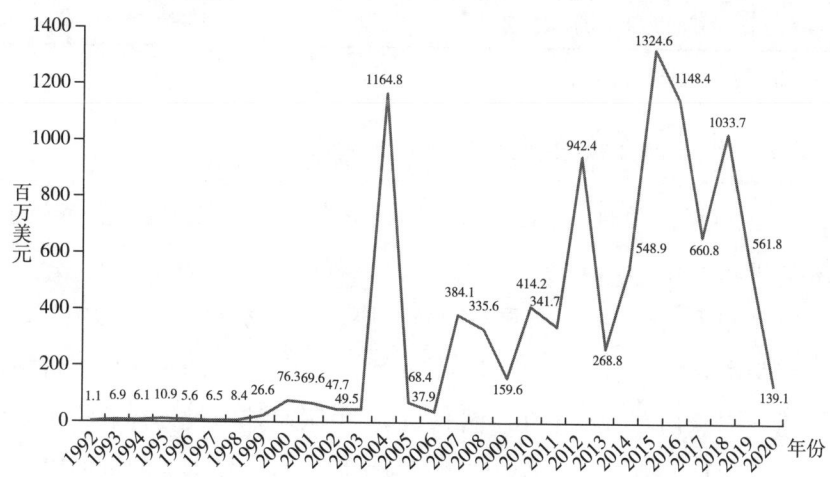

图1-9　1992—2020年中国对韩国直接投资状况

资料来源：根据商务部《中国对外直接投资统计公报》整理。

表1-12　2015—2019年中国资本收购/并购韩国企业主要案例

公示时间	企业名称	方式	对象名称	领域	市值（百万美元）
2015年2月	安邦保险集团股份有限公司	收购	东洋人寿	金融	1021.6
2015年6月	北京创锐文化传媒有限公司	收购	伊思	化妆品、流通	125.0
2015年6月	苏宁环球传媒有限公司	并购	Red Rover	软件	30.6
2015年8月	中国银行股份有限公司	收购	中航三星人寿	保险	199.5
2015年9月	印纪影视娱乐传媒有限公司	认购	Chorokbaem Media	娱乐	20.9
2015年9月	北京星爱佳成投资管理有限公司	并购	SIGNAL.Entertainment Group	娱乐	9.4
2016年1月	北京华谊嘉信整合营销顾问集团股份有限公司	认购	SIGNAL Entertainment Group	娱乐	17.4
2016年3月	北京掌趣科技股份有限公司	收购	网禅	游戏	162.4
2018年4月	TCL科技集团股份有限公司	收购	STX集团	物流、造船	61.6
2018年7月	青岛双星集团有限责任公司	并购	锦湖轮胎	轮胎	576.0
2019年1月	金诚投资集团	收购	Fantagio	娱乐	26.5
2019年3月	航天机电	并购	韩国汽配公司	制造	40.0
2019年7月	江苏亚威机床股份有限公司	收购	LIS	精密激光	56.7

资料来源：根据韩国贸易协会资料整理。

（二）中韩双边直接投资产业分布多元化

20世纪90年代后期，中国对韩国的投资主要集中在贸易、服务类企业，21世纪后进入多元化阶段。

2014年11月，《中国—韩国自由贸易协定》谈判达成一致，2015年6月，《中国—韩国自由贸易协定》正式签署。比较2014年和2021年中国对韩投资行业比重可以看出（见图1-10、图1-11），中国对韩国投资行业结构变化明显，服务业、制造业"各占半壁江山"的格局不再，投资大幅度向服务业倾斜，对制造业的投资明显收缩，对电气、水、环境净化、建筑业投资略有上升。2021年中国对韩国制造业的投资比重下降39%，服务业增长37%，电气、水、环境净化、建筑投资比重增加2%。而农牧渔矿业投资比重始终几近于无，2014年投资额为100万美元，2021年投资额为18万美元。

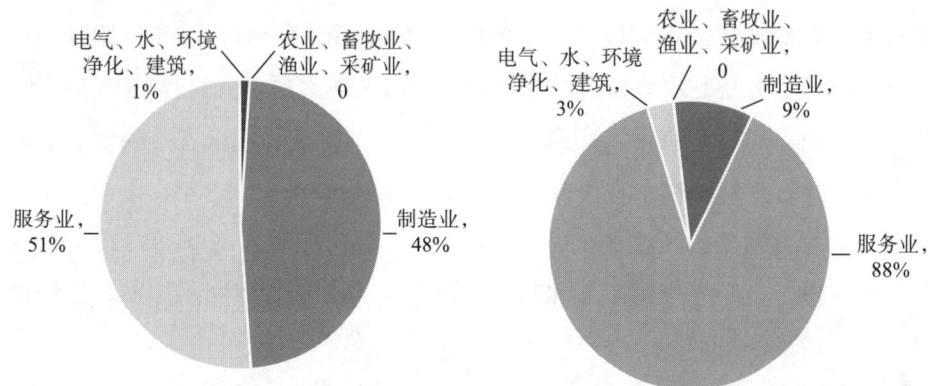

图1-10　2014年中国对韩投资主要行业占比　图1-11　2021年中国对韩投资主要行业占比

资料来源：根据韩国产业通商资源部资料整理。

韩国对中国的投资则主要集中于制造业。2019年，韩国对华实际投资共55.4亿美元，其中44亿美元都用于制造业投资，其余投资多分散于租赁和商务服务业、科学研究和技术服务业、金融业、批发和零售业（见图1-12、图1-13）。2019年韩国对华新设企业数中79.09%都设立在上述五个行业中，实际投入外资金额占比98.0%。

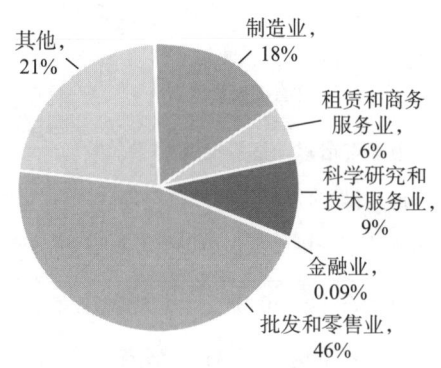

图1-12　2019年韩国对华投资前5位行业企业数

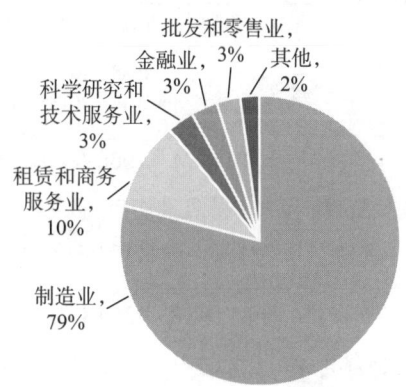

图1-13　2019年韩国对华投资前5位行业实际金额

资料来源：根据商务部外资统计整理。

(三)韩国对中国投资主要集中在东部地区

总体而言,韩国企业对华投资主要集中在人口稠密的中国东部沿海地区,而对中国西部地区的投资较少。主要原因是中国东部沿海地区与韩国地理位置较近,且经济开发水平较高,具有巨大的市场潜力和丰富的劳动力等优势。江苏省、山东省、北京市、广东省、天津市、上海市、辽宁省、陕西省、浙江省和吉林省是韩国在华直接投资的主要区域。1988—2018年,以上十个省市占韩国累计对华投资额的90.6%。其中,江苏省是韩国对华直接投资最为集中的省份,山东省排第二,北京市位居第三,分别占韩国累计在华投资的23.19%、17%和13%。

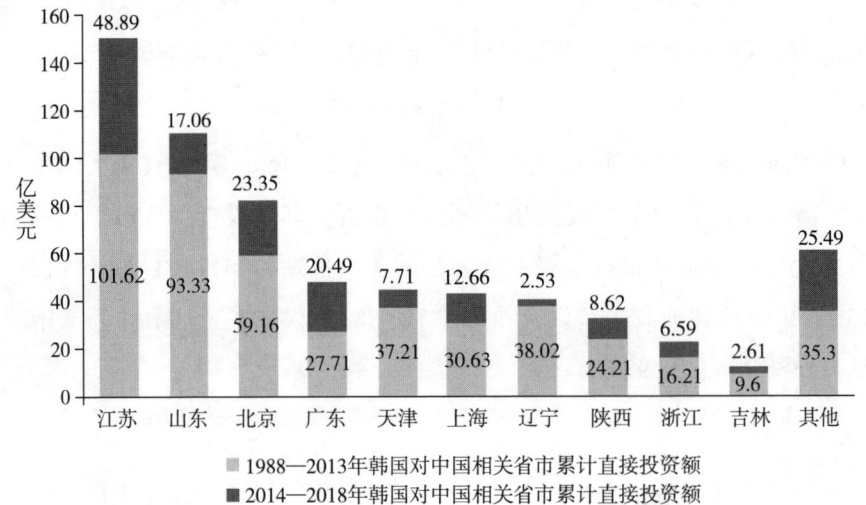

图1-14　1988—2018年韩国对中国省市累计直接投资额

资料来源:①根据韩国产业研究院北京代表处、韩国进出口银行数据整理。

②孙宇.韩国对华投资的特点与趋势[J].中国外资,2019(21):42-45.

不过,对比1988—2013年和2014—2018年两个时段,可以看出韩国企业对江苏省、北京市、广东省的投资集中度明显提升,对山东省、天津市、辽宁省的投资集中度则明显下降(见图1-14)。

从2020年韩国企业对华投资的金额来看,江苏省仍然是排名第一的投资地区(27.24亿美元),山东省第二(5.99亿美元),广东省第三(3.38亿美元），上海市第四（2.79亿美元），四川省第五（2.00亿美元），北京市第六（1.39亿美元），浙江省第七（1.32亿美元），天津市第八（0.69亿美元），辽宁省第九（0.45亿美元），安徽省第十（0.45亿美元）。

五、中韩其他领域的双边合作发展

中韩两国建交以来，在科技、贸易、投资、运输、渔业、核能以及人力资源等多领域开展了双边合作，两国政府间签署了多项双边协定，促进了双方合作发展。

（一）文化教育等领域的合作

自1992年中韩正式建交以来，两国在文学、艺术、体育、教育、卫生、广播电影电视、新闻出版等领域交流发展迅速。双方共建立194对友好省市关系。双方友好团体有中韩友好协会、韩中文化友好协会、韩中文化协会、21世纪韩中交流协会、韩中经营人协会、韩中亲善协会等。

1995年两国签署了《中华人民共和国教育部与大韩民国教育部教育交流与合作协议》；1998年签署《中韩两国政府青少年交流谅解备忘录》；2008年签署《中韩两国高等教育学历学位互认备忘录》，修订《中华人民共和国教育部与大韩民国教育部2008—2010年教育交流与合作协议》；2012年签署《中韩2012—2014年教育交流与合作协议》。一系列协议的签订推动了两国教育交流与合作发展。

2001年，朱镕基总理访问韩国，与韩国领导人达成了互设文化中心的共识。2004年，首尔中国文化中心成立，该中心是中国在亚洲开设的第一家中国文化中心，也是在海外设立的第六家中国文化中心。自成立以来，首尔中国文化中心开展了大量形式多样的活动，成为中韩文化交流的平台和桥梁。

2020年，中韩人员往来达到135.4万人次，其中韩国来华44.4万人次，中国内地居民赴韩91万人次。韩国在华留学生约6.7万名，中国在韩国留学生约6万名，均居对方国家留学生人数之首。韩国有23家孔子学院和5家孔子课堂。

（二）运输物流领域的合作

中韩"海上高速公路"利用中韩客货滚装班轮航线密集、快捷、准时的优势，对利用班轮搭载的进入对方境内的车辆及其所载货物，不需卸载换装对方国家运输工具，由原车直接将货物送往目的地，将国际海运物流与公路运输有机结合，实现了中韩陆海多式联运以及门到门运输服务。

2003年、2004年的中韩海运会谈开启了对中韩整车物流和携车旅行的探索，提出搭建中韩"海上高速公路"的构想。2006年开始在中国的威海、青岛、日照等地开展中韩整车物流和携车旅行试点。2007年正式启动中韩陆海联运汽车货物运输项目。2010年5月，中韩签订《中华人民共和国政府和大韩民国政府陆海联运汽车货物运输协定》及《第一阶段议定书》，韩国政府相关部门还修订出台了多部法律法规，以完善相关法律使车载物流更顺畅、更具可操作性。如2018年在《有关临时进出口的汽车报关的告示》中提出临时进出口的车辆适用范围。同时韩国仁川港、船社协议会等部门多次派员赴青岛、威海等地，积极推进中韩"海上高速公路"。

（三）抗击新冠肺炎疫情的合作

新冠肺炎疫情之初，韩国第一时间向中国伸出援手，是首批对华捐助抗疫物资数量较多的国家之一。而韩国疫情趋于严重后，中国政府和人民也向韩方提供了大力支持和帮助。两国共抗疫情，患难时刻见真心。

由于疫情具有强传染性，中韩为有效进行疫情防控，对人员的流动进行了严格控制。2020年5月1日，中韩简化入境隔离措施开通"快捷通道"。不同于两国针对入境人员的14天隔离，利用"快捷通道"入境仅需1~2天，为中韩双方重要的复工复产人员往来提供便利，保持两国产业链、供应链稳定畅通。"快捷通道"的设立既有助于中韩两国更好地统筹推进疫情防控和经济社会发展，也有利于地区乃至全球产业链、供应链的稳定运行。

第二节　中国—韩国自由贸易区谈判及建设进程

一、中韩自贸区谈判及建设的宏观背景与建设

1992年8月中韩两国建交，为巩固两国之间的经济关系，双方分别就贸易、投资、技术等方面签订了协议。

在双方经济合作的初期，中韩两国的经济结构互补性强，产品结构的比较优势也较为明显，中国劳动力成本低、资源丰富、市场广阔，韩国资金充裕、拥有先进的技术，双方合作可实现互补，从而提高双方的国际竞争力。但随着中韩贸易的深入发展，中国超过美国和日本成为韩国的第二大商品出口市场，在双方贸易合作领域扩大及贸易额增加的同时，中国对韩国的贸易逆差也迅速扩大，两国间的贸易摩擦逐渐升温。

1992年韩国对中国出口的磷酸进行反倾销立案；1997年12月中国对来自美国、加拿大、韩国的新闻纸反倾销调查正式立案；2000年韩国对中国大蒜设立关税壁垒，中国在同年6月决定对原产于韩国的手持无线电话机、聚乙烯采取暂停进口的措施，以此来抗议韩国对中国大蒜的歧视。仅2004—2005年短短一年的时间里，中国对韩国的反倾销提案就有22项，占中国当年对外反倾销提案数量的92%。除此之外，中韩两国的渔业争端也在升温。

一系列的贸易摩擦和争端迫使双方领导人和国内学者开始探讨新的合作模式。中韩两国的学者对于建立中韩自由贸易区的呼声越来越高。

二、高效推进的中韩自贸区谈判

《中国—韩国自由贸易协定》（简称为"中韩自贸协定"）仅用不到3年的时间就完成谈判，高效推进谈判进程的背后是8年的精心准备。2004年，中韩宣布启动中韩自贸区民间可行性研究。2006年，双方又宣布启动政府主导的官产学联合研究。直到2012年，中韩双方认为条件基本成熟，才正式启动中韩自贸协定谈判。在随后两年半的时间里，双方经过14轮正式谈判和若干

次磋商，于2014年底实质性结束谈判。

（一）从民间研究到官产学共同研究

2004年9月，中韩两国开始就中韩自贸区在民间层面的可行性进行联合研究，调查中韩自贸区预期的双边宏观经济效益。2004年11月亚太经济合作组织（APEC）领导人非正式会议期间，时任中国国家主席胡锦涛与韩国总统卢武铉对中韩两国启动双边自贸区可行性民间联合研究达成了共识。2005年3月20日，中韩自贸区可行性民间联合研究正式启动，中国国务院发展研究中心和韩国对外经济政策研究院在北京签署了建立自由贸易区的可行性研究备忘录。

2006年11月，中韩自贸区官产学联合研究启动。双方经过5次联合研究会议，就货物贸易、服务贸易、投资等问题进行了全面深入的研究。

从2007年3月到2008年6月，中韩双方共进行了5轮官产学联合研究会议，就原产地规则、贸易救济措施、农林渔业、服务贸易、投资、竞争政策、知识产权、政府采购等议题深入交换了意见。2010年6月中韩自贸区官产学共同研究结束，双方向各自政府提交研究报告，中韩自贸区研究进程见表1–13。

表1–13　中韩自贸区联合研究

时间	地点	会议	主要内容
2004年11月	智利圣地亚哥	APEC领导人非正式会议	胡锦涛主席与卢武铉总统就中韩两国启动双边自贸区可行性民间联合研究达成了共识，双方决定由中国国务院发展研究中心和韩国对外经济政策研究院承担联合研究任务
2005年3月	中国北京	—	中国国务院发展研究中心主任王梦奎和韩国对外经济政策研究院院长李景台签署备忘录，正式启动中韩自贸区可行性民间联合研究
2006年11月	中国北京	—	中韩双方同意于2007年初启动中韩自贸区官产学联合可行性研究
2007年3月	中国北京	中韩自贸区官产学联合研究第一次会议	共同研究运作计划，确定研究报告目录及体系

续表

时间	地点	会议	主要内容
2007年7月	韩国首尔	中韩自贸区官产学联合研究第二次会议	讨论部分工业部门、原产地规则、贸易救济
2007年10月	中国威海	中韩自贸区官产学联合研究第三次会议	就部分工业部门、农林渔业、服务贸易和投资等交换意见
2008年2月	韩国济州	中韩自贸区官产学联合研究第四次会议	探讨农林渔业、制造业、知识产权、竞争政策、政府采购、动植物检验检疫、海关程序等议题,大部分达成一致
2008年6月	中国北京	中韩自贸区官产学联合研究第五次会议	就最终报告中农林渔业,韩方弃用的"特保条款"和结论建议等进行了协商
2010年5月	韩国首尔	—	温家宝总理与李明博总统举行会谈,双方宣布中韩两国结束自贸区官产学联合研究,并由双方经贸部长签署谅解备忘录

资料来源:根据商务部中国自由贸易区服务网相关资料整理。

(二)从模式谈判到全面出要价及协议文本谈判

2012年5月中韩自贸区政府间谈判启动。谈判分为模式谈判和全面出要价谈判两个阶段。双方约定,先进行模式谈判,然后开展全面出要价及协议文本谈判。

1. 模式谈判

2012年5月2日中韩两国在北京举行商务部长会议。两国部长一致认为,中韩自贸协定对加强和拓展两国已存在的长期经济合作和贸易关系具有重要意义,有助于深化中韩战略合作伙伴关系。随后,两国将尽快就确定货物贸易、服务、投资和其他领域的谈判模式开展磋商。这是两国自贸协定的组成部分,以此模式为基础,开展所有领域的谈判,包括货物、服务、投资和其他领域,并以"一揽子"方式结束谈判。

2013年9月初,双方历经7轮谈判,就各领域的模式文件内容达成一致,双方在模式谈判阶段达成共识,包括货物贸易自由化水平、协定范围及各领域谈判原则、框架以及内容要素等。根据已达成的模式,双方同意,最终实现自由化的产品应该占全部商品税目的90%,涵盖进口总额的85%,并通过具体出要价谈判达到互利公平的结果（见表1-14）。

表1-14　中韩自贸协定的模式谈判进程

时间	地点	谈判	主要内容
2012年5月	中国北京	发布《启动中国—韩国自由贸易协定谈判的联合部长声明》	宣布启动中韩自贸协定谈判
2012年5月	中国北京	中韩自贸协定第一轮谈判	设定贸易谈判委员会，初步商讨谈判的范围及领域
2012年7月	韩国济州	中韩自贸协定第二轮谈判	商议商品、服务、投资等方面的谈判方针
2012年8月	中国威海	中韩自贸协定第三轮谈判	就有关货物、服务贸易谈判的模式、范围与领域等进行交流
2012年10月	韩国庆尚北道庆州市	中韩自贸协定第四轮谈判	商议关于商品、非关税壁垒等的谈判指南
2013年4月	中国哈尔滨	中韩自贸协定第五轮谈判	就货物、服务贸易、投资等问题互相发表意见
2013年7月	韩国釜山	中韩自贸协定第六轮谈判	对货物贸易的自由化水平、服务贸易、原产地规则、海关程序、贸易救济、知识产权领域的模式案文大体达成一致，并商谈了协议范围
2013年9月	中国潍坊	中韩自贸协定第七轮谈判	敲定模式文件，第一阶段谈判结束

资料来源：根据商务部网站相关资料整理。

2. 出要价谈判

自2013年第8轮谈判，中韩开始了全面出要价和协议文本谈判，首次交换了货物贸易的出价清单，表明各自立场。后续的谈判在货物贸易、服务贸易、投资等17个领域都有所进展，讨论了如何落实降税安排，缩小了在服务贸易和投资方面的分歧。

2014年11月，中韩两国首脑在北京举行会晤，双方共同确认中韩自贸区结束实质性谈判。2015年2月25日，双方完成中韩自贸协定全部文本的草签，对协定内容进行了确认（见表1-15）。

表1-15 中韩自贸区的出要价谈判进程

时间	地点	谈判	主要内容
2013年11月	韩国仁川	中韩自贸协定第8轮谈判	开始全面出要价和协议文本谈判，相互交换了货物贸易的首次出价清单，范围包括正常产品和敏感产品 对双方在其他领域提出的协议文本草案进行了讨论
2014年1月	中国西安	中韩自贸协定第9轮谈判	继续进行货物贸易全面出要价谈判，并就服务贸易、投资、原产地规则、海关程序和贸易便利化、知识产权、竞争政策等十几个领域开展了协议文本的谈判
2014年3月	韩国京畿道	中韩自贸协定第10轮谈判	就货物贸易、服务贸易、投资、原产地规则、贸易救济、技术性贸易壁垒、卫生和植物卫生措施、知识产权等广泛领域展开磋商
2014年5月	中国四川	中韩自贸协定第11轮谈判	
2014年7月	韩国大邱	中韩自贸协定第12轮谈判	
2014年9月	中国北京	中韩自贸协定第13轮谈判	就货物贸易、服务贸易、投资、原产地规则、知识产权、技术性贸易壁垒、卫生和植物卫生措施、经济合作、贸易救济等领域展开谈判
2014年11月	中国北京	中韩自贸协定第14轮谈判	就货物贸易、服务贸易、投资、原产地规则等领域的遗留问题展开磋商
2014年11月	中国北京	两国领导人会晤	共同确认中韩自贸区结束实质性谈判，两国政府签署了结束中韩自贸区实质性谈判的会议纪要

资料来源：根据商务部、中国贸促会网站相关资料整理。

三、中韩自贸协定的主要内容

2015年6月1日，时任中国商务部部长高虎城和时任韩国产业通商资源部部长尹相直分别代表两国政府在韩国首尔正式签署中韩自贸协定。11月30日，韩国国会批准中韩自贸协定，12月20日，该协定正式生效。

中韩自贸协定是中韩两国认可的具有法律约束力的契约。其目的在于促进经济一体化，消除双方贸易和投资壁垒，允许产品与服务在国家间自由流动，从而使双方经济发展实现共赢。中韩自贸区是中国对外商谈的覆盖领域最广、涉及国别贸易额最大的自贸区，是中韩两国在双边贸易自由化方面取得的突破性进展。

中韩自贸协定除序言外共有22个章节、18个附件,协定范围涵盖货物贸易、服务贸易、投资和规则等17个领域,包含了电子商务、竞争政策、政府采购、环境等"21世纪经贸议题"(见表1-16)。

表1-16 中韩自贸协定主要章节

章节	标题
第一章	初始条款和定义
第二章	国民待遇与市场准入
第三章	原产地规则和原产地实施程序
第四章	海关程序与贸易便利化
第五章	卫生与植物卫生措施
第六章	技术性贸易壁垒
第七章	贸易救济
第八章	服务贸易
第九章	金融服务
第十章	电信
第十一章	自然人移动
第十二章	投资
第十三章	电子商务
第十四章	竞争政策
第十五章	知识产权
第十六章	环境与贸易
第十七章	经济合作
第十八章	透明度
第十九章	机构条款
第二十章	争端解决
第二十一章	例外
第二十二章	最终条款
附件2-A	削减或取消关税

续 表

章节	标题
附件 2-A	韩方关税减让表
附件 2-B	中方关税减让表
附件 3-A	第一部分 总体解释性说明
附件 3-A	第二部分 产品特定原产地规则
附件 3-B	货物清单
附件 3-C	原产地证书
附件 8-A-1	韩方具体承诺减让表
附件 8-A-2	中方具体承诺减让表
附件 8-B	合作拍摄电影
附件 8-C	电视剧纪录片动画片共同制作

资料来源：中韩自贸协定文本。

四、中韩自贸区谈判及建设的多重战略意义

中韩自贸区对双边经贸关系乃至整个区域的繁荣与发展产生了巨大推动力，为两国企业和消费者带来了多重优惠。中韩自贸区谈判及建设具有多重战略意义。

（一）中韩自贸区有利于两国经贸关系的健康发展

中韩自贸区建立后，在货物贸易方面，中国最终将对91%的韩国产品取消关税，覆盖自韩国进口额的85%。同时，韩国最终将对92%的中国产品取消关税，覆盖自中国进口额的91%。中国的纺织服装、有色金属、钢铁、机械设备等行业企业，可以进一步降低对韩国出口的成本，扩大在韩国市场的份额。这种制度安排不仅有助于提高中韩贸易额，也有助于缓解中韩贸易逆差问题，从而提高中韩贸易的可持续性。虽然减少贸易逆差是一个长期的过程，但好的开端终于在自贸区的框架下开启了。

（二）推动中韩两国双边经贸关系的深入发展，提升两国的产业竞争力

中韩自贸区的建立将使双方的贸易成本进一步降低，投资便利化进一步扩大了双方合作范围，两国间商业活动和经贸往来更加自由、便利和规范，这将成为两国进一步发挥经贸合作潜力的重要契机，推动中韩经贸关系实现更大飞跃。中韩自贸区的建立不仅使两国企业享受到更低的关税，拥有更大的共同市场，两国间贸易壁垒的取消和降低还将促进两国经济和产业链的全面融合，从而在全球经济贸易活动中发挥比较优势，共同提升两国具有比较优势的产业的竞争力，携手向全球价值链的更高端迈进，在互利共赢的基础上实现共同发展。

（三）有助于促进中韩两国进一步深化战略合作伙伴关系

首先，中韩自贸区中规定的阶段目标和最终目标充分考虑了双方的利益均衡问题，使得两国在执行层面遇到的阻力大幅减少，从而有效保证了协定执行过程中所释放的利好效应，体现了中韩两国稳中求进、互利双赢、防范风险的合作原则。其次，中韩自贸区从扩大和深化双方利益会合点的基础出发，深耕细作，主动寻求更多突破，解决了双方较为关注的问题。此外，对于环境保护、国有企业竞争政策、知识产权保护、政府采购等领域，中国政府承诺在协定生效后两年开始以负面清单模式开展服务贸易谈判，并基于市场准入前的国民待遇和负面清单模式开展投资谈判。

（四）中韩自贸区将推进区域经济一体化实现新发展

中韩自贸区作为东北亚地区的第一个自贸区，为推进中日韩自贸区、《区域全面经济伙伴关系协定》（RCEP）乃至未来亚太自贸区，走出了重要的一步。中韩自贸区中所体现的基本原则、基本方法、谈判步骤、实施准则等内容，将会对加快东亚和亚太区域经济一体化进程产生积极的示范效应。同时，中韩自贸区也是"一带一路"倡议和韩国"欧亚倡议"构想的重要连接点，对两国携手推动"一带一路"建设和欧亚大陆经济融合具有重要的推动作用。

（五）中韩自贸区建设有助于中国进一步改革开放

中国的改革开放事业是一个整体和系统的工程，自贸区建设是改革获得推动力量、开放得到全面提升的重要路径之一。高标准、高质量的中韩自贸区可以为改革开放提供有益的经验，进而以点带面，全面铺开，这是中韩自贸区建设的必然使命，也为历史的实践所证实。

第二章

《中国—韩国自由贸易协定》
中的货物贸易

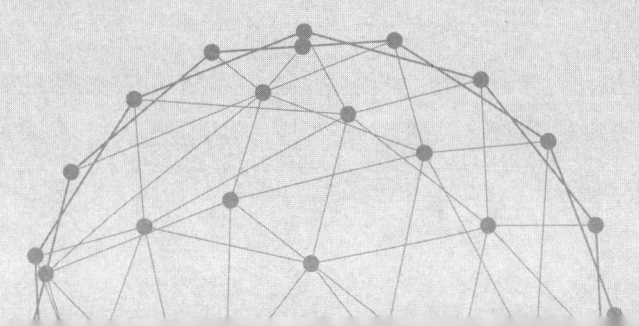

货物贸易的市场准入安排是中韩自贸协定的核心内容。协定中对货物贸易市场准入的安排主要是关税减让。通过对本章的阅读,企业可以了解和掌握以下内容:

1. 如何理解中韩自贸协定总体关税优惠水平及其可能给企业带来的优惠幅度;

2. 如何使用中韩自贸协定关税减让表;

3. 中韩两国如何分别进行关税减让安排;

4. 中韩两国各类货物的关税优惠水平;

5. 中国企业应如何利用协定关税减让寻找新的商机。

第一节　货物贸易规则解读

中韩自贸协定中的货物贸易规则既包括相互给予国民待遇、取消关税和非关税措施、提高透明度等总体规则，也涵盖了关税减让安排等详细措施。企业可结合该协定正文中的第二章国民待遇与市场准入，以及附件中两国的关税减让表，详细了解相关规定。

一、中韩自贸协定货物贸易的总体规则

（一）相互承诺给予国民待遇，并取消大部分产品关税

根据世界贸易组织（WTO）的有关规则，中韩两国在协定中相互承诺给予另一方的产品国民待遇，按照各自关税减让表的规定对原产于另一方的产品取消关税。双方同时承诺，除非协定另有规定，任何一方不得对原产自另一方的货物提高任何现行关税或新增关税。

（二）遵守WTO规则，原则上不采取非关税措施

中韩双方遵守WTO关于非关税措施的相关协定。除非协定另有新的约定，否则不对双边进出口货物采取或维持包括数量限制等在内的任何非关税措施。

（三）确保非关税措施的透明度，成立工作组对非关税措施进行磋商

双方根据该协定所采取的非关税措施必须保证具有足够的透明度。任何非关税措施不能对双边贸易造成不必要的障碍。双方在货物贸易委员会项下成立一个由中韩相关主管官员组成的工作组，就非关税措施相关事项进行磋商。

二、中韩自贸协定关税减让总体安排及特点

(一)货物贸易降税覆盖范围广

从降税覆盖范围看,中韩双方绝大多数产品和贸易将实现零关税。经过最长20年的过渡期后,中国自韩国进口的产品中,91%的品类将享受零关税待遇,这些产品覆盖2012年中国自韩国进口总额的85%;如再加上部分降税产品,中国参与降税的产品将达到92%,覆盖中国自韩国进口总额的91%。同时,中国向韩国出口的产品中,92%的品类将享受零关税待遇,这些产品覆盖2012年中国向韩国出口总额的91%;如再加上部分降税和关税配额等产品,韩国参与降税的产品将达到93%,覆盖中国向韩国出口总额的95%。

(二)货物贸易降税过渡期安排

中韩双方大多数最终零关税产品将在10年内取消关税。中国自韩国进口的产品中,71%的产品将在10年内实现零关税,覆盖中国自韩国进口总额的66%;中国向韩国出口的产品中,79%的产品将在10年内实现零关税,覆盖中国向韩国出口总额的77%。此外,中韩双方部分降税产品基本在5年内完成协定规定的降税,关税配额产品的配额内税率将在协定生效后立即降为零。

(三)主要领域的自由化水平各有高下

从制造业和农水产业两个主要领域看,中韩双方自由化水平各有高下。

在制造业方面,中国自韩国进口的最终零关税产品为税目数的90%、进口额的85%,其中,10年内零关税产品为税目数的72%、进口额的66%;中国向韩国出口的最终零关税产品将达到税目数的97%、进口额的94%,10年内零关税产品将达到税目数的90%、进口额的80%。双方在制造业大部分领域实现了相当程度的开放。

在农水产品方面,中国自韩国进口的最终零关税产品将达到税目数的93%、进口额的56%,中国向韩国出口的最终零关税产品为税目数的70%、进口额的40%。

中国与韩国的其他自贸伙伴不同,两国地理相邻、生产品种相近、口味相似。韩方担心中国农水产品,特别是水果、蔬菜等生鲜食品给韩国带来较大冲击,中方理解韩方农水产品的敏感性,农水产品在中韩双边贸易中只占4%。因此,在利益大体平衡的前提下,韩国农水产品开放程度并不高。

(四)具体产业产品的自由化情况

具体到细分产业和产品上,中韩双方在确保利益大体平衡的原则下,实现了对高度敏感产品的精准定位,找到了开放和保护之间的细微平衡点。一方面,实现了开放水平最大化。除部分敏感产品外,其他非高度敏感产品都将逐步取消关税。另一方面,使真正需要保护的高度敏感产品得到了适当的保护。中方尚未大幅度降低关税的敏感产品为部分化工产品、机电产品、钢铁等,韩方尚未大幅度降低关税的敏感产品为部分农水产品、纺织品和服装、木材及木制品等。双方针对各自不同敏感度的产品,通过过渡期、部分降税、关税配额、例外等方式,进行了有区别的妥善处理。

三、如何读懂中韩自贸协定关税减让表

关税减让表是企业了解每一类别产品所适用协定优惠关税水平的重要文件。中韩自贸协定附件2即为中韩两国的具体关税减让表。其中中国关税减让表示例见表2-1,韩国关税减让表示例见表2-2。

表2-1 中国关税减让表示例

2012年税目	货品名称	基准税率	降税分类
03019991	罗非鱼	10.5%	10
04051000	黄油	10%	15
08071100	西瓜	25%	20
08105000	奇异果	20%	15
11022000	玉米粉	40%	E
12019010	黄豆	3%	0
37013021	激光照排胶片	3.7元/平方米	10

注:降税分类详见第43页表2-3中韩双方共同的关税减让表分类,表2-4中方关税减让表特别分类,以及第45页表2-5韩方关税减让表特别分类。

表2-2 韩国关税减让表示例

2012年税目	货品名称	基准税率	降税分类
0101291000	赛马	8%	0
0204502000	冻的山羊肉	22.5%	E
0306263000	盐腌或盐渍的冷水小虾及对虾	38%或者256韩元/千克,二者取高	20
0208909010	海洋动物的肉	30%	15
0301111000	锦鲤鱼	10%	5
0302510000	鲜、冷鳕鱼	20%	PR-10
0714102010	木薯片	887.4%	PR-130

注：降税分类详见第43页表2-3中韩双方共同的关税减让表分类，表2-4中方关税减让表特别分类，以及第45页表2-5韩方关税减让表特别分类。

（一）关税减让表栏目说明

1. 2012年税目：《商品名称及编码协调制度》（简称"协调制度"，又称"HS"）中的商品编码，是在原海关合作理事会商品分类目录和国际贸易标准分类目录的基础上，协调国际上多种商品分类目录而制定的一部多用途的国际贸易商品分类目录，目前广泛应用于海关监管、海关征税及海关统计。中韩两国关税减让表采用的是2012版协调制度编码。

2. 货品名称：是各国针对每一协调制度编码作出的对货品特征的具体描述。

3. 基准税率：中国和韩国关税减让表中的基础税率均指2012年1月1日执行的海关最惠国（MFN）税率。

表2-1中，"激光照排胶片"，基准税率"3.7元/平方米"含义为每平方米3.7元。

表2-2中，"盐腌或盐渍的冷水小虾及对虾"，基准税率"38%或者256韩元/千克，二者取高"含义为应纳税货物价值的38%、每千克256韩元，按两者中较高税款征收。

4. 降税分类：为减免关税，对相关产品进行的分类。中国关税减让表中的降税分类为14类，韩方关税减让表中的降税分类为15类。

（二）中韩双方共同的关税减让表分类

双方共同的关税减让表中的降税分类为10类（见表2-3）。双方降税有5种方式：自协定生效起税率立即降为零；在规定年限内等比例降为零；前N年保持不变，从第N+1年起，在规定年限内等比例降为零；在规定年限内降低原税率的R%，其后保持不变；保持基准税率，不降税。

表2-3　中韩双方共同的关税减让表分类

降税分类	关税减让规定
0	自在本协定生效之日起，免除关税
5	自协定生效之日起5年内等比减让，并自第5年的1月1日起免除关税
10	自协定生效之日起10年内等比削减，并应自第10年的1月1日起免除关税
10-A	在协定生效之日起8年内保持基准税率，自第9年的1月1日起2年内等比削减，并自第10年的1月1日起免除关税
15	自协定生效之日起15年内等比削减，并自第15年的1月1日起免除关税
20	自协定生效之日起20年内等比削减，并自第20年的1月1日起免除关税
PR-10	自协定生效之日起5年内等比削减基准税率的10%，并自第5年的1月1日起保持基准税率的90%
PR-20	自协定生效之日起5年内等比削减基准税率的20%，并自第5年的1月1日起保持基准税率的80%
PR-30	自协定生效之日起5年内等比削减基准税率的30%，并自第5年的1月1日起保持基准税率的70%
E	保持基准税率

注：PR为partial remission的缩写，意思为部分缓解，其后面的数字表示关税减让的百分比。

（三）中方关税减让表特别分类

除上述共同关税减让的10种分类外，中国新增了5种关税减让方式，详细情况见表2-4。

表2-4　中方关税减让表特别分类

降税分类	关税减让规定
15-A	在第1至第10年保持基准税率，自第11年的1月1日起5年内等比减让。该类货物应自第15年的1月1日起免除关税

续 表

降税分类	关税减让规定
PR-8	自协定生效之日起5年内等比削减基准税率的8%。该类货物税率应自第5年的1月1日起保持基准税率的92%
PR-15	自协定生效之日起5年内等比削减基准税率的15%。该类货物税率应自第5年的1月1日起保持基准税率的85%
PR-35	自协定生效之日起5年内等比削减基准税率的35%。该类货物税率应自第5年的1月1日起保持基准税率的65%
PR-50	自协定生效之日起5年内等比削减基准税率的50%。该类货物税率应自第5年的1月1日起保持基准税率的50%

总体上，中韩自贸协定降税以"0""5""10"和"15"分类即线性减税方式为主，线性减税与非线性减税示例见图2-1和图2-2。

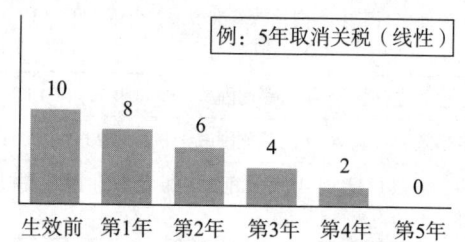

图2-1 线性降税方式示例

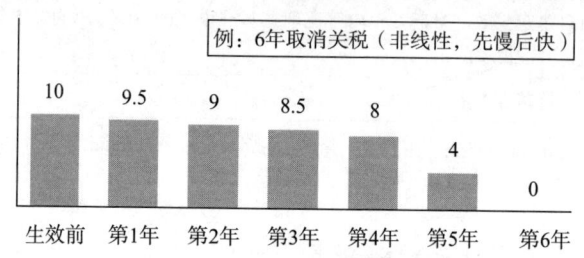

图2-2 非线性降税方式示例

从中国设置的不同产品降税方式的复杂程度来看：

1. 中国在农产品方面，降税方式仍以线性降税为主，尚未设置较为复杂的降税方式。

2. 对于第11类纺织品、第15类贱金属及其制品和第16类机电产品，中方设置了较为复杂的降税方式。尤其是对机电产品，中国共设置了12种降税方式，这是因为双方机电产品贸易量较大（占贸易总量近四成），且机电产品种类也较多。

3. 从例外产品看，中国对韩国设置的例外商品主要集中在纸制品和机电产品。

（四）韩方减让表特别分类

除共同关税减让的10种分类外，韩方新增了4种关税减让方式（见表2-5）。

表2-5 韩方关税减让表特别分类

降税分类	关税减让规定
20-A	在第1至10年保持基准税率，自第11年的1月1日起10年内等比削减。该类货物应自第20年的1月1日起免除关税
20-B	在第1至12年保持基准税率，自第13年的1月1日起8年内按等比削减。该类货物应自第20年的1月1日起免除关税
PR-1	自协定生效之日起削减基准税率的1%
PR-130	自协定生效之日起从价计10年内等比削减至130%，该类货物应自第10年的1月1日起保持从价计130%的税率

总体上，韩方的降税方式主要以"0""5""10"三类线性方式为主。其中，对于第1～4类和第16类产品，韩国设置了较长的降税过渡期限。在第1～4类产品中，韩方对占税目42%的产品设置15年及以上的过渡期，对占税目28%的产品不降税。这是因为第1～4类主要为农产品，而农业部门是韩国的重点保护部门。出于同一原因，针对由中国输入的农产品，韩方还规定了大量的例外产品，并对其设置了配额。

第二节 货物贸易自由化政策措施

本节首先对中韩双方关税减让的总体情况进行了对比，各类产品的具体降税情况有较大差异，中国企业应及时关注不同产品关税调整情况，利用中韩自贸协定规则，降低成本，增强产品的竞争力。

一、中国进出口商品分类介绍

国务院关税税则委员会发布的《中华人民共和国进出口税则（2021）》将商品划分为97章共21个大类，具体对应情况如表2-6所示。

表2-6　商品所属类别与税目章节对应表

商品类别	类别名称	税目章节
第一类	活动物；动物产品	第01~05章
第二类	植物产品	第06~14章
第三类	动、植物油脂及其分解产品；精制的食用油脂；动、植物蜡	第15章
第四类	食品；饮料、酒及醋；烟草及烟草代用品的制品	第16~24章
第五类	矿产品	第25~27章
第六类	化学工业及其相关工业的产品	第28~38章
第七类	塑料及其制品；橡胶及其制品	第39~40章
第八类	生皮、皮革、毛皮及其制品；鞍具及挽具；旅行用品、手提包及类似容器；动物肠线（蚕胶丝除外）制品	第41~43章
第九类	木及木制品；木炭；软木及软木制品；稻草、秸秆、针茅或其他编结材料制品；篮筐及柳条编结品	第44~46章
第十类	木浆及其他纤维状纤维素浆；回收（废碎）纸或纸板；纸、纸板及其制品	第47~49章
第十一类	纺织原料及纺织制品	第50~63章
第十二类	鞋、帽、伞、杖、鞭及其零件；已加工的羽毛及其制品；人造花；人发制品	第64~67章
第十三类	石料、石膏、水泥、石棉、云母及类似材料的制品；陶瓷产品；玻璃及其制品	第68~70章
第十四类	天然或养殖珍珠、宝石或半宝石、贵金属、包贵金属及其制品；仿首饰；硬币	第71章
第十五类	贱金属及其制品	第72~83章
第十六类	机器、机械器具、电气设备及其零件；录音机及放声机、电视图像、声音的录制和重放设备及其零件、附件	第84~85章
第十七类	车辆、航空器、船舶及有关运输设备	第86~89章
第十八类	光学、照相、电影、计量、检验、医疗或外科用仪器及设备、精密仪器及设备；钟表；乐器；上述物品的零件、附件	第90~92章

续 表

商品类别	类别名称	税目章节
第十九类	武器、弹药及其零件、附件	第93章
第二十类	杂项制品	第94～96章
第二十一类	艺术品、收藏品及古物	第97章

注：本表根据《中华人民共和国进出口税则（2021）》整理，税目章节指HS编码前两位。

二、中韩自贸协定生效后中方承诺关税减让的总体情况

本节根据中方在自贸协定当中作出的关税减让承诺，对比了自贸协定生效前、第0年（生效当年）、第5年、第10年、第15年以及第20年时中国从韩国进口商品享受零关税产品占总税目的比重，具体情况如图2-3所示。

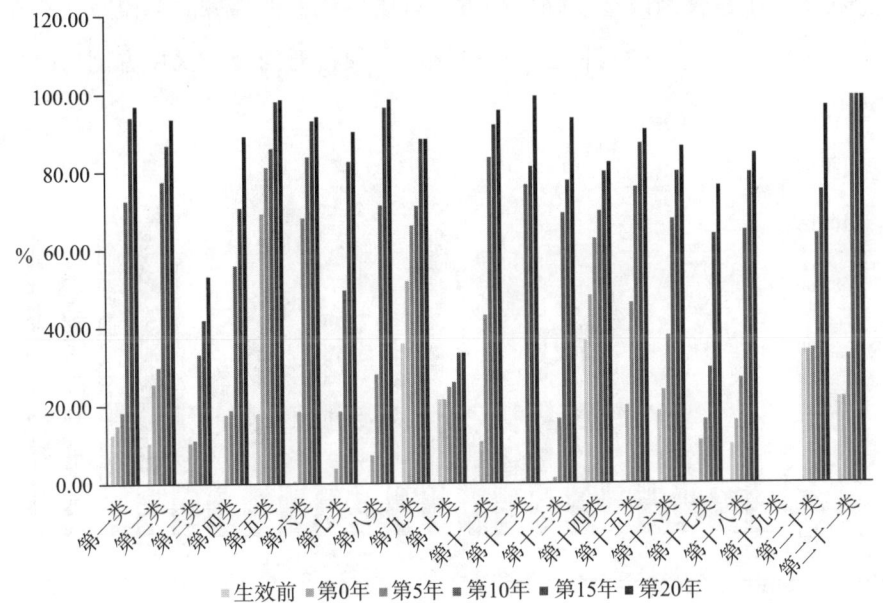

图2-3　中韩自贸协定生效前后中国承诺的零关税商品占比变化

从图2-3中可以总结出以下几条结论：

1.中国承诺的零关税将在15年内基本完成。在该协定中，中国实施关税减让的过渡时间较长。在协定生效后，只有较少比例的商品关税立即降为零，

更多商品则需要5～20年后才能够享受零关税，而绝大多数商品在15年内才可以实现零关税。

2. 中国承诺零关税的商品覆盖面较广。在绝大多数商品类别中，从韩国进口的中国企业可以享受零进口关税的商品税目占比都在八成以上。只有第三类和第十类商品的零关税商品占比较低，其中第三类商品最终零关税占比不足六成，而只有不足四成的第十类商品可以最终享受零关税。

3. 中国承诺的税收减让幅度巨大。在协定生效之前，只有很少一部分从韩国进口的商品可以享受零关税；而在协定生效15年之后，绝大多数自韩国进口的商品都可以享受中国的零关税待遇。

三、中韩自贸协定生效后韩方承诺关税减让的总体情况

在协定中，韩国以逐步降低的方式减少关税，即韩方的关税减让存在过渡期。向韩国出口的中国企业享受韩国零关税待遇的商品税目占比情况如图2-4所示。

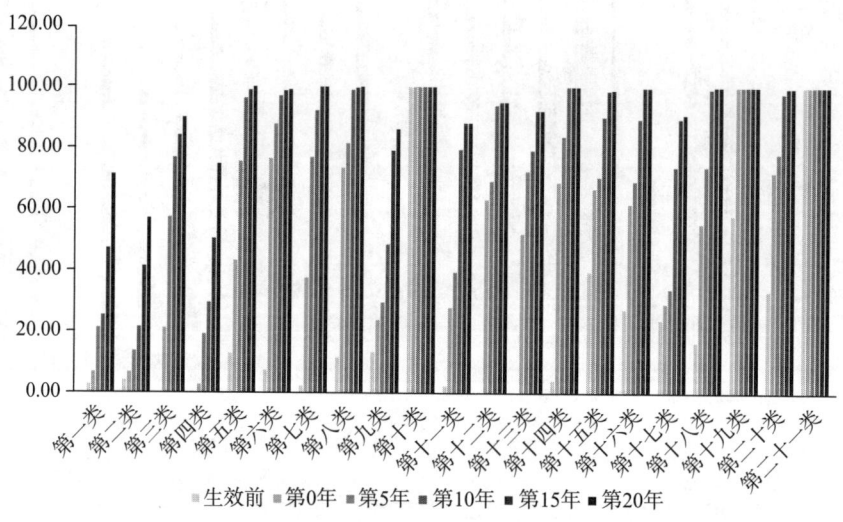

图2-4 中韩自贸协定生效前后韩国承诺的零关税商品占比变化

从图2-4中可以看出：

1. 与中国承诺的减让过程相比，韩国的关税减让进度更快。韩国承诺最

终实现零关税的商品多数将在10年内完成。虽然中国向韩国出口的商品在协定生效当年就能享受零关税待遇的初始比例不高,但这一比例将在10年内迅速提升。

2. 韩国对中国企业的关税优惠覆盖面广。在韩国关税减让完成后,中国企业向韩国出口的多数产品都可以享受零关税优惠;但是韩国对于第一类、第二类、第四类的农水产品最终实施零关税的比例较低,这也表明韩国对这些产业实施了一定的保护。

3. 韩国对中国企业的关税优惠幅度巨大。在协定生效之前,各个类别中可以享受韩国零关税待遇的商品占比不足两成;而在减税过程完成后,绝大多数商品的关税税率最终将降为零。

第三节 中国和韩国的货物贸易自由化政策措施

本节对在中韩贸易总额中占比最高的前十五类产品进行详细介绍,企业可以从中了解和掌握各类产品在协定生效前后的贸易情况,了解中韩双方对各类产品作出的减税承诺以及各类相关企业应当如何利用或应对。[①]

一、动物产品

动物产品属于海关贸易产品分类中的第一类,内容涵盖第1～5章。

2015年中国向韩国出口动物产品总额为10.6亿美元,占当年中国向韩国出口总额的1.2%;2019年动物产品的出口额为11.3亿美元,占当年中国向韩国出口总额的1.1%。2015年中国自韩国进口动物产品总额为2.4亿美元,占当年中国自韩国进口总额的0.2%;2019年动物产品的进口额为3.7亿美元,占当年中国自韩国进口总额的0.3%。可以看出,中韩两国间动物产品贸易量增长缓慢,在贸易结构中的位置也较为稳定(见表2-7)。

---

① 本节中所涉及的贸易数据均来自商务部发布的《国别贸易投资环境报告》。

表2-7　中韩自贸协定生效前后中国对韩国动物产品的贸易情况

2015年出口额（亿美元）	占比（%）	2019年出口额（亿美元）	占比（%）	2015—2019年出口额年均增长率（%）	2015—2019年占比变动（%）
10.6	1.2	11.3	1.1	1.6	−0.1
2015年进口额（亿美元）	占比（%）	2019年进口额（亿美元）	占比（%）	2015—2019年进口额年均增长率（%）	2015—2019年占比变动（%）
2.4	0.2	3.7	0.3	11	0.1

（一）韩国对动物产品的减税承诺

韩国在动物产品方面对中国承诺的零关税产品最终将占全部税目的71.45%。其中，中韩自贸协定生效前零关税产品占全部税目的比重为2.76%，生效当年该比重提升至6.84%，生效后第5年该比重提升至21.32%，第10年提升至25.13%，第15年提升至47.37%，第20年降税过程结束，零关税产品占全部税目的比重达到最终值71.45%（见表2-8）。

表2-8　韩国对动物产品承诺的零关税商品占比变化

商品		基准税率（%）	第0年（%）	第5年（%）	第10年（%）	第15年（%）	第20年（%）
活动物；动物产品	第01章	13.33	34.67	48.00	61.33	65.33	80.00
	第02章	0.00	0.00	1.71	2.56	12.82	36.75
	第03章	1.62	1.62	17.63	20.19	55.22	84.92
	第04章	0.00	0.00	4.35	4.35	4.35	15.94
	第05章	5.88	25.00	69.12	76.47	80.88	92.65
合计		2.76	6.84	21.32	25.13	47.37	71.45

不难看出，出于对本国农水产品的保护，韩国在动物产品方面设置的降税过程十分漫长。对中国出口企业来说，虽然现阶段可以享受的关税优惠有限，但由于最终将有超过七成的动物产品实现零关税，仍能从中韩自贸协定中收获不少红利，而漫长的降税过程也为相关出口企业提供了更加充裕的布局时间。需要注意的是，韩国企业通常对自贸协定降税规则较为熟悉，未必会主动告知中国出口企业，因此中国出口企业应当充分了解自身产品的享惠情况，在与韩国企业的合作中占据先机。此外，动物产品出口面临的一个重

要问题是国内外动物检疫标准存在差异,韩国出于对本国农水产品的保护,可能利用卫生和植物卫生措施(SPS)阻碍中国动物产品的出口。因此,建议相关企业在向韩国出口动物产品前,充分了解韩国的动物检疫标准,避免产生不必要的损失。

(二)中国对动物产品的减税承诺

中国在动物产品方面对韩国承诺的零关税产品最终将占全部税目的97.54%。其中,中韩自贸协定生效前零关税产品占全部税目的比重为12.91%,生效当年该比重提升至15.37%,生效后第5年该比重提升至18.65%,第10年提升至73.16%,第15年提升至94.67%,第20年降税过程结束,零关税产品占全部税目的比重达到最终值97.54%(见表2-9)。

表2-9 中国对动物产品承诺的零关税商品占比变化

商品		基准税率(%)	第0年(%)	第5年(%)	第10年(%)	第15年(%)	第20年(%)
活动物;动物产品	第01章	42.86	42.86	47.14	100.00	100.00	100.00
	第02章	0.00	0.00	0.00	35.44	86.08	100.00
	第03章	10.51	12.84	17.51	87.94	98.44	99.61
	第04章	5.13	5.13	5.13	12.82	71.79	71.79
	第05章	9.30	23.26	25.58	65.12	100.00	100.00
	合计	12.91	15.37	18.65	73.16	94.67	97.54

可以看出,中国对原产自韩国的动物产品开放程度很高,中韩自贸协定生效20年后(2034年1月1日后)零关税覆盖率将超过九成。对中国进口企业而言,2024年1月1日起将有超过七成原产自韩国的动物产品实现零关税,相关企业应当积极利用关税优惠,以更低成本引进韩国特色动物产品,扩大自身经营范围与规模,也为国内消费者带来更多价廉物美的动物产品。中国进口竞争企业也无须过度担心,虽然将有更多价格更低的韩国动物产品进入国内市场,但一方面韩国动物产品的产量不高;另一方面韩国动物产品相较中国也不具有价格优势,因此不会对国内市场产生很大的冲击。

二、植物产品

植物产品属于海关贸易产品分类中的第二类，内容涵盖第06～14章。

2015年中国向韩国出口植物产品总额为12亿美元，占当年中国向韩国出口总额的1.3%；2019年植物产品的出口额为12.1亿美元，占当年中国向韩国出口总额的1.1%。中国自韩国进口植物产品较少，2015—2019年均未排在中国向韩国出口产品分类统计的前十五名。不难看出，中韩两国间植物产品的贸易增长较为缓慢，在贸易结构中所处位置也比较稳定（见表2-10）。

表2-10　中韩自贸协定生效前后中国对韩国植物产品的贸易情况

2015年出口额（亿美元）	占比（%）	2019年出口额（亿美元）	占比（%）	2015—2019年出口额年均增长率（%）	2015—2019年占比变动（%）
12.0	1.3	12.1	1.1	0.2	-0.2
2015年进口额（亿美元）	占比（%）	2019年进口额（亿美元）	占比（%）	2015—2019年进口额年均增长率（%）	2015—2019年占比变动（%）
—	—	—	—	—	—

（一）韩国对植物产品的减税承诺

韩国在植物产品方面对中国承诺的零关税产品最终将占全部税目的56.95%。其中，中韩自贸协定生效前零关税产品占全部税目的比重为4.29%，生效当年该比重提升至6.95%，生效后第5年该比重提升至13.61%，第10年提升至21.6%，第15年提升至41.42%，第20年降税过程结束，零关税产品占全部税目的比重达到最终值56.95%（见表2-11）。

表2-11　韩国对植物产品承诺的零关税商品占比变化

	商品	基准税率（%）	第0年（%）	第5年（%）	第10年（%）	第15年（%）	第20年（%）
植物产品	第06章	0.00	0.00	5.19	24.68	35.06	70.13
	第07章	0.69	0.69	0.69	0.69	9.66	30.34
	第08章	0.00	0.00	0.00	12.79	40.70	48.84
	第09章	0.00	3.85	13.46	32.69	75.00	76.92
	第10章	2.27	11.36	36.36	38.64	43.18	47.73

续表

商品		基准税率(%)	第0年(%)	第5年(%)	第10年(%)	第15年(%)	第20年(%)
	第11章	0.00	0.00	0.00	6.38	10.64	19.15
	第12章	15.25	19.21	26.55	28.81	62.15	76.27
	第13章	0.00	7.41	14.81	37.04	48.15	70.37
	第14章	0.00	14.29	61.90	80.95	85.71	100.00
	合计	4.29	6.95	13.61	21.60	41.42	56.95

韩国对植物产品的减税承诺可以进一步反映出其对本国农产品的保护，不仅降税过程漫长，最终可以实现零关税产品的比例也仅为全部税目的一半。对中国出口企业来说，虽然漫长的减税过程能提供充分的布局时间，但最终的享惠程度将远低于其他产品。相关出口企业在与韩国企业的商业谈判中，也需注意利用关税减让争取更多利益。另外，韩国对本国植物产品的保护也通过实施卫生和植物卫生措施来实现，相关企业在出口前应充分了解韩国检验检疫标准，做好准备。

（二）中国对植物产品的减税承诺

中国在植物产品方面对韩国承诺的零关税产品最终将占全部税目的94.11%。其中，中韩自贸协定生效前零关税产品占全部税目的比重为10.61%，生效当年该比重提升至25.93%，生效后第5年该比重提升至30.06%，第10年提升至78%，第15年提升至87.43%，第20年降税过程结束，零关税产品占全部税目的比重达到最终值94.11%（见表2-12）。

表2-12 中国对植物产品承诺的零关税商品占比变化

商品		基准税率(%)	第0年(%)	第5年(%)	第10年(%)	第15年(%)	第20年(%)
植物产品	第06章	25.81	35.48	35.48	96.77	96.77	100.00
	第07章	9.02	19.67	20.49	100.00	100.00	100.00
	第08章	2.17	2.17	7.61	57.61	65.22	98.91
	第09章	0.00	14.58	27.08	85.42	97.92	100.00
	第10章	22.22	55.56	55.56	55.56	55.56	55.56

续 表

商品	基准税率（%）	第0年（%）	第5年（%）	第10年（%）	第15年（%）	第20年（%）
第11章	0.00	8.57	8.57	31.43	68.57	68.57
第12章	21.05	50.00	57.89	81.58	97.37	98.25
第13章	4.76	28.57	28.57	80.95	100.00	100.00
第14章	0.00	20.00	20.00	100.00	100.00	100.00
合计	10.61	25.93	30.06	78.00	87.43	94.11

与动物产品一样，中国对原产自韩国的植物产品的开放程度也很高。由于很大部分植物产品将在中韩自贸协定生效后的第10年（2024年1月1日）起享受零关税，因此，中国进口企业仍有充分的时间联系韩国供应商并进行相关布局。中国的植物产品相对韩国有绝对优势，更多韩国植物产品进入中国市场也不会对中国进口竞争企业带来很大冲击。

三、食品、饮料、烟草

食品、饮料、烟草属于海关贸易产品分类中的第四类，内容涵盖第16~24章。

2015年中国向韩国出口食品、饮料、烟草总额为12.2亿美元，2019年出口额为15.9亿美元，年均增长率为6.8%，占当年出口总额的比重也从2015年的1.4%上升至2019年的1.5%。2015年中国自韩国进口食品、饮料、烟草的总额为8.2亿美元，2019年进口额为9.5亿美元，年均增长率为3.8%，占当年进口总额的比重从2015年的0.6%上升至2019年的0.7%。自中韩自贸协定生效后，两国间食品、饮料、烟草贸易额稳步增长，在贸易总额中的占比也在提高（见表2-13）。

表2-13 中韩自贸协定生效前后中国对韩国食品、饮料、烟草的贸易情况

2015年出口额（亿美元）	占比（%）	2019年出口额（亿美元）	占比（%）	2015—2019年出口额年均增长率（%）	2015—2019年占比变动（%）
12.2	1.4	15.9	1.5	6.8	0.1

续 表

2015年进口额（亿美元）	占比（%）	2019年进口额（亿美元）	占比（%）	2015—2019年进口额年均增长率（%）	2015—2019年占比变动（%）
8.2	0.6	9.5	0.7	3.8	0.1

（一）韩国对食品、饮料、烟草的减税承诺

韩国在食品、饮料、烟草方面对中国承诺的零关税产品最终将占全部税目的74.95%。其中，中韩自贸协定生效前零关税产品占全部税目的比重为0.56%，生效当年该比重提升至2.97%，生效后第5年该比重提升至19.11%，第10年提升至29.68%，第15年提升至50.46%，第20年降税过程结束，零关税产品占全部税目的比重达到最终值74.95%（见表2-14）。

表2-14 韩国对食品、饮料、烟草承诺的零关税商品占比变化

商品		基准税率（%）	第0年（%）	第5年（%）	第10年（%）	第15年（%）	第20年（%）
食品、饮料、烟草	第16章	0.00	0.00	0.00	0.00	30.00	73.64
	第17章	0.00	17.65	35.29	50.00	50.00	50.00
	第18章	0.00	3.03	66.67	72.73	81.82	84.85
	第19章	0.00	0.00	32.69	57.69	71.15	78.85
	第20章	0.00	0.00	0.00	0.00	18.75	50.00
	第21章	0.00	0.00	20.83	31.94	51.39	81.94
	第22章	0.00	0.00	17.31	65.38	76.92	94.23
	第23章	6.25	18.75	58.33	66.67	81.25	97.92
	第24章	0.00	0.00	0.00	0.00	80.77	100.00
	合计	0.56	2.97	19.11	29.68	50.46	74.95

与动、植物产品相似，韩国在食品、饮料、烟草方面的减税承诺也较为保守，减税过程也同样漫长。对中国出口企业而言，可利用较长的减税过渡期进行商业布局，但需要充分了解韩国的食品卫生标准，避免损失。

（二）中国对食品、饮料、烟草的减税承诺

中国在食品、饮料、烟草方面对韩国承诺的零关税产品最终将占全部税

目的89.77%。其中,中韩自贸协定生效前零关税产品占全部税目的比重为0.33%,生效当年该比重提升至17.82%,生效后第5年该比重提升至19.14%,第10年提升至56.44%,第15年提升至71.29%,第20年降税过程结束,零关税产品占全部税目的比重达到最终值89.77%(见表2-15)。

表2-15 中国对食品、饮料、烟草承诺的零关税商品占比变化

	商品	基准税率(%)	第0年(%)	第5年(%)	第10年(%)	第15年(%)	第20年(%)
食品、饮料、烟草	第16章	0.00	36.07	36.07	95.08	95.08	96.72
	第17章	0.00	0.00	10.53	21.05	21.05	31.58
	第18章	0.00	0.00	9.09	63.64	90.91	100.00
	第19章	0.00	0.00	0.00	18.18	59.09	95.45
	第20章	0.00	3.03	4.04	49.49	77.79	100.00
	第21章	0.00	4.55	4.55	27.27	36.36	86.36
	第22章	3.70	3.70	3.70	48.15	59.26	100.00
	第23章	0.00	90.00	90.00	100.00	100.00	100.00
	第24章	0.00	0.00	0.00	0.00	0.00	0.00
	合计	0.33	17.82	19.14	56.44	71.29	89.77

与韩国相比,中国对食品、饮料、烟草的开放程度较高,最终将有近九成商品可以享受零关税。中国进口企业可以按更低的成本进口韩国的食品、饮料、烟草,为自己带来更多利润,也为中国消费者提供更多选择。中国进口竞争企业可能会面临更多来自韩国商品的竞争,相关企业应积极对待竞争,通过学习、消化再创新的途径提升产品竞争力,实现企业健康长远发展。

四、矿产品

矿产品属于海关贸易产品分类中的第五类,内容涵盖第25～27章。

2015年中国向韩国出口矿产品总额为8.5亿美元,2019年出口额为10.8亿美元,年均增长率为6.0%,占当年出口总额的比重一直稳定在1.0%左右。2015年中国自韩国进口矿产品的总额为51.2亿美元;2019年进口额为86.4亿

美元，年均增长率为14.0%，占当年进口总额的比重从2015年的3.7%上升至2019年的6.3%。自中韩自贸协定生效后，中国自韩国进口的矿产品快速增加，在进口贸易中的比重也大幅提高（见表2-16）。

表2-16　中韩自贸协定生效前后中国对韩国矿产品的贸易情况

2015年出口额（亿美元）	占比（%）	2019年出口额（亿美元）	占比（%）	2015—2019年出口额年均增长率（%）	2015—2019年占比变动（%）
8.5	1.0	10.8	1.0	6.0	0.0
2015年进口额（亿美元）	占比（%）	2019年进口额（亿美元）	占比（%）	2015—2019年进口额年均增长率（%）	2015—2019年占比变动（%）
51.2	3.7	86.4	6.3	14.0	2.6

（一）韩国对矿产品的减税承诺

韩国在矿产品方面对中国承诺的零关税产品最终将占全部税目的100%。其中，中韩自贸协定生效前零关税产品占全部税目的比重为13.01%，生效当年该比重提升至43.37%，生效后第5年该比重提升至75.51%，第10年提升至96.17%，第15年提升至98.98%，第20年降税过程结束，零关税产品占全部税目的比重达到最终值100%（见表2-17）。

表2-17　韩国对矿产品承诺的零关税商品占比变化

商品		基准税率（%）	第0年（%）	第5年（%）	第10年（%）	第15年（%）	第20年（%）
矿产品	第25章	0.69	10.34	55.17	97.24	97.24	100.00
	第26章	67.86	69.64	91.07	100.00	100.00	100.00
	第27章	6.28	60.73	86.39	94.24	100.00	100.00
	合计	13.01	43.37	75.51	96.17	98.98	100.00

韩国对原产自中国的矿产品开放程度极高，2024年1月1日起将有高达96.17%的矿产品实现零关税。对中国出口企业而言，现有的关税优惠覆盖率已经很高，可供布局的时间有限；但实际上中国企业向韩国出口矿产品的增长速度并不快，仍有很大的潜力可以挖掘。相关企业应当主动了解该协定的优惠政策和使用规则，积极利用中韩自贸协定扩大自身产品市场。

（二）中国对矿产品的减税承诺

中国在矿产品方面对韩国承诺的零关税产品最终将占全部税目的99%。其中，中韩自贸协定生效前零关税产品占全部税目的比重为18.41%，生效当年该比重提升至69.65%，生效后第5年该比重提升至81.59%，第10年提升至86.57%，第15年提升至98.51%，第20年降税过程结束，零关税产品占全部税目的比重达到最终值99%（见表2-18）。

表2-18 中国对矿产品承诺的零关税商品占比变化

商品		基准税率（%）	第0年（%）	第5年（%）	第10年（%）	第15年（%）	第20年（%）
矿产品	第25章	4.44	84.44	98.89	100.00	100.00	100.00
	第26章	63.64	97.73	97.73	97.73	97.73	97.73
	第27章	7.46	31.34	47.76	61.19	97.01	98.51
	合计	18.41	69.65	81.59	86.57	98.51	99.00

从表2-18可知，中国对矿产品的开放程度也很高，2019年1月1日起已有81.59%原产自韩国的矿产品可以享受零关税，2024年1月1日这一比例将提高到86.57%。对中国进口企业而言，已经享受到该协定带来的巨大关税优惠，这也可以从自韩国进口矿产品的数量大幅增加反映出来。对中国进口竞争企业而言，可以通过提高采矿效率、降低能耗、保障生产安全来获取竞争优势，若所在行业整体利益受损严重，可以诉诸反倾销、反补贴和保障措施，请求政府部门介入。

五、化工产品

化工产品属于海关贸易产品分类中的第六类，内容涵盖第28～38章。

2015年中国向韩国出口化工产品总额为66.7亿美元，2019年出口额提高至103.2亿美元，年均增长率为11.5%，占当年出口总额的比重从2015年的7.4%上升至2019年的9.6%；2015年中国自韩国进口化工产品总额为152.1亿美元，2019年进口额提高至199.7亿美元，年均增长率为7.0%，占当年进口总额的比重从2015年的11.1%上升至2019年的14.7%（见表2-19）。

表2-19 中韩自贸协定生效前后中国对韩国化工产品的贸易情况

2015年出口额（亿美元）	占比（%）	2019年出口额（亿美元）	占比（%）	2015—2019年出口额年均增长率（%）	2015—2019年占比变动（%）
66.7	7.4	103.2	9.6	11.5	2.2
2015年进口额（亿美元）	占比（%）	2019年进口额（亿美元）	占比（%）	2015—2019年进口额年均增长率（%）	2015—2019年占比变动（%）
152.1	11.1	199.7	14.7	7.0	3.6

（一）韩国对化工产品的减税承诺

韩国在化工产品方面对中国承诺的零关税产品最终将占全部税目的99%。其中，中韩自贸协定生效前零关税产品占全部税目的比重为7.57%，生效当年该比重提升至76.63%，生效后第5年该比重提升至87.9%，第10年提升至97.04%，第15年提升至98.43%，第20年降税过程结束，零关税产品占全部税目的比重达到最终值99%（见表2-20）。韩国对中国化工产品承诺的过渡期较短，截至2021年已有87.9%原产自中国的化工产品可以享受零关税。

表2-20 韩国对化工产品承诺的零关税商品占比变化

	商品	基准税率（%）	第0年（%）	第5年（%）	第10年（%）	第15年（%）	第20年（%）
化工产品	第28章	4.44	83.95	94.07	97.04	99.01	99.26
	第29章	6.78	67.29	83.48	98.80	99.12	99.23
	第30章	37.74	94.34	95.60	99.37	100.00	100.00
	第31章	2.63	71.05	76.32	100.00	100.00	100.00
	第32章	0.00	88.65	98.58	99.29	100.00	100.00
	第33章	0.00	17.65	44.12	86.76	91.18	95.59
	第34章	0.00	88.46	92.31	100.00	100.00	100.00
	第35章	0.00	39.66	56.90	70.69	70.69	84.48
	第36章	0.00	95.45	100.00	100.00	100.00	100.00
	第37章	7.18	99.04	99.52	100.00	100.00	100.00
	第38章	7.76	84.05	92.67	96.55	99.57	99.57
	合计	7.57	76.63	87.90	97.04	98.43	99.00

对中国出口企业来说，已经可以从该协定中享受很高的关税优惠，相关企业应当充分掌握自身产品的享惠情况，在与韩国企业的价格谈判中占据优势，从而降低经营成本。

案例：山东某化工公司享惠自贸协定

山东某化工股份有限公司主要对韩国出口己二酸，自贸协定签署前韩国进口关税为6.5%，自自贸协定签署起每年下降0.65个百分点，10年内将下降为零。2017年自贸协定的优惠关税降为4.55%，2017年前11个月该公司对韩国出口的己二酸超过3亿元，为进口商节省585万元的关税成本。自贸协定的签署大幅降低了出口企业的贸易成本。

（二）中国对化工产品的减税承诺

中国在化工产品方面承诺的零关税产品最终将占全部税目的94.65%。其中，中韩自贸协定生效前零关税产品占全部税目的比重为0.71%，生效当年该比重提升至18.96%，生效后第5年该比重提升至68.61%，第10年提升至84.19%，第15年提升至93.71%，第20年降税过程结束，零关税产品占全部税目的比重达到最终值94.65%（见表2-21）。

表2-21 中国对化工产品承诺的零关税商品占比变化

	商品	基准税率（%）	第0年（%）	第5年（%）	第10年（%）	第15年（%）	第20年（%）
化工产品	第28章	0.00	25.99	83.55	96.71	99.67	99.67
	第29章	0.00	18.42	72.18	84.02	94.55	94.74
	第30章	2.53	30.38	96.20	100.00	100.00	100.00
	第31章	0.00	79.31	82.76	82.76	89.66	89.66
	第32章	0.00	11.86	52.54	83.05	89.83	98.31
	第33章	0.00	0.00	0.00	26.19	66.67	66.67
	第34章	0.00	0.00	25.93	70.37	74.07	74.07
	第35章	0.00	4.76	23.81	80.95	90.48	100.00
	第36章	0.00	90.91	100.00	100.00	100.00	100.00
	第37章	6.35	9.52	15.87	49.21	73.02	77.78
	第38章	2.88	2.88	68.27	84.62	99.04	100.00
	合计	0.71	18.96	68.61	84.19	93.71	94.65

当前已有68.61%原产自韩国的化工产品可以享受零关税，2024年1月1日这一比例将提升至84.19%。对中国进口企业而言，仍可利用降税过渡期联系韩国合作厂商并进行国内市场布局。同时，来自韩国的化工产品尤其是精细化工产品将对国内市场产生一定的冲击，中国进口竞争企业应当重视技术创新、提高研发投入，在赢得市场竞争的同时帮助中国摆脱精细化工被"卡脖子"的困境。

六、塑料、橡胶

塑料、橡胶属于海关贸易产品分类中的第七类，内容涵盖第39～40章。

2015年中国向韩国出口塑料、橡胶总额为25.8亿美元，2019年出口额提高至35.2亿美元，年均增长率为8.1%，占当年出口总额的比重从2015年的2.9%上升至2019年的3.3%；2015年中国自韩国进口塑料、橡胶总额为98.5亿美元，2019年出口额提高至109.3亿美元，年均增长率为2.6%，占当年进口总额的比重由2015年的7.2%上升至2019年的8.0%（见表2-22）。

表2-22 中韩自贸协定生效前后中国对韩国塑料、橡胶的贸易情况

2015年出口额（亿美元）	占比（%）	2019年出口额（亿美元）	占比（%）	2015—2019年出口额年均增长率（%）	2015—2019年占比变动（%）
25.8	2.9	35.2	3.3	8.1	0.4
2015年进口额（亿美元）	占比（%）	2019年进口额（亿美元）	占比（%）	2015—2019年进口额年均增长率（%）	2015—2019年占比变动（%）
98.5	7.2	109.3	8.0	2.6	0.8

（一）韩国对塑料、橡胶的减税承诺

韩国承诺最终将对原产自中国的所有塑料、橡胶实施零关税。中韩自贸协定生效前零关税产品占塑料、橡胶全部税目的2.62%，生效当年零关税产品的比重提升至37.8%，生效后第5年该比重提升至76.9%，第10年提升至92.13%，第15年实现全覆盖（见表2-23）。

表2-23　韩国对塑料、橡胶承诺的零关税商品占比变化

商品		基准税率(%)	第0年(%)	第5年(%)	第10年(%)	第15年(%)	第20年(%)
塑料、橡胶	第39章	0.00	33.19	87.66	95.74	100.00	100.00
	第40章	0.91	45.21	59.59	86.30	100.00	100.00
	合计	2.62	37.80	76.90	92.13	100.00	100.00

目前大多数出口到韩国的塑料、橡胶产品已经实现零关税,中国出口企业可以充分利用该协定带来的关税优惠获取价格优势,增强自身产品竞争力,进而赢取更大份额的韩国市场。

案例：南通某合成材料有限公司享惠中韩自贸协定

南通某合成材料有限公司是受益中韩自贸协定较大的企业,协定生效4年后,在南通海关累计签发中韩证书863份,金额达6900万美元,关税减免340万美元,协定的实施,降低了韩国客户采购成本,增强了其产品的竞争力,货物在韩国通关也更加顺畅。

(二)中国对塑料、橡胶的减税承诺

中国在塑料、橡胶方面对韩国承诺最终零关税产品占全部税目的90.77%。中韩自贸协定生效前,原产自韩国的塑料、橡胶只有1个税目的产品(40141000)可以享受零关税,占比仅为0.37%,生效当年也仅有4.06%的产品可以享受零关税,生效后第5年该比重上升至18.82%,生效后第10年提升至49.82%,生效后第15年上升至83.03%,第20年减税过程结束,零关税产品覆盖率达到最终值90.77%(见表2-24)。相较于韩国,中国对塑料、橡胶产品设置了更长的降税过渡期限,目前实现零关税的产品只占两成左右。

较长的降税过渡期意味着中国进口企业可以有充足的时间与韩国生产商建立合作关系,相关企业应当主动了解该协定为自身产品带来的优惠,积极进行相关布局,在市场上占据主动。同时,中国进口竞争企业也获得了一定的缓冲时间,可以对即将到来的韩国商品冲击做好更充分的准备。

表2-24 中国对塑料、橡胶承诺的零关税商品占比变化

商品		基准税率（%）	第0年（%）	第5年（%）	第10年（%）	第15年（%）	第20年（%）
塑料、橡胶	第39章	0.00	3.73	18.63	50.93	78.88	86.34
	第40章	0.91	4.55	19.09	48.18	89.09	97.27
	合计	0.37	4.06	18.82	49.82	83.03	90.77

七、皮革制品、箱包

皮革制品、箱包属于海关贸易产品分类中的第八类，内容涵盖第41～43章。2015年中国向韩国出口皮革制品、箱包总额为9.5亿美元，占当年中国向韩国出口总额的1.1%；2019年皮革制品、箱包的出口额为10.5亿美元，占当年中国向韩国出口总额的1.0%。中国自韩国进口皮革制品、箱包较少，2015年中国自韩国进口皮革制品、箱包总额为3.2亿美元，占当年中国自韩国进口总额的0.2%；2019年原产自韩国的皮革制品、箱包的进口额未排在中国自韩国进口产品分类统计的前十五名。不难看出，中韩两国间皮革制品、箱包的贸易增长较为缓慢，在贸易结构中所占比重也比较低（见表2-25）。

表2-25 中韩自贸协定生效前后中国对韩国皮革制品、箱包的贸易情况

2015年出口额（亿美元）	占比（%）	2019年出口额（亿美元）	占比（%）	2015—2019年出口额年均增长率（%）	2015—2019年占比变动（%）
9.5	1.1	10.5	1.0	2.5	-0.1
2015年进口额（亿美元）	占比（%）	2019年进口额（亿美元）	占比（%）	2015—2019年进口额年均增长率（%）	2015—2019年占比变动（%）
3.2	0.2	—	—	—	—

（一）韩国对皮革制品、箱包的减税承诺

韩国承诺最终将对全部原产自中国的皮革制品、箱包实现零关税。中韩自贸协定生效前零关税产品占皮革制品、箱包全部税目的11.57%，生效当年零关税产品的比重提升至73.55%，生效后第5年该比重提升至81.40%，第10年提升至98.76%，第15章提升至99.59%，第20年零关税产品实现全覆盖（见表2-26）。

表2-26 韩国对皮革制品、箱包承诺的零关税商品占比变化

商品		基准税率(%)	第0年(%)	第5年(%)	第10年(%)	第15年(%)	第20年(%)
皮革制品、箱包	第41章	41.79	71.64	94.03	100.00	100.00	100.00
	第42章	0.00	75.21	77.78	97.44	99.15	100.00
	第43章	0.00	72.41	74.14	100.00	100.00	100.00
	合计	11.57	73.55	81.40	98.76	99.59	100.00

虽然当前已有81.4%出口到韩国的皮革制品、箱包可以享受零关税,但中韩自贸协定生效后中国出口到韩国的皮革制品、箱包并未实现快速增长。因此对中国出口企业而言,需要进一步提升自身的产品质量及品牌知名度,只有这样才能更好地利用该协定开拓韩国市场。

(二)中国对皮革制品、箱包的减税承诺

中国在皮革制品、箱包方面对韩国承诺最终零关税产品占全部税目的99.06%。中韩自贸协定生效前没有原产自韩国的皮革制品、箱包可以享受零关税,生效当年也仅有7.55%的产品可以享受零关税,生效后第5年该比重上升至28.3%,第10年提升至71.7%,第15年进一步提升至97.17%,第20年减税过程结束,零关税产品覆盖率达到最终值99.06%(见表2-27)。对于皮革制品、箱包产品,中国也设置了较长的降税过渡期限,目前实现零关税的产品不足三成。

表2-27 中国对皮革制品、箱包承诺的零关税商品占比变化

商品		基准税率(%)	第0年(%)	第5年(%)	第10年(%)	第15年(%)	第20年(%)
皮革制品、箱包	第41章	0.00	13.33	48.33	90.00	98.33	100.00
	第42章	0.00	0.00	3.85	50.00	96.15	96.15
	第43章	0.00	0.00	0.00	45.00	95.00	100.00
	合计	0.00	7.55	28.30	71.70	97.17	99.06

虽然当前可以实现零关税的皮革制品、箱包产品占比不高,但2024年1月1日起享受零关税皮革制品、箱包的比重将迅速提升到七成以上。因此,

中韩自贸协定仍然可以为中国进口企业提供更大的关税优惠,相关企业应当主动加以利用。对中国进口竞争企业而言,进口自韩国的皮革制品、箱包总额不高,难以对国内相同产业产生严重冲击。

八、纺织品及原料

纺织品及原料属于海关贸易产品分类中的第十一类,内容涵盖第50～63章。

2015年中国向韩国出口纺织品及原料总额为59.6亿美元,2019年出口额提高至60.2亿美元,年均增长率为0.3%,2019年中国向韩国出口纺织品及原料占向韩国出口总产品的比重为5.6%;2015年中国自韩国进口纺织品及原料产品总额为21.7亿美元,2019年进口额变为15.8亿美元,年均增长率为-7.5%,2019年中国自韩国进口纺织品及原料占自韩国进口总产品的比重为1.2%。在贸易额上,中国向韩国出口纺织品及原料高于自韩国进口,根据增长率的趋势,这一差距还将不断扩大(见表2-28)。

表2-28 中韩自贸协定生效前后中国对韩国纺织品及原料的贸易情况

2015年出口额 (亿美元)	占比(%)	2019年出口额 (亿美元)	占比(%)	2015—2019年出口 额年均增长率(%)	2015—2019年 占比变动(%)
59.6	6.6	60.2	5.6	0.3	-1.0
2015年进口额 (亿美元)	占比(%)	2019年进口额 (亿美元)	占比(%)	2015—2019年进口 额年均增长率(%)	2015—2019年 占比变动(%)
21.7	1.6	15.8	1.2	-7.5	-0.4

(一)韩国对纺织品及原料的减税承诺

韩国在纺织品及原料方面对中国承诺的零关税产品最终将占全部税目的88.25%。其中,中韩自贸协定生效前零关税产品占全部税目的比重为2.38%,生效当年该比重提升至27.88%,生效后第5年该比重提升至39.63%,第10年提升至79.34%,第15年提升至88.02%,第20年降税过程结束,零关税产品占全部税目的比重达到最终值88.25%(见表2-29)。

表2-29 韩国对纺织品及原料承诺的零关税商品占比变化

商品		基准税率（%）	第0年（%）	第5年（%）	第10年（%）	第15年（%）	第20年（%）
纺织品及原料	第50章	0.00	89.19	100.00	100.00	100.00	100.00
	第51章	36.21	36.21	50.00	50.00	50.00	50.00
	第52章	5.52	12.71	26.52	60.22	74.59	74.59
	第53章	0.00	74.47	74.47	100.00	100.00	100.00
	第54章	0.00	43.15	56.85	79.45	84.25	84.25
	第55章	0.00	47.98	62.10	83.06	96.77	96.77
	第56章	0.00	18.37	32.65	89.80	91.84	91.84
	第57章	0.00	14.29	19.05	85.71	90.48	90.48
	第58章	0.00	50.00	75.00	100.00	100.00	100.00
	第59章	0.00	36.67	56.67	76.67	93.33	93.33
	第60章	0.00	11.11	51.11	77.78	86.67	86.67
	第61章	0.00	1.97	80.26	94.74	96.71	96.71
	第62章	0.00	0.59	7.69	81.07	83.43	83.43
	第63章	0.00	16.95	28.81	98.31	100.00	100.00
合计		2.38	27.88	39.63	79.34	88.02	88.25

目前约有四成出口到韩国的纺织品及原料可以享受零关税，2024年1月1日起可以享受零关税的纺织品及原料在税目中的占比将接近八成。因此，中国出口企业应当积极利用中韩自贸协定降低出口成本，进而利用价格优势获取更多韩国市场，为自己争取更高利润。

（二）中国对纺织品及原料的减税承诺

中国在纺织品及原料方面对韩国承诺的零关税产品最终将占全部税目的96.32%。中韩自贸协定生效前没有原产自韩国的纺织品及原料能够享受零关税，生效当年该比重提升至10.87%，生效后第5年该比重提升至43.47%，第10年提升至84.14%，第15年提升至92.64%，第20年降税过程结束，零关税产品占全部税目的比重达到最终值96.32%（见表2-30）。

表2-30 中国对纺织品及原料承诺的零关税商品占比变化

商品		基准税率（%）	第0年（%）	第5年（%）	第10年（%）	第15年（%）	第20年（%）
纺织品及原料	第50章	0.00	21.43	96.43	96.43	100.00	100.00
	第51章	0.00	40.68	81.36	84.75	84.75	84.75
	第52章	0.00	3.88	50.39	58.91	93.80	96.12
	第53章	0.00	62.79	100.00	100.00	100.00	100.00
	第54章	0.00	21.24	48.67	55.75	72.57	83.19
	第55章	0.00	21.80	61.65	87.22	95.49	96.24
	第56章	0.00	22.50	72.50	87.50	97.50	97.50
	第57章	0.00	0.00	22.22	96.30	96.30	100.00
	第58章	0.00	0.00	91.04	94.03	97.01	100.00
	第59章	0.00	0.00	64.29	73.81	76.19	92.86
	第60章	0.00	0.00	80.00	80.00	88.33	100.00
	第61章	0.00	0.00	1.52	90.91	93.18	100.00
	第62章	0.00	0.00	1.20	97.01	100.00	100.00
	第63章	0.00	0.00	0.99	99.01	100.00	100.00
	合计	0.00	10.87	43.47	84.14	92.64	96.32

虽然中国在纺织品及原料方面对韩国相关产品的开放程度很高，但中韩自贸协定生效后，自韩国进口的纺织品及原料却显著减少。中国进口企业应当提高对该协定的利用效率，通过进口韩国纺织品及原料增加自身产品的多样性，同时也可以更好地把握时尚潮流。对中国进口竞争企业而言，进口关税的降低并未引起韩国纺织品及原料的大量涌入，不会受到十分严重的冲击。

九、鞋靴、伞等轻工产品

鞋靴、伞等轻工产品属于海关贸易产品分类中的第十二类，内容涵盖第64～67章。

2015年中国向韩国出口鞋靴、伞等轻工产品总额为13.5亿美元，占当年向韩国出口总额的1.5%，2019年出口额提高至14亿美元，占当年向韩国出口总额的1.3%；2015年中国自韩国进口鞋靴、伞等轻工产品总额为1.3亿美元，占当年自韩国进口总额的0.1%，2019年进口额上升至1.5亿美元，占当年自韩国进口总额的比重仍为0.1%。总体来看，中韩之间鞋靴、伞等轻工产品的贸易额平稳增长，在贸易总额中所占比重较低且比较稳定（见表2-31）。

表2-31　中韩自贸协定生效前后中国对韩国鞋靴、伞等轻工产品的贸易情况

2015年出口额（亿美元）	占比（%）	2019年出口额（亿美元）	占比（%）	2015—2019年出口额年均增长率（%）	2015—2019年占比变动（%）
13.5	1.5	14.0	1.3	1.0	−0.2
2015年进口额（亿美元）	占比（%）	2019年进口额（亿美元）	占比（%）	2015—2019年进口额年均增长率（%）	2015—2019年占比变动（%）
1.3	0.1	1.5	0.1	3.5	0.0

（一）韩国对鞋靴、伞等轻工产品的减税承诺

韩国在鞋靴、伞等轻工产品方面对中国承诺的零关税产品最终将占全部税目的95%。中韩自贸协定生效前没有中国鞋靴、伞等轻工产品可以享受零关税，生效当年零关税产品占全部税目的比重为63%，生效后第5年该比重提升至69%，第10年提升至94%，第15年降税过程结束，零关税产品占全部税目的比重达到最终值95%（见表2-32）。

表2-32　韩国对鞋靴、伞等轻工产品承诺的零关税商品占比变化

商品		基准税率（%）	第0年（%）	第5年（%）	第10年（%）	第15年（%）	第20年（%）
鞋靴、伞等轻工产品	第64章	0.00	59.62	63.46	90.38	90.38	90.38
	第65章	0.00	62.50	68.75	100.00	100.00	100.00
	第66章	0.00	72.73	81.82	90.91	100.00	100.00
	第67章	0.00	66.67	76.19	100.00	100.00	100.00
	合计	0.00	63.00	69.00	94.00	95.00	95.00

当前已有占全部税目近七成的鞋靴、伞等轻工产品出口到韩国可以享受零关税，因此中韩自贸协定给相关中国出口企业带来的红利已经得到一定程

度的释放。但这并未引起此类产品对韩出口的快速增长,因此相关出口企业应当加强对该协定的利用,为自己赢得更大规模的韩国市场。

(二)中国对鞋靴、伞等轻工产品的减税承诺

中国承诺最终将对所有原产自韩国的鞋靴、伞等轻工产品实施零关税。中韩自贸协定生效前同样没有原产自中国的鞋靴、伞等轻工产品能够享受零关税,生效当年及第5年仍然没有韩国鞋靴、伞等轻工产品可以享受零关税,而第10年可以享受零关税产品的比重迅速提升至44.93%,第15年提升至55.07%,第20年降税过程结束,全部原产自韩国的鞋靴、伞等轻工产品都可以享受零关税(见表2-33)。

表2-33 中国对鞋靴、伞等轻工产品承诺的零关税商品占比变化

商品		基准税率(%)	第0年(%)	第5年(%)	第10年(%)	第15年(%)	第20年(%)
鞋靴、伞等轻工产品	第64章	0.00	0.00	0.00	43.59	43.59	100.00
	第65章	0.00	0.00	0.00	46.15	69.23	100.00
	第66章	0.00	0.00	0.00	100.00	100.00	100.00
	第67章	0.00	0.00	0.00	18.18	54.55	100.00
	合计	0.00	0.00	0.00	44.93	55.07	100.00

目前几乎没有来自韩国的鞋靴、伞等轻工产品可以享受零关税,这也从一定程度上解释了为何相关产品的进口额增长较慢。但从2024年1月1日起,将有超过四成的韩国鞋靴、伞等轻工产品可以实现零关税,这将为中国进口企业提供增加此类产品进口量的机会,建议相关企业加强对该协定的了解,尽快布局,以便在商业竞争中占据先机。对中国进口竞争企业来说,虽然此类产品的降税过渡期相对较长,但由于2024年1月1日零关税产品的占比突然提高,可能对国内市场产生一定冲击,相关企业需提前做好准备,避免由此引发的经营风险。

十、陶瓷、玻璃

陶瓷、玻璃属于海关贸易产品分类中的第十三类,内容涵盖第68~70章。

2015年中国向韩国出口陶瓷、玻璃的总额为26.5亿美元,占当年向韩国出口总额的2.9%,2019年出口额提高至27.1亿美元,占当年向韩国出口总额的比重下降至2.5%;2015年中国自韩国进口陶瓷、玻璃的总额为6.1亿美元,占当年自韩国进口总额的0.4%,2019年进口额上升至8.8亿美元,占当年自韩国进口总额的比重上升至0.7%。总体来看,在陶瓷、玻璃方面,中国对韩国的出口额要高于进口额,但出口额的增长比进口额的增长更加缓慢(见表2-34)。

表2-34 中韩自贸协定生效前后中国对韩国陶瓷、玻璃的贸易情况

2015年出口额（亿美元）	占比（%）	2019年出口额（亿美元）	占比（%）	2015—2019年出口额年均增长率（%）	2015—2019年占比变动（%）
26.5	2.9	27.1	2.5	0.5	-0.4
2015年进口额（亿美元）	占比（%）	2019年进口额（亿美元）	占比（%）	2015—2019年进口额年均增长率（%）	2015—2019年占比变动（%）
6.1	0.4	8.8	0.7	9.9	0.3

（一）韩国对陶瓷、玻璃的减税承诺

韩国在陶瓷、玻璃方面对中国承诺的零关税产品最终将占全部税目的92.13%。中韩自贸协定生效前只有占全部税目0.29%的陶瓷、玻璃产品可以享受零关税,生效当年该比重提升至51.9%,生效后第5年该比重提升至72.59%,第10年提升至79.01%,第15年降税过程结束,零关税产品占全部税目的比重达到最终值92.13%(见表2-35)。

表2-35 韩国对陶瓷、玻璃承诺的零关税商品占比变化

商品		基准税率（%）	第0年（%）	第5年（%）	第10年（%）	第15年（%）
陶瓷；玻璃	第68章	0.00	66.29	77.53	89.89	96.63
	第69章	0.00	12.79	62.79	65.12	86.05
	第70章	0.60	64.29	75.00	80.36	92.86
	合计	0.29	51.90	72.59	79.01	92.13

当前出口到韩国的陶瓷、玻璃产品已有超过七成可享受零关税,韩国对

中国陶瓷、玻璃的减税承诺已完成大半,但中国对韩国的陶瓷、玻璃出口额却增长缓慢。一方面这可能源自相关中国企业对中韩自贸协定的利用率较低;另一方面也可能是因为韩国至今仍对原产自中国的瓷砖和浮法玻璃征收反倾销税。因此,中国出口企业应当加强对该协定的理解与应用,同时,在遭遇反倾销措施时及时应诉,并通过价格承诺规避高额反倾销税。

(二)中国对陶瓷、玻璃的减税承诺

中国在陶瓷、玻璃方面对韩国承诺的零关税产品最终将占全部税目的94.24%。中韩自贸协定生效前只有占全部税目0.52%的陶瓷、玻璃产品可以享受零关税,生效当年零关税陶瓷、玻璃产品占全部税目的比重仅为1.57%,生效后第5年该比重提升为16.75%,第10年提升为69.63%,第15年提升为78.01%,第20年降税过程结束,零关税产品占全部税目的比重达到最终值94.24%(见表2-36)。

表2-36 中国对陶瓷、玻璃承诺的零关税商品占比变化

商品		基准税率(%)	第0年(%)	第5年(%)	第10年(%)	第15年(%)	第20年(%)
陶瓷;玻璃	第68章	0.00	0.00	14.86	68.92	75.68	91.89
	第69章	0.00	0.00	25.81	74.19	77.42	100.00
	第70章	1.16	3.49	15.12	68.60	80.23	94.19
	合计	0.52	1.57	16.75	69.63	78.01	94.24

中国对来自韩国的陶瓷、玻璃产品承诺的降税过程较为缓慢,当前仅有占全部税目16.75%的陶瓷、玻璃产品可以享受零关税,但中国对韩国相关产品的进口额却显著提高。因此,中国进口企业不仅拥有较为充足的时间进行商业布局,从中韩自贸协定中可能获得的红利也相当可观。相关进口企业应当把握机会,积极利用该协定引进韩国陶瓷、玻璃产品,提升自己的经济效益,同时丰富中国国内商品种类。中国进口竞争企业则可能面临着较大的市场冲击,相关企业应当着力提升产品质量,保持市场占有率,避免遭受较大损失。

十一、贱金属及其制品

贱金属及其制品属于海关产品分类中的第十五类,内容涵盖第72～83章。2015年中国向韩国出口贱金属及其制品总额为128亿美元,2019年出口额降低至122.4亿美元,年均增长率为-1.1%,占当年对韩国出口总额的比重也从2015年的14.2%下降到2019年的11.4%;2015年中国自韩国进口贱金属及其制品总额为73.8亿美元,2019年进口额为79.4亿美元,年均增长率为1.8%,2019年中国自韩国进口贱金属及其制品占其对中国出口总产品的比重为5.8%(见表2-37)。

表2-37 中韩自贸协定生效前后中国对韩国贱金属及其制品的贸易情况

2015年出口额 (亿美元)	占比(%)	2019年出口额 (亿美元)	占比(%)	2015—2019年出口 额年均增长率(%)	2015—2019年 占比变动(%)
128.0	14.2	122.4	11.4	-1.1	-2.8
2015年进口额 (亿美元)	占比(%)	2019年进口额 (亿美元)	占比(%)	2015—2019年进口 额年均增长率(%)	2015—2019年 占比变动(%)
73.8	5.4	79.4	5.8	1.8	0.4

(一)韩国对贱金属及其制品的减税承诺

韩国在贱金属及其制品方面对中国承诺的零关税产品最终将占全部税目的98.74%。中韩自贸协定生效前只有占税目39.61%的中国贱金属及其制品可以享受零关税,生效当年零关税贱金属及其制品占全部税目的比重就上升至66.76%,生效后第5年该比重提升至70.53%,第10年提升至90.14%,第15年进一步提升至98.65%,第20年降税过程结束,零关税产品占全部税目的比重达到最终值98.74%(见表2-38)。

表2-38 韩国对贱金属及其制品承诺的零关税商品占比变化

商品		基准税率(%)	第0年(%)	第5年(%)	第10年(%)	第15年(%)	第20年(%)
贱金属及 其制品	第72章	91.94	97.10	99.03	100.00	100.00	100.00
	第73章	49.05	78.10	83.33	92.86	97.14	97.14
	第74章	6.90	12.64	14.94	77.01	97.70	97.70

续　表

商品		基准税率(%)	第0年(%)	第5年(%)	第10年(%)	第15年(%)	第20年(%)
贱金属及其制品	第75章	14.81	44.44	48.15	77.78	96.30	96.30
	第76章	1.67	3.33	3.33	66.67	93.33	95.00
	第77章	—	—	—	—	—	—
	第78章	5.00	45.00	75.00	100.00	100.00	100.00
	第79章	5.26	31.58	73.68	100.00	100.00	100.00
	第80章	7.14	42.86	92.86	100.00	100.00	100.00
	第81章	9.09	48.86	52.27	92.05	100.00	100.00
	第82章	0.00	61.22	71.43	87.07	99.32	99.32
	第83章	0.00	88.68	90.57	98.11	100.00	100.00
	合计	39.61	66.76	70.53	90.14	98.65	98.74

虽然当前已经有七成出口到韩国的贱金属及其制品可以享受零关税，但中国向韩国出口该类产品的金额却并未增长。这种现象的原因，一方面与韩国对中国钢铁制品频繁实施反倾销措施有关；另一方面也可能是中国出口企业对中韩自贸协定利用率不足导致的。因此中国出口企业应当积极理解、掌握和运用该协定，扩展韩国市场，同时也需要积极应对韩国可能发动的反倾销调查。

（二）中国对贱金属及其制品的减税承诺

中国在贱金属及其制品方面对韩国承诺的零关税产品最终将占全部税目的91.40%。中韩自贸协定生效前只有占税目0.53%的韩国贱金属及其制品可以享受零关税，生效当年该比重上升为20.37%，生效后第5年该比重提升至46.56%，第10年提升至76.46%，第15年进一步提升至87.70%，第20年降税过程结束，零关税产品占全部税目的比重达到最终值91.40%（见表2-39）。

《中国—韩国自由贸易协定》商务应用指南

表2-39　中国对贱金属及其制品承诺的零关税商品占比变化

商品		基准税率(%)	第0年(%)	第5年(%)	第10年(%)	第15年(%)	第20年(%)
贱金属及其制品	第72章	1.90	26.07	37.91	68.25	82.46	84.36
	第73章	0.00	9.82	35.58	66.87	80.98	90.80
	第74章	0.00	37.50	68.75	85.00	95.00	96.25
	第75章	0.00	33.33	83.33	100.00	100.00	100.00
	第76章	0.00	7.55	41.51	67.92	92.45	98.11
	第77章	—	—	—	—	—	—
	第78章	0.00	22.22	88.89	100.00	100.00	100.00
	第79章	0.00	33.33	75.00	91.67	100.00	100.00
	第80章	0.00	18.18	81.82	90.91	100.00	100.00
	第81章	0.00	44.59	89.19	97.30	97.30	97.30
	第82章	0.00	0.00	24.69	80.25	87.65	87.65
	第83章	1.90	0.00	13.16	78.95	86.84	97.37
	合计	0.53	20.37	46.56	76.46	87.70	91.40

虽然目前可以享受零关税的韩国贱金属及其制品占总税目的比重不足一半，但中国自韩国进口相关商品的金额却明显增长，这说明韩国企业更加善于利用中韩自贸协定为自己扩大市场。中国进口企业在与韩国企业合作的过程中，需要更好地把握该协定具体规则，以便在商业谈判中不落下风。对中国进口竞争企业来说，目前韩国贱金属及其制品进口额的增长较为平缓，并不会引起国内市场的巨大波动。

案例：威海某电子有限公司享惠中韩自贸协定

2019年7月22日，威海某电子有限公司向青岛海关下属威海海关申报进口铁芯268千克，企业申报时提供中韩自贸协定原产地证书编号，点击报关单申报后系统自动按照该协定税率计征税款，关税税率由8%降至零，企业申报几秒钟之后该报关单就实现了通关放行，仅此一票货物，企业享受减免税款1.2万元。

十二、机电产品

机电产品属于海关产品分类中的第十六类,内容涵盖第84～85章。

2015年中国向韩国出口机电产品总额为418.7亿美元,2019年出口额提高至538.5亿美元,年均增长率为6.5%,2019年中国向韩国出口机电产品占向韩国出口总产品的比重为50.2%。2015年中国自韩国进口机电产品总额为677.9亿美元,2019年进口额提高为707.8亿美元,年均增长率为1.1%,2019年中国自韩国进口机电产品占其自韩国进口总产品的比重为52.0%(见表2-40)。

表2-40 中韩自贸协定生效前后中国对韩国机电产品的贸易情况

2015年出口额（亿美元）	占比（%）	2019年出口额（亿美元）	占比（%）	2015—2019年出口额年均增长率（%）	2015—2019年占比变动（%）
418.7	46.4	538.5	50.2	6.5	3.8
2015年进口额（亿美元）	占比（%）	2019年进口额（亿美元）	占比（%）	2015—2019年进口额年均增长率（%）	2015—2019年占比变动（%）
677.9	49.4	707.8	52.0	1.1	2.6

机电产品是中韩间贸易往来的主要产品。从中韩贸易产品结构来看,中国向韩国出口和中国自韩国进口产品均以机电产品为主,中国是韩国进口机电产品贸易额最大的国家。机电产品属于资本和技术密集型产业,中国的机电产品呈现出较快的发展趋势,逐渐形成较强的竞争力。

(一)韩国对机电产品的减税承诺

韩国在机电产品方面对中国承诺的零关税产品最终将占全部税目的99.51%,其中,中韩自贸协定生效前零关税产品占全部税目的比重为27.25%,生效当年零关税产品占全部税目的61.69%,生效后第5年零关税产品占全部税目的69.18%,第10年零关税产品占全部税目的89.43%,第15年零关税产品占全部税目的99.41%,第20年及以后零关税产品占全部税目的比重将达到最高的99.51%。除第84章部分产品外,中国企业出口至韩国的所有机电产品都将自该协定生效后的第20年(2034年1月1日)起享受零关税(见表2-41)。

表2-41　韩国对机电产品承诺的零关税商品占比变化

商品		基准税率(%)	第0年(%)	第5年(%)	第10年(%)	第15年(%)	第20年(%)
机电产品	第84章	23.98	63.55	74.10	93.69	99.20	99.20
	第85章	32.41	58.76	61.41	82.72	99.75	100.00
	合计	27.25	61.69	69.18	89.43	99.41	99.51

对中国出口企业而言，向韩国出口机电产品目前已经可以部分享惠，且在未来几年将有更多产品享受零关税。也就是说，中国相关出口企业仍有充足的时间进行布局，未来将大有可为。

（二）中国对机电产品的减税承诺

中国在机电产品方面对韩国承诺的零关税产品最终将占全部税目的87%。其中，中韩自贸协定生效前零关税产品占全部税目的比重为18.86%，生效当年零关税产品占全部税目的24.24%，生效后第5年零关税产品占全部税目的38.32%，第10年零关税产品占全部税目的68.15%，第15年零关税产品占全部税目的80.40%，第20年及以后零关税产品占全部税目的比重将达到最高的87%（见表2-42）。

表2-42　中国对机电产品承诺的零关税商品占比变化

商品		基准税率(%)	第0年(%)	第5年(%)	第10年(%)	第15年(%)	第20年(%)
机电产品	第84章	13.46	20.69	37.72	70.54	82.67	88.38
	第85章	29.37	31.15	39.48	63.49	75.99	84.33
	合计	18.86	24.24	38.32	68.15	80.40	87.00

不难看出，相比韩国，中国对机电产品设置了更长的降税过渡期限。对中国进口企业而言，虽然中国承诺的关税减让过程更加漫长，但从2034年1月1日起将有占全部机电产品税目87%的产品可以享受零关税，相关企业最终能享受到很大的税收优惠。建议相关企业积极利用降税过渡期，有计划地开拓国内销售市场，同时与相关韩国企业建立可靠的合作关系，充分利用中韩自贸协定带来的红利。

在机电产品领域，中韩两国都有着各自的优势，但从总体上看，韩国机电产品的技术含量较高，竞争力也较强，但中国进口竞争企业不必太担心关税减让带来的冲击。一方面，中国所承诺的降税过渡期较长，过程也较平缓，不会出现进口产品价格大幅度降低的情况；另一方面，机电产品的核心竞争力并不集中在价格上，而更多体现在性能方面。当然，也建议与进口产品存在竞争关系的企业利用较长的降税过渡期，积极推动自身产品的技术进步，从而赢得与韩国机电产品的市场争夺战。

案例：西藏首票享受中韩自贸协定货物通关

2016年10月，西藏某企业从韩国进口的一批制氧器材在拉萨海关顺利通关，因享受关税减免优惠而减少了企业的进口成本。这批制氧器材总值362.74万元，从韩国直接运输至中国境内。该批货物可享受中韩自贸协定项下10.4%的协定关税税率，与最惠国税率相比，降低了2.6个百分点，使得该票货物少缴关税、增值税15万元。

十三、运输设备

运输设备属于海关产品分类中的第十七类，内容涵盖第86～89章。

2015年中国向韩国出口运输设备总额为20.5亿美元，2019年出口额提高至22.9亿美元，年均增长率为2.8%，2019年中国向韩国出口运输设备占向韩国出口总产品的比重为2.1%；2015年中国自韩国进口运输设备总额为68.6亿美元，2019年进口额降至27.4亿美元，年均减少20.5%，2019年中国自韩国进口机电产品占其自韩国进口总产品的比重也降低了3.0%（见表2-43）。

表2-43 中韩自贸协定生效前后中国对韩国运输设备的贸易情况

2015年出口额（亿美元）	占比（%）	2019年出口额（亿美元）	占比（%）	2015—2019年出口额年均增长率（%）	2015—2019年占比变动（%）
20.5	2.3	22.9	2.1	2.8	-0.2
2015年进口额（亿美元）	占比（%）	2019年进口额（亿美元）	占比（%）	2015—2019年进口额年均增长率（%）	2015—2019年占比变动（%）
68.6	5.0	27.4	2.0	-20.5	-3.0

(一)韩国对运输设备的减税承诺

韩国在运输设备方面对中国承诺的零关税产品最终将占全部税目的90.69%。其中,中韩自贸协定生效前零关税产品占全部税目的比重为24.02%,生效当年零关税产品占全部税目的29.13%,生效后第5年零关税产品占全部税目的33.93%,第10年零关税产品占全部税目的73.87%,第15年这一比重上升到89.49%,第20年减税过程结束,零关税产品占全部税目的比重将达到最高的90.69%(见表2-44)。

表2-44　韩国对运输设备承诺的零关税商品占比变化

商品		基准税率(%)	第0年(%)	第5年(%)	第10年(%)	第15年(%)	第20年(%)
运输设备	第86章	29.17	31.25	41.67	60.42	87.50	89.58
	第87章	5.21	13.02	13.54	64.58	84.90	86.46
	第88章	83.67	83.67	83.67	100.00	100.00	100.00
	第89章	34.09	36.36	59.09	100.00	100.00	100.00
	合计	24.02	29.13	33.93	73.87	89.49	90.69

随着韩国减税进程的逐步推进,将有越来越多原产自中国的运输设备可以享受到零关税。这对中国来说,是推动运输设备走出国门的绝佳机会,相关企业应当主动利用中韩自贸协定降低出口成本,进而赢得更广泛的国际市场。

(二)中国对运输设备的减税承诺

中国在运输设备方面对韩国承诺的零关税产品最终将占全部税目的76.79%。其中,中韩自贸协定生效前零关税产品占全部税目的比重为0.29%,生效当年这一比重提升至11.17%,生效后第5年提升至16.62%,第10年提升至29.80%,第15年进一步提升到64.18%,第20年减税过程结束,零关税运输设备占全部税目的比重将达到最高的76.79%(见表2-45)。

表2-45 中国对运输设备承诺的零关税商品占比变化

商品		基准税率（%）	第0年（%）	第5年（%）	第10年（%）	第15年（%）	第20年（%）
运输设备	第86章	0.00	53.66	80.49	100.00	100.00	100.00
	第87章	0.00	0.00	3.23	18.15	50.40	68.15
	第88章	5.56	94.44	94.44	100.00	100.00	100.00
	第89章	0.00	0.00	0.00	0.00	95.24	95.24
	合计	0.29	11.17	16.62	29.80	64.18	76.79

虽然当前零关税韩国运输设备占比已经较协定生效前有了较大幅度的提高，但中国自韩国进口运输设备却出现了大幅下降。这很可能是因为韩国相关企业主要通过在中国进行直接投资来生产运输设备，如韩国品牌的汽车往往以合资的形式直接在中国进行生产。对中国进口企业来说，中韩自贸协定能大幅降低进口成本，有较大的应用价值。对中国进口竞争企业而言，应当增加研发投入，在与外资品牌的竞争中逐渐提高自身能力，以适应未来更多的挑战。

十四、光学、钟表、医疗设备

光学、钟表、医疗设备产品属于海关贸易产品分类中的第十八类，内容涵盖第90～92章。

2015年中国向韩国出口光学、钟表、医疗设备产品总额为45.5亿美元，2019年出口额有所下降，为29.9亿美元，年均增长率为-9.9%，2019年中国向韩国出口光学、钟表、医疗设备产品占向韩国出口总产品的比重为2.8%，较2015年下降2.2%；2015年中国自韩国进口光学、钟表、医疗设备总额为192.9亿美元，2019年进口额减少到98.6亿美元，年均增长率为-15.4%，2019年中国自韩国进口光学、钟表、医疗设备占自韩国进口总产品的比重为7.2%，较2015年下降到6.9%（见表2-46）。

表2-46 中韩自贸协定生效前后中国对韩国光学、钟表、医疗设备的贸易情况

2015年出口额（亿美元）	占比（%）	2019年出口额（亿美元）	占比（%）	2015—2019年出口额年均增长率（%）	2015—2019年占比变动（%）
45.5	5.0	29.9	2.8	-9.9	-2.2

续表

2015年进口额（亿美元）	占比（%）	2019年进口额（亿美元）	占比（%）	2015—2019年进口额年均增长率（%）	2015—2019年占比变动（%）
192.9	14.1	98.6	7.2	-15.4	-6.9

（一）韩国对光学、钟表、医疗设备的减税承诺

韩国在光学、钟表、医疗设备方面对中国承诺的零关税产品最终将占全部税目的100%。其中，中韩自贸协定生效前零关税产品占全部税目的比重为16.72%，生效当年这一比重迅速提升至55.29%，生效后第5年提升至73.89%，第10年提升至99.32%，第15年减税过程结束，零关税光学、钟表、医疗设备占全部税目的比重将达到最高的100%（见表2-47）。

表2-47　韩国对光学、钟表、医疗设备承诺的零关税商品占比变化

商品		基准税率（%）	第0年（%）	第5年（%）	第10年（%）	第15年（%）	第20年（%）
光学、钟表、医疗设备	第90章	22.22	45.58	67.80	98.64	99.55	100.00
	第91章	0.00	87.36	93.10	100.00	100.00	100.00
	第92章	0.00	81.03	91.38	100.00	100.00	100.00
	合计	16.72	55.29	73.89	99.32	100.00	100.00

韩国对光学、钟表、医疗设备的降税过渡期很短，2024年1月1日起几乎全部原产自中国的相关产品都可以享受零关税。但从贸易额上可以看出，光学、钟表、医疗设备的出口额却出现了较大幅度的下降，抑制光学、钟表、医疗设备出口增长的主要矛盾并非关税，而是其他风险。因此，中国相关出口企业在利用好中韩自贸协定的同时，需要做好对不确定因素的预防，减少不确定性带来的损失。

（二）中国对光学、钟表、医疗设备的减税承诺

中国在光学、钟表、医疗设备方面对韩国承诺的零关税产品最终将占全部税目的90.33%。其中，中韩自贸协定生效前零关税产品占全部税目的比重为9.97%，生效当年这一比重提升至17.22%，生效后第5年提升至28.70%，

第10年提升至69.18%，第15年进一步提升到85.20%，第20年减税过程结束，零关税产品占全部税目的比重将达到最高的90.33%（见表2-48）。

表2-48 中国对光学、钟表、医疗设备承诺的零关税商品占比变化

商品		基准税率（%）	第0年（%）	第5年（%）	第10年（%）	第15年（%）	第20年（%）
光学、钟表、医疗设备	第90章	12.94	21.96	35.69	67.45	84.31	88.24
	第91章	0.00	1.85	1.85	79.63	90.74	100.00
	第92章	0.00	0.00	13.64	63.64	81.82	90.91
	合计	9.97	17.22	28.70	69.18	85.20	90.33

虽然中国对韩国光学、钟表、医疗设备的开放程度也很高，但协定生效后，从韩国进口相关产品的金额却大幅下滑，这说明同样的不确定性因素也对中国进口企业产生了影响。因此相关企业需要注意防范国际不确定性可能带来的损失，同时也要掌握好该协定的具体规则，以求在市场恢复时可以快人一步。对中国进口竞争企业而言，虽然韩国光学、钟表、医疗设备进口额近年来大幅下滑，但极有可能在市场恢复时凭借零关税突然涌入中国市场，从而对相关企业造成冲击，因此应当做好准备，防患于未然。

十五、家具、玩具、杂项制品

家具、玩具、杂项制品属于海关贸易产品分类中的第二十类，内容涵盖第94～96章。

2015年中国对韩国出口家具、玩具、杂项制品总额为30.7亿美元，2019年出口额提高至40.5亿美元，年均增长率为7.2%，2019年中国对韩国出口家具、玩具、杂项制品占对韩国出口总产品的比重为3.8%；2015年韩国对中国出口家具和玩具制品总额为7.2亿美元，2019年出口额有所下降，为4.6亿美元，年均增长率为-10.7%，2019年韩国对中国出口家具和玩具制品占其出口总产品的比重为0.3%（见表2-49）。

表2-49　中韩自贸协定生效前后中国对韩国家具、玩具、杂项制品的贸易情况

2015年出口额（亿美元）	占比（%）	2019年出口额（亿美元）	占比（%）	2015—2019年出口额年均增长率（%）	2015—2019年占比变动（%）
30.7	3.4	40.5	3.8	7.2	0.4
2015年进口额（亿美元）	占比（%）	2019年进口额（亿美元）	占比（%）	2015—2019年进口额年均增长率（%）	2015—2019年占比变动（%）
7.2	0.5	4.6	0.3	-10.7	-0.2

（一）韩国对家具、玩具、杂项制品的减税承诺

韩国在家具、玩具、杂项制品方面对中国承诺的零关税产品最终将占全部税目的99.64%。其中，中韩自贸协定生效前零关税产品占全部税目的比重为33.21%，生效当年这一比重提升为72.20%，生效后第5年提升至77.98%，第10年提升至97.83%，第15年减税过程结束，零关税产品占全部税目的比重将达到最高的99.64%（见表2-50）。

表2-50　韩国对家具、玩具、杂项制品承诺的零关税商品占比变化

商品		基准税率（%）	第0年（%）	第5年（%）	第10年（%）	第15年（%）
家具、玩具、杂项制品	第94章	55.06	60.67	62.92	95.51	98.88
	第95章	41.49	80.85	84.04	97.87	100.00
	第96章	4.26	74.47	86.17	100.00	100.00
	合计	33.21	72.20	77.98	97.83	99.64

韩国对原产自中国的家具、玩具、杂项制品的开放水平较高，2024年1月1日大多数中国相关产品就可以享受零关税。同时，中国对韩国出口家具、玩具、杂项制品的金额也在协定生效后快速增加，这说明相关中国出口企业对协定应用得较好。这些企业应当再接再厉，争取利用该协定红利获取更多利润。

（二）中国对家具、玩具、杂项制品的减税承诺

中国在家具、玩具、杂项制品方面对韩国承诺的零关税产品最终将占全部税目的97.28%。其中，中韩自贸协定生效前零关税产品占全部税目的比重

为34.24%,生效当年这一比重仍为34.24%,生效后第5年仅提升到34.78%,第10年提升至64.13%,第15年提升至75.54%,第20年减税过程结束,零关税产品占全部税目的比重将达到最高的97.28%(见表2-51)。

表2-51 中国对家具、玩具、杂项制品承诺的零关税商品占比变化

商品		基准税率(%)	第0年(%)	第5年(%)	第10年(%)	第15年(%)	第20年(%)
家具、玩具、杂项制品	第94章	58.33	58.33	60.00	68.33	91.67	98.33
	第95章	49.12	49.12	49.12	92.98	92.98	98.25
	第96章	0.00	0.00	0.00	35.82	46.27	95.52
合计		34.24	34.24	34.78	64.13	75.54	97.28

中国对韩国家具、玩具、杂项制品最终的开放水平也很高,但降税过渡期相对较长。当前仅有34.78%的相关产品可以享受零关税,与协定生效前相比变化不大,这也可以从一定程度上解释为中国自韩国进口家具、玩具、杂项制品不增反降。对中国进口企业而言,虽然中韩自贸协定在未来会带来更大范围的优惠,但这些优惠只有熟悉和掌握相关规则才能获取。对中国进口竞争企业而言,虽然中国在家具、玩具、杂项制品方面具有传统性优势,但协定带来大量零关税韩国产品,仍可能造成一定影响,相关企业需要未雨绸缪。

第四节 特殊安排

关税配额是征收关税与进口配额相结合的一种限制进口的措施。实行时要预先规定有关商品在一定时期内的关税配额,在配额以内进口的商品,给予低税或免税待遇,即适用优惠税率;对超过配额的进口商品征收较高的普通税率,甚至征收进口附加税或罚款。

中韩自贸协定第二章第14条新增国别关税配额管理规定:

"一、缔约方对附件2-A中所列的设立的国别关税配额,应按照关税及贸易总协定1994第十三条,为进一步明确,包括其解释性说明,世界贸易组织

《进口许可程序协定》和其他世界贸易组织协定予以实施和管理。二、缔约方应确保其关税配额管理措施和执行保持一致和透明,其实施或保持不得对另一缔约方形成歧视。"

在附件2-A削减或取消关税中,对韩国新增国别关税配额管理作出了规定:"韩方应对本协定下的特定原产货物实施新增国别关税配额,尤其是本附件包括的中方原产货物,应适用本附件规定的税率而非韩国协调关税税则第01~97章列明的税率。不论韩国协调关税税则作出何种其他规定,根据本附件,在本附件规定数量内的中方原产货物应被韩方准许入境。"该附件规定了应被准许免除关税入境的21种农水产品中方原产货物的总数量,超过总数量的关税减让按第"E"(即保持基准税率)类处理。

该协定中出现的新增国别关税配额产品共21种,包括大豆、芝麻、鱿鱼、马蹄螺等,均为农水产品,占超敏感产品的16%(见表2-52)。根据中韩自贸协定,新增国别关税配额数量内的中方原产货物免税入境,超过配额的实施较高的基准税率。此外,新增国别关税配额增加了配额,限制了产品出口韩国的机会。

表2-52 韩国新增国别关税配额产品名单

韩国协调关税税则2012	产品	数量(吨)
0301999020	河豚(活的)	140
0301999070	泥鳅(活的)	3200
0302899040	琵琶鱼(鲜或冷的)	17
0303440000	大眼金枪鱼(冻的)	270
0303899060	琵琶鱼(冻的)	1900
0307511000	章鱼和鱿鱼(活,鲜或冷的)	6100
0307591020	章鱼和鱿鱼(其他)	19400
0307714000	赤贝(活,鲜或冷的)	15800
0307791030	赤贝(冻的)	330
0307793020	赤贝(盐腌或盐渍的)	290
0713329000	赤豆(其他)	3000

续 表

韩国协调关税税则2012	产品	数量（吨）
1107100000	麦芽（未焙制）	5000
1108191000	其他淀粉（红薯）	5000
1201903000	大豆（豆芽用）*	3000
1201909000	大豆（其他）*	7000
1207400000	芝麻（种用）	24000
1605542091	调味鱿鱼	980
1605542099	鱿鱼（其他，加工或腌制）	1300
1605592090	马蹄螺（其他，加工或腌制）	7
1605639000	海蜇（其他，加工或腌制）	4
2308009000	植物原料、废料、残渣和副产品（其他）	38000

注：*韩国协调关税税则中税目1201903000和1201909000的新增国别关税配额应仅限于具有身份保持的供人类食用的大豆。（1）具有身份保持的大豆系指大豆运输中包含至少95%的任何单一品种的大豆，其他掺杂物不应超过1%。（2）具有身份保持的大豆应为非散装运输，或应为袋装或箱式运输。

由此可见，新增国别关税配额对于贸易自由化有一定的积极意义，但据中国企业反馈，新增国别关税配额的关税减免因韩方出台了新政策，在落地实施时大打折扣，企业并不能完全享受。韩方自2016年1月1日起实行限额竞标制度，要求进口商每半年进行一次竞标，并要求竞标企业缴纳免税货物总额8%～10%的保证金，在竞标限额内享受零关税待遇。另外，该制度占用了韩国进口商大量资金，部分进口商向国内出口商借款，加大了贸易风险。受此影响，2016年一季度，虽然有自贸协定关税优惠政策的强力推动，但中国对韩水产品出口仍下滑6.65%。

中国出口企业可从以下三个方面着手应对：

1. 韩国每年在其指定的公开网站上发布各关税配额的行政管理程序、利用率及剩余可用配额量，出口企业应充分利用优惠政策，规避因配额导致价格波动产生的贸易风险。

2. 积极参与中韩经贸交流合作活动，布局未来可能设立的中韩共建农产品示范区，充分利用检验检疫、认证、标准、原产地电子信息等方面的贸易自由化措施。

3. 充分利用政府部门在产业引导、自主品牌建设、资金扶持等方面给予的政策支持，促进自身加工贸易转型升级，打造新的产业链，提高产品附加值，逐步摆脱对价格优势的依赖。

第三章

《中国—韩国自由贸易协定》中的原产地规则解读及应用

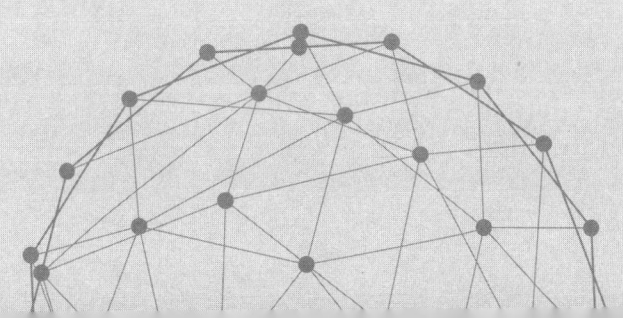

货物原产地,又被称为货物的"经济国籍",在中韩自贸协定货物贸易自由化的实施过程中,发挥着至关重要的作用。简而言之,该协定达成的优惠关税安排仅适用于原产于各缔约方的货物,而对于原产于非缔约方的货物具有排他性。在协定实施过程中,缔约方之间进出口货物是否具有享受优惠关税待遇的资格,要通过该协定确定的统一的原产地规则进行判定。只有满足原产地规则并且正确遵守相关程序性操作要求的货物,才能顺利享受中韩自贸协定的关税减免。

本章内容主要对中韩自贸协定第三章原产地规则和原产地实施程序进行深度解读。通过对本章的阅读,企业可以了解以下主要内容:

1. 中韩自贸协定具体有哪些原产地规则,实务中如何运用;

2. 中韩自贸协定项下原产地证书如何申领,有哪些实务操作规范;

3. 如何高效、顺利使用中韩自贸协定项下原产地证书,以及如何做好核查应对;

4. 企业如何应用中韩自贸协定原产地规则衍生出的应用策略辅助国际市场开拓,促进业务发展。

第一节　原产地规则深度解读

货物原产地，是货物生产、采集、饲养、提取、加工和制造的所在地，需要根据原产地规则进行科学判定。本节对原产地规则的解读从实务角度出发，采用逐条分析的方法，对中韩自贸协定第三章原产地规则（共计十四条）的重要概念、定义、法律原理和渊源及应用进行解释，同时采用案例解析的形式来阐述该条款在实务中对企业的重要意义。

原产地规则决定货物是否有资格享受优惠关税待遇。本节内容设定了货物获得中韩自贸协定原产资格的实体性判定标准，根据原产地标准和补充规则建立了一整套关于判定货物原产资格的规定。其中，原产地标准明确了原产货物的涵盖范围，列明了货物适用原产资格的具体条件。补充规则对累积、微小加工或者处理、微小含量、可互换材料、中性成分、运输要求等作出了规定。

一、定义

定义是原产地章节的重要组成部分，查阅定义是应用原产地条款的第一步。本节将从法律角度对原产地条款中的重要术语进行详细解读，辅助广大读者对中韩自贸协定原产地规则的理解。

【协定文本】

第3.1条　定义

就本章而言：

水产养殖是指对水生生物体的养殖，包括从卵、鱼苗、鱼虫和鱼卵等胚胎开始，养殖鱼类、软体类、甲壳类、其他水生无脊椎动物和水生植物等。养殖通过诸如规律的放养、喂养或防止捕食者侵袭等方式对饲养或生长过程进行干预，以提高蓄养群体的生产量。

授权机构是指根据出口方国内法律法规规定授权的原产地证书签发机构。

CIF是指包括运抵进口国进境口岸或地点的保险费和运费在内的进口货物价格。该价格应根据《海关估价协定》来确定。

FOB是指包括无论以何种运输方式将货物运抵最终外运口岸或地点的运输费用在内的船上交货价格。该价格应根据《海关估价协定》来确定。

可互换材料是指出于商业目的可以互换的材料,其性质实质相同,仅靠视觉观察无法加以区分。

公认的会计原则是指一缔约方有关记录收入、支出、成本、资产及负债、信息披露以及编制财务报表方面所认可的会计准则、共识,或者权威标准。上述准则既包括普遍适用的概括性指导原则,也包括详细的标准、惯例及程序。

货物是指任何商品、产品、物件,或者材料。

协调制度(HS)是指世界海关组织编制的《商品名称及编码协调制度》,包括总则、类注、章注。

材料是指组成成分、零件、部件、半组装件,及(或)以物理形式构成另一货物的组成部分或者用于生产另一货物的货物。

中性成分是指在另一货物的生产、测试或检验过程中使用,本身不构成该货物组成成分的货品。

非原产货物或者材料是指根据本章规定不具备原产资格的货物或者材料,包括原产地不明的货物或者材料。

原产货物或者材料是指根据本章规定具备原产资格的货物或材料。

运输用包装材料及容器是指运输期间用于保护货物的货品,零售所用的容器或包装材料除外。

生产商是指在一缔约方境内从事货物生产的人。

生产是指任意形式的作业或加工,包括货物的种植、饲养、开采、收获、捕捞、水产养殖、耕种、诱捕、狩猎、捕获、采集、收集、养殖、提取、制造、装配。

【条文解读】

中韩自贸协定原产地规则以"定义"开头,立法结构上符合世界各国优惠原产地规则立法的一般做法。第一条定义规定了中韩自贸协定原产地规则中所使用的各种术语的法律定义。术语的内容涉及国际法和国际公约中与主权、贸易、海关估价、编码协调制度和原产地有关的法律领域，同时涉及与货物的生产、销售和运输等有关的专业领域，涵盖范围广、专业性强。需要注意的是中韩自贸协定对术语的定义并非源于字典中词义或者文字性解释，而是具有法律约束力的法律解释。定义中的术语将在中韩自贸协定原产地规则中反复出现，每次出现时其含义均应当按照定义中的解释理解或者执行。企业只有熟悉定义中的各种术语，对术语所包含的相关专业知识有一定程度的了解，才能在适用原产地规则时增加确定性和准确性。

下面就上述协定条文逐条解读：

水产养殖是指对水生生物体的养殖，包括从卵、鱼苗、鱼虫和鱼卵等胚胎开始，养殖鱼类、软体类、甲壳类、其他水生无脊椎动物和水生植物等。养殖通过诸如规律的放养、喂养或防止捕食者侵袭等方式对饲养或生长过程进行干预，以提高蓄养群体的生产量。

【条文解读】

水产养殖定义是对水产养殖这种获得水生动植物的生产方式的详细界定。一是界定了该种生产方式的投入品，即苗种，包括但不限于卵、鱼苗、鱼虫和鱼卵。二是界定了具体的生产流程和工艺，包括规律的放养、喂食或防止捕食者侵袭。三是对水产养殖的最终产品进行了总结，即各种水生生物。通过上述三要素，不难判定企业所进行的生产加工是否属于水产养殖范畴。在掌握水产养殖定义时需注意该定义的目的是阐明中韩自贸协定原产地规则第3.4条完全获得或者生产的货物第（四）项中的水产养殖这一生产方式，也就是说如果产品的生产方式属于定义中的水产养殖并满足第四条第（四）项中"一缔约方"（境内）这一条件，则货物为"一缔约方"原产。

【案例解析】

中国某企业采用插杆式养殖方式在南通附近海域养殖紫菜并出口韩国。上述养殖方式从壳孢子放散开始，经过壳孢子采苗、出苗、小苗管理及促长、保质、减留等叶状体管理流程，直至最终收获。

问：以上述养殖方式获得的紫菜出口韩国是否能够获得中韩自贸协定项下的原产资格？

答：可以。根据中韩自贸协定原产地规则第3.1条定义中对于"水产养殖"的解释，本案例中紫菜的养殖为水产养殖。根据中韩自贸协定原产地规则第3.4条第（四）项的规定，上述养殖获得的紫菜属于在中国的内水或者领海通过水产养殖方式获得的货物，属于完全在中国获得的货物范畴，可获得中韩自贸协定项下原产货物资格。

授权机构是指根据出口方国内法律法规规定授权的原产地证书签发机构。

【条文解读】

授权机构（Authorized Body），实质为被授权签发原产地证书的机构。中华人民共和国海关总署2009年发布海关公告（海关总署公告2009年第45号），授权中国国际贸易促进委员会签发优惠原产地证书；根据《中华人民共和国进出口货物原产地条例》规定，中国国际贸易促进委员会及其地方机构为我国出口货物原产地证书签发机构之一，出口货物发货人可以向中国国际贸易促进委员会及其地方机构申领优惠贸易协定项下我国出口货物原产地证书。

CIF是指包括运抵进口国进境口岸或地点的保险费和运费在内的进口货物价格。该价格应根据《海关估价协定》来确定。

【条文解读】

中韩自贸协定原产地规则对到岸价格（CIF）的定义使企业在适用第五条（区域价值成分）中的公式（RVC公式）时能够准确判定非原产材料的价值。根据定义，到岸价格是指包括运抵进口国进境口岸或地点的保险费和运费在内的进口货物价格。该定义基于《海关估价协定》，符合世界主流的优惠原产地立法中的做法。

【案例解析】

中国某工厂从美国进口原材料组织生产并安排出口韩国。企业采用RVC

公式计算区域价值，在计算非原产成分价值时，将从美国进口的原材料从进口港运输至工厂的运费一并计算在内。该企业上述计算是否合理，将会对企业满足区域价值成分规则产生何种影响？

答：根据中韩自贸协定原产地规则第3.5条第二款第（一）项的规定，非原产材料价值为该材料进口时的到岸价格。根据协定原产地规则对到岸价格的定义，到岸价格不包括将从美国进口的原材料从进口港运输至工厂的国内运费部分。同时，中韩自贸协定原产地规则第3.5条第二款第（二）项规定："将货物运至生产商的运费、保险费、包装费和货物运至生产商过程中产生的其他运输相关费用应当从非原产材料价值中扣除。"企业若将国内运费计算在到岸价格内，在采用RVC公式计算区域价值时，将导致非原产材料价值偏大而公式分子偏小，对适用区域价值成分规则产生不利影响。

FOB是指包括无论以何种运输方式将货物运抵最终外运口岸或地点的运输费用在内的船上交货价格。该价格应根据《海关估价协定》来确定。

【条文解读】

企业在计算区域价值成分时，FOB价格是必要的参数，企业必须确定出口货物的FOB价格。同时，企业如果适用第八条（微小含量）规则，也需要确定FOB价格。实务中出口货物的FOB价格由企业与进口商以合同的方式约定。因此，出口企业通过销售合同、形式发票、商业发票等贸易单据即可确定货物的FOB价格。值得注意的是，实务中进出口双方很可能采用其他国际贸易术语，如工厂交货价、成本加运费价或者成本、保险费加运费价等，此时企业需要进行价格换算。

【案例解析】

中国某企业通常与进口方客户采用《国际贸易术语解释通则2020》（*Incoterms* 2020）中的成本、保险费加运费价（CIF）结算。在中韩自贸协定中，如企业需要计算区域价值成分以确定产品是否适用中韩自贸协定原产地规则，如何进行价格换算？

答：以到岸价格换算FOB价格的计算公式如下：

FOB 价 = 到岸价格 ×[1-（1+ 投保加成率）× 保险费率] - 运费

可互换材料是指出于商业目的可以互换的材料，其性质实质相同，仅靠视觉观察无法加以区分。

【条文解读】

可互换材料（Fungibles 或 Fungible Goods），又称为"可替代货物""替代物种"或"类物"等，多见于英美法系民商事法律法规中。例如，《美国商法典》第二章一般定义和解释原则中规定："可替代货物指根据行业性质或惯例，其任何组成部分等效于其他任何类似组成部分的货物；或者根据协议视作等效的其他货物。"又如《元照英美法词典》将该词表述为替代物种、类物，并将其定义为性质、特征相同，可按数量、度量、重量来估算并可互相替换的物品，属于动产范畴，如谷、酒、石油、金钱、证券等。

从世界范围内看，主流的自贸协定原产地规则中都会对可互换材料进行界定或说明。例如，《美墨加自贸协定》第四章原产地规则第4.1条（定义）中规定："可互换货物或材料是指为商业目的可互换的货物，其性质实质相同。"我国对外签订的自贸协定中也大多对可互换材料进行了界定或说明，强调其性质相同、可互换性以及在构成最终货品时的不可区分性。由于这些性质，使得在货物生产过程中，若生产商需要使用可互换货物或材料作为生产投入品生产最终货品，则通常不必关心其个体属性差异，对其集中储存，共同使用。

例如，某人将100包小麦存放在粮仓中，日后当他想制作面包而从粮仓取出小麦时，他只关心是否取出100包品种和质量与当初存入时相同的小麦，并不关心是否是他当初存入的那100包小麦。另外，生活和生产中可互换货物的例子也随处可见。例如，现金是可互换货物，面值100元的一张人民币可以与任何其他面值100元的人民币互换（假币除外）。原油为可互换货物，一桶西德州中级原油可与任何一桶相同种类和等级的原油互换。相比之下，钻石不是可互换货物，因为每一颗钻石的切割工艺、成色、等级、大小都有可能不同，难以互换。

公认的会计原则是指一缔约方有关记录收入、支出、成本、资产及负债、信息披露以及编制财务报表方面所认可的会计准则、共识，或者权威标准。上述准则既包括普遍适用的概括性指导原则，也包括详细的标准、惯例及程序。

【条文解读】

企业在适用中韩自贸协定原产地规则进行价值计算时，会遇到成本核算以及成本的记录和保存问题。此时需要使用普遍接受或官方认可的会计准则。就我国而言，会计准则是指财政部于2006年2月15日发布的《企业会计准则》（财政部令第33号）。该准则自2007年1月1日起施行，在上市企业内施行，其他企业则是倡导执行，共包含了38条规则，并于2012年和2014年进行了调整和修订。《企业会计准则》包括基本准则、具体准则和应用指南，对企业财务会计的一般要求和主要方面作出了原则性的规定，为制定具体准则和会计制度提供了依据。

货物是指任何商品、产品、物品，或者材料。

【条文解读】

本条中的货物应做广义解释。包括但不限于：生产中投入的材料或物品，通过生产获得的产品，商品流通环节的各类商品。简单而言，在原产地判定中，货物与商品、产品、物品，或者材料等表达均为同义词，可以互换。就中韩自贸协定原产地规则而言，货物只有两种类型：原产货物和非原产货物。

协调制度（HS）是指世界海关组织编制的《商品名称及编码协调制度》，包括总则、类注、章注。

【条文解读】

协调制度在原产地规则中主要被用来确定原产地，而其之所以适合被用来确定原产地主要在于其基本结构。协调制度结构主要包括下面四个层次：第一层次为类，货物共分为21大类；类下面是章（2位数级），共有97章，原则上，章是按照产业部门进行划分的；章下面设有品目（4位数级），原则上，每一章的品目按产品的加工程度顺序排列；品目又分为子目（6位数级）。其中，HS的品目和子目是HS最主要的组成部分。

在中韩自贸协定原产地规则第3.1条对协调制度（HS）定义中没有明确商品名称及编码协调制度的版本，但该协定附件3-A产品原产地特定规则第一部分总体解释性说明第一条规定："本附件的产品特定规则依据2012版《协调制度》制定。如与世界海关组织制定的《协调制度》法定条文中的商品描述不一致，应当以《协调制度》的商品描述为准。"

中韩自贸协定原产地规则对货物原产地判定中会涉及章改变、品目改变和子目改变。根据该协定附件3-A产品原产地特定规则第一部分总体解释性说明中规定："章改变指货物生产中使用的所有非原产材料发生了前两位税则归类编码的改变；品目改变指货物生产中使用的所有非原产材料发生了前四位税则归类编码的改变；子目改变指货物生产中使用的所有非原产材料发生了前六位税则归类编码的改变。"

材料是指组成成分、零件、部件、半组装件，及（或）以物理形式构成另一货物的组成部分或者用于生产另一货物的货物。

【条文解读】

材料在成品的生产过程中通常作为投入品（input）用于各种制造、加工或装配。材料通常包括组分、零件、部件、半组装件等。零件是指用来装配成机器、工具等的单个制件，是机械制造过程中的基本单元。例如，内燃机用的曲轴、齿轮、螺母等都属于内燃机的零件。部件是指机器的一个组成部分，由若干零件装配而成。例如，内燃机冷却系统用水泵属于内燃机的一个部件；空调所使用的压缩机属于空调的一个部件。企业在适用中韩自贸协定原产地规则时，通常需要对材料的价值、税则归类以及加工工序做详细的确定，因此，材料的概念显得非常重要。

就实务而言，企业还需要注意材料的相对性。材料流动于生产过程中，在每一个生产环节，都可能有材料的投入。从供应链的角度，材料分为两种：一是主材料（Primary Material），指在供应链中某个生产环节所投入的原材料。二是次材料（Secondary Material），指在供应链中某个生产环节中用于生产主材料所投入的原材料。主材料、次材料均为相对概念，供应链中某个环节的主材料有可能是后一个环节的次材料。主材料、次材料的概念通常被用于产品对原产地的判定和溯源中。

中性成分是指在另一货物的生产、测试或检验过程中使用，本身不构成该货物组成成分的货品。

【条文解读】

中性成分（Neutral Elements），又称间接材料（Indirect Material），一般指在产品生产过程中所使用的能源、燃料、工具、机器设备等材料，这些材料虽然用于生产，但并非最终产品的组成部分。

非原产货物或者材料是指根据本章规定不具备原产资格的货物或者材料，包括原产地不明的货物或者材料。

原产货物或者材料是指根据本章规定具备原产资格的货物或材料。

【条文解读】

上述两条定义是成对概念，因此放在一起解读。这里的"本章规定"指的是中韩自贸协定第三章原产地规则中界定原产资格的各种规定。简单地说，企业的货物如果满足原产地规则的各种规定，即可被认定为该协定下的原产，享受原产货物的关税减让优惠，反之则无法享受。可见，在中韩自贸协定原产地规则的语境下，货物和材料对企业唯一的重要性在于，其是非原产还是原产。

【实务指导】

1. 企业在适用中韩自贸协定原产地规则时，需要确定的第一个问题往往就是，货物中是否含有非原产材料？对这一问题，实务中企业往往理解为，货物中是否含有进口材料？反之，企业也经常将"国产材料"等同于"原产材料"。这种理解是否准确？

答：上述理解是不准确的。产生这样的理解，说明我国企业对中韩自贸协定原产地规则尚未完全融会贯通。首先，进口成分的范围要超过非原产成分。例如，企业在生产出口韩国货物的过程中进口了韩国原产的原材料。企

《中国—韩国自由贸易协定》商务应用指南

业往往将其认为是"进口材料",殊不知根据该协定原产地规则第六条(累积)(本节后续将详细解读),上述韩国"进口材料"并不是"非原产材料",而应视为"原产材料"。其次,以中国企业的视角,"国产材料"的范围小于"原产材料"的范围。企业理解的"国产材料"通常是完全在中国生产的产品,不包含他国成分。而"原产材料"并不排斥该材料中有他国成分的存在。只要他国原产成分在中国生产的过程中,满足中韩自贸协定原产地规则,所得到产品即可转化为"原产材料"。

2.中韩自贸协定原产地规则中经常出现"非原产货物或非原产材料"的表达,在企业对原产地规则并不完全理解和掌握的情况下,能否提供简单易懂的表述,让企业理解上述表达中的重要含义?

答:从实务的角度,为便于企业理解,可采用"进口材料"指代"非原产货物或非原产材料"。但应注意:进口材料不包括从韩国进口的材料。如果生产中使用了从韩国进口的材料,应当将之视作原产材料。

运输用包装材料及容器是指运输期间用于保护货物的货品,零售所用的容器或包装材料除外。

【条文解读】

运输用包装材料及容器主要是为了区别本条中提及的零售用包装及容器。本条款规定零售用的包装及容器在一定条件下将进入原产地的判定流程中,而运输用包装材料及容器将被排除在原产地判定流程之外。

中韩自贸协定并没有关于"零售用包装及容器"的定义,因为目前尚无对于零售包装的权威解释。零售货品的销售对象通常是最终的消费者,其包装上通常有商品名称、商标、生产厂家、成分及使用方法介绍等信息,其数量通常是较少的,与最终消费者的消费习惯相适应。实际工作中,通常从其销售对象、包装形状和包装数量等几个方面来考虑是否为零售包装,如商品为销售给个人消费者或家庭使用而设计的包装。

生产商是指在一缔约方境内从事货物生产的人。

【条文解读】

生产商定义中的"人"的概念为法律概念。根据中韩自贸协定第一章相关条款,这里的人指自然人或法人,或根据国内法成立的其他任何实体;其中,法人是指根据适用法律组建或组织的任何实体,无论是否以营利为目的,无论属私营所有还是政府所有,包括任何公司、信托、合伙企业、合资企业、独资企业、协会或类似组织。生产商可以根据中韩自贸协定第3.15条(原产地证书)向出口缔约方的签证机构申请签发原产地证书。

根据该协定原产地规则,生产商还需承担某些义务,包括:

根据第3.20条(文件保存要求),生产商或出口商自原产地证书签发之日起3年内保存原产地相关文件。这些文件包括但不限于如下记录:(一)货物的购买记录、成本及价值组成,或者支付记录;(二)用于生产货物的所有材料(包括中性成分)的购买记录、成本及价值组成,或者支付记录;(三)形成货物出口时状态的生产记录;(四)各缔约方法律法规要求的其他记录。为确保迅速检索,出口商、生产商、进口商或授权机构可以根据各成员方国内法规的规定选择任意媒体介质保存第一款至第三款所述的记录,媒体介质包括但不限于数字、电子、光学、磁性或者书面等形式。

根据第3.23条(核查),配合进行原产地核查,如应进口缔约方主管部门书面要求提供补充信息;在收到书面核查要求之日起至少30日但不超过90日内答复;协助进口缔约方对经营场所进行核查访问等。

生产是指任意形式的作业或加工,包括货物的种植、饲养、开采、收获、捕捞、水产养殖、耕种、诱捕、狩猎、捕获、采集、收集、养殖、提取、制造、装配。

【条文解读】

本条对于生产的定义实际上是按照生产的复杂程度对生产加工方式进行了分类,向企业展现了货物形形色色的生产过程。表3-1分析了"生产"定义中列举的生产方法,同时结合材料定义列举了不同生产方法下使用的材料和成品类别。

表3-1 不同生产方法使用的材料和成品类别

生产方法	投入品（材料）	成品（获得品）
种植、收获、收集、采集	不适用	谷物及谷物制品；蔬菜及水果；咖啡、茶、可可、香料及其制品；牲畜饲料；烟草及烟草制品
开采、提取	不适用	原矿物；金属矿；煤、焦炭及煤砖；石油、石油产品及有关原料；天然气
捕获、捕捞、水产养殖	不适用	鱼（非海洋哺乳动物）、甲壳动物、软体动物和水生无脊椎动物
饲养、繁殖、诱捕、狩猎	不适用	活动物
制造、生产、加工或装配	组分、零件、部件、半组装件及/或已实际上构成另一货物部分或已用于另一货物生产过程的货物	《国际贸易标准分类》第2部门至第9部门的商品

企业在适用中韩自贸协定原产地规则时，需要对货物的生产过程有一定程度的了解。同时，由于证明原产地的主要文件、单据和信息均来自生产环节，企业还需要在原产地信息方面与生产商加强合作。

二、原产货物

本条是本章的引领性条款，明确了可被视为原产货物的三类情况，货物符合其中之一即可获得中韩自贸协定原产资格。

【协定文本】

第3.2条 原产货物

除本章另有规定外，符合下列情况的货物应当视为原产于一缔约方：

（一）该货物是根据本章第四条的规定，在一缔约方完全获得或者生产；

（二）该货物在生产中全部使用原产材料，并完全在一缔约方生产；或者

（三）该货物在生产中使用了非原产材料，并完全在一缔约方生产，且货物符合附件3-A。

并且货物满足本章其他适用的规定。

【条文解读】

本条说明了何种货物满足何种规则时将具备原产货物资格。本条以描述

的方式对货物进行了分类：第一类是完全获得或者生产的货物；第二类是仅使用原产材料生产的货物；第三类是使用非原产材料生产的货物。

对于第一类货物，中韩自贸协定设定了完全获得或生产货物的清单。（详见第四条解读）

对于第二类货物，中韩自贸协定原产地规则第3.2条第（二）项仅作了原则性规定，实质包含了吸收规则的概念。根据本项，仅由原产材料生产的货物包括完全采用国产原材料生产的高级加工品和完全采用原产原材料生产的高级加工品。所谓高级加工品，指的是《国际贸易标准分类》第2～9部门的商品。这些商品的生产方法通常为制造、加工或装配。生产中的投入品通常为组分、零件、部件、半组装件或已实际上成为另一货物的一部分或已用于另一货物生产过程的货物。我国企业通常采用"国产"一词指代在我国境内生产加工的产品。因此，如果出口韩国的货物和其原材料能被证明都是在我国境内生产的，则该货物即为原产材料生产的货物。然而企业往往会忽视一个问题，原产原材料不等于国产原材料，可以含有进口成分，只要满足该协定原产地规则即可成为原产原材料。

对于第三类货物，中韩自贸协定设定了产品特定原产地规则清单，详细规定了每种产品应当适用的原产地规则。

【实务指导】

问：我公司产品不属于完全获得的货物的范围，也没有使用非原产材料（进口材料），应如何判定原产地？

答：可适用本条第（二）项，判断货物是否属于仅使用原产材料生产的货物，具体方法如下：

1. 完全生产规则适用于产业链有一定纵深（上游原材料→中间产品→下游成品），生产过程中需要投入中间产品的高级加工品。

2. 可采用原产地追溯方法，确定从原材料、零部件到成品的最后一道实质性加工工序。所谓实质性加工工序指的是该工序不能是第3.7条第一款第（一）项到第（十八）项所界定的微小加工工序（详见微小加工条款的解读）。如果是微小加工，须继续向前追溯。

3. 确定最后一道实质性加工工序后,进一步确定在此加工工序中所投入的原材料是否均为原产原材料。如在此加工工序中所投入的原材料均为原产原材料,则适用完全生产规则。如在此加工工序中投入的原材料中有非原产(进口)原材料,则适用实质性改变规则。可根据产品特定原产地规则清单,结合货物税则号,确认货物适用哪种规则。

【协定文本】

第3.4条 完全获得或者生产的货物

就第3.2条第(一)项而言,下列货物应当视为在一缔约方完全获得或生产:

(一)在一缔约方出生并饲养的活动物;

(二)从上述第(一)项所述活动物中获得的产品;

(三)在一缔约方种植,并收获、采摘或采集的植物及植物产品;

(四)在一缔约方的陆地领土、内水或领海内狩猎、诱捕、捕捞、水产养殖、采集或捕捉获得的货物;

(五)从一缔约方陆地领土、领水及其海床或底土提取或得到的,未包括在上述第(一)项至第(四)项的矿物质及其他天然资源;

(六)在一缔约方领海以外的水域、海床或底土得到的货物,只要该缔约方有权开发上述水域海床或底土;

(七)由一缔约方注册或登记并悬挂其国旗的船舶在一缔约方领海以外的水域、海床或底土捕捞获得的鱼类及其他海洋产品;

(八)由一缔约方注册或登记并悬挂其国旗的加工船上,完全用上述第(七)项所述货物制造或加工的货物;

(九)在一缔约方制造或者加工过程中产生的,仅用于原材料回收或可用作另一货物生产材料的废碎料;或者在一缔约方收集的仅用于原材料回收的消费过的旧货;以及

(十)在一缔约方完全从上述第(一)项至第(九)项所指货物获得或生产的货物。

【条文解读】

本条采用清单模式,对完全获得或者生产货物进行了详细解释,明确了完全获得或者生产货物的范围。从体例上来说,本条沿袭了《京都公约》中所提供的标准模式,采用列举方法界定该原则所适用的产品。完全获得或生产标准所界定的原产产品通常为农、林、牧、渔、矿等产业中所涉及的天然产品或初级加工品,其生产或获取过程相对简单。

一是矿产品,包括但不限于石、砂及砾石(25章),氯化钠、纯盐及食盐(25章),粗天然硼酸盐(25章),硫磺及未焙烧黄铁矿石(25章),黏土(25章),金属矿(26章),原油(27章),天然气(27章),煤(27章),天然矿泉水(22章),冰及雪(22章)。

二是植物产品,包括但不限于蔬菜及水果(07章)、谷物(10章)、水果及坚果(08章)、咖啡(09章)、可可(18章)、茶(09章)、香料(09章)、牲畜饲料(12章)、烟草(24章)、含油子仁及果实(12章)、活树及其他活植物(06章)、真菌(07章)、编结用植物材料(14章)、植物油脂(15章)、橡胶(40章)、棉花(52章)。

三是活动物,包括一切生命形式的活动物。包括但不限于哺乳动物、鸟类、鱼类、甲壳动物、软体动物、爬行动物、细菌和病毒等(01章和03章)。

四是动物产品,从活动物中取得的未经进一步加工的产品。包括奶类(04章)、蛋类(04章)、天然蜂蜜(04章)、毛发(05章)、羊毛(51章)、精液(05章)、粪便(05章)、蚕茧(50章)。

五是旧货和废碎料。

下面就上述条款逐条解读:

(一)在一缔约方出生并饲养的活动物。

【条文解读】

该项所称"动物"包括哺乳动物、鸟类、鱼类、甲壳动物、软体动物、爬行动物、细菌及病毒等所有动物。表3-2列明了主要活动物及其 HS 编码。

表3-2 主要活动物及其HS编码

品名	HS编码
活动物	01章全部；0307；0308
鱼（非海洋哺乳动物）、甲壳动物、软体动物和水生无脊椎动物	03章全部

（二）从上述第（一）项所述活动物中获得的产品。

【条文解读】

该项中从第（二）项活动物中获得的产品指从活动物中取得未经进一步加工的产品。包括奶类、蛋类、天然蜂蜜、毛发、羊毛、精液、粪便等。表3-3列明了从活动物中获得的主要产品及其税则编码。

表3-3 从活动物中获得的主要产品及其HS编码

品名	HS编码
奶类	0401～0406
蛋类	0407；0408
天然蜂蜜	0409
毛发	0501；0502；0505
羊毛	51章（不含5108；5110；5113）
精液	051110；1603
粪便	包含在051199项下的"其他"中

【实务指导】

在中国宁夏出生并饲养的滩羊以及羊奶和羊皮是否属于"完全获得"产品？出口韩国可否享受中韩自贸协定优惠关税？

滩羊属于在我国出生并饲养的活动物，这种情况符合"完全获得"标准的第（一）种情况，即在中国（一缔约方）出生并饲养的活动物。羊奶和羊皮则属于从滩羊中获得的未经进一步加工的产品，符合"完全获得"标准的第（二）种情况，即在滩羊（活动物）中获得的产品。因此，宁夏滩羊以及羊奶和羊皮应视为"完全获得"产品，出口到韩国可以申请享受中韩自贸协定优惠税率。

（三）在一缔约方种植，并收获、采摘或采集的植物及植物产品。

【条文解读】

该项中植物及植物产品包括但不限于谷物、水果、花、蔬菜、树木、海藻、真菌等。表3-4列明了主要植物产品及其税则编码。

表3-4 主要植物产品及其HS编码

品名	HS编码
蔬菜及水果	07及08章

【案例解析】

中国某企业生产当归（HS：121190），出口目的国为韩国。经查，该产品的原材料当归全部来源于中国当归之乡——甘肃岷县，是在中国境内种植并采集的，经过工厂的"原料—烘干—切片—挑选—包装"等加工工序获得。

判定：根据中韩自贸协定原产地规则第3.4条第（三）项之规定，本案例中的当归属于在中国（一缔约方）种植采集的植物产品，满足"完全获得"标准，可以享受该协定优惠关税待遇。

（四）在一缔约方的陆地领土、内水或领海内狩猎、诱捕、捕捞、水产养殖、采集或捕捉获得的货物。

【条文解读】

该项中的货物指在一方境内用上述方法获得的野生动物，不限制该动物存活状态，不要求是否在一方境内出生或者饲养。

按联合国《国际海洋法》（1982年《蒙特哥湾公约》）的规定，本项中所指的"领海"被严格限定在12海里区域。涵盖范围更广的专属经济区（EEZ）（可达200海里）的存在与此无关。[①]《中华人民共和国领海及毗连区法》第二条至第五条规定，中方领海指邻接中华人民共和国陆地领土和内水的一带海域。中方领海的宽度从领海基线量起为12海里。领海基线采用直线基线法划定，由各相邻基点之间的直线连线组成。领海的外部界限为一条其每一点与领海基线的最近点距离等于12海里的线。

---

① 斯特凡诺·伊那马：《国际贸易中的原产地规则》，海关总署关税征管司 译，中国海关出版社，2012，第19页。

《中国—韩国自由贸易协定》商务应用指南

表3-5 用上述方法获得的主要产品及其 HS 编码

品名	HS 编码
活动物	01 章全部；0307；0308
鱼（非海洋哺乳动物）、甲壳动物、软体动物和水生无脊椎动物	03 章全部

（五）从一缔约方陆地领土、领水及其海床或底土提取或得到的，未包括在上述第（一）项至第（四）项的矿物质及其他天然资源。

【条文解读】

本项矿物产品包括但不限于各种矿石、天然蒸馏盐、天然矿物硫磺、天然砂、黏土、金属矿、原油、天然气、煤，其他无生命的天然生成物质，包括但不限于天然土、普通天然水、天然矿泉水、自然冰、天然雪。表3-6列明了主要矿物产品及其税则编码。

表3-6 主要矿物产品及其 HS 编码

品名	HS 编码
石、砂及砾石	2505；2506；2509～2511；2513～2518；25262529
氯化钠、纯盐及食盐	2501
粗天然硼酸盐	2528
硫磺及未焙烧黄铁矿石	2502；2503
黏土	2507；2508
金属矿	2601～2617
原油	2709
天然气	271111；271121
煤	2701～2704
天然矿泉水	2201；2202
自然冰、天然雪	2201

【案例解析】

中国某企业生产加工天然矿泉水（HS：22011010），出口目的国为韩国。该产品的原材料全部来源于中国境内，产品的生产工序是"取水—多介质过滤—活性炭过滤—精密过滤—紫外线消毒灭菌—反渗透水处理—灌装—封盖"。

判定：根据中韩自贸协定原产地规则第3.4条第（四）项规定，本案例中的天然矿泉水为从中国（一缔约方）陆地领土或领水提取或得到的，未包括在上述第（一）项至第（四）项内的矿物质及其他天然资源，满足"完全获得"标准，可以享受该协定优惠关税待遇。

（六）在一缔约方领海以外的水域、海床或底土得到的货物，只要该缔约方有权开发上述水域海床或底土。

【条文解读】

本项对"缔约方领海以外的水域、海床或底土"的描述中，海床和底土涉及大陆架问题。沿海国的大陆架包括其领海以外依其陆地领土的全部自然延伸，扩展到大陆边外缘的海底区域的海床和底土，包括沿海国陆块没入水中的延伸部分，由陆架、陆坡和陆基的海床和底土构成。《联合国海洋法公约》规定：沿海国为勘探大陆架和开发其自然资源的目的，对大陆架行使主权权利。

中国第八届全国人民代表大会常务委员会第十九次会议决定批准《联合国海洋法公约》，同时声明：按照《联合国海洋法公约》的规定，中华人民共和国享有200海里专属经济区和大陆架的主权权利和管辖权。

同时"缔约方领海以外的水域、海床或底土"还包含公海。《联合国海洋法公约》第八十六条对于公海的定义是："不包括在国家的专属经济区、领海或内水或群岛国的群岛水域内的全部海域。"公海对所有国家开放，不论其为沿海国或内陆国。

（七）由一缔约方注册或登记并悬挂其国旗的船舶在一缔约方领海以外的水域、海床或底土捕捞获得的鱼类及其他海洋产品。

【条文解读】

根据本项规定，对于在12海里区域以外（领海以外）捕捞的鱼类，只有由符合其"船舶"定义的船舶捕捞获得的，才能视为完全获得。根据《联合国海洋法公约》：每个国家应确定对船舶给予国籍、在其领土内登记及悬挂该国旗帜的条件。船舶有权悬挂所属国家的国旗。中韩自贸协定对于"船舶"的定义采用注册或登记并悬挂国旗的方法符合中国目前国内法的要求。《中华人民共和国渔业船舶登记办法》第四条规定:"渔业船舶依照本办法进行登记,取得中华人民共和国国籍,方可悬挂中华人民共和国国旗航行。"另外,该项中的船舶一般指渔业船舶。《中华人民共和国渔港水域交通安全管理条例》第四条规定:"渔业船舶是指从事渔业生产的船舶以及属于水产系统为渔业生产服务的船舶,包括捕捞船、养殖船、水产运销船、冷藏加工船、油船、供应船、渔业指导船、科研调查船、教学实习船、渔港工程船、拖轮、交通船、驳船、渔政船和渔监船。"

【实务指导】

问:由悬挂中国国旗的中国籍船舶在公海捕捞获得的鱼类出口韩国,该鱼类是否具有中韩自贸协定项下中国原产资格?

答:根据中韩自贸协定原产地规则第3.4条第(七)项,上述鱼类为中国(一缔约方)登记并悬挂中国国旗的船舶在公海(中国领海以外的水域)捕捞获得的鱼类,应视为在中国完全获得,具有该协定项下中国原产资格。

(八)由一缔约方注册或登记并悬挂其国旗的加工船上,完全用上述第(七)项所述货物制造或加工的货物。

【条文解读】

第(八)项中的加工船又称渔业基地船,专用于在海上接受捕捞渔船的渔获物,将其加工成各种鱼品,用于储藏或转运的船,实际上是海上浮动的鱼品加工厂。按捕捞的鱼类、捕捞方式、渔获物加工的成品种类,分为多种专业船,包括鲑、鳟鱼母船,延绳吊母船,鱼粉加工船,捕鲸母船,蟹工船,虾工船等。各种加工船型,从几百吨到几千吨排水量不等,特大型渔业加工船满载排水量可达2万多吨,装有加工、制冷、动力等多种设备,有充裕的冷藏舱室及加工车间;有较广阔的作业甲板和较大的加工车间,以利于处理和加工渔获物。

【实务指导】

问:悬挂中国国旗的中国籍捕捞船在公海捕捞黄花鱼并在船上进行处理

及冷冻后,将黄花鱼产品出口韩国。该鱼类是否具有中韩自贸协定项下中国原产资格?

答:根据中韩自贸协定原产地规则第3.4条第(七)项和第(八)项,上述黄花鱼产品由具有中国(一缔约方)国籍并悬挂中国国旗的捕捞船在公海(中国领海以外的水域)捕捞获得,并且在捕捞船上进行了加工,应视为在中国完全获得,具有该协定项下中国原产资格。

(九)在一缔约方制造或者加工过程中产生的,仅用于原材料回收或可用作另一货物生产材料的废碎料;或者在一缔约方收集的仅用于原材料回收的消费过的旧货。

【条文解读】

本项对废碎料的原产地判定要求其产生国为原产地。必须是在一缔约方制造或者加工过程中产生的,并且这些废碎料仅用于原材料回收或用作另一货物的生产材料。而对旧货的原产地判定则是不能以产生国为原产地,只能以使用国为原产地。要求旧货必须仅用于原材料回收,并且在一缔约方消费过。中韩自贸协定中对消费过的旧货的原产地判定标准有利于避免第三国,尤其是发达国家的旧货同缔约国的产品形成竞争,因为发达国家认定的旧货在发展中国家可能仍具有很大的商业价值。

(十)在一缔约方完全从上述第(一)项至第(九)项所指货物获得或生产的货物。

【条文解读】

第(十)项的适用条件非常苛刻。若适用该项,生产原产产品的任何原材料必须满足第3.4条所规定的完全获得或生产的标准。该项不同于中韩自贸协定第3.2条第二款所规定的吸收规则。吸收规则允许产品中存在非原产材料,该项禁止最终产品中存在任何非原产材料。有关吸收规则将在下文中详细解析。

【实务指导】

问:下列案例中哪些产品属于中韩自贸协定原产地规则第3.4条所规定的

完全获得产品?

例1:使用中国生产的天然软木或软木废料在中国制造的葡萄酒瓶软木塞。

例2:在中国砍伐的木材,仅使用原产于中国的化工产品制成木浆(HS:4701)。

例3:使用中国出产的柳条、芦苇及灯芯草等材料在中国制造的篮筐及柳条编织品。

例4:使用在中国砍伐树木所得木材在中国生产的未处理过的天然木材物品。

例5:使用在中国砍伐树木所得木材在中国生产木雕,生产过程中使用从德国进口的蜡进行抛光。

答:例1至例4中的产品属于完全获得产品。例5中的木雕因使用了从德国进口的蜡,该木雕不得视为在中国"完全获得"。

特别注意:中韩自贸协定产品特定原产地规则中针对某些产品采用"完全获得或生产"标准,如表3-7所示。

表3-7 完全获得判定标准举例

0207		Meat and edible offal, of the poultry of heading 01.05, fresh, chilled or frozen.	税号01.05所列家禽的鲜、冷、冻肉及食用杂碎		
		-Of fowls of the species Gallus domesticus:	-鸡		
	020711	-Not cut in pieces, fresh or chilled	-整只,鲜或冷的	WO	完全获得
	020712	-Not cut in pieces, frozen	-整只,冻的	WO	完全获得
	020713	-Cuts and offal, fresh or chilled	-块及杂碎,鲜或冷的	WO	完全获得
	020714	-Cuts and offal, frozen	-块及杂碎,冻的	WO	完全获得

一般认为产品特定原产地规则适用于含有非原产成分的产品的原产地判定,但目前越来越多的自贸协定采取在产品特定原产地规则中针对全部税则号列明所适用的原产地判定标准,其中也包括"完全获得或生产"标准。中韩自贸协定产品特定原产地规则第一部分(总体解释性说明)第七条中对在产品

特定原产地规则中出现完全获得的解释为:"完全获得指货物根据第3.4条的规定,须在一缔约方完全获得或者生产。"这意味着如果产品特定原产地规则中针对某个税则号项下的产品采用"完全获得或生产"标准,对该税则号项下的产品只能严格适用完全获得产品清单。

三、实质性改变标准

中韩自贸协定产品特定原产地规则列明了全部税则号列适用的实质性改变标准,主要包括税则归类改变(章改变、品目改变、子目改变)、区域价值成分、加工工序标准等单一标准,及上述标准中两项或两项以上组成的选择性标准及复合型标准。

(一)税则归类改变标准

"税则归类改变"(CTC)标准要求经过在一方或双方境内的加工,货物生产过程中使用的非原产材料的税则归类与货物的税则归类发生改变。所谓税则归类,指的是原材料和产品在《商品名称与编码协调制度的国际公约》中的归类,即实务中所说的商品HS编码。税则归类改变是世界范围内自由贸易协定原产地规则中最为常用的判断是否发生实质性改变的规则。修订后的京都公约建议:"自由贸易协定若适用'实质性改变'规则,应充分利用《协调制度》。"这一制度自1988年生效后,已为世界大多数国家采用。由于采用这一制度的国家对同一类货品进行税则编码时,其前六位编码采用全球统一的设计,因此使用税则改变标准将使原产地认定工作更具一致性及便利性。将货物原产地的认定与税则编码的核定紧密相连,依据明确的税则编码核定结果判断货物是否经过实质性改变,使原产地规则在操作过程中简便易行,易于解释。同时,税则归类改变规则还具有精确、客观、可预测性等特点。海关、贸易商、生产商均可自进出口报关文件上查得准确的税则分类资料,举证容易。

中韩自贸协定的税则归类改变标准主要体现在协定附件清单中。包括肯定标准和否定标准(排除标准),其中肯定标准包括章改变标准(2位级税号改变)、品目改变(4位级税号改变)标准和子目改变(6位级税号改变)标准;否定标准是指对于某些适用税则归类改变的产品,不能使用某些税则号项下的非原产原材料生产,具体包括对章的排除、对品目的排除以及对子目的排除。

1.肯定标准主要有以下几种情况:

A.章改变

要求用于生产货物的所有非原产材料发生了HS编码两位数级的税则归类改变(见表3-8)。

表3-8 肯定标准——章改变

章	品目	子目 (HS2012)	商品描述	产品特定原产地规则
	1902		面食,不论是否煮熟、包馅(肉馅或其他馅)或其他方法制作,例如,通心粉、面条、汤团、馄饨、饺子、奶油面卷;古斯古斯面食,不论是否制作	
			– 生的面食,未包馅或未经其他方法制作	
		190211	– 含蛋	章改变
		190219	– 其他	章改变
		190220	– 包馅面食,不论是否烹煮或经其他方法制作	章改变
		190230	– 其他面食	章改变
		190240	– 古斯古斯面食	章改变

【案例解析】

中国某企业向韩国出口果酱(HS:200710),该果酱的原材料为从泰国进口的原产木瓜(HS:080720)。根据中韩自贸协定产品特定原产地规则,当含有非原产材料时,HS编码为200710的产品所适用的原产地判定标准为CC(章改变)。该标准要求产品在生产中所使用的所有非原产材料的HS编码前两位必须和产品HS编码前两位不同。本案例中,企业使用非原产木瓜生产果酱,木瓜所在章为08,果酱所在章为20,已经发生了前两位数级的变化,符合章改变要求。在满足其他规则的前提下,该企业生产的果酱可判定为具有该协定中国原产资格。

B. 品目改变

要求用于生产货物的所有非原产材料发生了 HS 编码四位数级的税则归类改变（见表 3-9）。

表 3-9 肯定标准——品目改变

章	品目	子目（HS2012）	商品描述	产品特定原产地规则
		220430	– 其他酿酒葡萄汁	品目改变
	2205		味美思酒及其他加植物或香料的用鲜葡萄酿造的酒	
		220510	– 装入 2 升及以下容器的	品目改变
		220590	– 其他	品目改变

【案例解析】

中国某公司生产冰激凌（HS：210500）出口韩国。经查，该产品的主要原材料为新西兰原产的奶油（HS：151710）和澳大利亚原产的牛乳（HS：0405）。根据产品特定原产地规则，原产地判定标准为品目改变，即生产中所使用的所有非原产材料的 HS 编码的前四位必须和产品 HS 编码的前四位不同。该产品中的非原产原材料新西兰原产的奶油和澳大利亚原产的牛乳税则编码前四位分别为 1517 和 0405，而出口产品冰激凌的前四位税则号为 2105，HS 编码发生了四位数级的改变，满足原产地标准。

C. 子目改变

要求用于生产货物的所有非原产材料发生了 HS 编码六位数级的税则归类改变。通常意义上，子目改变是最宽松的一种税则归类改变标准（见表 3-10）。

表 3-10 肯定标准——子目改变

章	品目	子目（HS2012）	商品描述	产品特定原产地规则
		841360	– 其他回转式排液泵	子目改变

续表

章	品目	子目（HS2012）	商品描述	产品特定原产地规则
		841370	–其他离心泵	子目改变
			–其他泵；液体提升机	
		841381	––泵	子目改变
		841382	––液体提升机	子目改变

【案例解析】

中国某企业进口美国原产的生石膏（HS：252010），在国内采用加热到150℃脱水工艺制成熟石膏（HS：252020）出口韩国。根据产品特定原产地规则，其原产地判定标准为：子目改变，即生产中所使用的所有非原产材料的HS编码的前六位必须和产品HS编码的前六位不同。该产品中的非原产原材料美国原产的生石膏的前六位税则号为252010，而出口产品熟石膏的前六位税则号为252020，HS编码发生了六位数级的改变，满足原产地标准。

2. 否定标准主要有以下情况：

A. 对特定章的排除

表3–11 否定标准——章排除

品目	子目（HS2012）	商品描述	产品特定原产地规则
	190110	–供婴幼儿食用的零售包装食品	章改变，但从第4章转变来的除外

表3–11中章改变排除规则要求在中国生产过程中所使用的所有非原产原材料的前两位税则号与成品前两位税则号必须发生改变，但同时还规定在生产过程中不得使用某些特定章中的非原产原材料。也就是说，上述特定章中的非原产原材料被排除在章改变规则之外。例如，在生产表3–11中的供婴幼儿食用的零售包装食品（HS：190110）的过程中，如果使用非原产原材料，则非原产原材料不能来源于第4章（奶类；蛋类；天然蜂蜜；其他食用动物产品），同时也不能来源于与产品相同的第19章。

B. 对特定品目的排除

表3-12 否定标准——品目排除

章	品目	子目（HS2012）	商品描述	产品特定原产地规则
		370252	-宽度不超过16毫米	品目改变，但从品目3707转变来的除外
		370253	-幻灯片用，宽度超过16毫米，但不超过35毫米，长度不超过30米	品目改变，但从品目3707转变来的除外

同理，品目改变的排除规则确定了特定品目中的非原产原材料被排除在品目改变规则之外。例如：在生产表3-12中的宽度不超过16毫米的彩色摄影胶片（HS：370252）的过程中，如果使用非原产原材料，则非原产原材料的前四位不可以是3707（摄影用化学制剂），同时也不能来源于与产品相同的3702品目。

C. 对特定子目的排除

表3-13 否定标准——子目排除

品目	子目（HS2012）	商品描述	适用的产品特定原产地规则
	200791	-柑橘属水果的	章改变，但从子目080520、080590转变来的除外

依次类推，子目改变的排除规则确定了特定子目中的非原产原材料被排除在子目改变规则之外（见表3-13）。

【案例解析】

中国某企业向韩国出口柑橘果酱（HS：200791），该果酱的原材料为从美国进口的原产柑橘（HS：080520）。中韩自贸协定产品特定原产地规则对于含有非原产材料的HS编码为200791的产品原产地判定标准为：章改变，但从子目080520、080590转变来的除外。该标准要求在生产中所使用的所有非原产材料的HS编码的前两位必须和产品HS编码的前两位不同，但同时禁止使用HS编码为080720和080590这两个子目项下的非原产原材料。本案例中，企业在使用非原产柑橘生产果酱的过程中，虽然非原产柑橘所在章为08，果酱所在章为20，已经发生了两位数级的变化，符合章改变要求，但由于规则对080520进行了排除,因此该规则实际上要求在中国生产上述果酱的过程中不得使用非原产的柑橘,而只能使用原产柑橘(中国产或韩国产)。综上,本案例中的柑橘果酱不满足原产地规则,无法获得中韩自贸协定中国原产资格。

(二)区域价值成分

区域价值成分标准(RVC)是增值标准的一种,通过比较各种原材料、非原产材料、费用等构成货物的价值成分,来判断非原产材料是否发生实质性改变。

【协定文本】

第3.5条 区域价值成分

一、在适用附件3-A所规定的区域价值成分(以下简称"RVC")标准时,其RVC应当根据下列公式计算:

$$RVC = \frac{FOB - VNM}{FOB} \times 100$$

其中:

RVC为区域价值成分,以百分比表示;VNM为非原产材料的价值。

二、VNM应当根据下列情况加以确定:

(一)对于进口的非原产材料,VNM应为在货物进口时的CIF价格;以及

(二)对于在一缔约方获得的非原产材料,VNM应为在该缔约方货物生产过程中最早确定的非原产材料的实付或应付价格。该非原产材料的价格不应包括将其从供应商仓库运抵生产商所在地的运费、保险费、包装费及任何其他费用。

三、具备一缔约方原产资格的产品在该缔约方被用作另一产品生产的原产材料,则在确定一产品的原产地时,该原产材料中包含的非原产成分不应被计入后一产品的非原产成分中。

【条文解读】

中韩自贸协定的第3.5条采用间接/扣减公式来计算区域价值成分,本条为适用区域价值成分标准提供了详细的指导。该公式需要计算出口商品的FOB价格和非原产材料的价格,两者之间的差值视为区域价值增值。其中,非原产材料价值为材料进口时的CIF价。如果非原产材料是在国内采购,则其价值为采购价;如果生产商无法判定原材料的原产国,则该原材料应当被视为不明原产国的非原产材料,在计算区域价值成分时,应以货物生产过程中最早确定的非原产材料的实付或应付价格为准,不包括将其从供应商仓库运抵生产商所在地的运费、保险费、包装费及任何其他费用。

在适用区域价值成分标准时,首先,应当与生产商建立良好的原产地信息合作机制。区域价值成分计算公式中与原材料价值有关的信息均应当由生产商提供,并同时提供相应的佐证。其次,应当有会计专业人员在计算原材料价值时根据企业会计准则做好材料成本核算、成本分摊等工作。

在中韩自贸协定产品特定原产地规则中,区域价值成分标准可作为单一性规则适用,也可作为选择性标准与税则归类改变标准选择适用。

1. 单一性规则

区域价值成分标准作为单一性规则适用时,根据产业的具体情况,规定了不同的百分比阈值,包括40%、45%、50%、55%和60%。区域价值成分要求为45%的原产地规则示例见表3-14。

表3-14 区域价值成分标准

章	品目	子目（HS2012）	商品描述	产品特定原产地规则
	8464		石料、陶瓷、混凝土、石棉水泥或类似矿物材料的加工机床、玻璃冷加工机床	
		846410	-锯床	区域价值成分45%
		846420	-研磨或抛光机床	区域价值成分45%
		846490	-其他	区域价值成分45%

【案例解析】

中国某企业生产并向韩国出口加工机床（HS：845610），该机床使用了德国原产的零部件。经企业核算，进口零部件CIF价值占产品FOB价值的50%。根据中韩自贸协定产品特定原产地规则，该机床的原产地判定标准为：区域价值成分不低于40%。

根据中韩自贸协定区域价值成分标准的计算公式，该机床区域价值成分为100% − 50%（非原产零部件占FOB价值比例）= 50%，超过规定的40%的标准，满足原产地规则，可获得该协定中国原产资格。

2. 选择性标准

根据中韩自贸协定产品原产地特定规则第一部分总体解释性说明第三条的规定，区域价值成分规则可作为选择性标准与其他原产地规则选择适用。例如，当规定"品目改变或者区域价值成分40%"时，可选择适用品目改变（见上文品目改变标准分析）或者区域价值成分40%两种规则中的任何一种，满足两者之中任意一个即可视为符合该规则。

A. 区域价值成分与章改变规则选择适用（见表3–15）

表3–15 区域价值成分与章改变规则

章	品目	子目（HS2012）	商品描述	产品特定原产地规则
		611522	– 每根单丝细度在67分特及以上的合成纤维制	章改变；或者区域价值成分40%
		611529	– 其他纺织材料制	章改变；或者区域价值成分40%
		611530	– 其他女式长筒袜或中筒袜，每根单丝细度在67分特以下	章改变；或者区域价值成分40%

B. 区域价值成分与品目改变规则选择适用（见表3–16）

表3–16 区域价值成分与品目改变规则

章	品目	子目（HS2012）	商品描述	产品特定原产地规则
	8501		电动机及发电机（不包括发电机组）	
		850110	– 输出功率不超过37.5瓦的电动机	品目改变；或者区域价值成分40%

续表

章	品目	子目 （HS2012）	商品描述	产品特定原产地规则
		850120	-交直流两用电动机，输出功率超过37.5瓦	品目改变；或者区域价值成分40%

C.区域价值成分与子目改变规则选择适用（见表3-17）

表3-17 区域价值成分与子目改变规则

品目	子目 （HS2012）	商品描述	产品特定原产地规则
8508		真空吸尘器：	
		电动的：	
	850811	-功率不超过1500瓦，且带有容积不超过20升的集尘袋或其他集尘容器	子目改变；或者区域价值成分40%

【案例解析】

中国某企业生产并向韩国出口西服套装（HS：610419），原料为从马来西亚进口的布料（HS：521011）。经企业测算，进口原料CIF价值占产品FOB价值的70%。中韩自贸协定产品特定原产地规则对该产品的原产地规则为：章改变或区域价值成分40%。

本案例中企业可以自行选择适用章改变标准或者区域价值成分40%标准。

如适用区域价值成分40%规则，该西服套装的区域价值成分为：100%-70% = 30%，未达到40%的要求，不满足区域价值成分标准。

如适用章改变规则，该西服套装的章为61，非原产材料为进口自马来西亚的布料，章为52，发生了两位数级的改变，满足章改变标准。

根据中韩自贸协定选择性标准的规定，该西服套装满足了两种原产地判定标准中的章改变标准，可获得该协定中国原产资格。

（三）复合原产地规则

中韩自贸协定产品原产地特定规则第一部分总体解释了复合型原产地规则："如果一个子目适用复合原产地特定规则（例如，品目改变且区域价值成分40%），同时满足其中的所有标准才可视为符合该规则。"复合原产地标准一般要求产品同时满足税则归类改变（包括章、品目、子目）标准和区域价值成分标准（见表3-18）。

表3-18 复合原产地规则

品目	子目（HS2012）	商品描述	产品特定原产地规则
8537			
	853710	-用于电压不超过1000伏的线路	品目改变且区域价值成分40%

【案例解析】

中国某企业生产并向韩国出口拉床（HS：846130），该拉床使用了德国原产的零部件（HS：846692）。经企业核算，进口零部件CIF价格占产品FOB价格的60%。根据中韩自贸协定产品特定原产地规则，该拉床的原产地判定标准为品目改变且区域价值成分不低于40%。

本案例中，拉床必须同时满足品目改变规则和区域价值成分45%规则。拉床的德国原产零部件的品目为8466，拉床的品目为8461，发生了四位数级的变化，满足品目改变规则。但是拉床的区域价值成分为：100% - 60% = 40%，未达到区域价值45%的要求，尽管已经满足品目改变规则，仍然视同不满足原产地判定标准，无法获得中韩自贸协定中国原产资格。

四、补充规则

除原产地标准外，货物原产资格的判定还包括一些补充、辅助性规则，考虑到货物生产、运输的各种情形下判定原产资格的要求。

（一）特定货物处理

中韩自贸协定原产地规则第3条规定可以看作中韩对在境外加工区（协定规定仅限于协定签署前在朝鲜半岛上的已运行的工业区）使用某一缔约方原产材料加工的货物，出口至此缔约方后货物原产资格判定的特殊说明。

第三章 《中国—韩国自由贸易协定》中的原产地规则解读及应用

【协定文本】

第3.3条 特定货物处理

一、尽管有第 3.2 条的规定,对于附件 3-B 所列货物使用一缔约方的出口材料在缔约方领土之外的地域(以下简称"境外加工区")上完成加工,并在完成加工后再出口至该缔约方用于向另一缔约方出口的货物,如符合下列条件应被视为该缔约方原产:

(一)非原产材料的总价值不超过申明获得原产资格最终货物FOB价格的40%;以及

(二)货物生产中使用的一缔约方出口的原产材料价值不低于全部材料价值的60%。

二、缔约双方应在联合委员会项下建立境外加工区委员会,以完成下述职责:

(一)监控本条第一款的实施;

(二)向联合委员会汇报工作情况并在必要时提供建议;

(三)审议和指定现有境外加工区的扩大及其他的境外加工区;以及

(四)讨论联合委员会指定的其他议题。

三、为进一步说明,除本条款另有规定外,本章的其他相关条款应适用于本条第一款所指的货物。

【条文解读】

该规则强调了在涉及"境外加工区"情形下,若想获得原产资格,必须同时满足两个条件:第一个条件强调了非原产材料价值同最终货物FOB价格的比值,该比值不超过40%;第二个条件强调了出口缔约方的原产材料价值同总材料价值的比值,该比值不低于60%。

【案例解析】

韩国某公司在朝鲜境内的开城工业园加工丝制女式西服套装(HS:620419),加工一套丝制女式西服套装需使用韩国产桑蚕丝机织布、朝鲜产里料、中国产辅料,所需成本分别为50美元、40美元及10美元。经过"裁剪—

缝制—熨烫—包装"等工序，成品出口回韩国，再以一套FOB价120美元出口至中国。该成品是否为韩国原产？

本案例中的丝制女式西服套装的税则号落入中韩自贸协定附件3-B所列货物清单中，且属于该协定原产地规则第3条规定的境外加工区（开城工业园）生产并出口韩国，再由韩国出口至中国的情形。符合第3条规定的特殊货物范畴，该货物在判定原产地时，应遵循的逻辑为：

第一，判断丝制女式西服套装非原产材料的总价值是否超过丝制女式西服套装FOB价格的40%。本案例中丝制女式西服套装非原产材料的总价值为40美元（朝鲜产里料），占丝制女式西服套装FOB价格比例为33.33%，未超过40%。

第二，判断丝制女式西服套装生产中使用的韩国出口到开城工业园的原产材料价值是否低于全部材料价值的60%。本案例中韩国出口到开城工业园的原产材料价值为50美元（韩国产桑蚕丝机织布），生产中投入的所有原材料价值为：50美元（韩国产桑蚕丝机织布）+40美元（朝鲜产里料）+10美元（中国产辅料）=100美元。韩国出口到开城工业园的原产材料价值占全部材料价值比例为50%，未能达到60%。

因此，本案例中的丝制女式西服套装未能满足第3条的原产地规则，不具备中韩自贸协定韩国原产资格。

（二）微小加工或处理

中韩自贸协定优惠原产地规则中通常包含微小加工或处理的清单，列明对成品的生产只有微小效果的生产加工程序。微小加工或处理又被称为不充分的制造或加工，即某些制造工序对最终产品获得原产资格来说是不重要或作用轻微的。如果产品在生产过程中只经过了微小加工工序，即使最终产品满足了原产地规则（例如：税则归类改变或者区域价值成分），也无法获得原产资格。

【协定文本】

第3.7条 微小加工或处理

一、对货物的本质特征影响轻微的加工或处理,无论是单独的还是相互结合完成的,不管货物是否满足附件3-A所列的产品特定原产地规则,均不得赋予原产资格:

(一)为确保货物在运输或储藏期间处于良好状态而进行的处理;

(二)把物品零部件装配成完整品,或将产品拆成零部件的简单装配或拆卸;

(三)更换包装、分拆和组合包装;

(四)洗涤、清洁;除尘、除去氧化物、除油、去漆以及去除其他涂层;

(五)纺织品的熨烫或压平;

(六)简单的上漆及磨光工序;

(七)谷物及大米的去壳、部分或完全的漂白、抛光及上光;

(八)食糖上色或加味,或形成糖块的操作;部分或全部将晶糖磨粉;

(九)水果、坚果及蔬菜的去皮、去核及去壳;

(十)削尖、简单研磨或简单切割;

(十一)过滤、筛选、挑选、分类、分级、匹配(包括成套物品的组合)、纵切、弯曲、卷绕或展开;

(十二)简单装瓶、装罐、装壶、装袋、装箱或装盒、固定于纸板或木板及其他简单的包装工序;

(十三)在产品或其包装上粘贴或印刷标志、标签、标识及其他类似的区别标记;

(十四)同类或不同类产品的简单混合;糖与其他材料的混合;

(十五)测试或校准;

(十六)仅用水或其他物质稀释,未实质改变货物的性质;

(十七)干燥、加盐(或盐渍)、冷藏、冷冻;

(十八)动物屠宰;或者

(十九)第(一)项至第(十八)项中两项或多项工序的组合。

二、在确定某项产品的生产或加工是否是第一款所述情形下的微小加工或者处理时,对该产品在一缔约方进行的所有操作都应被考虑在内。

三、双方可就其他应视为微小加工的加工工序达成一致。

【条文解读】

清单中列明的工序,无论是单独进行还是相互结合进行,均不能赋予产品原产地资格。需要注意的是,这一规则并不是说经过了上述工序的产品一概不具有原产资格。如果产品既发生了能够赋予其原产资格的实质性改变,又经过上述工序中的一种或者几种,此时该产品仍然具有原产资格。

【实务指导】

将咖啡豆原料从哥伦比亚成批进口到韩国,在韩国将咖啡豆原料除尘、分类,并分装到不同的包装中。由于除尘、分开包装和重新包装均为微小加工或处理,不足以赋予原产资格,所以,仍以哥伦比亚为咖啡豆的原产地。

【案例解析】

中国某企业从巴西进口原果胶(HS:13022000),与中国原产食糖(HS:17019910),经过"搅拌—混合—装袋"加工工序生产出柑橘果胶(HS:13022000),出口至韩国,此产品是否具有中韩自贸协定中国原产资格?

答:根据该协定原产地规则中的微小加工或处理规则,糖与原果胶的简单混合为微小加工,不足以赋予此产品原产资格。

(三)微小含量

微小含量又称"容忍规则",在某种程度上,微小含量放宽了原产地标准,如果货物含有不符合原产地标准的非原产材料,且该非原产材料的占比在一定的范围内,则该货物仍可被认为是原产。

【协定文本】

第3.8条 微小含量

若货物不满足附件3-A规定的税则归类改变要求,但同时符合下列条件

的,仍应视为原产货物:

(一)对于协调制度第15～24章、第50～63章以外的货物,在货物生产中所使用的未发生规定税则归类改变的全部非原产材料的价值不超过该货物FOB价格的10%;

对于协调制度第15～24章的货物,在货物生产中所使用的未发生规定税则归类改变的全部非原产材料的价值不超过该货物FOB价格的10%,且所使用的上述非原产材料的子目不同于最终货物的子目号;或者

对于协调制度第50～63章的货物,在货物生产中使用了未发生规定税则归类改变的非原产材料,只要全部上述非原产材料的重量不超过该货物总重量的10%,或者全部上述非原产材料的价值不超过该货物FOB价格的10%;以及

(二)货物符合本章的所有其他规定。

【条文解读】

本条微小含量规则旨在软化产品特定原产地规则中的税则归类改变规则,或者说在一定程度上放宽了税则归类改变规则,使得企业能够更容易满足该规则。企业在使用微小含量规则时应注意,微小含量规则不可单独使用,必须与税则归类改变规则配套使用,并且是在税则归类改变规则无法满足时使用。

企业使用微小含量规则时的注意事项见表3–19。

表3–19 注意事项

适用前提条件	适用比例	备注
不满足税则归类改变标准	所有非原产材料价值不超过货物FOB价的10%	适用于所有货物
	所有非原产材料的重量不超过该货物总重量的10%或者价值不超过货物FOB价的10%	适用于第50～63章的货物(纺织品)

企业可使用下列公式计算是否符合微小含量规则:

(1)对于所有货物:

$$\frac{\text{所有不满足税则归类改变规则的非原产材料CIF价值合计}}{\text{货物FOB价值}} \leqslant 10\%$$

(2)对于第 50～63 章的货物:

$$\frac{\text{所有不满足税则归类改变规则的非原产材料CIF价值合计}}{\text{货物FOB价值}} \leqslant 10\% \text{ 或}$$

$$\frac{\text{所有不满足税则归类改变规则的非原产材料净重合计}}{\text{货物净重}} \leqslant 10\%$$

【案例解析】

中国某制造商以生亚麻(HS: 530110)为原材料,制造脱胶亚麻(HS: 530121)并出口至韩国。其中来自马来西亚的生亚麻原材料价值占脱胶亚麻 FOB 价格的 12%,重量占脱胶亚麻的 9%,其余的原材料来自中国。根据中韩自贸协定产品特定原产地规则,脱胶亚麻的原产地判定标准是章改变。尽管根据此判定规则来自马来西亚的生亚麻未满足章改变,但根据微小含量规则,只要非原产生亚麻重量不超过脱胶亚麻重量的 10%,则最终制品仍可获得原产地资格。因此,本案例中的脱胶亚麻仍可获得中国原产资格。

中国某企业生产一次性塑料制泵用输液器(HS: 901839),出口目的国为韩国。产品物料清单见表 3-20。

表 3-20　一次性塑料制泵用输液器产品物料清单

HS 编码	名称型号	CIF 价格(美元)	CIF 价与商品 FOB 价比率(%)	原产国别/地区
39042200	聚氯乙烯	1095.12	15.21	中国
39074000	聚碳酸酯	585.36	8.13	日本
39021000	聚丙烯	154.08	2.14	日本
39172200	中继管	164.16	2.28	日本
90183900	输液器流量调节器滚子	103.68	1.44	日本
90183900	输液器流量调节器支座	63.36	0.88	日本
90183900	输液器点滴筒	238.32	3.31	日本
39201090	制袋薄膜	579.6	8.05	中国
48192000	单位盒	226.8	3.15	中国
48119000	制袋用纸带	141.12	1.96	日本
39235000	塑料帽	241.92	3.36	中国

续表

HS编码	名称型号	CIF价格（美元）	CIF价与商品FOB价比率（%）	原产国别/地区
40149000	胶皮管	935.28	12.99	日本
39219090	输液器过滤网	105.84	1.47	日本
90183210	通气针	182.16	2.53	日本

根据中韩自贸协定产品特定原产地规则，该一次性塑料制泵用输液器的原产地判定标准为：品目改变。

第一步，分析品目改变标准是否满足。

该案例中，生产一次性塑料制泵用输液器所用非原产材料原产国为日本。其中，聚碳酸酯（HS：39074000）、聚丙烯（HS：39021000）、中继管（HS：39172200）、制袋用纸带（HS：48119000）、胶皮管（HS：40149000）、输液器过滤网（HS：39219090）与出口成品一次性塑料制泵用输液器HS编码前四位不同。但是，另一部分非原产材料输液器流量调节器滚子（HS：90183900）、输液器流量调节器支座（HS：90183900）、输液器点滴筒（HS：90183900）、通气针（HS：90183210）与出口成品同属于9018品目，即该产品所有非原产材料未能满足品目改变的要求。

第二步，分析该产品是否满足微小含量规则。

该案例产品生产中所使用的、没有发生规定的税则归类改变的非原产材料分别是输液器流量调节器滚子、输液器流量调节器支座、输液器点滴筒、通气针，上述非原产材料分别占该货物价值的1.44%、0.88%、3.31%、2.53%，合计为8.16%，即没有发生规定的税则归类改变的非原产材料价值不超过出口FOB值10%，满足微小含量规则。

因此产品具备中国原产资格，可以享受中韩优惠关税待遇。

（四）可互换材料

可互换货物或材料，指为商业目的可互换种类相同、性质相同、无法仅通过视觉区分的货物或材料。生产过程中许多材料出于商业目的可以互换，因为它们具有基本相同的特性，这类材料通常包括机械零件、化工原料、矿

《中国—韩国自由贸易协定》商务应用指南

物原料等。本条对可互换货物或材料作出了规定。

【协定文本】

第3.9条 可互换材料

一、在确定用于生产的材料是否具备原产资格时,任何可互换材料应当通过下列方法之一加以区分:

(一)可互换材料在保存中是物理分离的;或者

(二)使用了货物生产方公认会计原则承认的库存管理方法。

二、如根据第一款的规定,对于某一项可互换材料选用了一种库存管理方法,则该方法应在一个财务年度内持续使用。

【条文解读】

可互换材料具有性质相同、彼此难以区分的特质,这些特质使得生产商在使用可互换材料进行生产时,往往会在库存阶段和生产阶段将不同来源地的可互换材料混合。若可互换材料中既包括原产材料,也包括非原产材料,在对最终产品进行原产地判定时,则需对不同来源地的可互换材料进行原产地溯源。一般有两种方法追溯可互换材料的原产地:第一种方法为物理分离,即采用物理方法将发生混合的可互换的货物或材料分开;如果原产于不同国家的可互换材料依商业惯例,或从成本角度来看不适于分开存放,则可采用的第二种方法为会计分离,即采用会计原则中的库存管理方法。

中韩自贸协定同样允许采用上述两种方法。若我国出口商在判定可互换材料的产地时使用公认会计原则,则可采用我国《企业会计准则》中承认的库存管理方法。

【实务指导】

中国某企业在生产中使用的可互换材料如采用物理分离的方法区分将导致成本太高,是否有其他办法进行区分?

答:可采用会计分离的方法,使用公认会计原则承认的库存管理方法进行区分。根据我国《企业会计准则》规定:"企业应当采用先进先出法、加权平均法或者个别计价法确定发出存货的实际成本。"企业可选择使用上述库存管理方法区分可互换材料。

（五）中性成分

中性成分，又称"间接材料"，是指在商品制造过程中使用的但不包括在最终产品中的动力及燃料、工具、机器设备等生产要素或生产工具。

【协定文本】

第3.10条 中性成分

在确定货物是否为原产货物时，下列中性成分的原产地不予考虑：

（一）燃料、能源、催化剂及溶剂；

（二）用于测试或检验货物的设备、装置及用品；

（三）手套、眼镜、鞋靴、衣服、安全设备及用品；

（四）工具、模具及型模；

（五）用于设备和建筑维护的备件和材料；

（六）在生产中使用或用于运行设备和维护厂房建筑的润滑剂、油（滑）脂、合成材料及其他材料；以及

（七）在货物生产过程中使用，虽未构成该货物组成成分，但能合理表明为该货物生产过程一部分的任何其他货物。

【条文解读】

中韩自贸协定以列举方式说明了哪些成分为中性成分（间接材料），虽然用于生产，但未构成最终产品的组成部分，在判定最终产品原产地时无须考虑此类中性成分的原产地属性。企业可根据本条中清单，结合自身生产情况判定材料是否属于中性成分。

【案例解析】

我国某大型钢铁企业生产并向韩国出口碳钢（HS：721123）。该企业将炼制碳钢时所投入的原产自蒙古的焦炭（HS：270400）作为中性成分申报，认为焦炭按照中韩自贸协定原产地规则，应属于中性成分中的燃料一类。

但上述理解是错误的。焦炭在炼制碳钢过程中不仅起到燃烧的作用，还

起到炭化还原的作用,有时也被用作增碳剂。焦炭中的碳将部分进入最终产品碳钢中,因此焦炭应作为原材料而非中性成分。根据该协定产品特定原产地规则,本案例中的碳钢所适用的原产地规则为"品目改变",但从品目7208、7209转变来的除外。企业应当将焦炭作为非原产原材料结合上述规则判断碳钢是否满足原产地标准。

(六)成套货品

成套货品规则主要用于界定货物原产地判定时的基本单元。

【协定文本】

第3.11条 成套货品

一、对于协调制度归类总规则三所定义的成套货品,如果各组件均原产于一缔约方,则该成套货品应当视为原产于该缔约方。

二、尽管有上述规定,如果部分组件非原产于一缔约方,只要按照第3.5条(区域价值成分)所确定的非原产货物价值不超过该成套货品FOB价格的15%,该成套货品仍应视为原产于该缔约方。

【条文解读】

实践中,成套的货物通常含有两件或者两件以上不同的产品,如果这些产品的原产地不同,就会给成套货物的原产地判定带来困难。中韩自贸协定原产地规则第3.11条设定的成套货物规则,采用两个步骤解决这一问题。首先,通过《协调制度》归类总规则三来解决成套货物认定的问题。其次为成套货物分步制定原产地判定规则,假如成套货物中的所有产品均为原产,则成套货物原产。假如成套货物中有产品属于非原产,则规定非原产产品价格相对成套货物FOB价格不能超过15%。

企业在适用此规则时,加强对《协调制度》成套货物归类方法的学习,以确定企业申报的货物是否为成套货物。根据《协调制度》归类总规则三(二)的定义,成套货物必须同时满足以下三个条件:A. 由至少两种看起来可归入不同品目的不同物品构成。B. 为了迎合某项需求或开展某项专门活动而将几件产品或者货物包装在一起。C. 其包装形式适用于直接销售给用户而货物无须重新包装。满足上述条件的成套货物的归类原则是按照构成成套货物基本特征的组件归类。

根据该协定原产地规则判定成套货物中的每种组件是否为中国原产。如果每种组件均为中国原产，则成套货物为中国原产。如果有组件为非原产，则采用中韩自贸协定原产地规则第3.5条的区域价值成分公式计算非原产组件价值占成套货物价值的比重。如果计算结果低于或等于15%，则成套货物为中国原产；如果高于15%，则成套货物无法获得本协定项下中国原产资格。

【案例解析】

中国某企业生产理发工具套装并出口韩国。该理发工具套装中包括一个手动理发推剪（HS：821490）、一把木梳（HS：961519）、一把剃刀（HS：821200）、一把刷子（HS：960329），装于一只塑料盒中。其中，剃刀为德国原产，其他组件均为中国原产。该套装FOB单价为15美元。详细清单如表3-21所示。

表3-21 理发工具套装产品物料清单

HS 编码	名称	CIF 价格（美元）	原产国别/地区
821200	剃刀	2.81	德国
821490	手动理发推剪	9.88	中国
960329	刷子	0.75	中国
961519	木梳	1.00	中国

问题一：该套装是否为《协调制度》归类总规则三所定义的成套货品？

该套装由一个手动理发推剪、一把木梳、一把剃刀、一把刷子组成，是由不同品目的商品组成的（满足条件A）。套装各组件在功能上是互补的，为了完成某项专门活动（理发）而包装在一起（满足条件B）。套装无须再包装可直接销售给用户（满足条件C），因此该套装为《协调制度》归类总规则三所定义的成套货品。同时，根据《协调制度》归类总规则，应当按照构成理发工具套装基本特征的组件归类。手动理发推剪构成了理发工具套装的基本特征，该套装应当归为821490。

问题二：在有非原产组件的情况下，套装的原产地如何判定？

根据中韩自贸协定原产地规则第3.11条第二款，判定步骤如下：

非原产组件剃刀的价格为2.81美元，占理发工具套装FOB价格的比例为：2.81/15 = 18.73%，超过该成套货品FOB价格的15%。因此根据成套货品原产地判定规则，该理发工具无法获得该协定项下中国原产资格。

（七）包装材料及容器

中韩自贸协定原产地规则明确了对运输用和零售用的包装、包装材料和容器的处理。

【协定文本】

第3.12条 包装材料及容器

一、在确定货物原产地时，用于货物运输的包装材料及容器不予考虑。

二、如果零售用包装材料及容器与该货物一并归类，在决定生产过程中所使用的非原产材料是否发生了产品特定规则规定的税则归类改变时，这些零售用包装材料及容器应不予考虑。但是，对于必须适用区域价值成分要求的货物，在确定该货物原产地时，零售用包装材料及容器的价值应当视情作为原产材料或非原产材料予以考虑。

【条文解读】

根据中韩自贸协定对"包装材料及容器"规则的规定可知，对涉及包装材料及容器的货物的原产地判定需区分运输包装与零售包装，以及零售包装在不同归类情形下的处理。

运输包装（packing materials and containers）又称"外包装"或"大包装"。为保护商品数量、品质和便于运输、储存而进行的外层包装。主要有单件（运输）包装和集合（运输）包装两类。前者按包装的外形有包、箱、桶、袋、篓、管、卷、捆、罐等；按包装的结构方式有软性、半硬性、硬性包装；按包装材料有纸制、金属制、木制、塑料、棉麻、陶瓷、玻璃制品，草柳藤编织制品等包装。后者是将若干单件运输包装组合成一件大包装，如集装箱、集装包、集装袋、托盘等，有利于提高装卸速度、减轻装卸搬运劳动强度、便利运输、保证货物数（质）量，并促进包装标准化，节省运杂费用。对于运输包装，本协定规定一律不考虑其原产地属性。

零售包装又称内包装，是直接接触商品并随商品进入零售网点，可与消费者或用户直接见面的包装。对于零售用包装材料及容器，如果其与货物一起归类（例如，适合长期使用的照相机套、乐器盒、枪套、绘图仪器盒、项链盒及类似容器都应与货物一起归类），且最终产品适用税则归类改变判定标准进行原产地判定，则零售包装及容器的原产地属性不需要考虑；若最终产品的原产地判定标准为区域价值成分标准，则零售用包装材料及容器的原产或非原产属性需要考虑，并根据其准确价值，计入区域价值成分的计算公式中。

具体而言，根据本条的规定，企业在适用中韩自贸协定原产地规则时，包装材料及容器对货物原产地的影响如下：

1.运输包装对货物的原产资格无影响。在判定货物原产地时，不考虑其运输包装。

2.对于可与货物一并归类的零售用包装材料及容器，如果最终产品适用完全获得标准、仅使用原产材料生产或者适用税则归类改变标准、特定加工工序标准时，零售用包装材料及容器对货物原产地无影响，在判定货物原产地时，不考虑其零售用包装材料及容器情况。如果最终产品适用区域价值成分判定标准，在计算时则需将零售用包装材料及容器的价值也计算在内。如果相关包装属于原产，则计入原产材料价值中，若属于非原产，则计入非原产材料价值。

3.对于不可与货物一并归类的零售用包装材料及容器，应当视为单独货物判定其原产资格。

【实务指导】

在适用本条规则时，企业如何理解"与货物一同归类的用于零售用包装材料及容器"？

此处的"零售用包装材料及容器"一般指的是货物的销售包装。"与货物一同归类"指的是包装的税则号与货物的税则号相同，包装不单独归类。如何判断货物的包装是否为销售包装，以及包装是否可与货物一同归类呢？这一问题技术性较强，企业可采用下列方法：

1. 如果《中华人民共和国海关进出口税则》中明确规定某货物为零售包装货物，则该货物默认与销售包装一同归类。例如：某种每件净重为0.5千克的耐高温硅胶（HS：350610），其品目条文为"其他税目未列名的调制胶及其他调制黏合剂；适于作胶或黏合剂用的产品，零售包装每件净重不超过1千克"。这说明《中华人民共和国海关进出口税则》已经明确该子目项下的货物为零售包装货物。

2. 如果《中华人民共和国海关进出口税则》中没有明确规定某货物为零售包装货物，则：

A. 对货物的销售包装的判定，以商品是否具有消费环节所需的标识作为标准。销售包装一般要考虑适合对外销售的需要，做到便于陈列、展销、携带和使用，因此其包装除商标、牌号、品名、数量、产地外，还会根据不同商品，印有规格、成分、用途、使用方法等说明。

B. 对销售包装和货物是否可一同归类的判定，以《协调制度》归类总规则五对包装容器和包装材料的专门规定为准。包装须满足下列条件方可与货物一同归类：a. 制成特定形状或形式，专门为盛装某一物品或某套物品而专门设计的。b. 适合长期使用的，容器的使用期限与所盛装某一物品使用期限是相称的："在物品不使用期间，这些容器还起保护作用。" c. 与所装物品一同进口或出口，不论其是否为了运输方便而与所装物品分开包装。d. 通常与所装物品一同出售。e. 包装物本身并不构成整个货品的基本特征，即包装物本身无独立使用价值。f. 包装不能重复使用。

【案例解析】

中国某酒业公司出口五粮酿造的白酒（HS：220890），出口目的国为韩国。产品物料清单如表3-22所示。

表3-22 五粮酿造的白酒产品物料清单

HS 编码	名称型号	CIF 单价（美元）	单位用料	CIF 价与商品 FOB 价比率（%）	原产国别/地区
1007100000	高粱	1.12	1.5	15	中国
1006108900	大米	0.75	1.2	10	中国
1008909000	糯米	0.6	1	8	中国
1001910001	小麦	0.6	0.8	8	中国
1005900001	玉米	0.45	0.4	6	中国
2201909000	水	0.375	0.5	5	中国
7010902000	玻璃酒瓶	1.73	1	23	捷克
4819200000	包装纸盒	0.75	1	10	日本

白酒容器及包装材料对白酒的原产地判定是否有影响？

本案例中的五粮酿造白酒，除酒瓶和包装纸盒为非原产外，其他制造白酒的原材料均为中国原产。根据《协调制度》归类总规则，本案例中的白酒容器及包装材料应当与白酒一并归类。根据中韩自贸协定产品特定原产地规则，白酒适用的原产地判定标准为品目改变。根据本条第二款，在非原产玻璃酒瓶及包装纸盒与白酒一并归类且白酒原产地判定标准是品目改变的情况下，判定白酒原产地时，玻璃酒瓶及包装纸不予考虑，此白酒可具有该协定项下中国原产资格。

（八）附件、备件和工具

出于实际操作和维护需要，机器、设备、车辆及其他某些特定类别的产品通常与配件、备件、工具一同销售。中韩自贸协定第3.13条对货物的附件、备件和工具进行了规定。

【协定文本】

第3.13条 附件、备件及工具

一、在确定货物的原产地时，与货物一同运输并报验进口的附件、备件或工具，同时符合下述条件的，应当不予考虑：

（一）附件、备件或用于工具与该货物一并归类，且不单独开具发票；

以及

(二)上述附件、备件或工具在数量及价值上都是根据习惯为该货物正常配备的。

二、对于适用区域价值成分要求的货物，在计算该货物的区域价值成分时，第一款中所述附件、备件或工具的价值应当视情记入原产材料或非原产材料价值进行计算。

【条文解读】

附件、备件、工具和说明性材料（例如，操作说明书等）通常和机器、设备、车辆等货物一同出售，成为货物的一部分。附件、备件、工具通常用于货物的运输、保护、维修和清洗，而说明性材料通常为货物的安装、维修和使用提供说明，一般被归为附件范畴。

根据中韩自贸协定"附件、备件或工具"规则可知，若附件、备件或工具与货物一起归类、不单独开具发票、在数量及价值上根据习惯为该货物正常配备，而该货物适用税则归类改变判定标准时，则在判定该货物的原产地资格时，可以不考虑附件、备件或工具。但若该货物适用区域价值成分判定标准时，则与货物一同运输并报验进口的附件、备件或工具的原产或非原产情况需要考虑，并且其价值需要计入区域价值成分。

根据本条的规定，企业在适用该协定原产地规则时，对附件、备件、工具和说明性材料应该采用下列方法：

1. 确定附件、备件和工具不单独开具发票，同时在数量及价值上都是根据习惯为该货物正常配备。在具备上述前提条件的情况下，适用本条的相关规则。

2. 如果最终产品需满足区域价值成分判定标准，则需要首先确定附件、备件和工具是否为原产。

A. 如果附件、备件和工具为原产，则计入原产材料价值。

B. 如果附件、备件和工具为非原产，则计入非原产材料价值。

【案例解析】

中国某企业生产小提琴（HS：920210），出口目的国为韩国，FOB 金额为166美元/把（含备用琴弦和调音音叉）。尼龙琴弦和调音音叉为德国原产，其余原料均为中国原产。尼龙琴弦分两部分，主体琴弦作为小提琴构成零件，备用尼龙琴弦作为备件，调音音叉作为工具随小提琴一起发货。产品物料清单如表3-23所示。

表3-23　小提琴产品物料清单

HS 编码	名称型号	CIF 单价（美元）	单位用料	CIF 价与商品 FOB 价比率（%）	原产国别/地区
44079990	木材	41.5	1	25	中国
32082010	油漆	24.9	1	15	中国
92099200	尼龙琴弦	16.6	2	20	德国
92099200	备用尼龙琴弦	16.6	1	10	德国
92099990	调音音叉	8.3	1	5	德国

根据中韩自贸协定产品特定原产地规则，小提琴的特定原产地规则是"品目改变或区域价值成分40%"。

备用琴弦和调音音叉与小提琴一同运输并报验出口，同时符合：（1）与小提琴一并归类，且不单独开具发票；（2）配备的数量和价值属于正常配备。因此，依据本条规定，德国原产备用琴弦、调音音叉属于备件范畴。

如适用品目改变规则，则不考虑备用琴弦和调音音叉的原产地。非原材料尼龙琴弦（HS：92099200）与小提琴 HS 编码前4位不同，因此满足品目改变标准，该小提琴可获得该协定中国原产资格。

如适用区域价值成分40%规则，备用琴弦和调音音叉与小提琴作为非原产其价值将被计入非原产原材料价值中。该小提琴的区域价值成分为：RVC =[（FOB － VNM）/FOB]×100% =[（166-16.6×2-16.6-8.3）/166]×100% =65%，超过区域价值成分40%的要求，同样满足区域价值成分标准，也可得出结论：该小提琴可获得该协定中国原产资格。

以上两种方法企业选其一即可。

(九)累积规则

"累积"是一项重要的补充规则,是指在判定产品的原产资格时,把产品生产中所使用自贸协定其他缔约方的原产材料视为产品生产所在缔约方的原产材料,将自贸区域看成一个整体,其他缔约方的原产货物与本国原产货物享受同等待遇,原产成分可以累加计算,使得货物更容易满足原产地认定标准,从而促进区域内的贸易自由。累积规则实质上降低了产品获得原产资格的门槛,具有"软化剂"功效,有助于生产商在各缔约方区域内配置生产资源,加强上下游产业的协调,进而促进区域内产业经济和产业内贸易的发展。

【协定文本】

第3.6条 累积规则

一缔约方的原产货物或材料在另一缔约方用于生产另一货物时,该货物或材料应当视为原产于后一缔约方。

【条文解读】

中韩自贸协定中的累积规则分为双边累积和部分累积。我国出口企业在适用该规则时必须满足下列条件:

1. 参与累积的产品或材料必须具备韩国原产资格,即满足该协定原产地规则,可判定为韩国原产。

2. 参与累积的产品或材料必须在中国用于出口货物的加工制造。

3. 在中国所进行的制造加工工序必须超出微小加工或者处理的范围。

【案例解析】

中国某企业生产棉夹克衫(HS:6203)并出口韩国。生产中使用了进口自韩国的织物。根据中韩自贸协定原产地规则,该产品适用的原产地判定标准为章改变或区域价值成分40%。根据协定原产地规则第3.6条累积规则,生产中使用的韩国进口的织物如果为韩国原产(是否为韩国原产需要根据中韩自贸协定原产地规则判定),则将被视为原产自中国,此时制成的夹克衫成品被认为未采用任何非原产材料,满足中韩自贸协定原产地规则第3.2条第

(二)项的规定,可具备本协定中国原产资格。

(十)直接运输

为避免货物在运输过程中被加工或替换,确保所进口的货物确系自贸伙伴的出口货物,自贸协定中通常会规定货物应由出口国直接运输至进口国。中韩自贸协定第3.14条对直接运输作出了规定。

【协定文本】

第3.14条 直接运输

一、申明享受优惠关税待遇的缔约方原产货物,应当在缔约双方之间直接运输。

二、货物运经一个或多个非缔约方,不论是否在这些非缔约方转换运输工具或临时储存,只要满足下列条件,仍应视为在成员方之间直接运输:

(一)货物的转运被证明是基于地理原因或者仅出于运输需要考虑;

(二)货物在非缔约方未进入贸易或消费领域;

(三)除装卸、因运输原因而分装,或使货物保持良好状态所需的处理外,货物在非缔约方未经任何其他处理。

依据本条规定货物在非缔约方临时储存的,货物在储存期间必须处于非缔约方海关监管之下。货物在非缔约方停留时间自其进入该非缔约方之日起不得超过3个月。如果因不可抗力原因导致货物停留时间超过3个月的,则停留时间最多不得超过6个月。

三、就本条第二款而言,在申报进口货物时,应当向进口方海关提交下列单证:

(一)对于在非缔约方转运或者转换运输工具的,应提交如航空运单、提单或涵盖出口方至进口方的多式联运提单等运输单证;以及

(二)对于在非缔约方存储或者改换运输用集装箱的,应提交如航空运单、提单或涵盖出口方至进口方的多式联运提单等运输单证,以及该非缔约方海关出具的证明文件。进口方海关可指定非缔约方的其他有资质的机构签发证明文件,并应将该信息通知出口方海关。

《中国—韩国自由贸易协定》商务应用指南

【条文解读】

直接运输规则是指要求申明享受优惠关税待遇的缔约方原产货物,应当在缔约双方之间直接运输。该规则可以降低在运输途中遭到人为操纵或者掺加非优惠货物的风险。从此意义上讲,直接运输规则并非严格意义上的判定原产地的规则,而是一种行政手段,用来防止在运输途中对原产产品所进行的欺骗行为。

本条第二款、第三款明确了即使货物运经一个或多个非缔约方,但只要满足相应条件,仍可享受原产优惠关税待遇:一是转运只是基于地理原因或者仅出于运输需要;二是在转运地未进入贸易或消费领域;三是在转运过程中未对产品进行加工(装卸、因运输原因而分装,或使货物保持良好状态所需的处理除外);四是如果需要在转运地临时储存,货物在储存期间必须处于转运地海关监管之下(正常不超过3个月,因不可抗力原因最长可延长至6个月);五是需要提供运输单证或未再加工证明等材料。

【案例解析】

国内某企业与韩国企业签订销售合同,根据合同,货物由韩国企业负责订船出运。

情形一:韩国企业预定从上海到首尔的直航船。

韩国海关可根据韩国企业提交的海运提单等文件,确定货物进行了直接运输。

情形二:韩国企业预定了从上海经中国香港到首尔的船。

韩国海关可要求韩国企业提供相关证明文件,证明货物在香港转运时未经过加工且处于香港海关监管之下,可通过中国检验有限公司(香港)或者香港海关办理未再加工证明。

第二节 原产地证书申领操作指导

在自贸协定实施过程中,进出口货物享受关税减免待遇的前提是具有原产资格,而认定原产资格的形式为获得原产地证书。在本章第一节详细解读中韩自贸协定原产地规则基础上,本节将聚焦原产地证书申领的实务操作,帮助中国广大进出口企业更好地掌握通过原产地证书享受优惠关税待遇的方法。

一、享受关税优惠待遇的必备条件——优惠原产地证书

(一)优惠原产地证书的概念

优惠原产地证书是相对于非优惠原产地证书而言的,主要用于享受关税减免待遇,一般是指区域性优惠贸易协定项下出口货物原产地证明书,是由区域性自由贸易协定缔约方(地区)授权机构签发的证明出口货物原产地的凭证,是一种具有法律效力的、在协定缔约方就特定产品享受关税优惠待遇的凭证,是货物进入国际贸易领域的"经济国籍"与"护照",是通向国际市场的"金钥匙"和"有价证券"。

对于与韩国开展国际贸易的中国企业,在出口时可以向中国海关或中国国际贸易促进委员会(以下简称"中国贸促会")及其分支机构申请签发中韩自贸协定项下原产地证书,提交给进口方海关。

一份有效的中韩自贸协定项下原产地证书应符合如下规定:

1. 具有不重复的证书编号;

2. 注明货物具备本章所规定的原产地资格的依据;

3. 含有签名或印章样本等安全特征,并且印章应与出口方通知进口方的印章样本相符;

4. 以英文填制;以及

5. 打印格式,即原产地证书的签名和盖章由授权机构手工完成,或者原产地证书的签名和盖章为授权机构使用的电子格式。一份原产地证书正本仅能打印一次。

(二)优惠原产地证书的作用

中韩自贸协定项下原产地证书的主要作用包括以下4个方面:

1. 减免进口关税

货物在进口方入境报关时,凭借中韩自贸协定项下原产地证书即可享受缔约方优惠关税待遇,即适用中韩自贸协定的协定税率(也称区域性优惠税率)。

常见的进口关税税率有普通税率、最惠国税率、普惠制税率和协定税率,税率由低到高排序通常为:协定税率＜普惠制税率＜最惠国税率＜普通税率(该排序仅供参考,须以进口国最新公布的关税税率为准)。

协定税率的查询途径主要有四种:一是前往进口国海关官网进行查询;二是通过进口商向进口国海关了解关税情况;三是使用中国自由贸易区服务网(http://fta.mofcom.gov.cn/)的协定税率查询功能进行查询;四是下载中韩自贸协定对应的关税减让表进行查询。

2. 证明货物原产地

中韩自贸协定项下原产地证书是签证机构依据中韩自贸协定原产地规则签发的,用以证明出口货物符合该协定原产资格的证明文件,是享受关税减免待遇的前提条件。

3. 信用证结汇单据

当使用信用证(跟单信用证)作为国际贸易结算方式时,中韩自贸协定项下原产地证书经常会作为必须提交的单据出现在信用证的单据条款(46A: Documents Required)中。

4. 贸易统计依据

各国海关对进出口货物贸易的统计(即海关统计)在各国政府研究和制定对外贸易政策、调控国家宏观经济方面起着十分重要的决策辅助作用。原产地证书就是各国海关判断进口货物原产国别、进行海关统计的重要依据之一。此外,中韩自贸协定项下原产地证书还用于辅助双方海关对自贸协定实施效果进行监测。

(三)何时需要办理原产地证书

1. 清关和结汇需要

货物在进口方入境报关时,优惠原产地证书是清关的重要文件之一。如果进口商了解自贸协定相关优惠政策,一般都会主动要求出口商提供优惠原产地证书,以便于货物在顺利清关的同时,享受减免关税的优惠待遇。此外,优惠原产地证书也是交付银行等机构用于结汇的重要凭证之一。尤其是双方以信用证方式进行结算时,通常会要求出口商一方提供优惠原产地证书。

2. 主动使用自贸区优惠关税政策

在进口方没有要求提供自贸协定项下原产地证书的情况下,当出口方了解到出口的产品可以享受比最惠国税率更低的协定税率时,可以从客户维系、市场开拓的角度主动向进口方提供原产地证书,帮助进口方在清关时获得关税减免,从而达到巩固与客户关系、获取更多市场份额的效果。

3. 办理时限及补签等情况处理

中韩自贸协定项下原产地证书应在货物装运前、装运时或装运后7个工作日内申请办理,并自授权机构签发之日起1年内有效。如因不可抗力,非故意的错误、疏忽,或者其他合理原因,导致未能及时在货物装运前、装运时或装运后7个工作日内办理的,可在货物装船之日起1年内补办。补发证书的申请和签发日期应为实际申请、签发日期。

(四)提交原产地证书义务的免除

1. 根据中韩自贸协定,经判定具有我国原产资格的货物若出口的完税价格不超过700美元或该缔约方币值等额的一批货物,则无须办理优惠原产地证书,只需出口方对产品原产于出口方(中国)作简要声明即可。

2. 经核实,该项进口为规避上述规定而实施或安排的一系列进口的一部分,则不能享受免除原产地证书提交义务。

《中国—韩国自由贸易协定》商务应用指南

二、原产地证书申办程序

（一）申办条件

中国企业为出口货物申办中韩自贸协定优惠原产地证书应具备以下条件。

1.申办主体：出口商、生产商或出口商依据国内法授权的代理人；

2.文件资料：申请人应准备好商业发票、装箱单、提单、原材料采购发票、进口原材料报关单或进口增值税发票及其他佐证材料；

3.出口货物：符合中韩自贸协定原产地规则，此为申请签发优惠原产地证书的关键条件，如果产品的生产加工不符合协定原产地规则，则无法获得中国原产资格，不能享受关税减免。

企业需查询中韩自贸协定关税减让表和原产地规则来了解出口货物是否符合协定要求，也可咨询签证机构工作人员。

查询方法：可通过中国自由贸易区服务（http：//fta.mofcom.gov.cn/）或中国贸促会 FTA 服务网（http：//www.ccpit-fta.com/），或者海关总署相关网站，查询中韩自贸协定文本，准确掌握原产地规则要求及协定税率、降税安排等关键信息。

（二）申办流程

2019年10月15日起，对外贸易经营者备案和原产地企业备案"两证合一"正式实施，详见《中华人民共和国商务部 中华人民共和国海关总署 中国国际贸易促进委员会公告》（2019年第39号文），企业在商务主管部门完成对外贸易经营者备案后，视同完成中国海关或中国贸促会的原产地企业注册备案手续，可直接登录签证机构的原产地申报系统办理证书。

以企业在中国贸促会申办优惠原产地证书流程为例：

目前，中国贸促会注册企业分线上和线下两种情况，所谓线上注册企业即"两证合一"之后，注册企业的信息直接由商务部推送至中国贸促会。由于特殊情况，推送信息不成功的企业，可以直接联系当地贸促会进行线下注册。

1. 线上注册的企业在中国贸促会原产地证书申办流程

（1）登录

企业完成对外贸易经营者备案后，登录中国贸促会原产地证书申报系统 http：//qiye.ccpiteco.net。

首次登录直接输入"统一社会信用代码"，点击登录即显示初始密码，登录成功后将跳转到修改密码页面（见图3-1）。

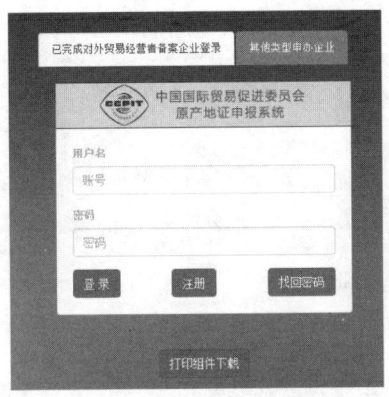

图3-1　注册登录页面

（2）新建手签员

点击"新建手签员"按钮，填写相关信息，下载"手签员授权书"填写后提交（见图3-2）。

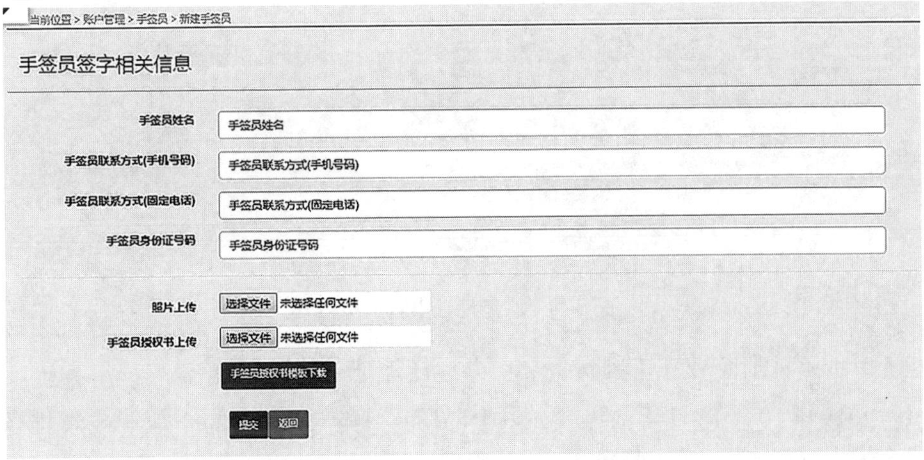

图3-2　手签员签字页面

（3）上传企业印章

点击"企业印章"，按界面提示要求上传本企业印章电子图片，若未按要求上传印章图片，企业领取原产地证书时需携带印章并于签证机构现场完成盖章等操作。

（4）填报产地证书信息

手签员信息和企业印章审核通过后，企业可按界面提示进行原产地证书信息录入，填写完原产地证书详细信息并保存后，点击"发送"按钮，提交至中国贸促会审核。

（5）领取原产地证书

提交原产地证书申请后，即可查看原产地证书状态，当状态变为"已发证"，表示已审核通过，即可到当地贸促会领取证书。

（6）原产地证书的查询网站

企业可以使用证书上的 CO Certificate No（申请号）和 CO Serial No（印刷号）在中国贸促会网上认证中心（http://check.ccpiteco.net）上查询证书内容及真伪（见图3-3）。

图3-3　原产地证书查询页面

2.线下注册企业在中国贸促会申办原产地证书的流程

2019年10月15日之前已完成中国贸促会原产地备案的企业，或者推送信息不成功的企业，申办原产地证书操作流程不变，仍然采用线下注册方式。

不办理对外贸易经营者备案的其他主体（如生产商、保税区内从事国际贸易的企业、外商投资企业等），点击"其他类型申办企业"按钮，按照提示进行相关操作。

3. 特别服务事项办理

（1）备案地迁移申请

如在 A 市商务局完成备案的企业由于特别原因不在 A 市贸促会申办原产地证书，可申请将备案地迁移到 B 市贸促会。企业选择要迁移的地区和贸促会，点击"发送"按钮，即可发送申请（见图3-4）。

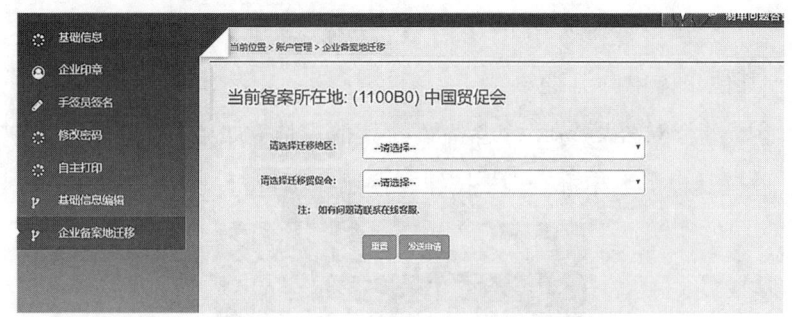

图3-4　备案地迁移申请页面

发送完成后，企业可查看迁移申请状态（见图3-5）。

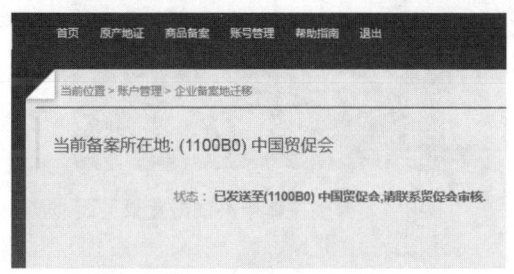

图3-5　备案地迁移申请提交成功页面

（2）中国贸促会原产地证书自主打印服务申请

原产地证书自主打印是中国贸促会原产地电子政务平台建设的一项突出成果。它可以通过先进的技术保障，支持企业足不出户完成原产地证书自主打印，实现真正意义上的"不见面办公"。

企业如申请中国贸促会原产地证书自主打印服务，可点击"自主打印申请"按钮，查看"自主打印企业申请材料"和"贸促会原产地证书打印机清单"后，按要求上传申请资料，提交中国贸促会审核（见图3-6）。

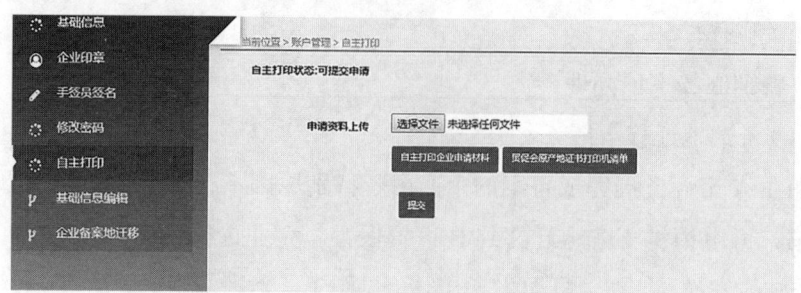

图3-6 原产地证书自主打印申请页面

（3）其他主体申办流程

不需要进行对外贸易经营者备案的其他主体（如生产商、保税区内企业等），点击"其他类型申办企业"按钮，按照提示进行操作（见图3-7）。

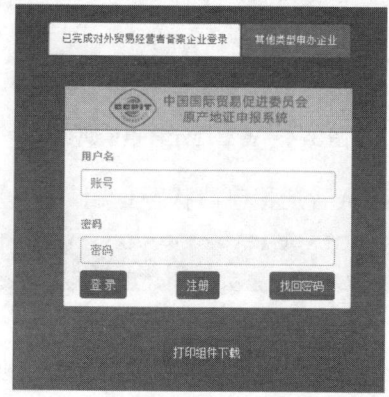

图3-7 其他主体申办注册登录页面

（4）在线客服

企业在注册、登录系统和制单过程中，有任何疑问可直接联系在线客服或者咨询当地贸促会。

以上申办流程的详细操作指南可见中国贸促会官网，由于存在系统升级及相关规定变化等情况，申办操作指南以企业查询时官网最新公布为准。企业应按照签证机构要求提交申请签发原产地证书所需资料，证明出口货物符合原产地证书签证要求，必要时需接受签证机构的实地核查。

（三）证书填制要求

申领人应提前准备好商业发票、提单和报关单等单据。按照填制要求制单，便于申领原产地证书时签证机构核对信息。

1. 出口商名称、地址和国家（见表3-24）

表3-24　出口商名称、地址和国家栏

证书内容	Exporter's name, and address country
填制说明	填写中国出口商详细的依法登记的名称、地址（包括国家）
范例	1. Exporter's name, and address country: HENAN CCPIT TEXT CO.,LTD. NO.105 WENHUA ROAD,JINSHUIQU,ZHENGZHOU,HENAN,CHINA

注意：

（1）本栏填写的出口商名称应与商业发票等单据，对外贸易经营备案登记表内企业英文名称及第13栏出口商中英文印章上名称一致；

（2）本栏不可填写两个或两个以上公司名称；

（3）本栏不可使用O/B、VIA后接第三方公司信息等方式表述转口贸易的中间商；

（4）转口贸易模式下如需体现中间商名称，可将开具发票的中间商名称、地址和国家等信息填写在第5栏（备注栏）。

2. 生产商名称、地址和国家（见表3-25）

表3-25　生产商名称、地址和国家栏

证书内容	Producer's name and address, country
填制说明	填写生产商详细的依法登记的名称、地址（包括国家）。如果证书包含一家以上生产商的商品，应列出其他生产商详细的依法登记的名称、地址（包括国家）。如果出口商或生产商希望对信息予以保密，可以填写"应要求提供"。如果生产商和出口商相同，应填写"同上"
范例	2. Producer's name and address, country: HENAN CCPIT TEXT CO.,LTD. NO.105 WENHUA ROAD,JINSHUIQU,ZHENGZHOU,HENAN,CHINA

注意：

如果证书包含一家以上生产商的商品，应列出其他生产商详细的依法登记的名称、地址和国家。

3. 收货人名称、地址和国家（见表3-26）

表3-26　收货人名称、地址和国家栏

证书内容	Consignee's name and address, country
填制说明	填写常驻韩国的收货人详细的依法登记的名称、地址（包括国家）
范例	3. Consignee's name and address, country: TEXT CO.,LTD RICH TOWER,TEHERAN-RO, GANG-GU,SEOUL,KOREA REP.

注意：

（1）收货人名称应与申请人提供的商业发票和运输单据中的名称一致；

（2）进口方应为韩国企业；

（3）此栏不可填写非进口商信息；

（4）此栏不可填写 To Order 等语句。

4. 运输工具及路线（见表3-27）

表3-27　运输工具及路线栏

证书内容	Means of transport and route（as far as known）
填制说明	填写运输方式及路线，详细说明离港日期、运输工具的编号、装货口岸和到货口岸
范例	4. Means of transport and route（as far as known）: FROM BEIJING CHINA TO INCHON KOREA REP. BY AIR Departure Date: APR.10,2021 Vessel/Flight/Train/Vehicle No.: Port of loading: BEIJING CHINA Port of discharge: INCHON KOREA REP.

注意:

出口货物的运输信息情况,以确保商品在运输途中并未在中国和韩国以外的其他国家或者地区进行再加工而丧失其原产资格,即要符合"直接运输规则"。

5. 备注(见表3-28)

表3-28 备注栏

证书内容	Remarks
填制说明	如果发票是由非缔约方经营者开具的,则应在此栏详细注明非缔约方经营者依法登记的名称和所在国家。如果原产地证书是补发的,则应注明"补发"字样。如果原产地证书是经核准的副本,则应注明"原产地证书正本(编号 日期)经核准的真实副本"字样
范例	5. Remarks: Serial No._____ Dated_____ is cancelled.

6. 项目号(见表3-29)

表3-29 项目号栏

证书内容	Item number(MAX 20)
填制说明	填写项目号,但不得超过20项
范例	此栏由系统自动打印

7. 唛头及包装号(见表3-30)

表3-30 唛头及包装号栏

证书内容	Marks and numbers on packages
填制说明	若存在唛头和包装号,填写唛头及包装号。如果唛头是图形或者符号而非字母或者数字,应填写"图形或符号"(I/S)。如果没有唛头及包装号,应填写"没有唛头及包装号"(N/M)

续 表

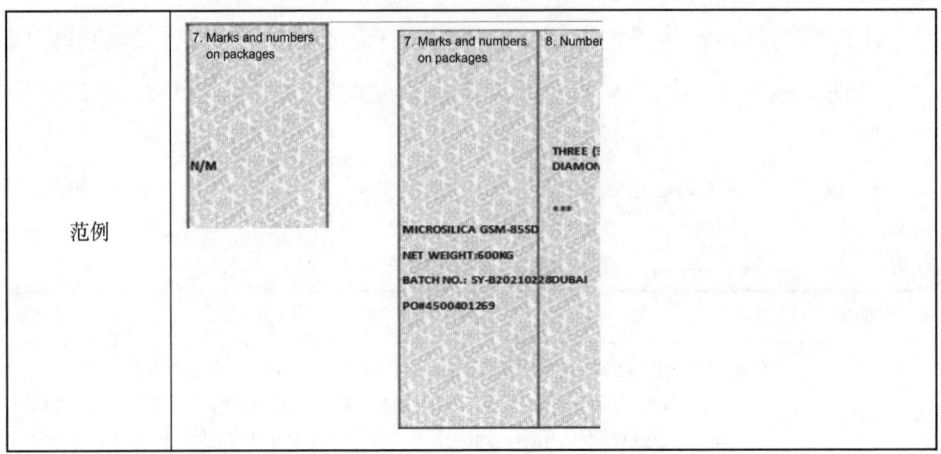

注意:

(1)唛头不得出现中国境外的国家或地区制造的字样。例如,不能出现MADE IN SINGAPORE 等。

(2)不可因为唛头内容过长而使用"AS PER INVOICE""AS PACKING LIST"或"AS B/L"等表达。CARTON LABEL、AS ADDRESS、COLOR LABEL 等也不能作唛头。

(3)如有特殊唛头的(唛头是图形或者符号时),应填写"I/S",并上传图片唛头。

(4)当唛头中显示商标时,申请人应注意可能涉及的知识产权保护问题,并提供相应证明。

①当商标为申请人的自有品牌商标时,申请人应能提供其合法有效的商标注册证。

②当商标为申请人受托加工的定牌产品商标时,申请人和委托方应签订关于商标使用许可的合同条款,委托方应有该商标的所有权或使用权。

8.包装数量及种类、产品描述(见表3-31)

表3-31 包装数量及种类、产品描述栏

证书内容	Number and kind of packages, description of goods

续表

填制说明	详细列明包装数量及种类。详列每种货物的货品名称，以便于海关关员查验时加以识别。货品名称应与发票上的描述及货物的协调制度编码相符。如果是散装货物，应注明"散装"
范例	8. Number and kind of packages; description of goods THREE (3) CARTONS OF SYNTHETIC INDUSTRIAL DIAMOND POOWDER

注意：

（1）禁止在货物描述处填写复杂承诺性声明，禁止填写与第九栏不一致的 HS 编码，禁止填写非中国生产的描述；

（2）在此处显示的企业与客户的信用证条款不能违背原产地规则；

（3）此栏信息应与申请人的报关信息和提供的商业发票等单据中的信息一致。

9. HS 编码（六位编码）（见表3-32）

表3-32　HS 编码栏

证书内容	HS code（six-digit code）
填制说明	对应第8栏中的每种货物填写协调制度税则归类编码，以六位数编码为准
范例	9. HS code (six-digit code) 710510

注意：

（1）填写出口商品六位数 HS 编码；

（2）中国国际贸易促进委员会产地证采用商品备案制，出口商品需要先做商品信息备案，产品备案经审核通过后，该产品及其所属 HS 编码可以在选项中选择。

10. 原产地标准（见表3-33）

表3-33 原产地标准栏

证书内容	Origin Criterion
范例	8.Number and kind of packages; description of goods: THREE (3) CARTONS OF SYNTHETIC INDUSTRIAL DIAMOND POOWDER *** / 9. HS code (six-digit code): 710510 / 10. Origin Criterion: WP

说明：

出口商必须按表3-34所示方式，在第10栏中标明其货物申请享受优惠关税待遇所依据的原产地标准。

表3-34 申明享受优惠关税待遇所依据的原产地标准

原产地标准	填入第10栏
该货物根据第3.4条（完全获得或生产的货物）或者附件3-A（产品原产地特定规则）的规定，在一缔约方完全获得或生产	WO
该货物完全由符合第3章（原产地规则和原产地实施程序）规定的原产材料在一缔约方生产	WP
该货物在一缔约方生产，所使用的非原产材料符合附件3-A（产品特定原产地规则）所规定的税则归类改变、区域价值成分、工序要求或其他要求	PSR
该货物适用第3.3条（特定货物处理）的规定	OP

11. 毛重、规格或其他计量单位（见表3-35）

表3-35 毛重、规格或其他计量单位栏

证书内容	Gross weight, quantity（Quantity Unit）or other measures（liters, m^3, etc.）
填制说明	毛重应填写"千克"。可依照惯例，采用其他计量单位（例如，体积、件数等）来精确地反映数量

续表

证书内容	
范例	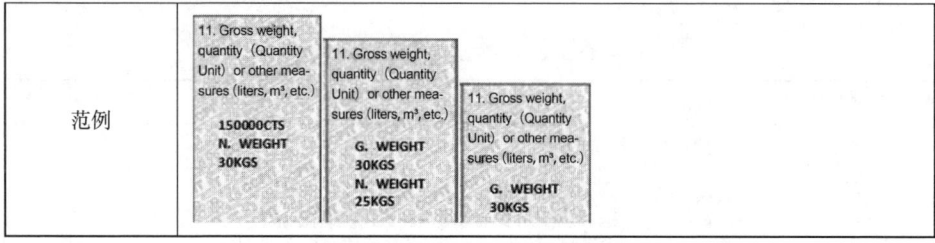

12. 发票号码及日期（见表3-36）

表3-36 发票号码及日期栏

证书内容	Number and date of Invoices
范例	12. Number and date of Invoice TEXT20210410 APR.10 2021

说明：

应填写发票号码和发票日期。如果发票是由非缔约方经营者开具且该商业发票号码和发票日期均未取得，则出口方签发的原始商业发票的号码和发票日期应在本栏注明。

13. 出口商声明（见表3-37）

表3-37 出口商声明栏

证书内容	Declaration by the exporter
填制说明	本栏应由出口商填写、签字并填写日期
范例	13.Declaration by the exporter: The undersigned hereby declares that the above details and statement are correct, that all the goods were produced in 　　　　　CHINA 　　　　　(Country) and that they comply with requirements specified in the FTA for the goods exported to 　　　　　KOREA 　　　　　(Importing country) [印章：测试用章]　[签名：李囚] Place and date, signature of authorized signatory

14. 签证机构证明（见表3-38）

表3-38 签证机构证明栏

证书内容	Certification
填制说明	本栏应由授权机构的授权人员填写、签字、注明签证日期并盖章
范例	14. Certification: On the basis of control carried out, it is hereby certified that the information herein is correct and that the goods described comply with the origin requirements specified in the China-Korea FTA. （中国国际贸易促进委员会 单据证明专用章 CHINA COUNCIL FOR THE PROMOTION OF INTERNATIONAL TRADE）（张三） Place and date, signature and stamp of authorized body

（四）其他注意事项

1. 证书更改：证书内容需更改的，申请人可在证书签发之日起1年内向原签证机构申请更改证书并提供相应证明材料，同时应退回失效的原证书。

2. 失证重发：原产地证书被盗、遗失或毁坏的，如果此前签发的原产地证书正本经核实未被使用，则申请人可自证书签发之日起1年内向原签证机构申请重发证书，即在原证书有效期内签发注明"经核准的真实副本"字样的原产地证书副本，原证书失效。

三、如何高效使用原产地证书

（一）依法合规申办优惠原产地证书

出口方或生产商应当在货物装运前向中国海关或中国贸促会及其地方签证机构申请签发中韩自贸协定项下原产地证书，并按上述机构的要求提交相关佐证材料，用以证明出口货物符合中韩自贸协定项下原产资格。必要时还需接受原产地证书签发机构开展的实地核查。

使用原产地证书申报系统填制原产地证书内容时，须严格按照相关填制要求和实际出口数据填写，确保信息真实、完整、准确。

（二）合理安排货物运输路线

中韩自贸协定中包含非常重要的"直接运输"规则，简称"直运规则"，申请享受优惠关税待遇的缔约方原产货物，应当在缔约双方之间直接运输。因此，出口方在安排货物运输时，尽量选择从中国境内口岸直接运输至韩国，途中不经过其他国家或者地区的货物运输路线。如果确有需要经过，则需在中转地办理"未再加工证明"，并在清关时向进口方海关一并提交航空运单、提单、多式联运或联合运输单据、有关货物的原始商业发票副本、财务记录、优惠原产地证书等单据，或进口方海关可能要求的其他相关证明文件。

（三）主动申明并提交优惠原产地证书

货物在入境报关时，收货人或者其代理人应当按照进口方国内法律、法规和行政规章办理货物的进口申报手续，其中包括要主动向进口方海关申明适用中韩自贸协定的协定税率和提交有效的原产地证书正本（若货物的完税价格不超过700美元或该缔约方等额币值，则可用出口方声明代替）。

（四）海关程序与贸易便利化相关措施安排

中韩自贸协定在货物贸易方面对海关程序与贸易便利化作出规定，包括便利化、一致性、透明度、海关估价、税则归类、海关合作、复议与诉讼、预裁定、处罚、自动化系统应用、风险管理、货物放行、快件、后续稽查、保密、磋商、海关委员会等。其目的是确保双方海关法实施的可预见性、一致性和透明度，尽可能简化和协调双方海关程序，促进双方海关当局合作，推动海关程序高效、经济管理以及货物快速通关，创造良好的区域贸易环境。下面对进出口企业关注的4个方面进行介绍。

1. 原产地电子数据跨境传输

"原产地电子信息交换系统"是我国积极响应中韩自贸协定"自动化系统应用"倡议,切实提高贸易便利化及合规化水平的具体举措。通过"原产地电子信息交换系统",进出口双方可实时传输优惠贸易协定项下以原产地证书为主的电子数据,一方面可提升货物通关时效,为通关无纸化做好准备;另一方面也能优化海关监管服务水平,打击进口方低价报关行为,从而保护国家税收安全,推动国际贸易健康可持续发展。

2. 预裁定

预裁定是指在货物实际进出口之前,海关根据申请人(进口货物收货人或出口货物发货人)的申请,对相关的海关事务作出的书面裁定。

海关预裁定包括:

(1)归类预裁定(进出口货物的商品归类);

(2)原产地预裁定(进出口货物的原产地或原产资格);

(3)价格预裁定(进口货物完税价格相关要素、估价方法);

(4)海关总署规定的其他事务。

其中,归类预裁定、原产地预裁定和价格预裁定被称为"三预"工作,是海关解决部分税收要素(商品归类、原产地以及价格)难题和提高通关便利化水平的利器。

企业(尤其是从事进口业务)可在货物拟进出口3个月前向企业注册地直属海关提出预裁定申请,通过办理海关预裁定,将价格、商品归类和原产地三个专业性较强的申报要素进行前置确认,在货物实际进出口之前消除申报疑虑,准确预知申报规则,实现合规申报。

对进出口企业而言,预裁定是理解海关规则,降低通关风险,提升通关效率的重要途径;对海关而言,预裁定是提升监管效率,统一执法标准,消除关企争议的重要手段,而且通过规定申请人的"(海关)企业分类等级",有利于营造良好的经营环境,促使企业守法自律,保障进出口贸易的安全与便利。

3. 货物放行

(1) 在满足特定条件或要求的情况下,在货物实际到达前可预先以电子形式提交信息并进行处理,使货物到达后尽快放行;

(2) 如进口方提交了有效担保,且货物无须进一步审核、查验或提交任何其他材料,可允许货物在符合所有进口要求之前提前通关;

(3) 货物通关的期限不超过执行海关法及其他贸易相关法律手续所必需的时间,并且尽可能在货物到达后48小时内放行;

(4) 允许除禁止、限制或管制以外的货物在海关监管地点自由流转,无须临时转入仓库或其他设施。

4. 快件

(1) 各缔约方应当在保持适当的海关监管与选择的情况下,对快件采用或沿用单独和快速的海关程序。

(2) 这些程序应当允许提交的一份单独舱单中包含一票快件中所有货物,并尽可能通过电子形式填报;在可能的情况下,允许特定货物以最少文件通关;适用时不考虑快件的重量或海关价值,除非其国内法律、法规和规章另有规定。

四、优惠原产地证书"微小差错"处理及核查应对

进口方在使用优惠原产地证书进行报关时或者报关后可能遇到一些问题,处理不当将会影响到货物正常的通关享惠。下文将对可能遇到的问题和应对办法作出说明。

(一) 证书内容存在"微小差错"

如果中韩自贸协定项下原产地证书所列内容与办理货物进口手续时向进口方海关提交的相关单证所列内容之间存在非实质性差异,只要进口方海关对相关货物的原产地没有疑义且中韩自贸协定项下原产地证书所列产品与所报验的产品相符,这些非实质性差异就不会影响证书的有效性。进口方或者其代理人可以按照进口方国内法律、法规和行政规章办理相关手续后先行提

货，按相关商品所适用的较高税率缴纳进口关税或保证金，待相关差异性问题得到澄清后，再依照进口方国内法律、法规及行政规章退还多征的税款或保证金。

如果中韩自贸协定项下原产地证书包含多项商品，其中部分商品有问题，并不会影响证书上其他商品正常享受优惠关税待遇，也不会延迟其他商品正常清关。对于有问题的商品，进口方海关将按中韩自贸协定原产地规则签证操作程序规则处理（只要符合相关要求，可以缴纳足额保证金后先行提货）。

（二）原产地核查

进口方海关发起原产地核查是较为常见的影响原产货物顺利清关、享受关税优惠的情况。进口方海关可以在对相关文件（如原产地证书）的真实性或者涉及全部或部分产品真实原产地相关信息的准确性存疑时发起核查程序，也可以按照一定比例发起随机核查。

1. 常规流程概述

进口方海关以书面形式（核查函）提出核查请求，并随附相关的原产地证书复印件，如果不是随机核查，还会说明核查的详细原因或指出原产地证书中可能有误的地方。

在等待核查结果期间，只要相关产品不属于禁止或限制进口产品，又不涉嫌瞒骗，韩国收货人（进口方）或者其代理人可以依照韩方国内法律、法规及行政规章办理相应手续后（通常是按产品所适用的较高税率缴纳关税或等额保证金）先行提货，只要最终的核查结果证明原产地证书内容准确无误，进口方海关就会退还多征的税款或保证金。

需特别注意的是，此类核查都有时间限制，中韩自贸协定规定，出口方海关应自收到核查请求之日起6个月之内，向进口方海关反馈核查结果。进口方海关应自接到出口方海关反馈核查结果之日起3个月内，将所核查货物是否具备原产资格的决定通知出口方海关。

在此期间，证书签发机构和出口企业或者货物生产商需要密切配合，根据核查函中进口方海关的质疑点收集相关佐证材料，签发机构对相关材料进行审核确认后，将核查结果如实回复进口方海关。倘若未能在核查时限内答复进口方海关，相关货物将无法享受中韩自贸协定优惠关税待遇（即进口商无法收回多交的税款或保证金，遭受直接经济损失），因此出口企业需要高度重视并积极配合签发机构的原产地核查工作。

2. 特殊情况（核查访问）

如果进口方海关对追溯核查的结果不满意，还可以请求到出口方进行实地核查访问。

3. 对企业商业文件的保密

中韩自贸协定明确规定一缔约方对于另一缔约方根据本章规定提供的信息应予以保密，并保护该信息不被公开，不侵害信息提供人的竞争地位（除非该信息提供人或政府明确许可），任何泄密行为都应当依照各缔约方的法律规定予以处理。

4. 韩国海关对中韩优惠原产地证书的主要核查内容

下面将结合中国贸促会中韩自贸协定优惠原产地签证工作中遇到的真实案例介绍韩国海关核查的主要内容。

（1）单证间信息是否一致

In addition, the HS code of the item DULUX L LED 18W/857 230VHF 25X1 OSRAM in the C/O no.1918133700250108) is indicated as 9405.10, but it was declared as 8539.50 on the import declaration in Korea.

图3-8 单证间信息不一致退证查询核查函截图

如图3-8所示，中韩优惠原产地证书第9栏HS编码为940510，而韩国进口商在进口报关单上显示的HS编码为853950，由于进出口申报信息不一致引起退证查询。

应对：原则上中韩两国对于同一产品的6位税则编码相同，企业可与韩国进口商进一步沟通，以获得准确的产品HS编码。

（2）货物是否具备原产资格以及原产地标准适用是否准确

对货物是否具备中韩自贸协定原产资格的质疑，主要包括优惠原产地证书所列货物是否符合相关的原产地标准；货物的原材料、零部件来源情况，非原产材料是否发生相应的税则归类改变或者区域价值成分是否达标，具体的加工工序（货物的加工制造过程）是否满足要求；原产地标记是否准确等。

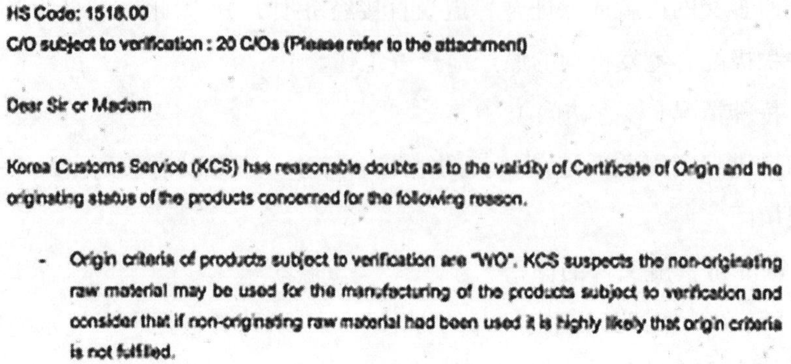

```
HS Code: 1518.00
C/O subject to verification : 20 C/Os (Please refer to the attachment)

Dear Sir or Madam

Korea Customs Service (KCS) has reasonable doubts as to the validity of Certificate of Origin and the
originating status of the products concerned for the following reason.

- Origin criteria of products subject to verification are "WO". KCS suspects the non-originating
  raw material may be used for the manufacturing of the products subject to verification and
  consider that if non-originating raw material had been used it is highly likely that origin criteria
  is not fulfilled.
```

图3-9　因原产地标识误判而引起退证查询核查函截图

如图3-9所示，根据中韩自贸协定附件3-A第二部分产品特定原产地规则，HS编码为151800的商品应适用的原产地判定标准为"完全获得"，所对应的原产地标准标识为"WO"，该企业申请时错误申报为"WP"，引起韩方海关对于货物是否具备相应原产资格的质疑。

如图3-10所示，根据中韩自贸协定附件3-A第二部分产品特定原产地规则，HS编码为853710、903289的商品所适用的原产地判定规则为品目改变且区域价值成分50%。韩国海关针对此出口韩国的计算机数控机床，认为较大可能使用了高价的非中国原产的计算机数控系统，从而不满足相关原产地规则，要求核查证书真伪及是否具备原产资格。

如图3-11所示，该案例企业授权证书申领人员对相关产品的原材料来源不熟悉，也未足够重视原产地合规重要性，在使用了日本进口扇贝的情况下，却申报完全由中国原产扇贝加工而来，造成申报信息不实。韩国海关与中国海关联合调查后，掌握了相关扇贝均为从日本进口的证据，因而要求核实证书真实性、相关货物是否满足原产地标准并要求该企业解释原因。

Korea Customs Service (KCS) is confirming whether the preferential tariff treatment granted to the C/Os for the products (Machine tools with CNC) exported to Korea by the exporters located in your country is appropriate. Please refer the attachment for the details of the exporters. Acceptance for the claim of preferential treatment will be determined based on the results of verification from your authority.

KCS has reasonable doubts for the following reasons.

The applicable Product Specific Rules of Origin for the products in question (Machine tools with CNC) is 'CTH and RVC(50), provided that the Computer Numerical Control (CNC) System shall be originating within the meaning under the rules for heading 85.37 or 90.32.'

There is a precedent that the products subject to verification (Machine tools with CNC) did not fulfill origin criteria. Furthermore, it is likely that expensive non-originating CNC systems were used for the production of the expensive products among the concerned products.

图3-10　对非原产材料使用质疑而引起退证查询核查函截图

- According to the result of the Korean and Chinese Customs joint investigations, the exporter processed scallops imported from Japan and exported them to Korea. Please find attached the relevant Chinese Customs documents(Attachment 2).

1. We would like to request verification on the authenticity of the enclosed documentary evidence and fulfillment of origin criterion. In particular, please confirm whether the products in question were made from Japanese scallops.

2. If your authority's verification result is different from that of Korean and Chinese Customs, please provide clear reason and evidential data.

3. Were the C/Os subject to verification duly and legitimately issued in accordance with Article 3.15 and Article 3.16 under the Korea-China FTA?

图3-11　对非原产扇贝使用质疑而引起退证查询核查函截图

如图3-12所示，企业出口的货物为雪蟹制品，申报出口货物为中国原产。而实际渔业中，雪蟹并不在中国海域内生存，而拥有主要渔场的俄罗斯并不允许外国渔船捕捞包括雪蟹在内的螃蟹，因此韩国海关怀疑相关雪蟹是没有捕鱼权的非法捕鱼（雪蟹），因而要求核查证书真伪及原产地资格，并要求企业提供相关佐证文件。

> - As far as I am aware, Russia who has major fishing grounds do not permit fishing rights for crabs including snow crabs to the foreign vessels. Accordingly, it is likely that direct fishing of Chinese ships may be difficult in the fishing grounds of crabs of Russia. and I am concerned that it might be illegal fishing operation without the fishing rights.
>
> In this regard, KCS has reasonable doubts as to the originating status of the products in question, and requests your authority to verify followings.
>
> 1. Were the Certificates of Origin subject to verification issued duly and legitimately by a competent authority under Korea-China FTA, and are they authentic?
>
> 2. Do the products in question fulfill origin criteria (Wholly obtained or produced) stipulated in Article 3.2 of Korea-China FTA?
>   - If so, please provide documents such as proof of fishing by Chinese vessels, etc. along with the result of verification.
>
> 3. Who permitted of the right of fishing crabs to the Chinese vessels?

图3-12 对雪蟹捕鱼权质疑而引起的退证查询核查函截图

应对：原产地判定及标准填写专业性较强，企业授权人员在日常申办原产地证书时应认真对待，准确并如实填报各项信息，同时可咨询签发机构专业人员获取准确的原产地标准代码。此外，企业授权人员应加强相关专业知识的学习，提高制单能力。

5.退证查询的处理程序

（1）签发机构建档并进行初步核验

证书签发机构收到韩国海关的核查函后，会进行建档、登记，并调阅备查证书档案，核实该证书是否伪造，证书内容是否被篡改等。

（2）联系企业进行书面调查

向相关企业出具《核查通知函》，企业需及时按照《核查通知函》上的要求整理并提交相关佐证材料。所需材料将根据韩国海关核查的内容有所增减，如：

①（货物）生产商的营业执照。

②物料清单（BOM表）。

③所涉商品的所有原材料的来源证明。如进口原材料可提供相关的进口报关单；国内（中国境内）采购的原材料，可提供进料发票证明或商品最终制造商所作的自我声明。

④产品成本明细单（包含完整、详细的加工工序）。
⑤出口商申请中韩优惠原产地证书时提交给签发机构的商业发票。
⑥签发机构认为需要提供的其他材料。

（3）实地调查

当书面调查结果无法满足韩国海关的核查要求时，签发机构将根据韩国海关核查函提出的问题进行实地调查。调查的内容主要包括原材料来源、生产工序、是否符合原产地规则等韩国海关关注的问题。

（4）复函

在收到韩国海关核查请求后的6个月之内，签发机构根据书面或实地调查的结果以书面形式予以回复。

（三）其他问题

当收货人（进口方）或者其代理人在韩国海关发生其他通关不畅、无法正常享受关税优惠待遇的情况时，出口方可与证书签发机构联系并说明具体情况，此类问题将通过原产地规则分委员会协商解决。该分委员会由缔约双方海关组成，进口方和出口方的海关各设有联络点。

五、建立企业原产地合规管理体系

随着国际分工愈加细化，尤其是工业制成品领域，货物生产和加工制造工序也日益复杂化，加之我国签署的自贸协定数量不断增加，不同协定原产地规则要求也不相同，对货物原产地的判定更加困难，不少企业在申办和使用优惠原产地证书时出现问题，影响到正常享惠。为降低原产地核查风险，确保企业享受到优惠关税待遇，助力企业开拓国际市场，建议企业建立相配套的原产地合规管理体系。

（一）企业管理层重视

要在企业管理层、各部门间形成共识，充分认识原产地合规的重要性，有条件的企业可建立独立的原产地合规管理部门，中小企业可设立原产地合规管理小组，由专人进行货物原产地管理，负责从原材料的采购、优惠原产地证书的申办、使用，到与货物原产地相关材料的全流程档案管理。

（二）原产地合规管理系统的运用

为保证货物原材料采购、商品税则归类、优惠原产地证申领及使用和商业单证的档案管理系列流程的合规性，减少流程中出错的可能性，有条件的企业可将原产地合规管理纳入企业资源计划，即 ERP（Enterprise Resource Planning）系统中。未建立 ERP 系统的企业，也可通过信息化管理手段，建立一整套完善的涉及货物生产制造及销售的全流程单据档案管理系统。

此外有条件的企业可尝试开发和应用原产地智能管理系统，嵌入我国已签署自贸协定的原产地规则、协定税率及降税安排等内容，对货物的原材料、零部件来源、价格等信息进行动态管理，随时跟踪相关货物是否具备中国原产资格，及时申办优惠原产地证书以获得关税减免。

（三）加强企业原产地知识的培训

企业应当建立起围绕货物原产地管理的自主培训体系，围绕中国签订的自贸协定定期举办内部培训、交流学习；积极参加由签证机构组织的各类原产地业务培训，涉及优惠原产地申领的内容可由企业具体负责的单证人员参加，涉及利用原产地规则进行关税筹划、企业供应链管理等内容的，建议企业相关部门中高层参加。

（四）建立原产地相关文档管理制度

自中韩自贸协定项下原产地证书签发之日起3年或其国内相关法律法规规定的更长期限内，签证机构、出口方或者生产商要保存好证明货物原产资格的所有必要记录；自进口之日起的3年内，或者依据进口国相关法律法规的更长的期限内，货物的进口方也应该保存证明享受优惠关税待遇的货物原产资格的所有必要资料；保存的记录可以是数字、电子、光学、磁性或者书面形式。

第三节　企业应用享惠策略

在货物贸易自由化实施过程中，中韩自贸协定优惠原产地证书是双方产品获得关税减免的"优惠券""纸黄金"，中国贸促会依托十余年签发自贸协定优惠原产地证书的实践经验和广泛联系企业的身份优势，积累了大量中国企业利用自贸协定享惠的一手案例。本书将案例梳理归纳，从微观层面配套各个贸易环节和应用场景，由浅入深，形成一套中韩自贸协定优惠政策利用策略，以点带面，帮助广大企业更系统地学习和掌握自贸协定的核心和精髓。希望广大企业能结合自身实际，创造性地运用各种策略，最大限度地享受中韩自贸协定带来的红利和机遇。

一、进口享惠——降低生产经营成本

中国对来自韩国的原产商品实施关税减让和通关便利政策。从韩国采购进口原材料、中间产品和制成品的中国企业，在海关清关时，可申请享受优惠关税待遇，从而降低贸易、生产和经营成本，提高企业利润率。

案例："纸黄金"换来"真黄金"

中国某外贸公司长期从韩国进口锂镍材料（HS：282590），年均进口货值约为100万美元。2015年以前，该产品自韩国进口适用的最惠国税率（MFN税率）为5.5%，即该企业每年需缴纳5.5万美元左右的进口关税。中韩自贸协定生效后，该产品落入降税清单中，降税安排为5年内等比削减至零，详见表3-39。

表3-39　自韩国进口锂镍材料降税安排

年份	税率（％）
MFN	5.5
2015	4.4
2016	3.3
2017	2.2

续表

年份	税率（%）
2018	1.1
2019	0

根据相关降税安排，2015年12月20日生效之时，该产品适用4.4%的协定税率，2016年1月1日，中韩自贸协定迎来第二次降税，税率下降到3.3%，该企业通过韩国客户提供的中韩自贸协定优惠原产地证书，在我国海关清关时，即可申请享受3.3%的优惠税率；随着2017年、2018年、2019年的逐年降税，该企业也逐步节省了进口关税成本，真正将优惠原产地证书的"纸黄金"变成"真黄金"，大幅降低了生产经营成本。

案例启示：进口享惠是利用自贸协定优惠政策的一种最基本、最简单的模式。随着中韩自贸协定生效实施，中国对绝大部分韩国原产商品承诺立即实施零关税或逐步削减进口关税。进口企业只需请韩国客户协助提供相关商品的中韩自贸协定优惠原产地证书，即可在中国海关清单时申请享受优惠关税待遇，把"纸黄金"变成"真黄金"，充分利用好协定的政策红利，为生产经营创造业务增长点。

需要注意的是，中韩自贸协定对很多商品规定了复杂的降税模式，读懂降税清单并能动态地跟踪相关降税安排，是企业合理安排进口、最大限度利用自贸协定优惠政策的前提和基础。

案例：关注可替代性原材料降税安排

中国某食品加工企业，从韩国进口初榨菜籽油（HS：15149110）作为原料进行食品生产。根据中韩自贸协定降税安排，初榨菜籽油的基准税率为9%，降税类别为E，即税率维持不变，意味着该商品并不会因为中韩自贸协定的生效而适用更低的优惠关税。

通过分析该企业的生产工序流程，发现初榨棕榈仁油（HS：15132100）为初榨菜籽油很好的替代原料，对照中韩自贸协定相关降税安排，初榨棕榈仁油的基准税率同样为9%，但所适用的降税类别为5，即自协定生效实施之日起,该商品将分5年等比降税至零。因此,在中韩自贸协定生效后,进口初榨棕榈仁油作为替代原料将为该企业节省可观的关税成本。

在洞见相关趋势后,该企业第一时间开发韩国棕榈仁油供应商,抢占了先机,通过降低进口原料成本,很好地控制了生产综合成本,获得了价格优势,提高了产品在市场上的竞争力。

案例启示:在中韩自贸协定中,存在着很多关税减让幅度不一的可替代性原材料,如果进口企业能够善用自贸协定中对相关商品的差异化税率安排,进口降税幅度更大的可替代性原材料,配合生产工艺和流程的调整,就有可能形成意想不到的成本优势。

二、出口享惠——提升产品海外市场竞争力

案例:亡羊补牢为时未晚,补发证书助力续签合同

2020年受新冠肺炎疫情影响,深圳某生产通气过滤产品的企业,其韩国客户出现资金短缺而无法续签合同,这意味着2021年该企业订单量将严重下降。困难之际,企业找到了中国贸促会自贸协定(深圳)服务中心,了解中韩自贸协定相关优惠政策,以求脱困。

经了解,该企业主要出口塑料贴片(HS:391990)到韩国,产品所适用的普通税率为8%,而中韩自贸协定对该商品的协定税率在2019年已降为零,即出口韩国符合原产地规则,具备中国原产资格的货物,在韩国清关时向韩国海关提交优惠原产地证书,将可享受零关税待遇。企业在得知这一优惠政策后,在工作人员的协助下,即刻为即将抵达韩国的一批货物办理了优惠原产地证书,在韩国清关时,成功获得了1600美元的关税减免。该企业在享受到"纸黄金"带来的实惠后,再次联系中国贸促会工作人员,询问已经出运到港的货物,能否补办中韩自贸协定优惠原产地证书,以及补办的优惠原产地证书能否同样获得相应的关税减免。

根据中韩自贸协定规定,优惠原产地证书应在货物装运前、装运时或装运后7个工作日内签发,有效期为一年。即货物出口后,只要不晚于装运后

7个工作日签发的证书，均属正常情况，而超过7个工作日签发的证书，则属于补发证书。对于补发的证书，中韩自贸协定规定，如因不可抗力，非故意的错误、疏忽，或者其他合理原因，原产地证书可以在货物装船之日起1年内补发，补发的证书与正常办理的证书具有同等效力。经了解，韩国海关正大力推进各项自贸协定实施的便利化举措，进口商在进口货物之日起一年内向韩国海关提交中韩优惠原产地证书及其他相关文件，即可申请退还该货物因未享受优惠关税待遇而多付的税款。

结合该企业具体情况，此前一年内，多批出口货物均未办理中韩优惠原产地证书，致使在韩国清关时全部按照8%的税率缴纳关税。该企业在获此信息后，立即与韩国客户联系，了解韩国海关相关退税手续和操作要求。两周内，中国贸促会自贸协定（深圳）服务中心为该企业补发了59份2020年出口韩国且符合中韩自贸协定原产资格的货物原产地证书，韩国进口商凭借证书申请退还的税款高达10万元。在此优惠政策帮扶下，该企业与韩国客户成功签订了2021年的供货合同。

案例启示：该企业的经历对我国很多出口企业是个很好的启示。目前我国与其他贸易伙伴签署的自贸协定，基本上都采取申请享惠的模式，而非自动给惠。即货物在进口清关时，其关税减免并不是海关自动给予的，而是需要企业主动申请才能获得。其中，优惠原产地证书是进口方海关给予货物优惠关税待遇最重要的法定凭证，企业应及时为符合协定规则、具备原产资格的货物办理优惠原产地证书。此外，出于某些特殊情况或合理原因，未能在货物出口时及时办理自贸协定优惠原产地证书，可以通过深度学习自贸协定各项便利化举措，寻求补救机会，对广大出口企业而言，这无疑是一项重大利好举措。

案例：深入学习原产地规则尽享自贸协定优惠政策

中国某企业出口核磁共振成像装置（HS：901813）至韩国，每台设备货值均在300万元以上。

中韩自贸协定生效前，该产品需缴纳8%的进口关税。协定生效后，通过使用中韩自贸协定优惠原产地证书,该产品可享受零关税待遇。也就是说,使用中韩优惠原产地证书可让每台核磁共振成像装置享受约24万美元的进口关税减免,极大提高我国高科技产品在韩国市场的价格优势及竞争力。

该企业在申请中韩优惠原产地证书的过程中遇到了难题,核磁共振成像装置的部分进口零部件(如磁共振工作站、呼吸门控等)不满足中韩自贸协定对核磁共振成像装置"品目改变"的原产地判定标准,陷入无法获得中国原产资格的困境。

通过中国贸促会签证机构对企业的辅导,该企业正确援引了中韩自贸协定原产地规则中关于"微小含量"的条款,即进口成分价值占比在不超过产品价值10%的前提下,可以忽略不计。该产品仍具有中国原产资格,满足中韩自贸协定优惠原产地证书的申办条件,从而成功获得了关税减免优惠待遇。

案例启示: 自贸协定的享惠前提是满足协定国原产资格。对于复杂的工业制成品,原产地判定专业性强、难度大,建议企业在认真学习中韩自贸协定原产地规则的基础上,积极寻求专业机构的帮助,通过正确援引协定规则,用足用好协定优惠政策。

三、优进优出——打好自贸协定组合拳

案例:双向享惠助力最大限度享受协定红利

中国某企业从韩国进口轴承(HS:84821090),同时向韩国出口两款汽车变速箱用离合器。

进口享惠。该公司通过查询,其进口自韩国的轴承(HS:84821090)落入中韩自贸协定减税清单中,适用的降税安排为自协定生效之日起(2015年12月20日),由8%的基准税率分5年等比削减至零,2020年进口关税降为零。该公司通过使用中韩自贸协定优惠原产地证书进行进口申报,每年可享受1.6%的关税递减优惠,由此每年可节省约140万美元的进口关税。

出口享惠。2015年底中韩自贸协定生效实施后,该公司发现其出口的两款离合器,既可适用亚太贸易协定优惠政策,也可适用中韩自贸协定优惠政

策。经过对比发现：离合器 A 使用亚太贸易协定享受的降税幅度更大，而离合器 B 使用中韩自贸协定可获得更大优惠。因此该公司分别为两款离合器申请亚太贸易协定优惠原产地证书和中韩自贸协定优惠原产地证书，此举帮助其韩国客户最大限度获得了关税减免，得到了客户的充分肯定并追加了订单。

案例启示：自贸协定缔约方间彼此承诺实施优惠关税，可进一步促进区域内生产要素的流通。企业立足于开发和拓展自贸协定缔约方客户，打通上下游供应链，在进口、出口两个方向双程享惠，可以最大限度攫取自贸协定红利。

四、优中选优——自贸协定的横向对比

随着全球范围内自贸协定签订的数量日益增多，进程不断加快，双边与区域自贸协定叠加，不同自贸协定所覆盖的国家和地区产生交叉的情况也越来越普遍。我国企业在与协定缔约方客户开展进出口贸易时，可能会碰到同时可利用多个自贸协定的情况。典型代表如中国与韩国间除有中韩自贸协定外，还有亚太贸易协定（中国、韩国同为亚太贸易协定缔约方）以及即将生效实施的《区域全面经济伙伴关系协定》（RCEP）。此外，中日韩自贸协定的谈判也在加快推进中，未来我国企业对韩贸易将面临更多选择。在实践中，如何甄选和利用不同的协定，成为摆在广大企业面前的一道难题。

案例：多重自贸协定叠加"最佳享惠"方式选择

中国某生产汽车零部件的进出口企业，向韩国出口悬挂空气弹簧减震器（HS：870880），并与韩国客商签署了长期供货合同。该产品的普通税率（MFN 税率）为 8%，即韩国客商在韩国海关清关时需要缴纳 8% 的进口关税。

为充分利用我国与韩国达成的各项优惠贸易政策，该企业深入学习了在不同自贸协定和优惠贸易安排下，该出口产品的降税安排。经查询，该产品同时落入亚太贸易协定和中韩自贸协定降税清单内。在亚太贸易协定中，悬挂空气弹簧减震器的协定税率为 4%，并维持这一税率不变；在《中国—韩国自由贸易协定》中，其基准税率为 8%，协定税率从协定生效之日起 15 年内等

比削减,自第15年的1月1日起免除关税(见表3-40)。

表3-40 悬挂空气弹簧减震器降税安排对比

年份	亚太贸易协定税率(%)	中韩自贸协定税率(%)
MFN	4	8
2015	4	7.47
2016	4	6.93
2017	4	6.4
2018	4	5.87
2019	4	5.33
2020	4	4.8
2021	4	4.27
2022	4	3.73
2023	4	3.2
2024	4	2.67
2025	4	2.13
2026	4	1.6
2027	4	1.07
2028	4	0.53
2029	4	0

可见,相对于亚太贸易协定,中韩自贸协定下该产品的税率处于动态变化中。在2021年之前,亚太贸易协定的优惠税率为4%,降税幅度始终大于中韩自贸协定,自2022年起,该产品在中韩自贸协定中的税率首次突破4%,降为3.73%,此后,随着协定税率进一步降低,中韩自贸协定的关税减免优势更加突出。因此,在同时满足亚太贸易协定、中韩自贸协定相关原产地规则的前提下,建议该公司2021年底前申领亚太贸易协定优惠原产地证书,从2022年起申领中韩自贸协定优惠原产地证书,通过灵活选择自贸协定,实现最大限度享惠,提高出口产品竞争力。

此外,《区域全面经济伙伴关系协定》(RCEP)也即将生效,对于该悬挂空气弹簧减震器,未来选择RCEP是否才是最佳享惠方式呢?根据RCEP相关降税安排,该产品适用的降税类型与中韩自贸协定相同,均为自协定生效之日起15年内等比削减,自第15年1月1日起免除关税。但相较于RCEP,中韩自贸协定已于2015年底生效,降税启动时间要远远早于RCEP。在同样的8%的基准税率(MFN税率)的情况下,中韩自贸协定无疑具有更大优势。因此即使RCEP生效实施,该企业仍然应优先选择中韩自贸协定。

案例启示:针对同一类商品,不同自贸协定可能规定了完全不同的原产地规则、安排了差异较大的降税模式,企业应全盘考虑所有可供选择的自贸协定,横向对比不同协定的原产地合规成本以及降税幅度,优中选优,从而最大限度享受自贸协定红利。

五、国家战略与企业战略——根据自贸协定遴选目标市场

案例:跟随国家自贸区建设进程制定企业市场策略

中国某企业从韩国进口连续式玻璃热弯炉(HS:84752911),2015年以前,该公司一直以8%的最惠国税率进行申报,每年进口额约为8000万元,需缴纳关税额为640万元。

中韩自贸协定生效后,该公司了解到合理利用自贸协定优惠政策,可获得关税减免,于是开始关注我国签署的所有自贸协定。经查询,该公司进口的连续式玻璃热弯炉在中韩自贸协定中的进口协定税率为4%,亚太贸易协定为5.2%,而在中国—东盟、中国—瑞士自贸协定中税率均为零。

根据相关信息,企业作出了对比:如果使用优惠原产地证书或亚太优惠原产地证书,分别可节约进口关税320万元和224万元;但如果换成瑞士、东盟等地区的供应商,该产品则可享受零关税进口待遇,省下640万元的关税,这将帮助企业节省大量资金,全面提升企业的经营效益。于是,该企业根据不同协定的降税进程着力调整进口组合,重新选择和定位市场,重点开拓韩国、瑞士等自贸协定缔约方的供应商,很快做大做强了企业规模。

案例启示:自贸区建设不但是国家战略,也是企业战略。无论是进口企业还是出口企业,都应主动关注我国与其他国家和地区签署的自贸协定情况。一方面要了解已生效实施的自贸协定具体规则和贸易政策;另一方面应具有

前瞻性思维并保持敏感度，及时跟踪我国正在谈判的自贸协定动态以及仍处于可行性研究阶段的自贸协定前景，提前进行必要的市场开拓和布局，把握先机，借助自贸协定东风在国际市场上获取竞争优势。

六、原产地合规——以最小成本换取最大回报

案例：调整生产方案获得自贸协定享惠资格

中国某出口企业，生产闹钟收音机（HS：85279200）出口至韩国，市场销售价约为每台2000元，韩国对此产品按8%征收关税，即每台收音机需缴纳关税160元。所需原材料、零部件来源见表3-41。

表3-41 闹钟收音机生产制造物料清单

HS 编码	物料清单	单价（元/台）	单位产品需求量	金额（元）	原产国别/地区
852791	收放音组合机	500	1	500	德国
910310	电力驱动闹钟	30	1	30	中国
851822	多喇叭音箱	400	2	800	美国
851840	音频扩大器	45	2	90	德国
853120	LED 显示板	198	1	198	韩国
853620	电路自动断路器	22	1	22	中国
850423	变压器	15	1	15	中国

步骤一：明确该产品是否落入中韩自贸协定降税清单中，即协定生效后是否可以享受到关税减免（见表3-42）。

表3-42 闹钟收音机在中韩自贸协定中所适用降税模式

HS 编码	85279200
货品名称	闹钟收音机
韩国进口基准税率（%）	8
韩国进口降税分类	0

即韩国承诺该商品的进口关税将在协定生效之日起由基准税率（8%）立降为零，对于中国出口企业，将是重大利好。

步骤二：判断出口产品是否符合中韩自贸协定原产地规则，获得可享受优惠税率的中国原产资格。

根据产品物料清单，该出口产品在制造加工过程中使用了含有进口成分的原材料，根据特定原产地规则，其所适用的原产地判定标准为"品目改变"或"区域价值成分40%"。

首先分析税则归类改变标准是否满足。对于该产品，非原产成分（非中、韩原产成分）包括来自德国的收放音组合机（HS：852791）、音频扩大器（HS：851840）、来自美国的多喇叭音箱（HS：851822）。其中，来自德国的收放音组合机 HS 编码前四位与成品收音机 HS 编码前四位相同，即不符合"品目改变"要求，因此根据此判定标准，本产品无法获得中国原产资格。

其次分析区域价值成分标准是否满足。对于该产品，产品总成本为1655元，非原产成分（非中、韩原产成分）总金额为1390元，产品离岸价2000元，依照区域价值成分计算公式得出本产品区域价值占比为30.5%<40%，不符合区域价值成分标准。

结论：虽然该产品落入关税减让清单，且在中韩协定生效当年就实行零关税，但按照原产地规则和判定标准，该产品并不具备中国原产资格，无法享受关税减免待遇。

对该企业而言，如果产品不符合原产地规则，是否只能放弃中韩自贸协定的优惠政策呢？

步骤三：调整原材料来源地，以最小的成本获得原产资格。

针对本案例情况，企业学习了中韩自贸协定原产地规则，其中"累积规则"成为最关键的突破口。"累积规则"的含义是：来自一缔约方的原产货物或材料在另一缔约方用于生产另一货物时，应视为原产于后一缔约方领土内。换言之，原产于韩国的原材料，在中国境内进行加工时，将被当作中国原产材料，而不计入非原产材料。

方案一

将物料中自德国进口的"收放音组合机"改由韩国进口，则所有非原产地材料均发生了"品目改变"，产品可获得中国原产资格，成品音箱成本为

1690元。

方案二

将物料中自美国进口的多喇叭音箱改由韩国进口,区域价值占比提升为70.5%,符合区域价值40%规定,成品音响成本为1663元(见表3-43)。

表3-43 闹钟收音机产品物料清单进口国调整前后对比

物料清单	调整前		方案一		方案二	
	金额(元)	原产国别/地区	金额(元)	原产国别/地区	金额(元)	原产国别/地区
收放音组合机	500	德国	535	韩国	500	德国
电力驱动闹钟	30	中国	30	中国	30	中国
多喇叭音箱	800	美国	800	美国	808	韩国
音频扩大器	90	德国	90	德国	90	德国
LED显示板	198	韩国	198	韩国	198	韩国
电路自动断路器	22	中国	22	中国	22	中国
变压器	15	中国	15	中国	15	中国
成本合计	1655		1690		1663	

两者对比,方案二成本更低,虽单位成本上升0.4%,但可享受韩国市场8%关税减让,每台收音机可享受关税优惠152元。

案例启示:自贸协定生效实施,并不意味着进出口企业可以自动享受优惠待遇,所涉及的进出口货物达到协定规定的原产地标准是享惠的前提条件。对生产型出口企业而言,在原物料来源方面可根据协定原产地规则进行科学筹划,优选原材料来源地,尤其是强化从协定缔约方进口某些必需的原材料,可较易获得原产资格。对进口企业而言,可根据协定具体降税安排,主动调整和定位目标市场,优化进口原材料组合可最大限度地发挥协定关税减让的作用。对投资型企业而言,可在协定国建立生产基地,从中国进口原材料,也可从与韩国签订贸易协定的50多个国家进口原材料,灵活利用全球自贸协定优惠关税税率从而实现降低生产成本、提高出口产品市场竞争力的目标。

第四章

《中国—韩国自由贸易协定》
中的服务贸易

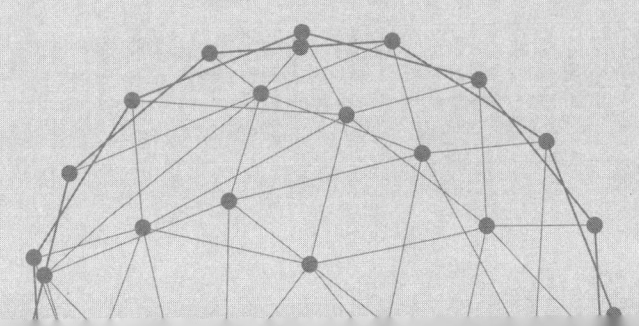

中韩自贸协定的签订给双方服务贸易领域的发展和合作带来更多机遇。中国与韩国隔海相望，贸易往来频繁。中韩自贸协定是议题覆盖面较广、标准较高的双边贸易协定之一。中韩双方参照世界贸易组织《服务贸易总协定》条款，就适用范围、市场准入、国民待遇、具体承诺减让表、其他承诺、国内规制、透明度、支付与转移、利益的拒绝给予、服务贸易委员会等作出规定。韩方比较关注中国的速递、建筑服务方面，首次作出超出其现有自贸协定水平的承诺。中国重点关注韩国的法律、建筑、环境、体育、娱乐和证券方面，根据现行法律法规承诺进一步开放。同时，双方还加大了影视合作，并放松了对出境旅游的管制。

2017年12月，中韩自贸协定第二阶段谈判启动，重点是以负面清单模式就服务贸易和投资规则展开磋商，到2021年6月11日已进行了四轮谈判，并取得积极进展。从服务贸易章节谈判方针看，跨境服务贸易章节、金融服务贸易章节将纳入有关未来最惠国待遇，金融服务贸易章节下或将有新的清单，但由于目前谈判仍在进行，负面清单尚未确定。

中韩两国贸易互补性较强。自贸协定签订后，双边服务贸易发展更加紧密和深入，主要集中在制造服务、运输、旅游、知识产权使用费、通信、其他商业服务领域等。本章的内容主要涵盖协定第八章服务贸易、第九章金融服务、第十章电信、第十一章自然人流动，以及附件8-A-1韩方具体承诺减让表、附件8-A-2中方具体承诺减让表。

通过对本章的阅读，企业可以了解以下内容：

1. 服务贸易的定义和范围；
2. 中韩自贸协定服务贸易核心条款的解读；
3. 服务贸易的四种提供方式及其内涵；
4. 如何读懂服务贸易具体承诺减让表；
5. 中韩两国对服务贸易具体承诺情况；
6. 如何利用中韩自贸协定服务贸易规则拓展两国服务贸易；
7. 中韩自贸协定金融和电信章节的设立原因和主要内容。

第一节　服务贸易的范围与定义

服务贸易的范围和定义是为了更加准确地界定服务贸易各项条款的适用范围并明晰服务贸易条款中专业名词的定义，帮助读者理解服务贸易相关规则。

一、服务贸易的范围

服务贸易包括四种形式：自一方境内向另一方境内提供服务（跨境交付）；在一方境内向另一方的消费者提供服务（境外消费）；一方服务提供者在另一方境内以商业存在方式提供服务（商业存在）；一方服务提供者在另一方境内以自然人存在的方式提供服务（自然人流动）。

中韩自贸协定服务贸易章节适用于双方采取的所有影响服务贸易的措施，除了以下情况：

（一）除特殊规定[①]外，一缔约方提供的补贴或补助，包括政府支持贷款、担保和保险；

（二）在缔约方各自领土内行使政府职权时提供的服务；

（三）海洋运输服务中的沿海和内水运输服务；

（四）无论以何种形式给予的航空业务权，或直接影响与航空业务权的行使有关的服务的措施，不包括影响下列内容的措施：航空器的修理和保养服务、空运服务的销售和营销、计算机预订系统（CRS）服务；

（五）第九章第十四条（定义）中所定义的金融服务；和

（六）影响寻求进入一缔约方就业市场的自然人的措施，或在永久基础上

[①] 特殊规定指的是第8.13条"补贴"条款中所规定的"缔约双方应当按照《服务贸易总协定》第十五条项下达成的纪律审议与服务贸易相关的补贴纪律事项，以期将这些纪律纳入本协定。或如一缔约方认为受到另一缔约方补贴的不利影响，应其请求，缔约双方应就此事项进行磋商"。

有关公民身份、居住或就业的措施。

同时，本协定不得阻止中韩双方实施对自然人进入其领土或在其领土内暂时居留进行管理的措施，包括为保护其边境完整和保证自然人有序跨境流动所必需的措施，只要此类措施的实施不致使双方根据本协定的条件所获得的利益丧失或减损。

二、相关定义的解释说明

1. 一缔约方自然人：对于中国，是指居住在任一缔约方领土内的自然人，且根据中国的法律属于中国国民；对于韩国，是指根据韩国的法律属于韩国国民。

2. 服务贸易包括四种方式：

（1）自一方领土内向另一方领土内提供服务（"跨境提供"模式）；

（2）在一方领土内向另一方的服务消费者提供服务（"境外消费"模式）；

（3）一方的服务提供者通过在另一方领土内的商业存在提供服务（"商业存在"模式）；

（4）一方的服务提供者通过在另一方领土内的自然人存在提供服务（"自然人存在"模式或"自然人流动"模式）。

3. 提供的服务包括生产、分销、营销、销售和交付。

4. 措施是指一方的任何措施，无论是以法律、法规、规则、程序、决定、行政行为的形式还是以其他任何形式，包括：

（1）中央、地区或地方政府和主管机关所采取的措施；

（2）由中央、地区或地方政府或主管机关授权行使权力的非政府机构所采取的措施。

5. 商业存在是指设立任何类型的商业或专业机构，包括为提供服务而在一方领土内组建、收购或维持一法人，或者创建或维持一分支机构或代表处。

6. 法人是指根据适用法律组建或组织的任何法人实体，无论是否以营利为目的，无论属私营所有还是政府所有，包括任何公司、基金、合伙企业、合资企业、独资企业或协会，该法人是根据一方的法律组建或组织的，并在该方领土内从事实质性业务活动的法人。对于通过商业存在提供服务的情况：由一方的自然人拥有或控制的法人；或者该法人拥有或控制的法人。一般来说，"拥有"指法人实际拥有的股本超50%；"控制"是拥有任命其大多数董事或以其他方式合法指导其活动的权力。

7. 航空器的修理和保养服务是指在航空器退出服务的情况下对航空器或其一部分进行的此类活动，不包括所谓"日常维修"。

8. 计算机订座系统服务是指由包含航空承运人的时刻表、可获性、票价和定价规则等信息的计算机系统所提供的服务，可通过该系统进行订座或出票。

9. 空运服务的销售和营销是指有关航空承运人自由销售和推销其空运服务的机会，包括营销的所有方面，如市场调查、广告和分销。这些活动不包括空运服务的定价，也不包括适用的条件。

10. 业务权是指以有偿或租用方式，往返于一方领土或在该领土之内或之上经营和（或）运载乘客、货物和邮件的定期或不定期服务的权利，包括服务的地点、经营的航线、运载的运输类型、提供的能力、收取的运费及其条件以及指定航空公司的标准，如数量、所有权和控制权等。

第二节　服务贸易规则解读

服务贸易所涉及的核心条款包括市场准入、国民待遇、国内规制、透明度、承认、利益的拒绝给予等，涉及市场的进入条件、可享受待遇、相关措施的实施以及商务人员资格认证等方面。

《中国—韩国自由贸易协定》商务应用指南

一、市场准入（见表4-1）

表4-1 市场准入的定义、说明及效用

规则定义	一国允许外国的货物、劳务与资本参与国内市场的程度
规则说明	在作出市场准入承诺的部门，除非已在承诺减让表中另有列明，否则，原则上禁止以下6种对市场准入的限制： 1. 限制服务提供者的数量 2. 限制服务交易或资产总值 3. 限制服务业务总数或服务产出总量 4. 限制雇佣自然人总数 5. 限制特定类型法律实体 6. 限制外国股权比例
规则效用	1. 促进公平竞争。确保了中韩双方服务贸易提供者能够依照承诺表中列明的条件进入另一方的市场，并且另一方不得以限制服务提供者数量、服务总产量以及投资总额等形式来限制服务和服务提供者，保障一方的服务和服务提供者能够按照已达成的承诺顺利进入另一方市场 2. 部分行业由于具有战略意义，市场准入存在限制。如有一些稀有金属具有战略意义，开采利用需要进行控制。这些行业暂缓引入具有逐利性的民营资本

二、国民待遇（见表4-2）

表4-2 国民待遇的定义、说明及效用

规则定义	国外服务提供者享有和本国服务提供者相同的待遇
规则说明	中国和韩国如果针对某一服务部门作出了承诺，那么他们给予对方服务和服务提供者的待遇不得低于给予本国同类服务和服务提供者的待遇。此外，该项条款还规定了本项条款承担的具体承诺不得解释为要求任一缔约方对由于有关服务或服务提供者的外国特性而产生的任何固有的竞争劣势作出补偿，在一定程度上保障了开放市场一方的利益
规则效用	促进公平竞争，保障服务提供者享有和本国服务提供者相同的待遇，不因其国别而受到歧视待遇或产生歧视性效果，保障了市场竞争的公平性

三、国内规制（见表4-3）

表4-3 国内规制的定义、说明及效用

规则定义	一般指的是国内的法律、法规及管理办法
规则说明	1. 双方应当维持或尽快设立司法、仲裁或行政庭或程序，在受影响的服务提供者请求下，对影响服务贸易的行政决定迅速进行审查，并在请求被证明合理的情况下提供适当的补救

续表

	2.对已作出具体承诺的服务，如提供此种服务需要得到批准，则一方的主管机关应在根据其国内法律法规被视为完整的申请提交后一段合理时间内，将有关申请的决定通知申请人。在申请人请求下，该方的主管机关应提供有关申请情况的信息，不得有不当延误 3.为保证有关资格要求和程序、技术标准和许可要求的各项措施不致构成不必要的服务贸易壁垒 4.在一方已作出具体承诺的部门中，在生效之前，该方不得以下列方式实施使本协定项下的具体承诺失效或减损的许可要求、资格要求或技术标准：不符合上述条款中所概述的标准的；并且该方就这些部门作出具体承诺时，不可能合理预期的 5.在专业服务作出具体承诺的部门，双方应规定核验另一方专业人员能力的适当程序
规则效用	1.保障措施以合理、客观和公正的方式实施 2.消除不必要的服务贸易壁垒。保证有关资格要求和程序、技术标准和许可要求的各项措施不致构成不必要的服务贸易壁垒

四、透明度（见表4-4）

表4-4 透明度的定义、说明及效用

规则定义	各成员应公正、合理、统一地实施上述的有关法规、条例、判决和决定
规则说明	1.接受司法仲裁或司法行政的机构独立于负责行政实施的机构 2.除进口商在所规定允许的上诉期内可向上级法庭或机构申诉外，其裁决一律由这些机构执行
规则效用	1.保障公平贸易、公平竞争 2.为深度合作提供保障机制

五、承认（见表4-5）

表4-5 承认的定义、说明及效用

规则定义	一方可承认在另一方已获得的教育或经历、已满足的要求或已给予的许可或证明
规则说明	1.一方可承认在另一方已获得的教育或经历、已满足的要求或已给予的许可或证明。此类承认可通过协调，可依据双方达成的协定，也可自动给予。但一方给予此类承认，另一方没有义务给予相应的承认。双方给予承认的方式不得构成在适用服务提供者获得授权、许可证明的标准时在各国之间进行歧视的手段，或构成对服务贸易的变相限制 2.双方应自本协定对其生效之日起12个月内，通知服务贸易委员会其现有的承认措施，如采用新的承认措施或对现有措施进行重大修改，则需迅速通知服务贸易委员会 3.在适当的情况下，双方应与有关政府间组织和非政府组织合作，以制定和采用关于承认的共同国际标准和准则，以及有关服务行业和职业实务的共同国际标准
规则效用	1.降低歧视可能性 2.制定和采用关于承认的共同国际标准和准则

《中国—韩国自由贸易协定》商务应用指南

六、利益的拒绝给予（见表4-6）

表4-6 利益的拒绝给予的定义、说明及效用

规则定义	在遵守事先通知和磋商的前提下，一缔约方可拒绝将本协定项下的利益给予另一缔约方的服务提供者
规则说明	1. 服务是由非缔约方拥有或控制的法人所提供，并且此法人在缔约另一方领土内没有实质性的商业活动 2. 由作出拒绝的缔约方的人拥有或控制，且在另一缔约方领土内未从事实质性商业经营 3. 由非缔约方的人拥有或控制，且作出拒绝的一缔约方对该非缔约方或非缔约方的人采取或维持禁止与该法人交易的措施，或如果给予该法人本章项下的利益，该项措施就会遭到违反或规避
规则效用	1. 开放意志的重要体现 2. 为防止非缔约方国民利用导管公司或空壳公司等获得东道国投资协定中利益行为

注：导管公司指通常以逃避或减少税收、转移或累积利润等为目的而设立的公司。这类公司仅在所在国登记注册，以满足法律所要求的组织形式，而不从事制造、经销、管理等实质性经营活动。

七、垄断和专营服务提供者（见表4-7）

表4-7 垄断和专营服务提供者的定义、说明及效用

规则定义	缔约方应保证在其领土内的任何垄断服务提供者在有关市场提供垄断服务时，不能违反协定具体承诺下的义务
规则说明	1. 如果垄断提供者直接或通过附属公司参与其垄断范围之外的提供服务竞争，缔约方应保证其不滥用垄断地位实施与承诺不一致的行为 2. 如一缔约方垄断服务提供者作出与承诺不一致的行为，另一缔约方可要求对方提供该垄断者有关经营的具体信息 3. 如一缔约方在形式上或事实上授权或设立少数几个服务提供者，并且实质性阻止这些服务提供者在其领土内相互竞争，可以认定该提供者为专营服务提供者，并适用于此类规定
规则效用	保障公平竞争，不滥用垄断地位

综上，中国企业在与韩国进行国际服务贸易时，要对国民待遇、市场准入、附加承诺、国内规制、承认、透明度、利益的拒绝给予以及垄断和专营服务提供者等方面给予重视和消化，以避免不必要的损失。

第三节 服务贸易部门和服务模式说明

一、服务部门说明

按照 GNS（一般国家标准）服务贸易分类法，服务部门分为大、中、小三类，大类包含中类，中类又包含小类。中韩自贸协定将服务贸易部门划分为 12 项大类、58 项中类。大类包含商业服务、通信服务、建筑及相关工程服务、分销服务、教育服务、环境服务、金融服务、健康和社会服务、与旅游有关的服务、文体及娱乐服务、运输服务、其他服务（见表4-8）。

表4-8 服务部门与分部门

1.商业服务 A.专业服务 B.计算机及其相关服务 C.研发服务 D.房地产服务 E.无操作人员的租赁服务 F.其他商业服务	2.通信服务 A.邮政服务 B.速递服务 C.电信服务 D.视听服务 E.其他
3.建筑及相关工程服务 A.建筑物的总体建筑工作 B.民用工程的总体建筑工作 C.安装和组装工作 D.建筑物的装修工作 E.其他	4.分销服务 A.佣金代理服务 B.批发服务 C.零售服务 D.特许经营 E.其他服务
5.教育服务 A.初等教育服务 B.中等教育服务 C.高等教育服务 D.成人教育服务 E.其他教育服务	6.环境服务 A.排污服务 B.固体废物处理服务 C.废气清理服务 D.降低噪声服务 E.自然和风景保护服务 F.其他环境保护服务 G.卫生服务
7.金融服务 A.所有保险及其相关服务 B.银行及其他金融服务（不包括保险和证券） C.其他	8.健康和社会服务 A.医院服务 B.其他人类健康服务 C.社会服务 D.其他

续表

9. 与旅游有关的服务 A. 饭店（包括公寓楼）和餐馆 B. 旅行社和旅游经营者 C. 导游服务 D. 其他	10. 文体及娱乐服务（视听服务除外） A. 文化娱乐服务 B. 新闻出版服务 C. 图书馆、档案馆、博物馆和其他文化服务 D. 体育和其他娱乐服务 E. 其他
11. 运输服务 A. 海运服务 B. 内水运输服务 C. 航空运输服务 D. 航天运输服务 E. 铁路运输服务 F. 公路运输服务 G. 管道运输服务 H. 所有运输方式的辅助服务 I. 其他运输服务	12. 其他服务

中韩服务贸易承诺减让表中，服务部门均是按照以上分类划分。企业可以根据这一标准，确定其所属行业和部门，以便有针对性地利用中韩自由贸易区的开放政策。

对于中、小类的划分，以商业服务为例，商业服务项下包含专业服务、计算机及其相关服务、研发服务、房地产服务、无操作人员的租赁服务、其他商业服务6项中类；中类以专业服务为例，该项下包含法律服务，会计、审计和簿记服务，税收服务，建筑服务，工程服务，综合工程服务，城市规划与风景建筑物服务，医疗与牙医服务，兽医服务，助产士、护士、理疗医生、护理人员提供的服务以及其他服务共11项小类。其他分类方法与此类似，具体内容可参见中韩自贸协定服务贸易承诺表。

二、服务贸易模式说明

（一）服务贸易的四种模式

服务贸易模式，即服务贸易的提供方式，指一国的法人或自然人在其境内或进入他国境内提供服务的贸易行为。服务的无形性、不可分割性、差异性和不可存储性决定了服务贸易提供方式的特殊性。按照《服务贸易总协定》(GATS)的规定,服务贸易的提供方式可分为以下四种(见图4-1)。

1. 跨境交付:指服务的提供者在一成员方的领土内,向另一成员方领土内的消费者提供服务的方式,如在中国境内通过电信、邮政、计算机网络等手段实现对境外的消费者的服务。

2. 境外消费:指服务提供者在一成员方的领土内,向来自另一成员方的消费者提供服务的方式,如中国公民在其他国家短期居留期间,享受国外的医疗服务。

3. 商业存在:指一成员方的服务提供者在另一成员方领土内设立商业机构,在后者领土内为消费者提供服务的方式,如外国服务类企业在中国设立公司为中国企业或个人提供服务。

4. 自然人流动:指一成员方的服务提供者以自然人的身份进入另一成员方的领土内提供服务的方式,如某外国律师作为外国律师事务所的驻华代表到中国境内为消费者提供服务。

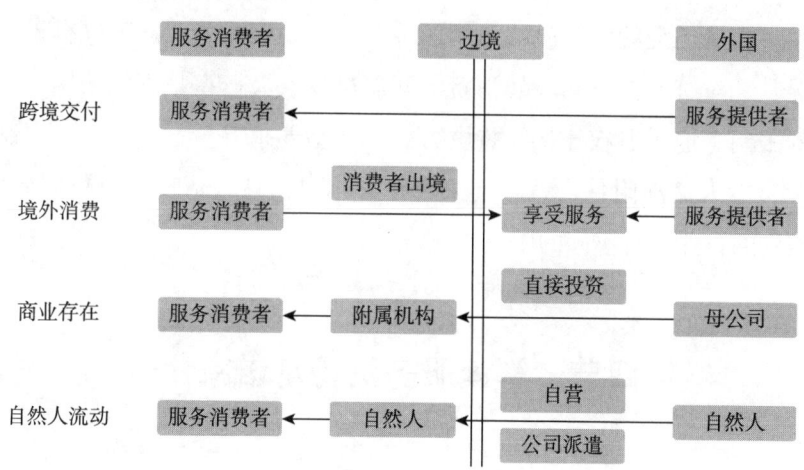

图4-1 服务贸易四种模式的服务提供流程

资料来源:贾怀勤.服务贸易四种提供方式与服务贸易统计二元构架的协调方案——《国际服务贸易统计手册》"简化方法"评述[J].统计研究,2003(3):9-13.

例如,一个韩国人来到瑞士一家美国人开的医院做心脏手术,主治医生是一位德国人,在手术过程中,该医生又通过在线诊疗系统向一位加拿大专家咨询了手术意见。韩国人的行为属于境外消费，美国人的行为属于商业存在，德国人的行为属于自然人流动，加拿大人的行为则属于跨境交付。

（二）服务贸易模式说明

需要说明的是，虽然以模式3提供服务并不一定有外国人参与（比如，中国某银行在澳大利亚设立分支机构，雇员可以全部是澳大利亚本地雇员），但是，外国服务提供者会在必要的情况下，派出自己的专家和管理人员提供服务。在这种情况下，模式3就会与模式4相联系。

由于服务贸易的不可分割性和不可存储性，大部分服务必须通过商业存在来提供。但随着互联网革命和数字技术的兴起，越来越多的服务也可以用跨境交付来进行。境外消费和自然人流动受制于人员流动的不方便以及国家对自然人流动的限制，比例偏低。尤其是自然人流动，涉及入境和居留等敏感性问题，往往会对一国社会安全产生影响，诸多国家因而对此持谨慎态度。

各国在对服务贸易具体承诺表进行谈判时，不仅会就承诺开放的部门进行谈判，而且还会就所开放部门的四种服务贸易模式的开放度进行承诺。通常情况是，对跨境支付和境外消费的限制最少，大概率是不作限制。对商业存在的限制一般为股权比例、持资方式、业绩要求等。自然人流动限制，一般参考自然人流动附件，就目前来看，各国对自然人流动的总体限制颇多，不同类别的自然人有不同的限制规定。

第四节　解读服务贸易承诺减让表

一、如何读懂正面清单

中韩服务贸易具体承诺减让表以正面清单方式呈现。正面清单是指谈判双方就服务贸易所允许的市场准入主体、范围、领域及限制措施等以清单的方式列明，而且只有清单中列出的部门才可以参与开放的服务贸易，未在正面清单中列明的部门视为不予开放（见表4-9）。

表4-9 服务贸易具体承诺减让表(正面清单)示例

部门	服务提供方式:(1)跨境交付(2)境外消费(3)商业存在(4)自然人流动		
	市场准入限制	国民待遇限制	其他承诺
水平承诺	（3）在中国，外商投资企业包括外资企业（也称为外商独资企业）和合资企业，合资企业有两种类型：股权式合资企业和契约式合资企业。股权式合资企业中的外资比例不得少于该合资企业注册资本的25% 由于关于外国企业分支机构的法律和法规正在制定中，因此对于韩国企业在中国设立分支机构不作承诺，除非在具体分部门中另有标明 允许在中国设立韩国企业的代表处，但代表处不得从事任何营利性活动，在CPC861、862、863、865下部门具体承诺中的代表处除外。 对于各合同协议或股权协议，或设立或批准现有韩国服务提供者从事经营或提供服务的许可中所列所有权、经营和活动范围的条件，将不会使之比中国加入世界贸易组织之日时更具限制性。中国入世后新加入减让表的部门或分部门不受以上承诺的限制 中华人民共和国的土地归国家所有。企业和个人使用土地需遵守下列最长期限限制：（a）居住目的为70年；（b）工业目的为50年；（c）教育、科学、文化、公共卫生和体育目的为50年；（d）商业、旅游、娱乐目的为40年；（e）综合利用或者其他目的为50年 （4）除自然人移动章所作承诺外，不作承诺	（3）视听服务、空运服务和医疗服务部门中的国内服务提供者的所有现有补贴不作承诺 除中国入世作出的承诺外，对于给予国内服务提供者的所有补贴不作承诺 （4）除与市场准入栏中所指类别的自然人入境和临时居留有关的措施外，不作承诺	

续表

部门	服务提供方式:(1)跨境交付(2)境外消费(3)商业存在(4)自然人流动		
	市场准入限制	国民待遇限制	其他承诺
具体承诺 1 商业服务 a. 专业服务 b. 会计、审计和簿记服务	(1)没有限制 (2)没有限制 (3)合伙或有限责任会计师事务所只限于中国主管机关批准的注册会计师 (4)除水平承诺中内容外,不作承诺	(1)没有限制 (2)没有限制 (3)没有限制 (4)除水平承诺中内容外,不作承诺	允许韩国会计师事务所与中国会计师事务所结成联合所,并与其在其他世界贸易组织成员中的联合所订立合作合同 在对通过中国国家注册会计师资格考试的韩国人发放执业许可方面,应给予国民待遇 – 申请人将在不迟于提出申请后 30 天以书面形式被告知结果 – 提供 CPC862 中所列服务的会计师事务所可以从事税收和管理咨询服务。它们不受在 CPC865 和 8630 中关于设立形式的要求的约束

资料来源：根据中韩自贸协定附件 8-A-2 中方服务贸易具体承诺减让表整理。

如表4-9所示，服务贸易具体承诺减让表的正面清单分为水平承诺和具体承诺。水平承诺中的限制措施适用于减让表中所有部门，具体承诺中所承诺的限制仅针对提及的部门或分部门。因此，企业在阅读具体承诺减让表时不仅要关注自身所在部门的限制措施，同时也要关注水平承诺中的限制措施。

限制措施又分为市场准入限制、国民待遇限制。市场准入限制是指一国对外国的服务、劳务与资本参与国内市场采取的限制措施。国民待遇限制是指东道国对在本国境内从事社会经济活动的外国的自然人、法人提供不低于本国自然人、法人所享有的民事权利，而且国民待遇只有在具备市场准入条件并且进入市场后才能享受。其他承诺是针对某具体行业的行业规则或发展情况作出的补充性规定。

市场准入限制和国民待遇限制下，又分为对各具体服务部门四种服务提供方式的限制。表中的(1)、(2)、(3)、(4)分别代表对跨境交付、境外消费、商业存在、自然人流动所采取的限制措施。按开放度的高低通常分为不作限制、一定程度的限制、不作承诺等。其中不作承诺不意味着完全不开放，而是承诺国可根据自身情况自行决定开放程度；不作限制意味着除水平承诺中对其有统一要求外,不另作限制。一定程度的限制是根据承诺表中具体的限制水平而定。

二、关于负面清单

负面清单是指在具体承诺减让表中列出不予开放或者对开放采取限制措施的服务部门,未在该清单中的部门视为完全开放,不采取任何限制。与正面清单相比,负面清单开放程度更高、更彻底,现已逐渐被越来越多的自由贸易协定所采用。虽然迄今中国缔结的自贸协定皆采用正面清单谈判方式,但已经做好了转化为负面清单的准备。比如,正在进行中的中韩自贸协定第二阶段谈判,双方已将负面清单模式纳入服务贸易磋商之中。在《区域全面经济伙伴关系协定》中,中国也承诺将在协定生效后6年内将正面清单转为负面清单。

第五节 中国对韩国服务贸易具体承诺解读

本节主要从三个方面对中国服务贸易的具体承诺进行解读,第一部分为服务贸易涉及的部门和产业,从中国的具体承诺减让表中分析中国服务贸易市场对韩国总体的开放情况,以及各个服务部门的承诺内容和开放水平;第二部分为对企业的启示,总结韩国企业如何利用中韩自贸协定进入中国市场;第三部分为应用案例,列举成功企业,为相关企业提供借鉴。

一、服务贸易承诺情况

(一)总体分析

中国在服务贸易具体承诺减让表中向韩国开放了10项大类部门,41项中类部门。未开放2项大类部门,以及17项中类部门,其中,开放部门包括商业服务、通信服务、建筑及相关工程服务、分销服务、教育服务、环境服务、金融服务、与旅游有关的服务、文体及娱乐服务、运输服务,未开放部门包括健康和社会服务、其他服务。各部门的具体情况见表4–10。

表4–10 中国对韩国开放部门

承诺服务部门（大类）	承诺分部门（中类）数目
1. 商业服务	4
2. 通信服务	3
3. 建筑及相关工程服务	5
4. 分销服务	5
5. 教育服务	5
6. 环境服务	7
7. 金融服务	2
8. 与旅游有关的服务	2
9. 文体及娱乐服务	2
10. 运输服务	6

资料来源：根据中韩自贸协定附件8-A-2中方具体承诺减让表整理。

与在世界贸易组织《服务贸易总协定》中的承诺相比，中国对韩国的服务贸易开放部门增多，承诺内容进一步加深，总体开放程度提高，涉及部门包括商业服务、建筑及相关工程服务、分销服务、环境服务、金融服务、文体及娱乐服务以及运输服务。并且在上海自由贸易试验区对电信、法律、建筑和海运等部门采取了更加开放的措施。新增承诺部门及承诺内容见表4–11，承诺深化部门及承诺深化内容见表4–12。

表4–11 新增承诺部门及承诺内容

新增承诺部门	承诺内容
1. 市场调研服务	对跨境交付与境外消费不作承诺，商业存在仅允许设立合资企业，但在国民待遇方面不作承诺，自然人流动需要商业存在
2. 与管理咨询相关的服务	允许设立外资独资子公司，其他方面不作限制
3. 人员安置和提供服务	对跨境交付与境外消费不作承诺，商业存在仅允许设立合资企业，但在国民待遇方面不作承诺，对自然人流动不作限制
4. 建筑物清洁服务	对跨境交付不作承诺，商业存在允许设立外资独资公司，其他方面不作限制

续 表

新增承诺部门	承诺内容
5. 在费用或合同基础上的包装材料印刷服务	对跨境交付与境外消费不作承诺,商业存在允许设立合资企业,但在国民待遇方面不作承诺,对自然人流动不作限制
6. 无固定地点的批发或零售服务	对自然人流动只水平承诺,其他方面没有限制
7. 其他娱乐服务	对跨境交付与境外消费不作承诺,商业存在允许设立外资独资公司,但在国民待遇方面不作承诺,对自然人流动不作限制
8. 体育及其他娱乐服务	在商业存在的国民待遇方面有一定限制,其他方面不作限制
9. 客运服务	对跨境交付与境外消费不作承诺,仅允许设立合资企业,外资持股比例不超过49%,需要进行经济需求测试

表4-12 承诺深化部门及深化内容

承诺深化部门	深化内容
1. 法律服务	在中国上海自由贸易试验区内,韩国律师事务所可与中国律师事务所联营和互派律师
2. 软件实施服务	解除对商业存在的限制,允许设立独资企业
3. 涉及自有或租赁资产的房地产服务	解除对商业存在的限制,允许高标准房地产项目设立独资企业
4. 以收费或合同为基础的房地产服务	解除对商业存在的限制,允许设立独资企业
5. 笔译和口译服务	解除对商业存在的限制,允许设立独资企业
6. 建筑及相关工程服务	在中国上海自由贸易试验区内,韩方建筑企业可以承揽位于上海市的中外联合建设项目,且不受项目的外资比例限制
7. 城镇污水服务	解除对商业存在的限制,允许设立独资企业
8. 固体废物处理服务	解除对商业存在的限制,允许设立独资企业
9. 废气清理服务	解除对商业存在的限制,允许设立独资企业
10. 降低噪声服务	解除对商业存在的限制,允许设立独资企业
11. 卫生服务	解除对商业存在的限制,允许设立独资企业
12. 证券服务	在符合中国相关法律法规的情况下,允许韩方证券机构跨境提供代理买卖证券等服务
13. 航空器的维修服务	取消合资企业获得经营许可的经营需求测试
14. 计算机订座系统(CRS)服务	允许韩方在满足一定条件下设立合资计算机订座系统企业

从服务贸易承诺表的总体承诺情况来看,中国对韩国服务贸易的市场开

放度很高，大多数部门都对四种服务贸易模式开放，只有一小部分服务由于缺乏技术可行性等原因对跨境交付、境外消费、商业存在不作承诺，多集中在商业服务和运输服务中的跨境交付中，境外消费次之。另外，市场准入的限制程度高于国民待遇的限制程度，主要体现在对商业存在允许设立的公司形式以及合资公司的持股比例上，这类限制主要是在市场准入方面的要求，在进入当地市场后，大多数服务部门没有国民待遇限制。对于自然人流动，所有部门都遵循自然人移动章中的水平承诺，只有少数对相关商务人员有技术、资格、工作经验的额外要求，例如，法律服务、审计服务、医疗和牙医服务、计算机服务、教育服务等。

（二）部门分析

1.商业服务

中国对韩国开放商业服务的具体部门见表4-13。

表4-13 中国商业服务承诺减让表

商业服务（大类）	
中类	小类
A.专业服务	a.法律服务（CPC861，不含中国法律业务） b.会计、审计和簿记服务（CPC862） c.税收服务（CPC8630） d.建筑设计服务（CPC8671） e.工程服务（CPC8672） f.集中工程服务（CPC8673） g.城市规划服务（CPC8674，城市总体规划服务除外） h.医疗和牙医服务（CPC9312）
B.计算机及其相关服务	a.与计算机硬件安装有关的咨询服务（CPC841） b.软件实施服务（CPC842） c.数据处理服务（CPC843） －输入准备服务（CPC8431） －数据处理和制表服务（CPC8432） －分时服务（CPC8433）
D.房地产服务	a.涉及自有或租赁资产的房地产服务（CPC821） b.以收费或合同为基础的房地产服务（CPC822）

续　表

商业服务（大类）		
中类	小类	
F. 其他商业服务	a. 广告服务（CPC871） b. 市场调研服务（CPC86401，仅限于设计用来获取一组织产品在市场上前景和表现的信息的调查服务） c. 管理咨询服务（CPC865） d. 与管理咨询相关的服务（仅限下列分部门） - 除建筑外的项目管理服务（CPC86601） e. 技术测试和分析服务（CPC8676 以及 CPC749 涵盖的货物检验服务但不包含其法定检验服务） f. 与农业、林业、狩猎和渔业有关的服务（CPC881、CPC882） k. 人员安置服务（CPC872，但不包含 CPC87209） m. 与科技相关的咨询服务（CPC8675） 地质、地球物理（不包括区域重力、磁场勘探服务）和其他科学勘探服务（CPC86751） 地下勘测服务（CPC86752） - 陆上石油服务 o. 建筑物清洁服务（CPC874） p. 摄影服务（CPC875） q. 包装服务（CPC876） r. 在费用或合同基础上的包装材料印刷服务（仅限包装装潢印刷） s. 会议服务（CPC87909） t. 笔译和口译服务（CPC87905） - 维修服务（CPC63、CPC6112、CPC6122） - 办公机械设备（包括计算机）维修（CPC845、CPC886） - 租赁服务（CPC831、CPC832，但不包括 CPC83202）	

资料来源：根据中韩自贸协定附件8-A-2中方具体承诺减让表整理。

韩国通过跨境交付和境外消费来到中国市场提供服务在大多数商业服务下的分部门和子部门中是没有限制的。极少数部门因为缺乏技术可行性等原因，中国不作承诺。

表4-14　商业服务跨境交付和/或境外消费存在限制的部门

服务类别	承诺内容
1. 建筑设计服务	除方案设计外，跨境交付需与中国专业机构进行合作
2. 工程服务	除方案设计外，跨境交付需与中国专业机构进行合作

续表

服务类别	承诺内容
3. 集中工程服务	除方案设计外，跨境交付需与中国专业机构进行合作
4. 城市规划服务	除方案设计外，跨境交付需与中国专业机构进行合作
5. 广告服务	跨境交付和境外消费仅限于通过在中国注册的、有权提供外国广告服务的广告代理
6. 市场调研服务	跨境交付和境外消费均不作承诺
7. 除建筑外的项目管理服务	跨境交付和境外消费在国民待遇方面均不作承诺
8. 人员安置和提供服务	跨境交付和境外消费均不作承诺
9. 建筑物清洁服务	跨境交付不作承诺
10. 在费用或合同基础上的包装材料印刷服务	跨境交付和境外消费均不作承诺

除表4-14所列的部门外，中国其他部门在跨境交付和境外消费方面均对韩国没有限制。

多数服务部门允许韩国在中国建立独资或合资公司。表4-15和表4-16展示了商业服务大类下中国允许韩国设立外商独资和合资公司的部门。

表4-15 商业服务允许韩国设立外商独资公司的部门

服务部门
1. 税收服务
2. 软件实施服务
3. 输入准备服务
4. 房地产服务
5. 管理咨询服务
6. 建筑物清洁服务
7. 包装服务
8. 在费用或合同基础上的包装材料印刷服务（需进行经济测试）
9. 笔译和口译服务
10. 维修服务
11. 办公机械和设备（包括计算机）维修服务
12. 租赁服务（企业全球资产应达到500万美元）

资料来源：根据中韩自贸协定附件8-A-2中方具体承诺减让表整理。

表4-16 商业服务允许韩国设立合资公司的部门

服务部门	商业存在内容
1. 建筑设计服务	允许设立外资多股权的合资企业，韩国服务提供者应为在韩国从事建筑服务的注册建筑师或企业
2. 工程服务	允许设立外资多股权的合资企业，韩国服务提供者应为在韩国从事工程服务的注册工程师或企业
3. 集中工程服务	允许设立外资多股权的合资企业，韩国服务提供者应为在韩国从事工程服务的注册工程师或企业
4. 城市规划服务	允许设立外资多股权的合资企业，韩国服务提供者应为在韩国从事城市规划服务的注册建筑师/工程师或企业
5. 医疗和牙医服务	允许外资拥有多数股权，但外资股权最高比例有一定限制
6. 市场调研服务	仅限于合资企业形式，允许外资拥有多数股权，需进行经济需求测试
7. 与管理咨询相关的服务	仅限于合资企业形式，允许外资拥有多数股权，需进行经济需求测试
8. 技术测试和分析服务	允许已在韩国从事检验服务3年以上的韩国企业设立合资技术测试、分析和货物检验公司，注册资本不少于35万美元
9. 与农业、林业、狩猎和渔业有关的服务	仅限于合资企业形式，允许外资拥有多数股权
10. 人员安置和提供服务	仅限于合资企业形式，允许外资拥有多数股权
11. 摄影服务	仅限于合资企业形式，允许外资拥有多数股权
12. 会议服务	仅限于合资企业形式，允许外资拥有多数股权
13. 相关科学技术咨询服务	仅限与中国伙伴合作开采石油的方式
14. 陆上石油服务	仅限于与中国石油天然气集团公司（CNPC）合作，在经中国政府批准的指定区域内开采石油的方式

对于与计算机硬件安装有关的咨询服务、数据处理和制表服务、分时服务，商业存在不设限制。此外，对部分部门有其他要求，例如：

（1）法律服务中韩国律师事务所仅能以代表处的形式提供法律服务。所有代表均应每年在中国居住不少于6个月。代表处不得雇佣中国国家注册律师。此外，允许已在中国上海自由贸易试验区设立代表机构的韩国律师事务所在上海自贸区内与中国律师事务所联营。联营期间，双方的法律地位、名称和财务保持独立，各自独立承担民事责任。联营组织的客户不限于上海。

（2）会计、审计和簿记服务中合伙或有限责任会计师事务所只限于中国主管机关批准的注册会计师。

部分部门自然人流动存在限制。

（1）医疗和牙医服务中允许持有韩国颁发的执业证书的韩国医师，在获得卫生计生部门的执业许可后，在中国提供短期医疗服务。服务期限为6个月，并可延长至1年。

（2）计算机及其相关服务中的工作人员需要具有注册工程师资格，或学士学位，并有3年以上工作经验。

（3）笔译和口译服务中的工作人员要求具有3年以上工作经验，并熟练掌握工作语言。

总体来看，该部门承诺覆盖度高[①]，承诺开放度也相对较高。对四种提供方式的限制主要集中在商业存在与自然人流动，并且对市场准入的限制要比国民待遇严格。

2. 通信服务

中国对韩国开放通信服务的具体部门见表4-17。

表4-17 中国通信服务承诺减让表

通信服务（大类）	
中类	小类
B. 速递服务（CPC75121，除中国在世界贸易组织承诺的专营邮政服务）	
C. 电信服务	h. 电子邮件 i. 语音邮件 j. 在线信息和数据检索 k. 电子数据交换 l. 增值传真服务 m. 编码和规程转换 n. 在线信息或数据处理服务 – 寻呼服务 – 模拟/数据/蜂窝服务 – 个人通信服务 a. 语音服务（国际+国内） b. 分组交换数据传输（国际+国内） c. 电路交换数据传输（国际+国内）

[①] 承诺覆盖度即服务贸易具体承诺减让表中各服务大类下作出承诺的中类部门数与国际服务贸易分类表中中类数的相对比例。

续 表

通信服务（大类）	
中类	小类
C. 电信服务	f. 传真服务（国际+国内） g. 国内专线电路租用服务（国际+国内）
D. 视听服务	– 录像、娱乐软件的分销服务 – 录音制品分销服务 – 电影院服务

该类服务承诺覆盖度高，承诺部门开放度较高。大多数部门对跨境交付和境外消费没有限制，只有电信服务的跨境交付的承诺需要依照《关于编制基础电信服务承诺减让表的说明》以及《关于频率可获性的市场准入限制》。在商业存在方面，除速递服务允许设立独资企业外，其他服务只能设立合资企业，并对外资比例有一定限制，例如，电信服务中增值电信服务与寻呼服务移动话音和数据服务外资不得超过50%，其他基础电信服务外资不得超过49%。视听服务中允许录像和录音制品的分销服务的韩国企业与中国合资伙伴设立合作，并允许以分账形式从外国进口电影用于影院放映，数量为20部，电影院服务允许韩国企业建设或改造电影院，外资不得超过49%。其他方面没有限制。

3. 建筑及相关工程服务

中国对韩国开放建筑及相关工程服务的具体部门见表4-18。

表4-18 中国建筑及相关工程服务承诺减让表

大类	中类
建筑及相关工程服务 （CPC511～518）	A. 建筑物的总体建筑工作（CPC512）
	B. 民用工程的总体建筑工作（CPC513）
	C. 安装和组装工作（CPC514、CPC516）
	D. 建筑物的装修工作（CPC517）
	E. 其他（CPC511、CPC515、CPC518）

注：CPC511为建筑工地的准备工作，CPC512为建筑物的建筑工作，CPC513为土木工程的建筑工作，CPC514为预制构件的组装和装配服务，CPC515为特种行业建筑工程，CPC516为安装工程，CPC517为建筑物竣工和修整工程，CPC518为配有技师的建筑物或土木工程建造或拆除设备租赁服务。

该类别服务承诺覆盖度高,承诺部门开放度较高。建筑及相关工程服务承诺开放部门包括CPC511~518。除商业存在对建立企业有要求外,其他方面没限制。中国允许韩国设立合资企业或独资企业,合资企业可拥有多数股权,但独资企业只能从事规定的5类项目,分别是:

(1)全部由外国投资或资助的建设项目。

(2)由国际金融机构资助并通过贷款条款进行的国际招标授予的建设项目。

(3)外资等于或超过50%的中外联合建设项目以及外资少于50%,但因技术困难而不能由中国建筑企业独立实施的中外联合建设项目。

(4)由中国投资但中国建筑企业难以独立实施的建设项目,经省政府批准,可由中外建筑企业联合承揽。

(5)在上海自由贸易试验区内设立的韩国建筑企业可以承揽位于上海市的中外联合建设项目。在这种情况下,不受此类项目中的外资投资比例限制。

此外,承诺允许在评估韩国服务提供者在中国设立的建筑企业的资质时,将合同履行情况作为评估的标准之一。

4.分销服务

中国对韩国开放分销服务的具体部门见表4-19。

表4-19 中国分销服务承诺减让表

大类	中类
分销服务	A.佣金代理服务(不包括盐和烟草)
	B.批发服务(不包括盐和烟草)
	C.零售服务(不包括烟草)
	D.特许经营
	E.无固定地点的批发或零售服务

该类服务承诺覆盖度高,承诺部门的开放度也较高。佣金代理、批发服务的跨境交付不作承诺,但允许设立外商独资企业。零售服务只能跨境提供邮购服务,并且超过30家分店,销售来自多个供应商的不同种类和品牌商品的连锁店不能设立独资企业。若这些连锁店销售图书、报纸、杂志、药品、

农药、农膜、成品油、原油、化肥及《中国加入世界贸易组织议定书》（WT/L/432）附件2A 中所列的产品，则不允许外资拥有多数股权，其他方面没有限制。对特许经营服务和无固定地点的批发或零售服务没有限制。

5. 教育服务

在教育领域，中国对义务教育没有开放，在初等教育、中等教育和成人教育领域给予部分开放，开放教育服务的具体部门见表4-20。

表4-20 中国教育服务承诺减让表

大类	中类
教育服务	A. 初等教育服务（CPC921，不包括CPC9219中的国家义务教育）
	B. 中等教育服务（CPC922，不包括CPC92210中的国家义务教育）
	C. 高等教育服务（CPC923）
	D. 成人教育服务（CPC924）
	E. 其他教育服务（CPC929，包括英语语言培训）

该类服务承诺覆盖度高，承诺部门开放度较高。允许中外合作办学，韩国可获得多数拥有权，但不包括义务教育和特殊教育服务，如军事、警察、政治和党校教育。在自然人流动的国民待遇方面，要求在中国提供教育服务的相关人员必须具有学士或以上学位且具有相应的专业职称或证书，并有两年专业工作经验。其他方面没有限制。

6. 环境服务

中国对韩国开放环境服务的具体部门见表4-21。

表4-21 中国环境服务承诺减让表

大类	中类
环境服务（不包括环境监测和污染源检查）	A. 排污服务（CPC9401）
	B. 固体废物处理服务（CPC9402）
	C. 废气清理服务（CPC9404）
	D. 降低噪声服务（CPC9405）
	E. 自然风景保护服务（CPC9406，但不包括自然保护区和国家湿地的建设）
	F. 其他环境保护服务（CPC9409）
	G. 卫生服务（CPC9403）

该类服务承诺覆盖度高，承诺部门总体开放度较高。咨询服务可跨境提供。除自然风景保护服务以及其他环境保护服务，韩国必须以合资形式来提供可拥有多数股权外，其他部门均允许外商设立独资企业提供服务。其他方面没有限制。

7. 金融服务

中国对韩国开放金融服务的具体部门见表4-22。

表4-22　中国金融服务承诺减让表

金融服务（大类）	
中类	小类
A. 所有保险及其相关服务	a. 寿险、健康险、养老金/年金险 b. 非寿险 c. 再保险 d. 保险附属服务
B. 银行及其附属服务	a. 接受公众存款及其他应收公众资金 b. 所有类型的贷款 c. 金融租赁 d. 所有支付和汇划服务 e. 担保和承诺 f. 自行或者代客外汇交易 — 非银行金融机构从事的汽车消费信贷 — 其他金融服务如下： k. 提供和转让金融信息、金融信息处理 l. 咨询服务 — 证券服务

该类服务承诺覆盖度高，但承诺部门开放度相对较低，市场准入把控严格。对保险服务、银行服务以及证券服务在跨境交付和商业存在上都作出了相应限制。

保险服务可跨境提供的有：（1）再保险；（2）国际海运、空运和运输保险；（3）大型商业险经纪、国际海运、空运和运输保险经纪及再保险经纪可跨境支付。商业存在必须符合企业形式、业务范围、许可条件。

银行服务可跨境提供的有：（1）提供和转移金融信息、金融数据处理以及与其他金融服务提供者有关的软件；（2）咨询、中介和其他附属服务。商业存在必须符合地域要求、客户要求、许可条件。

证券服务可跨境提供的有：（1）B股业务；（2）代理买卖证券；（3）证券交易建议或投资组合管理服务；（4）托管中国合格境内机构投资者的境外资产。商业存在必须符合企业形式等。

近年来，中国在银行、保险、证券等金融服务领域采取了进一步开放措施，超出了中国在中韩自贸协定框架下作出的承诺，这些新的开放措施同样适用于韩国。[①] 随着中国金融部门开放程度的加深，韩国金融机构获得了更大的市场准入机会。

8. 与旅游有关的服务

中国对韩国开放与旅游有关服务的具体部门见表4-23。

表4-23　中国与旅游有关的服务承诺减让表

大类	中类
与旅游有关的服务	A. 饭店和餐馆（CPC641～643）
	B. 旅行社和旅游经营者（CPC7471）

该部分对饭店和餐馆、旅行社和旅游经营者两个中类作出了承诺，承诺覆盖度相对较低，承诺部门开放度较高。韩国可以在中国建设、改造和经营饭店和餐馆设施，设立独资子公司。允许与中国合资饭店和餐馆签订合同的韩国经理、专家、厨师和高级管理人员在中国提供服务。韩国在中国的旅行社不可以从事中国公民出境及赴中国香港、中国澳门和中国台湾的旅游业务。

9. 文体及娱乐服务

中国对韩国开放文体及娱乐服务的具体部门见表4-24。

表4-24　中国文体及娱乐服务承诺减让表

大类	中类
文体及娱乐服务	A. 其他娱乐服务（仅限CPC96191、CPC96192）
	D. 体育及其他娱乐服务（仅限CPC96411、CPC96412、CPC96413，不包括高尔夫球和电子竞技）

---

① 2018年以来，我国采取多项金融开放措施，扩大经营范围，放宽市场准入条件，放开股比限制。详细内容可参阅中国银行保险监督管理委员会 http：//www.cbirc.gov.cn、中国证券监督管理委员会 http：//www.csrc.gov.cn 相关文件。

该部分承诺了其他娱乐服务、体育及其他娱乐服务两个中类，承诺部门开放度较高。韩方可以设立股权不超过49%的合资企业从事其他娱乐服务，演出经纪机构可通过中介、佣金代理和代理的形式从事商业演出。体育及其他娱乐服务自然人流动依照水平承诺，其他方面没有限制。

10. 运输服务

中国对韩国开放运输服务的具体部门见表4-25。

表4-25　中国运输服务承诺减让表

运输服务（大类）	
中类	小类
A. 海运服务	- 国际运输（CPC7211、CPC7212，不包括沿海和内水） a. 海运货物装卸（CPC741） d. 集装箱堆场服务 c. 海运报关服务 e. 海运代理服务
B. 内水运输	b. 货运（CPC7222）
C. 空运服务	- 航空器的维修服务（CPC8868） - 计算机订座
E. 铁路运输	- 铁路货物运输（CPC7112）
F. 公路运输	- 公路卡车或汽车货物运输（CPC7123） - 客运（CPC71213）
H. 所有运输方式的辅助服务	- 储存和仓储服务（CPC742） - 货物运输代理服务（CPC748、CPC749，不包括货物检疫）

对于多数运输服务下的分部门和子部门，由于缺乏技术可行性等原因，中方不作承诺。少数部门对韩国通过跨境交付和境外消费来到中国市场提供服务有一定限制（见表4-26）。

表4-26　对跨境交付不作承诺部门

服务类别	承诺内容
1. 海运货物装卸服务	跨境交付不作承诺
2. 海运报关服务	跨境交付不作承诺
3. 集装箱堆场服务	跨境交付不作承诺

续表

服务类别	承诺内容
4.货运	除在对外国船舶开放的港口从事的国际运输,跨境交付不作承诺
5.航空器的维修服务	跨境交付不作承诺
6.客运服务	跨境交付不作承诺
7.仓储服务	跨境交付不作承诺

而海运代理服务、铁路运输服务、铁路货运、公路卡车和汽车货运、货物运输代理服务对跨境交付和境外消费没有限制。韩国企业跨境提供计算机订座系统(CRS)服务需要与中国航空企业和中国计算机订座系统订立协议。

大多数服务部门允许韩国在中国建立独资或合资公司。对货运服务不作承诺。铁路运输服务、公路运输服务、仓储服务、货物运输代理服务允许韩国在中国建立独资公司。表4-27展示了运输服务大类下中国允许韩国设立合资公司的部门。

表4-27 运输服务允许韩国设立合资公司的部门

服务部门和活动	
1.海运服务	允许设立合资船运公司,外资不得超过49%,合资企业的董事会主席和总经理应由中方任命
2.海运货物装卸服务	仅限于合资企业形式,允许外资拥有多数股权
3.海运报关服务	仅限于合资企业形式,允许外资拥有多数股权
4.集装箱堆场服务	仅限于合资企业形式,允许外资拥有多数股权
5.海运代理服务	仅限于合资企业形式,外资股比不超过49%
6.航空器的维修服务	允许韩国在中国设立合资航空器维修企业,但中方应在合资企业中控股或处于支配地位
7.客运服务	仅限于合资企业形式,外资不得超过49%,需进行经济需求测试
8.货物运输代理服务	允许有至少连续3年经验的韩国货运代理在中国设立合资货运代理企业,合资企业的经营期限不得超过20年。在中国经营1年以后,合资企业可设立分支机构。韩国货运代理机构在其第一家合资企业经营2年后,可设立第二家合资企业
9.计算机订座系统(CRS)服务	允许设立合资企业,中国应在合资企业中控股或处于支配地位,需进行经济需求测试

资料来源:根据中韩自贸协定服务贸易具体承诺减让表整理。

总体来看，该部门承诺覆盖度较高，但部分部门承诺的开放度较低。大多数部门由于缺乏技术可行性，对市场准入和国民待遇的跨境交付均不作承诺，而且在市场准入中多对商业存在作出了限制，包括限制持股比例，限制企业持资形式等。其余限制较少。

二、对企业的启示

中韩自贸协定几乎涵盖了服务贸易的所有核心条款。市场准入条款、国民待遇条款、国内法规条款、承认条款的规定充分保障了中韩之间服务贸易的公平性。而且条款的程序性规则比较完善、协议执行力较高，充分降低了中韩服务贸易的不确定性以及交易成本。与此同时，协定也设立了严格的服务贸易监督机制，因此双方需要严格按照规定办事，否则违规成本较大。

（一）中国承诺的高开放水平有助于韩企与中国开展更多领域的合作

中国对韩国的总体开放度增加。一方面，双方为加强在金融领域的合作，将金融服务单独成章，内容更为详细。另一方面，双方在自贸协定中首次以附件的形式规定了电视剧、动漫、电影等领域的互惠合作事项，为加深影视文化领域的合作与开放提供了制度保障。

（二）发挥韩国企业的比较优势，加大中韩在通信、教育、分销等领域的合作

中国对韩国在通信服务、建筑服务、教育服务、分销服务、环境服务、运输服务6个部门开放度较高，在商业服务、与旅游有关的服务、金融服务、文体及娱乐服务4个部门开放度相对较低。相较于韩国，中国在金融服务领域、文体及娱乐服务领域优势尚不明显，开放度相对较低，而在与旅游有关的服务、运输服务等领域还有很大的合作空间。

（三）中国高水平的国民待遇使韩国企业进入中国投资无后顾之忧

中国对服务贸易国民待遇限制的开放水平要高于市场准入限制，这也体

现出中国在服务贸易方面更加注重边境前的准入门槛,而边境后的准入门槛相对较低。这也就意味着韩国服务企业一旦进入中国市场,便能在很大程度上享受国民待遇,享受公平竞争的外部环境。韩国企业在自贸协定项下服务贸易公平性与安全性得到充分保证,遇到纠纷时可利用争端解决机制维护自身权益。

(四)韩国企业可利用中国自然人签证便利,开展服务贸易

中国服务贸易具体承诺减让表中对三种自然人类型作出了开放承诺,即商务访问者和服务销售人员入境和临时居留的期限不得超过90天;经理、高级管理人员和专家等高级雇员入境和临时居留的期限不得超过3年;合同服务提供者入境和临时居留期限最长不超过1年或者根据合同期限确定,以二者中时限较短的为准。此外,中国在承诺表中对一部分商务人员有额外的资质要求,例如,计算机服务的商务人员需取得注册工程师证书或具有学士或以上学位并在该领域有3年工作经验;医疗和牙医服务的韩国医师在中国提供短期医疗服务期限为6个月,并可延长至1年。

值得关注的是,第十一章自然人移动章节中,中国承诺在外国人就业证、外国专家证和外国人工作类居留证件制度下,对在中国工作的韩国公司内部流动人员,或在中国领土内设立业务并参与业务运行的韩国投资者,将首期居留期限从1年延长至2年,并促进居留期限延期程序的便利化。商务人员临时入境,初次合法入境且不存在违法记录离境后,就可以申请1年多次、每次逗留不超过30天的入境签证。该部分放宽了商务人员出入境的管制并且简化了商务人员往返多次签证的申请流程,极大地提高了商务人员出入境的签证效率,为两国服务贸易便利化创造了条件。

三、应用案例

中韩自贸协定中,中国对韩国的自然人流动给予了诸多便利化规定,为双方贸易与投资便利化提供了制度支持。新冠肺炎疫情的暴发对全球经济带来巨大冲击,国际贸易随之缩减,商务人员流动受阻。随着疫情的好转,中

国、韩国以及部分欧洲国家正逐步解除封锁，疫情防控成为常态。在这种背景下，2020年5月1日中韩"快捷通道"启用。按照新规，中国企业人士在因重要业务目的访韩时，只需要向韩国驻华使领馆提交出国前三天以内的新冠病毒检测阴性证明，就可以申请免除隔离。入境韩国后需再次接受病毒检测，若结果为阴性，则可在韩国全境从事经济活动，无须接受隔离，只接受韩方的动态防疫管理即可。

2021年以来，随着疫情形势的发展，中韩两国多次沟通，采取了多种方式，尽可能保障在疫情防控下商务人员的自由流动，为中韩贸易往来提供了很好的制度支持。

第六节 韩国对中国服务贸易具体承诺解读

本节主要从两个方面对韩国服务贸易的具体承诺进行解读，第一部分为服务贸易涉及的部门和产业，从韩国的具体承诺减让表中分析韩国服务贸易市场对中国总体的开放情况，以及各个服务部门的承诺内容和开放水平；第二部分为对企业的启示，总结中国企业如何利用中韩自贸协定进入韩国市场。

一、涉及的部门和产业

（一）总体分析

韩国在服务贸易具体承诺减让表中向中国开放了10项大类部门，37项中类部门。未开放2项大类部门，以及21项中类部门。其中，开放部门包括商业服务、通信服务、建筑及相关工程服务、分销服务、教育服务、环境服务、金融服务、与旅游有关的服务、文体及娱乐服务、运输服务，未开放部门包括健康和社会服务、其他服务。各部门的具体情况见表4-28。

表4-28 韩国对中国开放部门

承诺服务部门（大类）	承诺分部门（中类）数目
1. 商业服务	6
2. 通信服务	3
3. 建筑及相关工程服务	5
4. 分销服务	4
5. 教育服务	2
6. 环境服务	5
7. 金融服务	2
8. 与旅游有关的服务	3
9. 文体及娱乐服务	2
10. 运输服务	7

资料来源：根据中韩自贸协定附件8-A-1韩方具体承诺减让表整理。

从服务贸易承诺表的总体承诺情况来看，国民待遇限制的开放度要高于市场准入限制的开放度。

与《服务贸易总协定》相比，更具开放性。

与在世界贸易组织《服务贸易总协定》中的承诺相比，韩国对中国的服务贸易开放部门增多，承诺内容进一步加深，总体开放程度提高。新增承诺部门及承诺内容见表4-29，承诺深化部门及承诺深化内容见表4-30。

表4-29 新增承诺部门及承诺内容

新增承诺部门	承诺内容
1. 法律服务	商业存在仅允许以代表处的形式提供法律服务，在国民待遇方面，外国法律顾问在韩国居住时间每年不少于180天。自然人流动在市场准入方面依照水平承诺。其他方面不作承诺
2. 兽医服务	开放境外消费，自然人流动在市场准入方面依照水平承诺。其他方面不作承诺
3. 自然科学研发服务	对商业存在不作承诺，跨境交付在国民待遇方面有相关要求
4. 跨学科研发服务	对商业存在不作承诺，自然人流动依照水平承诺，其他方面没有限制
5. 房地产服务	对跨境交付不作承诺，境外消费只对海外不动产没有限制，自然人流动依照水平承诺，其他方面没有限制
6. 私人用品或家庭用品出租服务	跨境交付、境外消费、商业存在没有限制，自然人流动依照水平承诺

新增承诺部门	承诺内容
7. 与制造业相关的服务	跨境交付、境外消费、商业存在没有限制，自然人流动依照水平承诺
8. 人员安置服务	设立企业必须根据《商业法》，自然人流动依照水平承诺，其他方面没有限制
9. 地面勘测服务	对跨境交付不作承诺，自然人流动依照水平承诺，其他方面没有限制
10. 地图绘制服务	对跨境交付不作承诺，自然人流动依照水平承诺，其他方面没有限制
11. 出版服务	对跨境交付、境外消费、商业存在没有限制，自然人流动依照水平承诺
12. 专业设计服务	对跨境交付、境外消费、商业存在没有限制，自然人流动依照水平承诺
13. 速递服务	只能以空运和海运的模式提供跨境服务，商业存在需要进行经济需求测试。自然人流动依照水平承诺，其他方面没有限制
14. 高等教育服务	对跨境交付不作承诺，境外消费、商业存在均有限制，自然人流动依照水平承诺
15. 成人教育服务	对境外消费没有限制，跨境交付、商业存在、自然人流动均有限制
16. 娱乐服务	对跨境交付以及商业存在的国民待遇方面不作承诺，自然人流动依照水平承诺，其他方面没有限制
17. 带船员的船舶租赁服务	对跨境交付、境外消费、商业存在没有限制，自然人流动依照水平承诺
18. 拖吊服务	对跨境交付不作承诺，自然人流动依照水平承诺，其他方面没有限制
19. 理货、测量和勘探服务	对跨境交付不作承诺，自然人流动依照水平承诺，其他方面没有限制
20. 航空器保养和修理服务	对跨境交付不作承诺，自然人流动依照水平承诺，其他方面没有限制
21. 铁路运输服务	对跨境交付不作承诺，新建运营需要经济需求测试，自然人流动依照水平承诺，其他方面没有限制
22. 管道运输服务	对跨境交付、境外消费的市场准入方面不作承诺。其他方面没有限制

表4-30 承诺深化部门及深化内容

承诺深化部门	深化内容
1. 社会科学研发服务	解除跨境交付与境外消费的市场准入限制
2. 船舶租赁	解除跨境交付与境外消费的市场准入限制
3. 市场调研和民意调查服务	解除跨境交付与境外消费的市场准入限制
4. 与农业和畜牧业相关的服务	解除跨境交付与境外消费的市场准入限制
5. 与林业和伐木业相关的服务	解除跨境交付与境外消费的市场准入限制
6. 与采矿相关的服务	解除跨境交付与境外消费的市场准入限制
7. 包装服务	解除跨境交付与境外消费的市场准入限制

续　表

承诺深化部门	深化内容
8. 建筑及相关工程服务	取消商业存在的新许可证明定期发放、限制合同金额、强制分包制度
9. 佣金代理服务	跨境交付部分开放，解除境外消费的市场准入限制
10. 批发服务	跨境交付部分开放，解除境外消费的市场准入限制
11. 零售服务	跨境交付部分开放，解除境外消费的市场准入限制
12. 排污服务	解除对供应商的数量限制
13. 固体废物处理服务	取消商业存在的经济需求测试以及对部分服务供应商业务范围的要求
14. 环境测试和评估服务	取消建立公司的经济需求测试
15. 金融服务	总体上放宽了市场准入的限制，取消部分服务部门对招聘和雇佣专业保险人员的限制，以及对各机构高级人员需居住在韩国的限制
16. 导游服务	解除商业存在的市场准入限制
17. 海运服务	取消班轮运输部分商业存在的限制
18. 计算机订座系统（CRS）服务	解除跨境交付的限制
19. 航空运输服务的销售和市场营销	解除跨境交付的限制
20. 其他运输服务	解除商业存在的限制

从服务贸易承诺表的总体承诺情况来看，韩国对中国服务贸易的市场开放度很高，大多数部门对四种服务贸易模式开放，只有一小部分服务由于缺乏技术可行性等原因对跨境交付、境外消费、商业存在、自然人流动不作承诺，这类多集中在商业服务、分销服务和运输服务中的跨境支付中，境外消费次之，商业存在和自然人流动很少。另外，市场准入的限制程度高于国民待遇，主要体现在对商业存在允许设立的公司形式以及合资公司的持股比例上，这类限制主要是市场准入方面的要求，在进入当地市场后，大多数服务部门没有国民待遇限制。对于自然人流动，所有部门都遵循自然人移动章中的水平承诺，只有少数对相关商务人员有技术、资格、工作经验的额外要求，例如，法律服务，会计、审计和簿记服务，税收服务，医疗和牙医服务，计算机及其相关服务等。

(二)部门分析

1.商业服务

韩国对中国开放商业服务的具体部门见表4-31。

表4-31 韩国商业服务承诺减让表

商业服务（大类）	
中类	小类
A.专业服务	a.法律服务（CPC861） b.会计、审计和簿记服务（CPC862） c.税收服务（CPC863） d.建筑设计服务（CPC8671） e.工程服务（CPC8672） f.集中工程服务（CPC8673） g.城市规划和景观建筑服务（CPC8674） i.兽医服务（CPC932）
B.计算机及相关业务	a.与计算机硬件安装有关的咨询服务（CPC841） b.软件实施服务（CPC842） c.数据处理服务（CPC843） d.数据库服务（CPC844） e.其他（CPC845、CPC849）
C.研发服务	a.自然科学研发服务（CPC851） b.社会科学研发服务（CPC852） c.跨学科研发服务（CPC853）
D.房地产服务	- 经纪服务（CPC82203～82206） - 评估服务（CPC82201、CPC82202，不包括诸如土地估价和没收补偿在内的与政府行为相关的评估服务）
E.无经营者租赁服务	a.船舶租赁（CPC83103） b.飞机租赁（CPC83104） c.其他交通工具租赁（CPC83101、CPC83105） d.其他机械设备租赁（CPC83106～83109） e.其他（私人用品或家庭用品出租CPC832）
F.其他商业服务	a.广告服务（CPC871） b.市场调研和民意调查服务（CPC864） c.管理咨询服务（CPC865） d.项目管理服务（CPC86601） e.技术检测服务（CPC86764） - 成分和纯度技术测试和分析（CPC86761）

续 表

商业服务（大类）	
中类	小类
F. 其他商业服务	f. 与农业和畜牧业相关的服务（CPC8811、CPC8812） – 与林业和伐木相关的服务，不包括飞机消毒和消防（CPC8814） g. 与渔业有关的咨询服务（CPC8820） h. 与采矿相关的服务（CPC883） i. 与制造业相关的服务：仅指与新产品制造技术相关的咨询服务（CPC884、CPC885，除CPC88411、CPC88450、CPC88442、CPC884493外） k. 人员安置服务（CPC87201、CPC87202，不包括《船员法》下的船员安置服务） m. 与科技相关的咨询服务 – 地质、地球物理和其他科学勘探服务（CPC86751） – 地下勘测服务（CPC86752） – 地面勘测服务（CPC86753，不包括与地籍勘测相关的服务） – 地图绘制服务（CPC86754，不包括地籍地图绘制） n. 设备保养和维护（CPC633、CPC8861、CPC8862、CPC8863、CPC8864、CPC8865、CPC8866） p. 摄影服务（CPC875） q. 包装服务（CPC876） r. 印刷服务（CPC88442） r. 出版服务（CPC88442，不包括报纸和期刊的出版服务） s. 会议服务（CPC87909） s. 速记服务（CPC87909） t. 笔译和口译服务（CPC87905） t. 专业设计服务（CPC87909）

对于大多数商业服务下的分部门和子部门，中国通过跨境交付和境外消费到韩国市场提供服务是没有限制的。极少数部门因为缺乏技术可行性等，韩国不作承诺。

表4-32　商业服务跨境交付和/或境外消费存在限制的部门

服务类别	承诺内容
1. 会计、审计和簿记服务	审计服务的跨境交付与境外消费在市场准入方面不作承诺
2. 税收服务	税务调解和税务代理服务的跨境交付与境外消费在市场准入方面不作承诺
3. 建筑设计服务	跨境交付在市场准入方面需要商业存在。商业存在不必是法人
4. 兽医服务	跨境交付不作承诺
5. 自然科学研发服务	对于海洋科学研究，外国拥有或控制的韩国企业计划在韩国领海或专属经济区进行海洋科学研究，需事先获得海洋和渔业部的核准和同意

续 表

服务类别	承诺内容
6. 房地产服务	跨境交付不作承诺,境外消费对海外不动产没有限制
7. 飞机租赁	跨境交付与境外消费在市场准入方面不作承诺
8. 地面勘测服务	跨境交付不作承诺
9. 摄影服务	跨境交付与境外消费在市场准入方面不作承诺

资料来源:根据中韩自贸协定附件8-A-1韩方具体承诺减让表整理。

除表4-32所列的部门外,韩国其他部门在跨境交付和境外消费方面均对中国没有限制。

大部分部门对中国企业和经济实体通过商业存在提供服务没有限制,对商业存在有要求的部门具体如下:

(1)法律服务仅允许以代表处的形式提供。不允许以合作的方式雇佣具有律师执业资格的律师,并且只有在韩国居住满180天的中国顾问才能获得国民待遇。

(2)会计、审计和簿记服务以及税收服务设立企业、审计组或公司必须根据韩国《执业会计师法》获得注册会计师执照,并且只有审计组和会计公司的注册会计师能够提供审计服务。

(3)税收服务设立企业、税务调节小组或公司必须根据韩国《注册税务会计法》获得注册税务会计师资质,并且只允许税务对账组和税务代理公司的税务会计师提供税务调节服务。

(4)兽医服务、自然科学研发服务、跨科学研发服务对商业存在不作承诺。出版服务在商业存在的国民待遇方面不作承诺。

(5)飞机租赁服务允许设立合资企业,但外资股份应低于50%,并且合资企业法人代表是韩国公民才能获得国民待遇。

(6)成分和纯度技术测试和分析服务的商业存在需进行经济测试。主要标准:国内现有提供者的数量及其对国内现有提供者的影响、公众健康、安全及环境。

(7)人员安置服务需要根据《商业法》的规定设立企业。

对自然人流动有要求的部门具体如下：

（1）会计、审计和簿记服务中获得注册会计师从业资格需要通过注册会计师考试后，在韩国有2年相关从业经验。

（2）税收服务中获得注册税务会计师从业资格需要通过注册税务会计师考试后，在韩国有2年相关从业经验。

总体来看，该部门承诺覆盖度高，部门开放度高，只对少数部门作出限制，并且主要是市场准入限制。

2. 通信服务

韩国对中国开放通信服务的具体部门见表4-33。

表4-33 韩国通信服务承诺减让表

通信服务（大类）	
中类	小类
B. 速递服务包括快递服务（CPC7512），不包括《韩国邮政管理服务法》对韩国邮政管理局（KPA）保留的有关收集、运输和投递的专有服务	
C. 电信服务	a. 电话服务 b. 分组交换数据传输 c. 电路交换数据传输 d. 电传业务 e. 电报业务 f. 传真业务 g. 私人租用电路服务 o. 其他服务 －蜂窝数据 －寻呼服务 －过程控制系统 －无线通信系统 －移动数据 －互联网接入 －连接到公共交换电话网的互联网语音服务 h. 电子邮件 i. 语音邮件 j. 在线信息和数据检索 k. 电子数据交换 l. 增值传真服务 m. 编码和规程转换

续　表

通信服务（大类）	
中类	小类
C.电信服务	n.在线信息和数据处理 o.在线数据库和远程计算机
D.视听服务	a.录像、娱乐软件的分销服务（CPC96112、CPC96113，不包括有线电视广播服务） e.录音制品分销服务（录音制品）

该类服务承诺覆盖度较高，承诺部门开放度低。主要对速递服务、电信服务、视听服务3个中类部门进行承诺。速递服务中空运和海运可进行跨境提供，中国企业获得国内货运执照需进行经济需求测试。中国提供的基础电信服务受到商业存在的限制，并且仅向韩国法人授予公共电信设备服务许可以及非公共电信设备服务登记。

（1）不授予外国机构或个人广播电台执照。

（2）不授予外国法人总投票股权超过49%的公共电信设备服务许可。

（3）外国法人在公共电信设备服务供应商中的总投票股权不得超过49%。

（4）不允许外国法人成为韩国电信公司（KT）最大股东。可增值电信服务与视听服务未作限制，相对较为开放。

3.建筑及相关工程服务

韩国对中国开放建筑及相关工程服务的具体部门见表4-34。

表4-34　韩国建筑及相关工程服务承诺减让表

大类	中类
建筑及相关工程服务 （CPC511～518）	A.建筑物的总体建筑工作（CPC512）
	B.民用工程的总体建筑工作（CPC513）
	C.安装和组装工作（CPC514、CPC516）
	D.建筑物的装修工作（CPC517）
	E.其他（CPC511、CPC515、CPC518）

资料来源：根据中韩自贸协定附件8-A-1韩方具体承诺减让表整理。

该类服务承诺覆盖度高，承诺部门开放度较高。建筑及相关工程服务承诺开放5项中类部门。只有CPC5111为建筑工地的准备工作服务可跨境提供。

自然人流动依照水平承诺，在其他方面没有限制。

4. 分销服务

韩国对中国开放分销服务的具体部门见表4-35。

表4-35　韩国分销服务承诺减让表

大类	中类
分销服务	A. 佣金代理服务（CPC621，但不包括CPC62111和CPC62112及期货合同的佣金代理服务）
	B. 批发服务（CPC622，不包括CPC62211、CPC62223的谷物，CPC62229的红参和淀粉制品以及CPC62276的肥料）
	C. 零售服务（CPC61112、CPC61130、CPC61210、CPC613，不包括与液化石油气相关的零售贸易和加油站服务。CPC631，不包括CPC63108、稻米、人参和红参），CPC632
	D. 特许经营（CPC8929）

该类服务承诺覆盖度高，但承诺部门的开放度较低。佣金代理服务对药品和医疗产品的跨境提供不作承诺。批发服务、零售服务不可对药品、医疗产品、医疗性食品等项目进行跨境提供，并且商业存在中二手车和气体燃料的零售服务需通过经济需求测试。对特许经营没有限制。

5. 教育服务

韩国对中国开放教育服务的具体部门见表4-36。

表4-36　韩国教育服务承诺减让表

大类	中类
教育服务	C. 高等教育服务（CPC923，不包括与健康医学相关，培养学前以及中小学教师，法律专业，广播、通信和网络大学教育）
	D. 成人教育服务（CPC924，不包括授予学位、承认文凭，财政支持的职业培训，通过广播提供的教育，政府授权机构专门提供的技能培训）

只对高等教育服务、成人教育服务作出承诺，开放度低。高等教育服务不能跨境提供，中国在国内设立教育机构需要教育部批准。成人教育服务不能对健康和医学相关服务进行跨境提供，中方只能设立附件规定的教育机构类型，并且私立成人教育机构雇佣的外国讲师必须至少拥有学士学位或同等学位文凭，并居住在韩国。对其他方面没有限制。

6. 环境服务

韩国对中国开放环境服务的具体部门见表4-37。

表4-37 韩国环境服务承诺减让表

大类	中类
环境服务（不包括环境监测和污染源检查）	A. 排污服务（CPC9401）
	B. 固体废物处理服务（CPC9402） - 工业废物处理（CPC9402）
	D. 其他 - 废气清理和降低噪声服务（CPC9405） - 环境测试和评估服务（CPC9406、CPC9409）

该类服务承诺覆盖度较高，承诺部门基本完全开放，只有排污服务以及固体废物处理服务不能跨境提供，其他部门完全开放。

7. 金融服务

韩国对中国开放金融服务的具体部门见表4-38。

表4-38 韩国金融服务承诺减让表

金融服务（大类）	
中类	小类
A. 所有保险及其相关服务	（1）直接保险 （a）寿险（包括意外险和医疗保险） （b）非寿险 （2）再保险和转分保业务 （3）保险经纪和代理服务 （a）经纪人 （b）代理 （4）保险辅助服务 （a）索赔和调整服务 （b）精算服务
B. 银行及其附属服务	（1）存款 （2）贷款 （3）金融租赁 （4）支付和汇划服务 （5）担保和承诺 （6）外汇 （7）结算和清算

续表

金融服务（大类）	
中类	小类
B.银行及其附属服务	（8）不论是在交易所、场外交易市场，还是以其他方式对自己和客户账户的交易 （a）货币市场（包括支票、账单、存单） （b）外汇 （c）金融衍生产品（包括期货与期权） （d）汇率和利率产品（包括互惠信贷和远期利率协议） （e）可转让证券 （f）其他票据和金融资产（包括黄金） （9）参与各类证券的发行 （a）证券发行 （b）证券承销 （c）安置 （d）其他相关证券服务 （10）资产管理 （a）现金或投资组合管理 （b）各种形式的集体投资管理 （c）托管 （d）信托（包括分散投资咨询服务） （11）信用信息服务 （12）金融咨询、中介服务机构和其他辅助机构 仅适用以下所列服务： （a）投资咨询 （b）信用评级和分析

该类服务承诺覆盖度较高，但承诺部门开放度较低。除非寿险服务只有海洋进出口货物和航空保险能够跨境提供，再保险和转分保服务跨境提供和境外消费没有限制外，保险辅助服务跨境提供与境外消费在国民待遇方面没有限制，其他金融服务不能跨境提供与境外消费。

大多数服务部门设立商业存在都存在限制，只有保险代理服务的商业存在没有限制，信用信息服务持股低于现有金融信息公司股权50%的企业才可以设立商业存在，信用评级和分析需要由有关部门指定的评估公司对无担保公司债券和商业票据发行公司进行评估，其他服务仅允许外国公司设立商业存在。参与各类证券的发行服务、资产管理服务、投资咨询设立办事处需预先通知。资产管理服务从事企业以外银行业务和信托业务都需获得金融服务委员会的审批,并且对不动产信托业务不作承诺。银行服务中(1)~(8)项服务对商业存在有额外要求。

自然人流动除水平承诺外,不作承诺。

8. 与旅游有关的服务

韩国对中国开放与旅游有关的服务的具体部门见表4-39。

表4-39 韩国与旅游有关的服务承诺减让表

大类	中类
与旅游有关的服务	A. 旅馆和餐馆(CPC641~643,不包括铁路和航空运输相关设施)
	B. 旅行社和旅游经营者(CPC7471)
	C. 导游服务(CPC7472)

资料来源:根据中韩自贸协定附件8-A-1韩方具体承诺减让表整理。

承诺覆盖度较高,多数部门完全开放,只有饭店和餐馆的服务不能跨境提供,其他方面不作限制。旅行社和旅游经营者以及导游服务自然人流动依照水平承诺,其他方面没有限制。

9. 文体及娱乐服务

韩国对中国开放文体及娱乐服务的具体部门见表4-40。

表4-40 韩国文体及娱乐服务承诺减让表

大类	中类
文体及娱乐服务	A. 娱乐服务(CPC96191、CPC96192)个体或群体艺术家提供的音乐剧、戏剧、乐队、歌剧等娱乐服务

资料来源:根据中韩自贸协定附件8-A-1韩方具体承诺减让表整理。

只开放娱乐服务,开放度较高,不能跨境提供,商业存在不享受国民待遇。自然人流动依照水平承诺,其他方面没有限制。

10. 运输服务

韩国对中国开放运输服务的具体部门见表4-41。

表4-41 韩国运输服务承诺减让表

运输服务（大类）	
中类	小类
A. 海运服务	– 国际运输（CPC7211、CPC7212，不包括沿海运输服务） – 海运理货服务（CPC741） – 集装箱堆场服务（CPC741） – 海运报关服务 – 海运代理服务（CPC748） – 港口储存服务（CPC742） – 海上货物运输服务（CPC748） – 航运经纪服务（CPC748、CPC749） – 船舶的保养和修理 – 带船员的船舶租赁（CPC7213） – 拖吊服务（CPC7214） – 理货、测量和勘测服务（CPC745）
C. 空运服务	– 航空器的保养和修理 – 计算机订座 – 航空运输服务的销售和市场营销
E. 铁路运输	a. 铁路客运（CPC7111） b. 铁路货运（CPC7112）
F. 公路运输	– 集装箱货物运输（CPC71233，不包括沿海运输）
G. 管道运输（CPC7131，仅包括石油产品运输，不包括液化气的运输）	
H. 所有运输方式的辅助服务	b. 储存和仓储服务（CPC742，不包括农业、渔业和畜牧业产品）
I. 其他运输服务	– 联合运输服务 – 铁路运输的货运代理

资料来源：根据中韩自贸协定附件8-A-1韩方具体承诺减让表整理。

多数部门由于缺乏开放的技术可行性，对于跨境交付不作承诺。对跨境交付不作承诺的部门见表4-42。

表4-42 对跨境交付不作承诺的部门

服务类别	
1. 海运理货服务	7. 理货、测量和勘测服务
2. 港口储存服务	8. 航空器的保养和修理服务
3. 海运报关服务	9. 铁路运输服务
4. 集装箱堆场服务	10. 公路运输服务
5. 船舶的保养和修理	11. 所有运输方式的辅助服务
6. 拖吊服务	12. 其他运输服务

资料来源：根据中韩自贸协定附件8-A-1韩方具体承诺减让表整理。

管道运输服务（CPC7131）[①]对跨境交付和境外消费的市场准入方面不作承诺，其他部门跨境交付与境外消费均没有限制。

大多数部门对中国企业或经济实体以商业存在形式提供服务没有限制，只有少部分部门设有限制，具体内容见表4-43。

表4-43 对商业存在设有限制的部门

服务部门和活动	
1.国际海上客运服务	不作承诺
2.国际海上货运服务	仅允许根据《商业法》约定设立注册股份有限公司
3.海上货物运输服务	允许按照商业法案规定的股份公司
4.航运经纪服务	只允许依照《商业法》设立的股份有限公司
5.船舶的保养和修理	允许按照商业法案规定的股份公司
6.铁路运输服务	对现有运营不作承诺。
7.公路运输服务	只授予国际航运公司许可证，货物仅限于进出口集装箱货物

资料来源：根据中韩自贸协定附件8-A-1韩方具体承诺减让表整理。

总体来看，这些部门承诺覆盖度较高，承诺部门的开放度较高。对带船员的船舶租赁服务、计算机预订系统（CRS）服务、航空运输服务的销售和市场营销，不作限制。对多数部门服务的跨境提供不作承诺，限制内容主要集中在商业存在上，其他限制很少。

二、对企业的启示

（一）中韩双方有很大的服务市场和贸易空间可待挖掘

韩国对中国的开放度增加且服务贸易合作仍在不断加深。中韩自贸区的建立使中韩双方服务贸易往来更加密切。在中韩自贸协定中，韩国向中国开放了建筑、物流等服务贸易领域，加深了双方的服务贸易合作。此外，中韩自贸协定规定以正面清单的形式确定服务贸易减让清单。在第二阶段谈判中，已确定使用负面清单式的贸易减让清单，进一步挖掘服务贸易自由化潜力。

[①] 仅包括石油产品运输，不包括液化气的运输。参见：中韩自贸协定附件8-A-1韩方具体承诺减让表。

（二）发挥中国产业竞争优势与韩国开放部门加深合作

韩国的商业服务、与旅游有关的服务、建筑及相关工程服务、环境服务、运输服务5个部门开放度较高，教育服务、金融服务、通信服务、分销服务、文体及娱乐服务5个部门开放度较低。目前中国在运输服务、建筑及相关工程服务等领域都有着不错的竞争力，可以进一步利用韩国该领域高水平开放带来的机遇，扩大市场。中韩自贸协定服务章节的附件中还对合作拍摄电影进行了特别规定，如计算机图像合成、虚拟实境和数字影院技术合作等，推动中韩电影及相关领域的合作，增强合作摄制影片在全球市场的竞争力。

（三）企业要同时关注韩国边境的市场准入限制标准和国民待遇限制

韩国的服务贸易具体承诺减让表同样表现出市场准入限制壁垒高于国民待遇限制壁垒，充分给予了已经通过市场准入的中国企业更高的自主权和发展空间，保障了中国企业与韩国本土企业竞争的公平性。中国企业在进行服务贸易时既要重点关注边境的市场准入限制标准，也要充分了解国民待遇限制，以防仅参照市场准入限制标准而使发展空间受限。

（四）中国企业可利用韩国自然人签证便利，推进服务贸易

韩国服务贸易具体承诺减让表同样对中国列出的三类商务人员作出承诺，且承诺内容基本一致。对部分服务的提供者有着额外要求，例如，会计服务的会计师、税收服务的税务会计师获得职业资格必须通过会计考试，并有2年的相关从业资格。

值得关注的是，第十一章自然人移动章节中，韩国承诺在其外国人登陆证制度下，对在韩国工作的中国公司内部流动人员，或在韩国领土内设立业务并参与业务运行的中国投资者，将首期居留期限从1年延长至2年，并促进居留期限延期程序的便利化。商务人员临时入境，初次合法入境且不存在违法记录离境后，就可以申请1年多次、每次逗留不超过30天的入境签证。放宽了商务人员出入境的管制并且简化了商务人员往返多次签证的申请流程，极大地提高了商务人员出入境的签证效率，有助于开展两国服务贸易。

（五）中国企业在韩国的服务贸易有安全性和公平性保障

中韩自贸协定服务贸易程序性规则比较完善，协定执行力度高，设立了国民待遇、市场准入、国内法规等核心条款，保障了中韩之间服务贸易的公平性，降低了不确定性。中国企业在中韩自贸区当中，安全性和公平性可以得到充分保障。在遇到纠纷时，应利用争端解决机制维护自身权益。

第七节　金融章节解读

我国之前所签署的自贸协定中，除服务贸易和自然人移动两个"标配"章节外，从未单独设立过金融服务和电信章节。随着中韩经贸合作的进一步发展，双方在金融和电信领域的交往日趋活跃密切，合作逐步深化。中韩双方参照国际先进做法，开创性地在自贸协定中设立金融服务和电信两个单独章节，专门处理这两个重要服务部门的跨境合作。金融服务和电信专章的开创性设定也成为我国扩大服务业开放的重要举措，为我国未来与其他发达国家商谈高标准的自贸协定奠定了更为扎实的基础。本节将重点解读中韩自贸协定的金融服务规则。

一、金融服务规则的主要内容

中韩自贸协定第九章金融服务正文共包含14项条款以及"具体承诺"一项附录。主要条款包括适用范围、国民待遇、金融机构的市场准入、特定信息的处理、审慎例外、透明度、支付和清算系统、审慎措施的承认、金融服务委员会、磋商、争端解决、金融服务投资争端的事前磋商以及主要定义等，具体行业的承诺减让表放在了第八章服务贸易的附件当中，且采取了与《服务贸易总协定》相同的正面清单管理模式。

（一）金融服务相关定义

1.金融服务是指一缔约方的金融服务提供者提供的任何金融性质的服务。

金融服务包括所有保险及其相关服务，及所有银行和其他金融服务（保险除外）。金融服务包括以下活动：

保险和保险相关服务

（1）直接保险（包括共同保险）：① 寿险；② 非寿险。

（2）再保险和转分保。

（3）保险中介，如经纪和代理。

（4）保险附属服务，如咨询、精算、风险评估和理赔服务。

银行和其他金融服务（保险除外）

（1）接受公众存款和其他需偿还资金。

（2）各种类型的贷款，包括消费信贷、住房抵押信贷、保理、商业交易融资。

（3）金融租赁。

（4）各种支付和货币转移服务，包括信用卡、赊账卡、贷记卡、旅行支票和银行汇票。

（5）担保和承诺。

（6）交易所市场、场外市场或其他市场的自营或代客交易：① 货币市场工具（包括支票、汇票、存单）；② 外汇；③ 衍生产品，包括但不仅限于期货和期权；④ 汇率和利率工具，包括互换、掉期和远期利率协议等产品；⑤ 可转让证券；⑥ 其他可转让票据和包括金银在内的金融资产。

（7）参与各类证券的发行，包括承销和募集代理（公募或私募），提供与发行有关的服务。

（8）货币经纪。

（9）资产管理，如现金或资产组合管理、各种形式的集合投资管理、养老基金管理、托管、存放和信托等服务。

（10）金融资产的结算和清算服务，包括证券、衍生产品和其他可转让票据。

（11）金融信息的提供和传送、金融数据处理和其他金融服务提供者的相关软件。

（12）就（5）～（11）项所列的所有活动提供咨询、中介和其他附属金融服务，包括征信与分析、投资和资产组合的研究和咨询、收购咨询、公司重组和策略咨询。

2.金融服务提供者指一缔约方希望提供或正在提供金融服务的任何自然人或法人，但"金融服务提供者"一词不包括公共实体。

3.措施是指一缔约方采取的任何措施，无论是以法律、法规、规则、程序、决定、行政行为的形式，还是以其他形式：

（1）中央或地方政府和主管机构所采取的措施；

（2）中央或地方政府或主管机构下放给非政府机构行使政府职权，非政府机构所采取的措施。

4.金融服务提供是指：

（1）自一缔约方境内向另一缔约方境内提供服务；

（2）在一缔约方境内向另一缔约方消费者提供服务；

（3）一缔约方金融服务提供者通过在另一缔约方境内以商业存在方式提供服务；

（4）一缔约方金融服务提供者在另一缔约方境内以自然人存在方式提供服务。

5.公共实体指一缔约方的政府、中央银行或货币当局，或由一缔约方拥有或控制的、主要为政府目的而履行政府职能或进行的活动的实体，不包括主要在商业条件下提供金融服务的实体；也不包括通常由中央银行或货币当局行使职能的私营实体。

（二）适用范围

对金融章节的规定适用于所有影响金融服务提供的措施，包括其公共实体，但是不包括缔约方，在其领土内排他性采取或者提供：

1.构成公共退休计划或法定社会保障制度组成部分的活动或服务；

2.包括公共实体在内的，代表该缔约方，或由该缔约方担保，或使用该缔约方财务资源的活动或服务；

3.中央银行或货币当局或任何其他公共实体为实行货币或汇率政策而从事的活动。

同时,本章不适用于规范政府部门为政府的目的而购买金融服务的法律、法规或要求。此种购买的目的不是进行商业转售或为商业销售提供服务。

(三)国民待遇

对于列入具体承诺减让表的金融服务部门,一缔约方给予另一缔约方的金融服务提供者的待遇,不得低于其给予本国同类金融服务和金融服务提供者的待遇,待遇的提供形式可以不同。但若形式相同、待遇不同,改变了竞争条件,会使其更有利于本国的金融服务,则此类待遇应被视为低于国民待遇。

(四)市场准入

对于通过金融服务提供实现的市场准入,一缔约方给予另一缔约方金融服务和金融服务提供者的待遇,不得低于其在协定附件8-A具体承诺减让表中同意和列明的条款、限制和条件。

(五)透明性

一缔约方的监管机构应在相关法规规定的时间内告知申请人其申请的状态。如要求申请人提供补充信息,则监管机构应及时通知申请人。对另一缔约方金融服务提供者提出的关于提供金融服务的完整申请,一缔约方的监管机构应在相关法规规定的时间内,作出行政决定并立即通知申请人。应申请失败的申请人的要求,监管机构应在可能的范围内告知申请人拒绝的理由。

(六)支付和清算系统

根据给予国民待遇的条款和条件,一缔约方应给予另一缔约方在其领土内设立的金融机构进入公共实体运营的支付和清算系统的权利,以及在正常业务经营中获得官方融资和再融资安排的权利。本条并不意味着给予任一缔约方获得最终贷款人便利的权利。

（七）审慎例外和审慎措施的承认

允许一缔约方出于审慎的原因而采取或维持的措施，包括保护投资人、存款人、投保人、保单持有人或金融服务提供者对其负有信托责任的人而采取的措施，或为保证金融体系完整和稳定而采取的措施。但该措施不得用作逃避该缔约方在这些条款下的承诺或义务的手段。

认可一缔约方有关金融服务的措施时，可承认非缔约方的审慎措施。此类可通过协调或其他方式实现的承认，可依据与该非缔约方的协定或安排，也可自动给予。如一缔约方自动给予承认，则应向另一缔约方提供证明此类情况存在的机会。

（八）金融服务委员会

双方成立金融服务委员会（以下简称"委员会"），委员会应由双方负责金融服务的主管机构官员组成。各缔约方负责金融服务的主营机构应为：

中国：中国银行业监督管理委员会、中国保险监督管理委员会、中国证券业监督管理委员会和中国人民银行或其的继任者；

韩国：金融服务委员会和企划财政部或其的继任者。

委员会应监督金融条款的实施与进一步细化，考虑一缔约方提交的有关金融服务的议题，包括缔约方在金融部门更有效合作的方式。同时在双方达成一致的前提下，委员会应召开会议，评估本协定在金融服务领域的执行情况。

（九）磋商及争端解决

一缔约方可要求另一缔约方就本协定产生的、影响金融服务的任何问题进行磋商。另一缔约方应对该请求给予适当考虑。

（十）争端解决

对于审慎原因以及其他金融问题的争端解决，专家组成员应具备与该争端中特定金融服务相关的专门知识。

二、金融服务的具体承诺

1. 监管合作

缔约双方支持各自金融监管机构协助另一缔约方监管机构，加强对消费者的保护和增强监管者预防、发现和处理不公平及欺诈的能力。缔约双方鼓励金融监管机构继续努力，通过双边磋商、双边或多边国际合作机制加强合作，如签署谅解备忘录或采取特别行动。

2. 政府资助的政策执行实体

双方确认政府资助的政策执行实体不得被视为金融服务章节下的金融服务提供者。

3. 优惠待遇

（1）按照审慎要求，以及各自的法律法规，缔约方应努力在平等、非歧视以及善意的基础上，加快处理由双方金融服务提供者提交的、在双方领土内从事业务活动的所有申请。

（2）双方应努力确保双方的金融服务提供者，在双方相关政策允许的情况下，从资本市场的进一步开放中受益。

三、中韩自贸协定及世界贸易组织《服务贸易总协定》金融服务章节比较

对于金融服务，中韩自贸协定进行了专章规定，而《服务贸易总协定》是在其附件中对金融服务作出了有关规定且只包括了5项条款。由此来看，中韩自贸协定的金融服务标准要高于《服务贸易总协定》，具体分析见表4-44。

表4-44　中韩自贸协定和《服务贸易总协定》金融服务规则内容对比

中韩自贸协定	《服务贸易总协定》
1. 适用范围	1. 适用范围
2. 国民待遇	无

续表

中韩自贸协定	《服务贸易总协定》
3. 金融机构的市场准入	无
4. 特定信息的处理	无
5. 审慎例外	无
6. 透明度	无
7. 支付和清算系统	无
8. 审慎措施的承认	3. 承认
9. 具体承诺	无
10. 金融服务委员会	无
11. 磋商	无
12. 争端解决	4. 争端解决
13. 金融服务投资争端的事前磋商	无
14. 定义	5. 定义
无	2. 国内法规

资料来源：中韩自贸协定文本及世界贸易组织《服务贸易总协定》文本。

从条款涵盖范围来看，中韩自贸协定金融服务章节共包括14项条款和1个附件，而《服务贸易总协定》只包含5项条款，且未涉及金融服务的市场准入、国民待遇等特殊条款，可见中韩自贸协定对金融服务的规定全面性较《服务贸易总协定》有很大提升。但就中韩自贸协定和《服务贸易总协定》的共有条款来看，其内容和标准基本一致，体现出了中韩自贸协定对《服务贸易总协定》的借鉴和沿用。所以综合来看，中韩自贸协定相对于《服务贸易总协定》体现出了极大的进步性，对金融服务的规定更加全面和完善。

四、对企业的启示

中韩自贸协定金融服务条款取消了对作出市场准入承诺部门的限制措施，为双方的金融服务提供者作出了规则更清晰、保护程度更高、操作更便利的制度性安排，这就意味一方金融企业可以更容易地进入另一方市场，开设分支机构并在当地开展业务。对中国而言，韩国金融机构可以不受持股比例限制在我国设立独资金融机构，从而加剧我国金融服务的竞争。所以中国金融企业一方面可视自身情况，在开放中寻找更广阔的商业机会和利益空间；另一方面也要积极、审慎、安全地处理好金融服务的对外投资和利用外资。

国民待遇给予了中国金融服务提供者不低于韩国本土服务提供者的待遇。这保障了中国面向韩国的金融服务开放企业竞争的公平性，因此企业无须对开放后的待遇有太多顾虑，应积极开辟海外市场，扩大利润空间。如果遇到韩国拒绝给予国民待遇的情况，可以积极利用该条款进行申诉维权。

投资营商环境持续改善，为中国金融机构对韩国投资提供了保障。中韩自贸协定为金融服务营造了安全的开放环境。比如，特定信息的处理条款保障了金融信息的安全，透明度条款保障了企业金融服务申请过程的透明和效率，审慎例外保障了国家在各种例外情况下对投资人的合理保护。因此我国金融机构要积极抓住营商环境改善带来的机遇，并善于利用上述条款开展国际投资与合作。

中韩自贸协定金融服务章专门设立了磋商、争端解决、金融服务投资争端的事前磋商条款，为金融服务中可能出现的影响金融服务的问题以及争端和纠纷提供了解决依据，形成了较为安全的金融服务保障机制。企业在金融业合作中遇到纠纷或争端时，要充分援引本章规定的争端解决程序，坚决维护自身的合法权益。

第八节　电信章节解读

随着世界进入数字时代，国际服务贸易中与信息技术相关的电信服务日益增多，成为全球经济的重要组成部分。伴随着电信技术的飞速发展，电信管理体制也开始进行全面调整与改革，在多边框架以及诸多双边和区域贸易协定中，电信服务的承诺日益增加。中韩自贸协定电信专章的设立，意味着我国正有序地将国内电信市场向外资开放，并不断加快电信服务市场化步伐。

一、电信服务规则的主要内容

中韩自贸协定第十章电信包括18项条款，有五节内容，包括范围、接入和使用公共电信网络或服务、公共电信网络或服务提供者提供互联互通业务的义务、公共网络或服务主导运营商的额外义务及其他措施等。

（一）适用范围

电信章节适用于一缔约方采取或维持的对电信服务造成影响的措施，但不适用于除确保经营广播电台和电缆系统的企业继续接入和使用公共电信服务的措施之外的，与无线电和电视节目的广播和电缆分发相关的任何其他措施。

（二）定义

对电信章节的相关定义作出解释性说明：

1. 电信，是指任何通过电磁方式来传输和接收信号。
2. 公共电信服务，是指向公众普遍提供的电信服务。该项服务可以包括电话和数据传输，通常还包括两个或两个以上点之间的客户提供的电话和数据传输，客户的信息在形式和内容没有任何端到端的变化。但不包括增值服务。
3. 公共电信网络是指用于提供公共电信服务的电信基础设施。

公共电信网络或服务是指公共电信网络，或公共电信服务，或公共电信网络和服务。

电信基础设施是指公共电信网络或服务的设施：（1）由单个或有限数量的提供商单独或主要提供的；（2）在提供服务方面，该设施在经济上或技术上，不可能被替代。

4. 非歧视性是指在相同的情况下给予的待遇，不低于任何其他相同公共电信网络服务用户获得的待遇。
5. 商业移动服务是指以移动无线方式提供的公共电信服务。
6. 增值服务是指通过增强电信服务的功能，提高电信服务价值的一种服务。在中国，这些服务被定义在《中华人民共和国电信条例》第8条及《电信业务分类目录》中。在韩国，这些服务被定义在《电信商业法》第2.12条中。

7. 用户是指最终用户，或公共电信网络或服务的提供商。

8. 终端用户是指公共电信服务中的最终消费者或用户，包括除公共电信服务提供商之外的其他业务提供商。

9. 个人信息是指能够识别个人身份和涉及个人隐私的电子信息。

10. 互联互通是指与提供公共电信传输网络或服务的提供者进行连接，以允许一个提供者的用户同另一个提供者的用户通信，并使用另一提供者提供的服务。

11. 主导提供商是指由于以下原因，具有影响基础电信业务相关市场的实质性条件（考虑到价格和供给因素）能力的提供者：（1）控制基础设施；（2）利用其在市场上的地位。

12. 对方的服务提供商是指正在寻求提供服务的机会，或者已经提供电信服务的、来自对方的个人或单位，包括提供公共电信网路或服务的提供商。

13. 电信监管机构是指在中央层面的政府中，负责电信监管的任何机构或组织。

（三）接入和使用公共电信传输网络或服务

关于"接入和使用"的规定，缔约方应确保另一缔约方的服务提供者能够及时地依照合理和非歧视的条款及条件在本方境内或跨境接入和使用包括专用线路在内的任何公共电信服务。

关于"互联互通"，各缔约方承诺确保与另一缔约方的公共电信服务提供商保持互联互通，互联互通涉及的费率、条款和条件通常应符合当地法律法规，并通过服务提供商之间的商业谈判决定。各缔约方应确保其境内的公共电信网络或服务提供者采取合理措施，确保公共电信网络服务的提供者和终端用户所有或与其有关的商业敏感信息的保密性，并且确保仅在提供上述服务时才使用这些信息。

关于"海底光缆系统"，当某电信网络和服务提供商运营海底光缆系统以提供公共电信网络或服务时，在符合该提供商所在领土法律法规的前提下，该提供商所处领土的一方应当确保对方公共电信网络或服务提供商在本方领土内接入该提供商的海底光缆系统（包括登陆设施）时，获得合理且非歧视的待遇。

关于"保护竞争"，各缔约方都应采取合理措施，阻止本领土内公共电信网络或服务的主导提供商以单独或联合的形式，介入或继续从事反竞争行为。反竞争行为包括：参与反竞争的交叉补贴；使用从竞争对手处得到的信息以达到反竞争效果；不及时将提供服务所必须的关于基础设施的技术信息和商业信息告知公共电信网络或服务运营商；以一种不合理的限制竞争的方式对服务定价，包括掠夺性定价。

关于"独立监管机构"，各缔约方应确保其电信监管机构与任何公共电信网络或服务提供商分离且在功能上独立。为此，各方须确保其电信监管机构不掌控任何提供商的股权或所有权，也不在任何提供商中担任运营或管理职务。各缔约方应确保电信监管机构的管理决定和程序公平对待所有市场参与者，并能够及时作出与执行。

对"普遍服务"，各缔约方对普遍服务义务的管理应采取透明、非歧视及以竞争中立的方式，并应确保普遍服务义务不会过于繁重，不超出其所定义的普遍服务。

关于"申请许可证的程序"，当一缔约方要求公共电信网络或服务提供者办理许可证时，该缔约方应公开如下事项：申请许可证所需的所有标准和程序；申请许可证获得答复通常所需的时间；所有有效许可证的条款及条件。各缔约方应确保申请人可以获知许可证申请驳回、撤销、拒绝续期以及在许可证上添加相关条件的原因。

关于"电信稀缺资源的分配和使用"，各缔约方应以客观、及时、透明及非歧视的方式对稀缺资源的分配和使用进行管理，包括频谱、码号及路权。应公布已分配的电信服务领域（重点是公众电信服务领域）有关频段的现状，但不得要求公示分配或指定用于特定政府用途的频率细节。

关于"国际漫游资费"，缔约双方应鼓励其电信服务提供商降低缔约方之间国际漫游结算价，推动降低国际漫游资费水平。

（四）透明度

缔约各方应确保：

1. 电信监管机构的监管决定（包括监管决定的依据）应及时公布或以其他方式向相关利益方提供。

2. 与公共电信网络或服务相关的措施向公众公开，包括：

（1）服务资费及其他条款与条件；

（2）技术接口规范；

（3）向公众电信网附加终端或其他设备的条件；

（4）许可要求及其他相关措施；

（5）影响接入和使用的相关技术或标准的措施修改和实施；

（6）司法或政府审查程序。

（五）执行

缔约各方应赋予其电信监管机构相应权限使其可以执行与从本章第10.3条到第10.6条相关义务的举措。上述权限应包括强制执行或寻求行政或司法机构执行，其中可包括经济制裁、吊销牌照等。

（六）与国际组织的关系

缔约双方认识到为实现电信网络及服务的全球兼容和互操作性所设立的国际标准的重要性，并通过相关国际组织工作促进这些标准的实施，这里的国际组织包括国际电信联盟和国际标准化组织。

（七）争端解决

除电信章节第18.3条（行政程序）与第18.4条（审查与上诉）外，缔约各方还应确保设立如下机制：

1. 申请帮助，公共电信网络或服务提供商可以及时向其所在领土内的电信监管机构或其他相关机构请求帮助,基于从本章第10.3条到第10.6条规定的措施,解决公共电信网络或服务提供商间的纠纷;另一缔约方公共电信网络或服务提供商在该方境内取得相关电信业务经营许可,并要求与缔约方境内的主导电信提供商进行互联互通后,在合理、公开的特定期限内,可向电信监管机构或其他相关机构申请帮助以解决与主导提供商有关条款、条件及互联互通费用的争议。

2. 司法审查,任何公共电信网络或服务提供商的合法利益因一缔约方电信监管机构决定或决议受到负面影响的,可以依据该国法律获得该国司法机构的审查。任何一缔约方不应允许以司法审查申请为由不遵守监管机构的裁定或决定,除非相关司法机构作出了相反判决。

二、中韩自贸协定和《服务贸易总协定》电信服务章节内容比较

在世界贸易组织《服务贸易总协定》文本中,电信服务是作为服务贸易的附件出现的,且仅包含六项条款,分别是目标、范围、定义、透明度、公共电信传输网络和服务的进入及使用、技术合作。

与世界贸易组织《服务贸易总协定》电信附件相比,中韩自贸协定中的电信服务专章规范的内容更丰富。《服务贸易总协定》只有关于"公共电信传输网络的接入和使用"条款对公共服务提供商的义务和准入等作出规范。而在中韩自贸协定中,除对主要电信网络的接入和使用进行了规范和承诺外,还对互联互通、国际漫游资费、海底光缆系统、电信稀缺资源的分配和使用以及许可证的申请程序等进行了规范和承诺。同时,中韩自贸协定要求各缔约方在公平、公正、透明的原则下,设立独立的电信服务监管机构,以处理在电信服务互联互通中出现的各种问题,发放许可证以及解决争端等,从而保证电信服务能在有效的监管下实施,这也是《服务贸易总协定》电信附件未出现的。

三、实务应用案例解析

电信服务在任何一个国家都是敏感而重要的行业,在很多国家处于垄断

或寡头的地位。电信服务的开放不仅关系着经济利益的分配问题,而且关系着国家安全问题,因此各国都非常慎重。海底光缆作为国际通信的重要手段,是全球信息通信的主要载体。利用现有的海底光缆网络进行信息传输,可以提高传输速度,节省成本。中韩自贸协定电信章中放宽了接入服务提供商运营海底光缆系统的限制,接入方享受合理的非歧视待遇,提供商可提供必要的设施与电信服务帮助接入海底光缆系统。企业应充分利用国内的海底光缆网络优势,进一步扩大海外电信服务的范围,提高电信服务的质量。

电信章对电信服务作出了较为详尽的规定,为中韩双方在电信服务市场的进一步开放提供了制度支持。在该协定的推动下,中韩电信企业合作在5G建设领域取得了丰硕成果。

案例:中国电信与韩国LGU+签署战略合作协议

2019年10月18日中国电信与韩国LGU+在北京签署战略合作协议,携手推进5G商用服务创新发展。双方将围绕5G国际漫游、2B/2C应用、内容制作方案和技术、终端等领域开展全面合作,推进5G内容应用升级,为中国电信5G用户提供更高质量、更优体验的文娱产品和服务。

上述案例显示,由于中国电信行业发展迅速,5G等电信技术取得重大突破,中国企业在韩国电信领域有了更大的拓展空间。

目前,我国电信行业属于寡头行业,电信市场向外开放势必会对国内电信企业产生影响。自贸协定重视公平的竞争环境,禁止当地企业的反竞争行为,这势必会削弱国内电信企业的竞争优势。为保持竞争优势,企业应积极调整、优化运营机制,提升服务质量,扩大本土优势。

企业应不断培养技术型人才,提高创新能力。随着互联网的发展,信息技术也在不断更新,企业要紧随时代潮流,注重技术人才培养,为技术创新奠定人力基础。同时,要具备自主研发能力,减少对国外高端技术的依赖,形成独立的技术优势。

企业应注重知识产权保护以及数据安全。电信行业由于本身需要提供信息技术,在跨境提供公共电信网络和服务的同时,提高知识产权意识十分必要，企业要重视保护核心技术、源代码及算法，防止技术被盗用。同时，本国企业引进外来电信行业服务时，需要注重用户及相关数据的保密性与安全性，防止数据泄露。

企业应积极参与谈判，融入行业诉求。中韩自贸协定的升级谈判正在进行，我国电信企业可以积极通过中国商务部、工业和信息化部、国际贸易促进委员会等部门反映自身诉求，争取在升级协定中实现更多的利益诉求。在制定标准的过程中，我国相关部门可融入中国企业的利益诉求，形成系统性的中国标准，提升中国在国际电信服务中的规则优势。

企业应充分了解争端解决机制，以保护自身的合法利益。例如，在中韩自贸协定中，当企业遇到纠纷时，可以向电信监管机构或其他相关机构申请帮助。同时，当企业因为另一方电信监管机构的决定受到负面影响时，可以根据本国法律，通过正规流程进行司法审查，维护自身权益。

电信行业不同于其他行业，涉及国家主权、信息安全等问题，这就使得跨国电信企业建立海外子公司会受到更严格的限制。国内电信企业可通过投资的方式，与海外的本土企业合作，充分利用自贸协定的投资优惠政策有效降低成本，解除在海外设立子公司的地域限制和政策限制，更好地发展国际电信服务贸易。

第五章

《中国—韩国自由贸易协定》中的投资

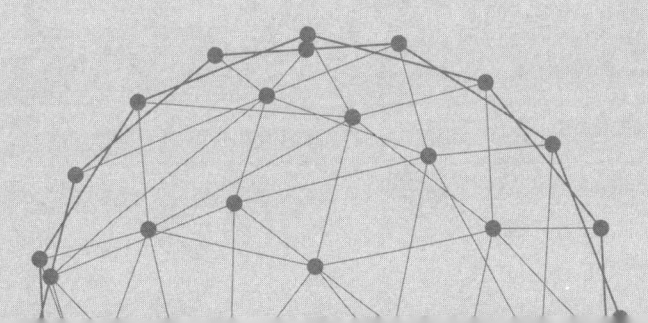

自中韩两国建交以来，随着中国企业"引进来""走出去"，不仅韩国成为中国吸收外资的重要来源国，中国企业对韩投资额亦不断提升，投资结构也逐渐发生了变化。

中韩自贸协定签署前，两国于2007年签订了双边投资保护协定，即《中华人民共和国政府和大韩民国政府关于促进和保护投资的协定（2007年）》（简称"中韩BIT"），中日韩三国于2012年签订《中华人民共和国政府、日本国政府及大韩民国政府关于促进、便利和保护投资的协定》。中韩自贸协定下的投资规则涵盖了上述两个投资保护协定的内容，通过规定"非歧视性义务""最低标准待遇""透明度""投资争端解决""提升投资环境联络点"等内容，促进两国投资自由化、便利化和规范化的发展，提高市场准入的确定性，双方还约定以负面清单模式以及准入前国民待遇进行投资问题的后续谈判。中韩自贸协定在中国所签署的协定中，对缔约双方国家的投资者和投资给予了较高水平的保护。

本章主要涵盖中韩自贸协定第十二章投资的内容，第八章服务贸易商业存在中的部分内容亦在投资框架下有所涉及，同时结合中韩投资环境及相关投资政策分析，为企业对韩投资提供参考。通过阅读本章，企业可以了解和掌握以下内容：

1. 投资相关规则解读；

2. 中韩双方如何分别开放投资领域；

3. 韩国投资的发展状况；

4. 韩国的投资优惠政策及规则解读；

5. 中国企业对韩国投资面临的风险及防范；

6. 通过案例学习，掌握中韩自贸协定利好面，寻找新的投资机遇。

第一节　投资安排的规则解读

中韩自贸协定第十二章投资共有19项条款和3个附件,包括了国际投资协定所涵盖的主要内容,具体可分为三个部分:定义、实体规则和程序规则。

一、投资的定义与范围

(一)投资协定相关定义

1. 投资

指投资者直接或间接拥有或控制的、具有投资性质的各种财产,例如,资本或其他资源投入、收益或利润预期或风险承担等。

2. 投资者

指在缔约另一方领土内进行投资的缔约一方的自然人或企业:(1)"一缔约方自然人"一词就中国而言,指按照法律和法规拥有中国国籍的自然人,就韩国而言,指按照法律和法规拥有韩国国籍的自然人;(2)"企业"一词指根据缔约任一方法律法规组建或组织的任何法人或任何其他实体,无论是否以营利为目的,也无论是否由私人或政府拥有或控制,包括公司、信托、合伙、独资企业、合营、社团或组织。

3. 可自由使用的货币

指在《国际货币基金组织协定》条款下的可自由使用的货币。

(二)投资协定适用范围

1. 该投资协定适用于哪些内容?

中韩自贸协定投资章适用于缔约一方采取或维持的,与缔约另一方的投资者及其投资有关的措施。其中,投资可以采取的形式主要包括:

（1）企业及其分支机构；

（2）企业的股份、股票或其他参股形式，以及由此衍生出的权利；

（3）债券、信用债券、贷款及其他形式的债，以及由此衍生出的权利；

（4）合同权利，包括统包、建设、管理、生产或者收益分配合同；

（5）金钱请求权以及请求履行具有与投资相关经济价值的合同权利；

（6）知识产权，包括著作权及相关权利，专利权，以及与实用新型、商标、工业设计、集成电路布图设计、植物新品种、商号、产地标识、地理标识及未披露信息相关的权利；

（7）依据法律法规或合同授予的权利，如特许权、许可、授权和许可证；

（8）任何其他有形及无形财产，动产、不动产以及任何相关的财产权利，如租赁、抵押、留置权①、质押权。

第12.1条特别强调了"涵盖投资"的形态：对中韩双方而言，是指本协定生效之日已在一方领土存在的另一方投资者的投资，或是另一方的投资者在本协定生效后在一方领土内设立、取得或者扩大的投资。

2. 该投资章节不适用于哪些内容？

（1）安全例外

依据中韩自贸协定投资章中第12.14条"安全例外"，各缔约方可因"安全"采取以下任何措施：

1）当该缔约方或国际关系出现战争、武装冲突或其他紧急情况时，缔约方可采取被认为是保护其实质安全利益的措施；

2）当该缔约方涉及落实关于不扩散武器的国家政策或国际协定，缔约方可采取被认为是保护其实质安全利益的措施；

3）履行其在联合国宪章项下的维护国际和平与安全的义务。

（2）拒绝授惠

当企业为以下情况时可能会被拒绝授惠：

1）一方投资企业为非缔约方企业控制且该非缔约方与拒绝授惠方无正常

---

① 留置权是指债权人按照合同的约定占有债务人的动产，债务人不按合同约定的期限履行债务的，债权人有权依照法律规定留置财产，以该财产折价或者以拍卖、变卖该财产的价款优先受偿。

的经济关系或受到拒绝授惠方的制裁（禁止与该非缔约方贸易），并且上述授惠有可能规避这种制裁。

例如：C国投资人在中国成立了A公司，然后通过该公司向韩国投资。如果韩国政府对C国投资人进行了制裁，那么韩国政府就可以拒绝将中韩自贸协定的协定利益给予这家被C国投资人控制的中国公司。

2）一方投资企业为非缔约方或者拒绝授惠方企业控制且在拒绝授惠方（另一缔约方）无实际业务（空壳公司）。

例如：C国投资人在中国成立了B公司，然后通过B公司向韩国投资。如果B公司在中国没有营业场所、没有雇员、没有营业额，那么韩国政府就可以拒绝将中韩自贸协定的协定利益给予这家被C国投资人控制的中国公司。

二、主要规则

以下将中韩自贸协定项下的投资规则进一步划分为投资者待遇相关规则和投资者保护相关规则，并分别进行解读。

（一）投资者待遇相关规则

1. 国民待遇

中韩自贸协定规定，在不损害其法律法规的情况下，任一方给予另一方投资者的投资待遇不低于该方给予本国投资者的待遇。

需要注意的是，对于投资章节的国民待遇条款，在负面清单推出之前，双方投资者只享有准入后的国民待遇，并没有获得实质上的准入前国民待遇，也就是说中国投资者对韩投资在投资准入方面仍受到韩国相关外商投资法的限制。但投资章节也提出中韩双方会采取适当措施逐步消除国民待遇发挥不充分的状况。

2. 业绩要求

中韩自贸协定提出禁止采取世界贸易组织《与贸易有关的投资措施协定》规定的业绩要求，即当地成分要求、贸易平衡要求、出口限制、与外汇收入挂钩的外汇限制。① 一方不得在其领土范围内,就技术出口或技术转移的业绩要求,对另一方投资者的涵盖投资采取不合理或歧视性措施。

3. 最惠国待遇

任一方给予另一方投资者的投资待遇不应低于其给予任何第三国投资者的待遇。最惠国待遇意味着中韩投资者在投资时可以通过援引两国同其他国家签订的双边投资协议条款,争取获得同样的投资者待遇或投资者保护。

投资者在援引两国同其他国家签订的双边投资协议条款时,不包括关税同盟、自由贸易区、经济同盟和任何产生上述同盟或类似机构的国际协定、完全或主要与关税相关的国际协定或安排、任何为边境地区的小额边境贸易提供便利的安排、涉及航空、渔业、包括海事救援等海洋事务的双边、多边国际协定。

4. 最低标准待遇

双方投资者在其境内的投资均应获得公平和平等的待遇。最低标准待遇指中韩两国应当根据习惯国际法②给予投资活动包括"公平公正待遇"和"充分保护和安全"在内的待遇。其中,"公平公正待遇"包括中韩双方承担按照法律的正常程序原则,在刑事、民事或行政裁决程序中提供司法的义务;而"充分保护和安全"是要求中韩双方应提供习惯国际法所要求的治安保护。也就是说,本条例保证了中韩两国司法机关需要对中韩投资者秉持公正的态度,以及对两国投资者提供必要的治安保护。

(二)投资者保护相关规则

1. 征用和补偿

中韩双方均不得对另一方的投资者在其领土内的投资采取征收、国有化或其他类似措施,除非为了公共利益,依照国内法律程序非歧视性地给予补偿。

---

① 史晓丽:《中日韩投资协定的构建》,《东北亚论坛》2011年第1期,第3-18页。
② 习惯国际法指源自各国出于对法律义务的遵循而进行的普遍和一致的实践,本处指保护外国人经济权益的所有习惯国际法原则。

补偿应等于采取征收前或征收为公众所知中较早一刻被征收投资的价值，该价值应根据普遍承认的估价原则确定，补偿包括自征收之日起到付款之日按正常商业利率计算的利息。补偿支付应及时，并可有效兑换和自由转移，同时可按照征收时的市场汇率自由兑换为相关投资者所属缔约方的货币以及可自由使用的货币。

2. 转移

中韩双方按照法律法规，保证投资者在其领土内投资和收益的自由转移，包括利润、股息、利息及其他合法收入，全部或部分出售或清算资产获得的款项，与投资有关的贷款协议的偿还款项，技术支持、技术服务费或管理款项，与合同项目有关的款项，在一方的领土内从事与投资有关活动的另一方国民的收入。上述转移应以可自由兑换的货币按照转移当日接受投资一方境内通行的市场汇率进行。

但是中韩双方仍可以通过公正、无歧视和善意地使用一些法律来阻止转移，如与破产、无力偿还或保护债权人的权利、刑事犯罪等事项相关的法律。

3. 代位

代位是一种法律拟制，债权人（被代位人）在从第三人（代位人）处收到所述债务款项时，应将他对债务人的权利和求偿转让给第三人。

代位通常与非商业风险的担保或保险合同密切相关。在国际投资活动中，外国投资者在东道国经常面临非商业风险，为鼓励本国投资者到海外进行投资，许多国家为本国投资者开办了海外投资非商业风险保险。若中国开办此种保险，在风险发生后，保险机构将对中国投资者在韩国遭受的投资损失给予赔偿，保险机构在赔偿投资者后取得代位求偿权。因此，中韩两方投资者可通过购买海外投资非商业风险保险规避投资风险。

4. 透明度

透明度规则的目的是促进投资双方的信息交流共享，避免双方信息的不对称性。主要有以下两条规定：

（1）中韩双方应事先公布会影响投资章节实施及运行的普遍适用的法规，且当制定或修改显著影响投资章节实施及运行的法律、法规时，应尽力保证公布或公开与生效之间有合理时间间隔。

（2）中韩双方应向公众提供就投资相关法规发表意见的合理机会，并且在该法规通过前考虑这些意见。

透明度规定对投资营商环境的改善起到了积极作用，使得投资者获取公开信息的便利程度较以往更高，同时获取了在行政程序开始前得到通知的权力。另外，当中国投资者在韩国遭遇危害自身的行政行为时，能够获得合理的辩护机会（由于复议和上诉机制规定此程序或行政行为必须是公开的）。

5. 争端解决

若出现投资争端，首先是协商友好解决，如未能通过协商解决，投资者可将争议提交相关缔约方的有管辖权的法院或解决投资争端国际中心。具体内容参见第八章有关贸易救济措施和争端解决机制。

三、机构设置与运作机制

（一）投资委员会

1. 投资委员会具体职能

中韩两国设立投资委员会（以下简称"委员会"）以达成投资章节的目标。委员会的职能为讨论及审议投资章节的实施和运作；讨论与投资章节相关的其他投资事项；讨论本协定项下影响一方的投资者在另一方领土内投资的设立、收购、扩展、管理、经营、运营、出售或其他处置行为的事宜。

委员会在必要时可以向双方提出适当建议，以便更加高效运作或更好实现投资章节所设定的目标。

2. 委员会代表组成与运行机制

委员会由各方政府的代表组成，可决定邀请在各方政府之外，具备与讨论事项有关的必要专业知识的实体的代表。委员会在必要时可决定其运行方式。委员会的任何决定都应经各方政府表决一致同意后作出。除非另行决定，委员会每年应当举行一次会议。

（二）设立投资环境联络点

1. 投资环境联络点职能

为提升投资环境和促进在其领土内投资的目的，中韩双方指定联络点受理各方投资者对政府行政行为的投诉，协助解决双方投资者的困难。各方的联络点将尽可能提供设立、清算、投资促进方面的咨询服务。

2. 中韩两国的投资联络点设立

联络点由中韩两国分别设立：中国为商务部投资促进事务局或其继任者；韩国为产业通商资源部大韩贸易投资振兴公社或其继任者。

为便于迅速回应投资者的投诉及其遇到的困难，双方应在地方政府建立联络点，中国地方政府是指直接隶属于中央政府的省级政府。

四、中韩自贸协定涉及的领域和水平承诺

（一）开放投资领域

在投资领域开放方面，目前，中韩双方在自贸协定框架下只以正面清单的形式进一步开放了服务贸易投资领域，体现在针对商业存在模式投资准入所作的水平承诺和具体承诺中。中韩自贸协定以服务贸易减让表的方式，对基于《服务贸易总协定》的12个部门、160个分部门领域规定了减让清单，相比《服务贸易总协定》中各领域的投资优惠，中韩自贸协定规定的服务贸易商业存在减让清单在部分领域中规定了更加优惠的减让条件。对于非服务贸易领域，包括农业、林业、渔业、制造业、采矿业等领域的投资开放，中韩自贸协定尚未作出专门的规定。

双方约定，后续的投资谈判将回顾第一轮谈判签署的投资章节的所有内容，包括投资的准入前阶段，并涵盖以商业存在模式提供服务的所有形式的投资。第二阶段投资相关谈判将包括定义、领域范围、国民待遇、最惠国待遇、最低待遇标准、征收、转移、业绩要求、高管和董事会、不符措施、投资者—东道国争端解决条款及其他条款。除此之外，还将就间接征收的相关考虑与例外等议题进行磋商。

(二)水平承诺

水平承诺中所列明的内容适用于中韩双方服务贸易减让表中所列的所有服务部门和分部门,具体承诺则适用于承诺的单个部门。中韩自贸协定针对服务贸易投资所作出的水平承诺主要是外资企业设立的限制和土地收购,详见表5-1。

表5-1 中韩两国水平承诺对比

	中国的水平承诺	韩国的水平承诺
外资企业设立限制	在中国,外商投资企业包括外资企业和合资企业,合资企业有两种类型:股权式合资企业和契约式合资企业 股权式合资企业中的外资比例不得少于该合资企业注册资本的25%。由于关于外国企业分支机构的法律和法规正在制定中,因此对于韩国企业在中国设立分支机构不作承诺,除非在具体分部门中另有标明	中国自然人和法人收购国内现有能源和航空企业的发行股票可能有一定的限制。外国投资新私有化企业可能有一定的限制 除根据自然人移动一章所作承诺外,不作承诺
土地收购	中华人民共和国的土地归国家所有企业和个人使用土地需遵守下列最长期限限制: 1. 居住目的为70年 2. 工业目的为50年 3. 教育、科学、文化、公共卫生和体育目的为50年 4. 商业、旅游、娱乐目的为40年 5. 综合利用或者其他目的为50年	对于收购土地不作承诺,除了: 1. 允许不被《外国人收购土地法》视为外国的企业收购土地 2. 允许被《外国人收购土地法》视为外国的企业及外国企业分支机构收购土地需根据该法获得批准或通知,并基于以下合法商业目的: (1)用于正常商业活动期间的服务 (2)根据相关法律向企业高级职工提供住房 (3)根据相关法律用以满足土地占有需求 根据相关法律,包括税收优惠在内的资格补贴仅限于在韩国成立的企业有所限制,对研发补贴不作承诺,对土地收购不作承诺,但允许拥有土地租赁权 根据相关法律,包括税收优惠在内的资格补贴可能仅限于本国居民

资料来源:根据中韩自贸协定文本整理。

第二节　韩国投资机会及优惠政策解读

除中韩自贸协定条款外，中韩两国各自的法律法规及其他政策也在影响着投资，包括双边投资保护协定、避免双重征税协定、中韩外商投资促进法，以及已经生效的《区域全面经济伙伴关系协定》等政策。图5-1概括了目前影响中韩两国互相投资的主要法律法规，从中可以看出中韩自贸协定投资章的中心地位。

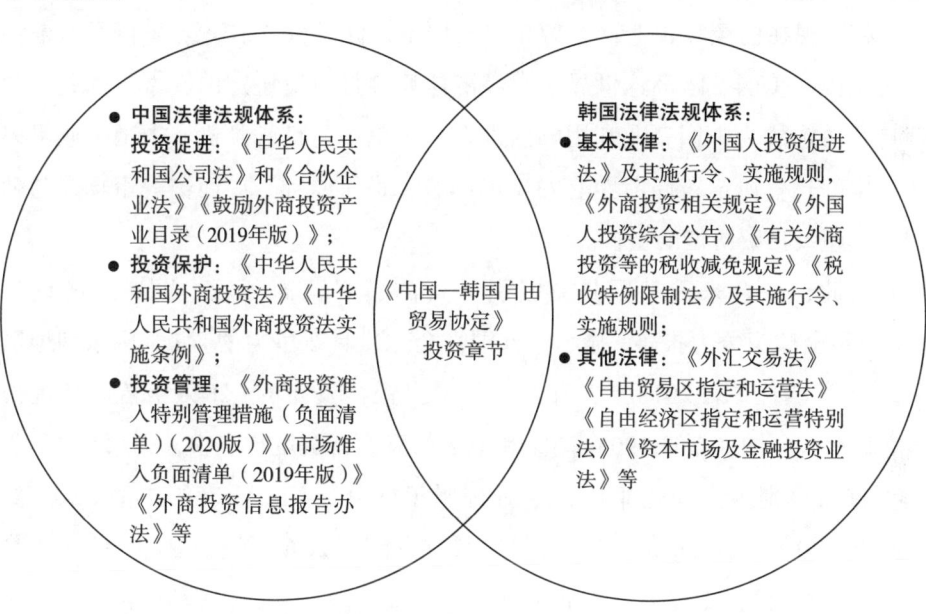

图5-1　影响中韩两国互相投资的主要法律法规一览

中韩自贸协定推动了两国在各个领域的良性互动，有利于实现中韩经济"伴随式"发展。目前，中韩两国大力推进国际产能合作，中国拥有产能和装备制造的比较优势，韩国具备先进技术和管理经验，可以更好地对接发展中国家在基础设施、产业升级、结构调整等方面的需求。在中韩自贸协定投资优惠政策的驱动下，中国企业对韩投资便利化程度提高，通过投资合作将更有利于其在"走出去"的路上抓住机遇，提高全球竞争能力。

一、韩国投资环境及投资机会

(一)韩国投资环境

韩国投资环境的吸引力包括软环境和硬环境两个方面。从投资的软环境看,近年来韩国的经济发展态势较好,市场消费潜力较大,政府鼓励利用外资并出台了一系列有利于外商投资的政策与措施;从投资的硬环境看,韩国的地理位置优越,交通运输便捷,通信设施世界一流。

韩国现在已经签署生效了17个自贸协定,涉及56个国家,韩国是目前唯一与中国、美国、欧洲这世界三大经济体均签订自贸协定的国家。因此,中韩自贸协定成为中国企业利用韩国进军全球市场的良好契机。中国企业可以通过中韩自贸协定布局世界上73%的国家,进军欧洲、中南美等市场,与韩国共享超级自贸协定的蛋糕。

因此,综合来看韩国具备吸引外资的良好营商环境。世界经济论坛《2019年全球竞争力报告》显示,韩国在全球最具竞争力的141个国家和地区中,排第13位,较2018年上升两位;世界银行发布的《2020年营商环境报告》显示,韩国在全球190个国家和地区的营商便利度排名中,列第5位,各细项排名分别为开办企业(33)、办理施工许可证(12)、获得电力(2)、登记财产(40)、获得信贷(67)、保护少数投资者(25)、纳税(21)、跨境贸易(36)、执行合同(2)、办理破产(11)。

据联合国贸易和发展会议发布的2021年《世界投资报告》显示,2020年,韩国吸收外资流量为92.24亿美元;截至2020年底,韩国吸收外资存量为2649.20亿美元。韩国吸引外资能力正日渐提升。

(二)韩国投资机会

20世纪60年代至今,韩国从一片废墟上起步,快速而完整地经历了"农业国—轻工业主导—重化工业主导—第三产业主导—知识经济主导"的产业结构高级化过程。① 制造业实力雄厚,电子、汽车、船舶、钢铁、文化、核

---

① 冯立果:《韩国的产业政策:形成、转型及启示》,《经济研究参考》2019年第5期,第27-47页。

电、化妆品等产业在全球拥有较强的竞争力，拥有一批世界级的大企业。并且韩国经济开放程度很高，外资可以进入的投资行业范围已经非常广泛。中国企业对韩投资时，应重点关注韩国的优势产业，以学习先进技术和管理经验为投资重点；同时也要关注韩国产业政策和战略导向，寻求新兴产业投资机会。

1. 韩国重点／特色产业

（1）信息通信技术（ICT）产业

韩国ICT产业在短短30年间取得了世界瞩目的成就。其半导体、平板显示器等产品制造业居世界领先地位。主要出口产品有半导体、显示器面板、手机、电池、电视机等。三星电子、SK海力士是韩国半导体行业代表性企业，在存储半导体市场保持领先地位。

（2）汽车产业

近年来，韩国电动汽车市场发展势头强劲，韩国政府将新型环保汽车产业作为重点扶持的三大产业之一，现代、三星、SK、LG等韩国大企业集团纷纷加快了对无人驾驶汽车、电动汽车等新型环保汽车的开发，尤其是现代汽车正不断加大对氢能源汽车的研发投入、生产线建设、氢气站建设和对外销售。目前，韩国政府正重点培育以氢能源汽车为主的未来型汽车产业，积极提供财政扶持，加强配套设施建设，极力打造世界高水平的未来汽车产业生态环境。

（3）造船产业

韩国造船产业在全球居领先地位，特别是在LNG运输船、超大型原油运输船（VLCC）、液化天然气驱动船、环保型运输船等高技术、高附加值船舶领域占据着优势。

（4）石化产业

韩国产业通商资源部统计数据显示，石化工业作为韩国重要的国家核心产业，为电子、汽车、纤维、航空航天、精密化学、信息技术、生物技术、纳米技术等相关产业提供基础原材料。该产业主要由韩国大型企业集团投资，具有一定的垄断性，且具有资本密集型和技术集约型产业的特点，形成了上下游垂直生产体系,其主要出口产品为合成树脂、合成纤维、合成橡胶等。

（5）通用机械产业

韩国通用机械制造业在全球排名第八,是韩国经济的重要支柱产业之一。今后,韩国将重点发展流通、修理等机械服务业,提高产业附加值,帮助中小企业合作研发,培养相关研发人才,提高核心零部件的国产化比例,重点提高核心技术的研发水平,减少核心设备大幅逆差,大力扶持模具出口,缩小与发达国家的技术差距,培养下一代产业的源头技术,开发融合性技术,开拓海外市场。

（6）机器人产业

韩国在汽车、机电电子行业中广泛使用机器人,机器人使用密度居全球首位。从产品类型来看,生产型机器人、个人服务型机器人、专业服务型机器人和机器人零部件在生产总值中占比较大。目前,韩国机器人产业竞争力较美国等国家仍有一定差距。下一步韩国将重点加大研发力度,缩小与发达国家之间的技术差距,加强各部门协调力度,挖掘消费需求潜力,重点发展专业服务型机器人等高附加值产品。

（7）航空航天

据韩国宇宙航空产业振兴协会统计,韩国2019年航空航天行业产值为53.29亿美元,主要产品有飞机机体、飞机成品、飞机引擎等。目前,韩国约有110家航空航天企业,其中韩国航空宇宙产业、大韩航空、韩华Tech win为前三大企业,占行业总产值的86%。

（8）轻纺服装

韩国纺织品和时装产业结构为"大进大出"型,是从海外进口1/3原料,通过加工制造后,再将2/3的成品出口至海外的出口主导型产业结构。该产业是韩国主要出口和就业产业之一。当前,韩国纤维产业正在进行战略调整,正在将传统纤维产业与高新技术产业融合,重点发展碳纤维、融合、复合纤维,开发跨界新市场。

2.中韩自贸协定中蕴含的韩国服务领域投资机会

在中韩自贸协定中,韩国针对服务领域商业存在作出的具体承诺包括商业服务、分销服务、通信服务、运输服务、建筑及相关工程服务、教育服务、环境服务、金融服务、与旅行有关的服务、文体及娱乐服务等领域承诺（参见第四章服务贸易）。①

韩国对部分服务领域商业存在的设立持谨慎态度，设置了限制条件，在设立形式、命名规范、开展服务、经济需求测试、经营范围、专业证书和技术等方面对商业存在进行限制。然而，对大多数服务领域商业存在是不作限制的，体现了韩国广泛寻求与我国企业投资合作的积极态度。

中国企业在韩国服务领域投资时，可以提前参考相关具体承诺，了解限制条件，结合韩国对该领域开放的程度，判断未来的投资机会。

3. 韩国发展规划

2019年6月19日，韩国政府发表《制造业复兴发展战略蓝图》，认为制造业是国家的经济基础，是创造高质量就业机会和创新增长的途径。2020年5月，文在寅总统在就任三周年特别讲话中提出，要创新引领后疫情时代的经济发展。发挥韩国在ICT、生物、医疗服务、线上教育、电子交易等领域的基础优势，结合人工智能、大数据等第四次工业革命技术，引领数字经济发展。重点发展非存储器半导体、生物健康、未来型汽车三大新产业，培育创新风投企业和初创企业。引导韩国企业向本土回流，吸引海外高端产业投资。同时，以国家项目形式施行"韩国新政"（New Deal），加强数字基础设施建设的前瞻性投资，集中培育医疗、教育、流通等非接触产业，将城市、工业园区、道路交通网等国家基础设施智能化，融合人工智能等数字技术。

二、投资相关法律程序及优惠政策解读

（一）韩国对外商投资的主要法律法规

韩国的外商投资相关法律可分为三种类型：一是直接规定外商投资的"外商投资基本法律"；二是对外商投资规定直接和间接特例的"外商投资特例法律"；三是虽不针对外商投资但同国内投资一样也适用于外商投资的"外

---

① 对服务领域的具体承诺可见中韩自贸协定附件8-A-1韩方具体承诺减让表。

商投资一般法律"。此处我们主要对前两大类法律法规展开分析。

1. 韩国外商投资基本法律

韩国主管外国投资的政府部门是产业通商资源部，主要负责相关政策法规制定、数据发布等涉及外国投资的工作。韩国颁布了外国人投资促进法等多部法规和部门规定，形成了较为完备的外资法律体系。外商投资基本法律包括《外国人投资促进法》《外国人投资综合公告》《外国人投资促进法执行令》《外国投资规则》《有关外商投资等的税收减免规定》《税收特例限制法》等。

（1）《外国人投资促进法》

《外国人投资促进法》是韩国关于外商投资的基本法律，除附则外共8章37条。该法以促进外商投资为宗旨，在外商投资相关法律中具有特别法的作用，通常情况下，如果没有特别规定，外商投资促进法的规定优先于其他法令。该法对外商投资的范围、允许投资类型、投资程序、投资支援、外商投资地区、投资的事后管理以及技术引进合同等方面进行了规定。《外国人投资促进法》围绕吸收外商投资修改有关规定、制度，同时下放权力给地方政府，以立法的方式，改善外商投资软环境。

市场准入方面，根据《外国人投资促进法》第四条规定，除法律有特别规定外，外商在韩国国内的投资不受限制。根据韩国《关于外商投资及技术引进的规定》以及《外国人投资综合公告》，目前韩国对外商投资的限制，可分为不允许外商投资的未开放行业和虽允许外商投资但对投资比例、投资者资格、投资时期等具有限制的限制行业。韩国对涉及公共性质的61个行业，如影响国家安全或公共秩序的领域、不利于国民健康的领域以及违反其国内法律的领域，禁止外商进行投资；对限制类领域采取许可方式，限制方式包括暂时不允许投资、股权及控股权限制，主要的限制领域包括农业、畜牧业、出版发行、运输、输电和配电、广播通信等。因篇幅有限，限制行业及禁止行业详情请查阅相关资料。①另外，还存在外商投资限制行业的特例，指"相

---

① 具体名单可查询中国商务部网站下中华人民共和国驻大韩民国大使馆经济商务处网站信息，http://kr.mofcom.gov.cn/article/ddfg/201505/20150500965543.shtml。

对销售总额的限制行业销售额1%规则"。如某企业的部分经营行业虽然属于外商投资限制行业，但如果该企业的总销售额中限制行业销售额所占比例小于1%，外国投资者就不受投资限制。

在外商投资方式、程序与后续管理方面，《外国人投资促进法》针对外国企业对韩出资方式、出资形式、投资程序、工商变更程序与撤资方式等都做了详细规定。

（2）《外国人投资综合公告》

《外国人投资综合公告》包括对外资的限制、特殊义务等具体内容，旨在提高外资相关法律的透明度，为外国人提供可预期的投资环境。外国人投资时，须同时满足《外国人投资促进法》以及相关下位法及此综合公告的限制条件。《外国人投资综合公告》分为三大部分：

1）对外国人购买证券及不动产等的资本交易的限制。

2）对外国公司在韩设立分公司及代表处的限制。

3）对各行业投资的限制。此后有两大附录：

①法定国内垄断行业；

②外国人获得韩国职业资格认证及活动的限制。其中最重要的为第三部分：对各行业投资的限制。韩国政府对外资企业（外国人）投资韩国国内公共企业（国有企业）、金融、渔业、海运等行业有不同程度的限制。

2. 韩国外商投资适用的特例法令

特例法令是指在法令中设置特别条文规定对外商投资适用特例的法令。特例法令对外商投资企业的设立、运营直至清算均有规定。大部分的特例是促进外商投资、赋予优惠政策的内容，但也有一些对外商投资禁止和限制的规定。

例如：韩国《关税法》第197条规定外商投资地区可依据该法指定"综合保税区域"；《银行法》第16条规定外国人作为非金融经营者持有金融机关股权比例，不适用一般非金融经营者股权持有限制规定（4%），而适用特别规定（10%）。

(二)韩国外商投资优惠政策

韩国对外商投资的鼓励政策包括对投资经济效益大的外商企业进行补偿,为相比国内企业投资条件差的外商投资企业减轻费用负担等。针对不同行业,韩国在税收优惠、资金补贴、财政支援、产能合作方面也有一定的鼓励政策;不同地方政府对符合一定条件的外商投资企业,也给予了多种优惠政策,主要包括地方税减免、购地补贴、租地补贴、雇佣及教育培训补贴、现金支持、融资支持、咨询费用补贴、设施建设补贴、对外资企业转移厂房的支援(仅有大邱和光州提供)、特别资金优惠(仅有大田市提供)、生活环境改善支持、有功者褒奖、对于国有财产(如土地)可以采取议标方式租赁或转让等。此外,韩国还为外资企业提供初创企业孵化、教育培训、人员招聘、入境便利以及车辆服务等多种服务和帮助,支持外资企业在韩正常经营。

1. 韩国外商投资税收优惠政策

《税收特例限制法》规定了税收减免或重课等税收特例以及对此的限制事项。根据《税收特例限制法》,外商投资符合条件者可减免法人税(企业所得税)、关税等国税和购置税、注册税、财产税、综合土地税等地税。此外,外国投资企业还可享受与韩国企业相同的税额抵扣政策。

另外,还有经济特区法令,以外商投资为主要对象规定了特定地区的支持制度。

2. 韩国外商投资现金支持制度(CASH GRANT)

为鼓励外资设立高科技企业和研发中心,《外国人投资促进法》规定自2004年起实行现金支持制度。外资比重30%以上,取得新股,且符合以下条件之一的企业可申请现金支持:①新增长动力、原创技术领域适用技术,与新增长技术直接相关的材料、工程技术;②新设及增设开展尖端技术或尖端产品的工厂;③材料、配件有关行业;④新增就业相关企业;⑤外资企业新设或增设研发机构,包括捐资设立相关研发机构,从事新增长动力产业技术尖端技术及尖端产品、材料和零部件配件项目相关研发,长期聘用相关领域硕士学位以上人员或在该领域从事研究工作3年以上的学士学位研究人员;

⑥经外国投资委员会审议,跨国企业设立协调支持2个以上海外法人的生产销售物流人事等核心业务的地区总部(海外母公司销售额在3万亿韩元以上、母公司出资50%以上、在各个核心岗位长期雇佣10人以上等);⑦其他外国投资委员会认为有利于国民经济的项目,如有助于韩国地区均衡发展,属于增加地区就业、加强地区产业竞争力等所需的地区特色产业或相关跨地区合作产业。

3. 韩国外商投资研发优惠政策

韩国企业设立企业附属研究所或研发部门,可通过韩国相关协会申报,其研发活动可以得到研发人员、税收、关税、资金及技术支持等优惠。作为外资企业,如具备一定条件的研发设施,可以比照韩国企业,得到现金补贴、税收支援、选址支援等投资奖励。

4. 韩国外商投资区域性鼓励政策

为吸引外资,韩国各地方自治团体(地方政府)还出台了相关支持政策。

此外,设有外国人投资地区(FIZ,Foreign Investment Zone,可分为园区型、个别型、服务型等)、自由贸易区(FTZ,Free Trade Zone)、经济自由区域(FEZ,Free Economic Zone)等特殊经济区域,三者亦存在一定差别。首先,外国人投资地区中,园区型和个别型外商投资地区租金低廉,在企业满足一定条件时可以追加减免租金并减免税收,服务型外商投资地区虽然没有减免税收的支援,但提供租金补助等优惠;其次,自由贸易区则根据《自由贸易区的指定及运行相关法》规划,是保障自由制造、物流、流通及贸易活动等的特别地区,根据有关法令,对外商投资给予减免税收及租金、提供服务设施等各种优惠,特别是作为关税保留地区,比任何地区都有利于进出口活动;最后,经济自由区则是根据《经济自由区的指定及运行相关法》规划,为支持外商投资企业,改善经营环境和职工条件而划定的区域,放宽各项规定,最大限度地增强企业经济活动自主性,并提供各种招商引资政策。

三、中企赴韩投资注意事项

（一）知识产权保护

跨境并购是我国投资者进入韩国市场的重要方式，通过并购龙头企业、优质资产获取技术和先进经验，使投资者能够快速占领韩国市场，但这一做法却受到韩国知识产权保护制度的诸多限制。企业跨境并购极易受到严格的安全审查而面临较大风险，或是因为无法通过安全审查而流产，或是因为双方地位不平等而支付了高昂的并购溢价，或是虽完成了并购交易却没有获得对方的核心技术。同时韩国相当重视知识产权领域的国际合作，加入了10多个涉及知识产权的国际条约，企业跨境并购应事先了解相关法律和投资环境，做好风险规避和管理工作，切实保护自身利益。

（二）工会和劳资关系

韩国一向以拥有"最强硬的工会"而著称，韩国工会的"强"不仅体现在劳资斗争中，还表现在参与管理的多种方式上，经常采用罢工、封锁工厂、驱逐管理层等手段。因此，投资方和管理层不得不高度重视工会的存在，公司重大事务必须与其协商。韩国的劳工运动经常与强烈的民族自尊心和爱国心融合在一起，做出维护集体利益和国家利益的极端行为，致使外商投资企业的劳资纠纷比韩国企业高得多。[①] 因此工会问题和劳资关系是中国企业对韩投资应关注的重点问题之一，企业在并购前需对韩国的雇员和工会、雇主和雇主组织、政府方面的组织和规则认真分析调查，了解两国在社会制度和工会性质方面的巨大差异，避免企业的跨国经营出现"水土不服"的问题。

（三）严格的环保要求

中韩自贸协定中规定：中韩双方均承认，通过采取放松环境措施来鼓励另一方投资者进行投资是不适当的。为此，两国均不得放弃或以其他方式减损此类环境措施去鼓励在其领土内设立、收购、扩展投资。

---

① 刘文：《日韩工会发展比较及启示》，《东北亚论坛》2012年第2期，第35-46页。

基于韩国在环保领域法律法规的严格性,中国企业在韩国投资开展业务时应高度重视环保问题。企业应重视事前风险评估环节,充分了解韩国环境保护相关法律法规,必要时咨询专业机构,妥善评估自身环境污染水平,避免"能投资不能开工"等不良后果。

四、实务应用案例解读

案例:精准布局韩国汽车轮胎行业,双星华丽并购锦湖轮胎

双星集团有限责任公司(以下简称"双星")创立于1921年,是一家具有97年历史的老国有企业,2014年以来,开启了"二次创业、创轮胎世界名牌"的新征程,快速建立了以轮胎为核心的支柱产业,产品出口到全球100多个国家和地区。韩国锦湖轮胎在韩国轮胎企业中排名第二,曾位列全球十大轮胎企业,在韩国、中国、美国及欧洲拥有5大研发中心,并在韩国、中国、美国、越南拥有8家工厂。通过并购,双星可以利用锦湖轮胎原有的行业市场地位,进入韩国市场,并获得缺乏的技术、设备、专利等生产要素,提高企业效益。

早在2017年,双方就开始接触并达成并购合作,但后来因为价格问题并购以失败告终。2018年3月,锦湖轮胎因为业绩进一步下滑,又重新向双星发出条件更为优惠的并购邀约。但是,面对韩方的邀约,双星并未直接表示赞同,而是要求将"工会同意"作为前提条件。这是因为彼时韩国国内的工会势力极其反对中资收购企业,韩国工会担心,"如果被中国企业收购,将招致技术外泄,最终会使本国产量下降,导致韩国工人被减薪减岗,要求给韩国企业提供机会"。并且,锦湖轮胎的工会在2017年之前就因为劳资矛盾问题在韩国和中国组织过数次罢工,2017年4月11日和28日,锦湖轮胎工会接连组织了大规模的工人集会,每次都对经营生产造成较大影响。

面对这种情况,多方经过数次协商谈判,一直到各方政要出面表态支持,韩国总统、副总理、金融委员长、产业通商资源部部长等主要人士都从员工就业保障、地区经济发展和锦湖轮胎未来等不同角度,发表了支持双星成为锦湖轮胎大股东的意见，表示"越是困难时期，越需要劳资双方共同克服困难的智慧……青岛双星的投资，将成为拯救这家韩国轮胎企业的唯一办法"。

2018年3月25日到30日，以韩国开发银行为代表的债权团又与工会和各界进行了深入的沟通和交流，最终与工会达成了同意经营正常化和劳资协议、海外出售和自救方案的协议书，并于4月1日以全员投票的方式通过了上述协议，双星所担心的韩国工会问题得到了妥善解决。2018年7月6日，在韩国首尔，双方完成了对锦湖轮胎股权的交割处理，双星正式成为其控股股东。历时660多天的并购正式画上了句号。

总体来看，双星的优势主要在卡车、客车轮胎，锦湖轮胎的优势主要在乘用车胎。如果双方能够发挥各自优势和协同作用，成为全球领先的轮胎企业指日可待。双星及时抓住韩国汽车产业的投资机会，通过多方协助，克服融资、工会、政府等多方阻力，最终完成了此次壮丽而漫长的并购。由此可见，中国企业对韩投资要着眼于韩国重点支持发展的产业，充分利用自贸协定等提供的规则优势，提高对市场的敏锐度，抓住机遇，勇于在韩国甚至全球市场寻求壮大自身的投资机会。

第六章

《中国—韩国自由贸易协定》
中的电子商务

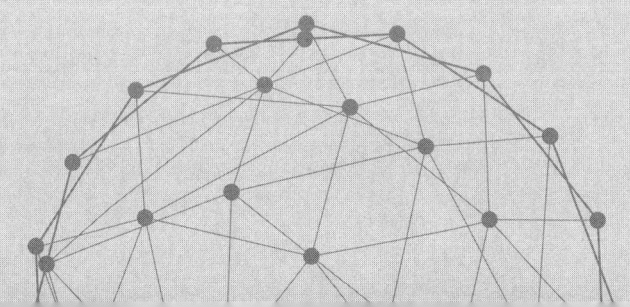

中韩自贸协定在中国所签署的自贸协定中是首次将电子商务议题单独列章的协定,显示出中韩双方对电子商务的重视。该章的实施为推动中韩两国电子商务企业的合作与发展营造了有利的规则环境。

通过对本章的阅读,企业可以了解以下内容:

1. 中韩自贸协定中电子商务条款带来哪些优惠措施;
2. 中韩自贸协定如何促进中韩跨境电子商务的发展;
3. 中韩两国各有哪些跨境电子商务相关法规及政策;
4. 中韩跨境电子商务主要支付方式及物流方式有什么不同;
5. 中韩跨境电子商务进出口通关流程有什么不同;
6. 中韩跨境零售电子商务代表性企业比较。

第一节 电子商务规则解读

随着互联网的迅速发展,电子商务带来的经济增长与机遇深受各缔约方重视。因此,在中韩自贸协定中设置电子商务专章,为协定的第十三章。这意味着中韩两国在数字贸易规则领域迈出了关键一步,对消除中韩跨境电商壁垒、促进电子商务发展起到重要作用。

一、规则解读

中韩自贸协定的电子商务章共13条,重点对无纸贸易、电子认证和电子签名、个人信息保护、电子商务合作等作出规定。通过在协定中引入电子商务条款,可以看出中韩双方对电子商务促进经济发展的认可,对减少电子商务贸易壁垒的决心和对开展电子商务合作的支持,具有重要的导向性意义。

1. 认可世界贸易组织规则的适用性

双方认识到电子商务带来的经济增长和机会,促进电子商务应用和发展的重要性,以及世界贸易组织规则对影响电子商务的措施的适用性。

2. 不对电子传输征收关税

双方同意保持目前在世界贸易组织的做法,不对电子传输征收关税,但在脚注中同时说明,未来双方根据世界贸易组织政策保留改变现行做法的权利。

3. 允许电子认证和电子签名

双方认可电子签名的法律效力。双方实施的国内电子签名法律应允许电子交易双方共同确定合适的电子签名和电子认证方法,且电子交易中的电子认证机构有机会向司法或行政主管部门证明其对电子交易的电子认证符合法律要求。双方应努力使数字证书和电子签名互认,并鼓励数字证书在商业部门中的应用。

4. 保护电子商务中的个人信息

双方认识到在电子商务中保护个人信息的重要性,应采纳或实施相应措施以使电子商务用户的个人信息得到保护,并就电子商务中的个人信息保护交流信息和经验。

5. 鼓励无纸贸易

双方努力将贸易管理文件以电子形式提供给公众,探索接受以具有与纸质版文件同等法律效力的电子形式递交贸易管理文件可能性。

6. 加强双方的电子商务合作

双方同意就电子商务相关问题交流信息和经验,包括法律与法规、规则与标准,及最佳实践等。双方应鼓励在研究和培训方面的合作,促进电子商务发展,鼓励企业间的交流、合作活动和联合电子商务项目,以合作的方式积极参与地区及多边论坛,以促进电子商务发展。

7. 电子商务章节不适用争端解决

双方同意对于电子商务章节下产生的任何事项,任何一方不得诉诸本协定第二十章(争端解决)。这意味着双方在本章中达成的内容为鼓励性而非约束性的。

二、中韩两国间跨境电子商务的发展

(一)自贸协定扩大了两国跨境电子商务的规模

虽然中韩自贸协定对电子商务只是提出了一个制度合作框架,但对两国间跨境电子商务发展带来了较为显著的影响。从年度规模上观察,2014年两国间跨境电子商务规模为32.04亿元,2015年为53.81亿元,2016年以来两国跨境电子商务规模发展迅速。从各季度规模上看,在中韩自贸协定签订生效的2015年第四季度,中韩之间跨境电子商务交易总额增长率达到83.03%,韩国对中国跨境电子商务出口增长率达到92%,韩国对中国跨境电子商务进口增长率达到27.70%(见图6-1),随后各年也基本保持在10%左右的增长态势。

由此可见，中韩自贸协定的实施对中韩跨境电子商务交易规模起到了正向促进作用，且对韩国向中国跨境电子商务出口的促进作用大于韩国对中国跨境电子商务进口的促进作用。

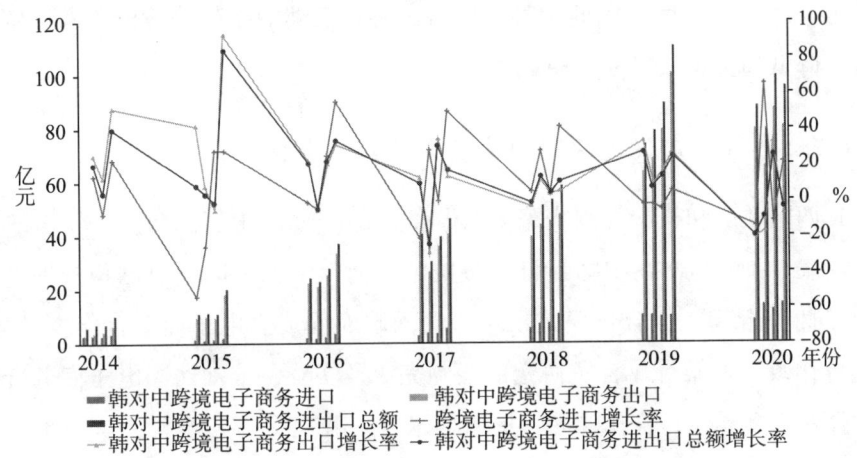

图6-1　2014—2020年中韩之间跨境电子商务发展状况

注：图中韩元换算人民币汇率方法为：2016—2020年取每年的最后一个公告日中国国家外汇管理局人民币汇率中间价，2014—2015年取国家外汇管理局未公布韩元中间价，取中国银行每年最后一个营业日折算价计算。

中国没有对韩跨境电子商务进出口官方统计，以韩国统计厅统计数据为依据。

资料来源：①韩国统计厅，http：//kosis.kr/statisticsList/statisticsList_01List.jsp？。

②中国国家外汇管理局，http：//www.safe.gov.cn/safe/rmbhlzjj/index.html。

③中国银行，https：//srh.bankofchina.com/search/whpj/search_cn.jsp。

（二）自贸协定降低了两国间跨境电子商务交易成本

中韩两国货物贸易关税的降低有利于降低中韩两国企业间的贸易成本。以中韩跨境电子商务主要交易产品中的服装及时尚产品为例，在中韩自贸协定生效之日起韩国对满足相关要求的商品 HS 编码为9503002910的"服装与饰品，鞋帽"由一般税率的8.0%降为零关税。

同时，中韩自贸协定也使非关税成本降低。协定第三章和第四章关于原产地规则和海关贸易便利化相关规定，"对于税后价值在700美元以下的进口货物不要求提供该货物的原产地证书并提供一定关税优惠政策""为快件物品采用快速的海关程序进行通关""在情况允许的情形下，批准特定货物用最少文件进行通关""尽量在货物到达2个自然日内予以通关"等，减少了通关程序、缩减了通关时间，因此中韩自贸协定有利于缩短中韩跨境电子商务贸易时间、降低通关手续等非关税成本。

（三）自贸协定促进两国间跨境电子商务合作

1. 两国政府和机构间围绕跨境电子商务展开密切的交流合作

由表6–1可知，在中韩签订自贸协定之前，中韩两国政府已积极促进中韩电子商务合作，但合作模式仅基于两国政府间成立电子商务合作委员会、构建合作政策框架等。自贸协定的谈判完成及实施，推动两国电子商务合作的主体逐渐多样化，合作的内容更加具体实务化。

表6–1　中韩两国跨境电商交流合作相关活动

时间	活动
2001年10月	中国对外贸易经济合作部和韩国产业资源部签署《设立中韩电子商务合作委员会及中韩经济贸易合作网站协议》
2003年9月	中韩两国电子商务协会签署《中韩电子商务推进协议会合作备忘录》
2007年12月	中国国际电子商务中心与韩国国际贸易协会等签订《关于跨境无纸化贸易合作的备忘录》
2011年11月	李克强总理访韩，签订《设立中韩电子商务政策洽谈会谅解备忘录》
2012年5月	两国成功举办"第一届电子商务洽谈会"
2015年5月	中韩电商大会在威海举办
2015年7月	中韩两国签订协议并开通"仁川—青岛"海上运输配送体系
2015年8月	中韩两国海关签订《促进电子商务合作备忘录》
2015年10月	韩国贸易协会与中国青岛西海岸新区签署了业务合作备忘录
2016年3月	韩国中国商会与中国驻韩国大使馆经济商务处联合举办中韩跨境电商合作座谈会
2016年7月	中韩经贸合作交流平台启动仪式在青岛国际经济合作区举行，决定将建设中韩贸易创新馆、中韩跨境电商综合多功能平台和贸易推广平台"一馆两平台"，拓展中韩经贸合作空间
2017年6月	由广东省贸促会、韩国中小企业厅、中国国际跨境电商行业联盟、广州市跨境电商行业协会等主办的中韩经贸座谈会在广州市召开

续表

时间	活动
2017年10月	由韩国驻青岛总领事馆和韩国驻华贸易投资促进机构KOTRA联合主办，裕龙集团有限公司协办的中韩跨境电商论坛在青岛举行
2018年7月	由山东省商务厅、济南市商务局、大韩民国驻青岛总领事馆、KOTRA青岛韩国贸易馆联合主办，山东省电子商务促进会等协办的中韩电子商务论坛在济南举行
2019年8月	中韩跨境电商高峰论坛暨第九届韩货选品节与中韩（威海）电商合作大会相继于首尔和威海举行，同时中韩电商创新创业路演先后于首尔、威海进行了决赛与复赛
2019年10月	"打造'一带一路'国际合作新平台暨青岛—韩国跨境电商恳谈会"在韩国仁川召开
2019年11月	烟台举行中韩跨境电商平台启动仪式暨中韩跨境电商高峰论坛活动
2020年5月	中韩"四新"跨境贸易电子商务合作云签约，由中韩双方合作打造的首个跨境电商平台落地南京徐庄
2020年6月	中韩电商（青岛）网红直播基地在青岛揭牌
2020年8月	中日韩消费专区电商体验中心启用仪式在山东青岛西海岸新区举行
2020年9月	中韩（威海）跨境电商大会在威海召开
2021年1月	黑龙江省与韩国忠清北道签署《中韩青年跨境电商战略合作协议》

2. 两国企业间探索多种合作形式

中韩自贸协定不仅对中韩跨境电子商务带来积极影响，也给中韩跨境电子商务企业带来良好市场预期，两国电子商务企业探索出多种合作形式。

（1）中国企业开拓韩国电子商务市场

随着中韩两国市场的进一步开放，中国跨境电子商务企业就迅速开展了与韩国跨境电子商务相关企业的合作，合作的模式为争取韩国相关企业的官方授权、参股韩资企业等。

值得注意的是，积极推动并与韩国开展合作的多是中国跨境电子商务进口公司，而出口公司较少。近年来，旨在将韩国优质商品带到中国的中国进口公司签约合作十分频繁，通过线上线下全体系营销来助力韩国优秀品牌拓宽中国市场。而旨在将中国优质产品带入韩国的中国出口公司则相对较少，由华人创办的空投超市是较早进军韩国进行线上销售中国食品的企业之一，但声名不显，且主要的目标客户也是在韩华侨华人、留学生。

（2）韩国企业开拓中国电子商务市场

韩国跨境电子商务企业也积极开拓中国电商消费市场。与中国进出口企业主体相反，积极谋求与中国跨境合作的韩国电子商务企业多为出口企业，他们最终的目标在于打开中国巨大消费市场大门，将更多韩国商品出口至中国。韩国跨境电子商务企业进军中国的主要方式是开设中文购物网站、入驻中国跨境电子商务平台、与中国支付平台合作等。

韩国主要的电子商务企业Gmarket、11街、Interpark等为了吸引中国跨境电子商务消费者，专门开设中文购物网站，积极构建在线支付、配送体系。另外，越来越多的韩国电子商务企业直接入驻中国相关跨境购物平台，近几年，韩国LG生活健康、E-mart、乐天玛特、GJmall、SBS等纷纷入驻天猫国际。中国国内相关支付及物流企业也是韩国跨境电子商务出口企业的合作重点，2014年10月，Interpark与微信支付合作，在其中文网站推出腾讯通国际支付方式，2016年，韩国新世界集团与微信、支付宝均达成合作协议，韩国新世界集团的主要子公司均开通、引入线上支付系统，2017年韩国即时通信软件Kakao与蚂蚁金服达成合作，其合资企业Kakao Pay将同时支持Kakao Pay和支付宝两种支付方式，如今中国的移动支付软件在韩国几乎可以随处使用。

通过分析中韩企业间电子商务合作可知，中国跨境电子商务企业与韩国跨境电子商务合作的重点在进口方面，即合作目的是将韩国产品引进中国；韩国相关企业对中国相关企业的合作重点在出口方面，即合作目的是将韩国商品出口到中国，为了克服实际出口操作中的语言及支付、物流障碍，韩国跨境电子商务企业除开通专门的中文网站外，还积极地入驻中国跨境电子商务进口平台，谋求与中国电子商务支付企业的合作，解决中国相关跨境消费者的支付问题。

3.丰富两国地方经济合作内容

中韩自由贸易协定首次引进"地方经济合作条款"。威海市作为中韩自贸区示范城市，将跨境电子商务作为对韩合作示范的重点，制定了一系列重要举措推进两国跨境电商发展（见表6-2）。自2015年以来，威海市跨境电子商务出口规模在山东省一直排名第一。2020年威海跨境电商直购出口27.4亿元，增长42.7%，占全省的54.4%，对韩零售直购出口占全国对韩出口总额的31.7%。

表6-2 威海市促进中韩跨境电商发展的重要举措

时间	措施
2015年3月	开通中韩两国海上运输跨境电商一般出口业务
2015年5月	开通中韩两国跨境电子商务直购进口业务
2016年1月	与仁川签订《构建电子商务贸易战略合作》的谅解备忘录
2017年12月	与韩国仁川签署贸易便利化合作协议，双方将各自设立贸易便利化交流沟通平台，协助两地企业解决进出口通关、商品检验检疫、技术性贸易措施等方面存在的困难，助推企业开拓市场
2018年8月	《深化威海中韩自贸区地方经济合作示范区建设三年行动计划（2018—2020年）》提出推动威海与仁川港口合作，实现两地物流一体化，建立中韩投资贸易畅通新机制，推动建立中韩口岸协作机制，提升中韩贸易便利化水平；发展中韩跨境电子商务，加快国家跨境电商综合试验区建设
2019年3月	与韩国仁川签署《山东威海—仁川"四港联动"八方协议》，建立威海与仁川间"三互"口岸合作机制，并开通中亚、中欧、中蒙等国际班列，培育"亚欧大陆—威海—仁川—欧美"的多式联运模式，助力构建中韩物流黄金走廊，努力打造东北亚地区物流中心和最强"经济贸易圈"
2020年9月	《威海市新型智慧城市建设三年行动计划（2020—2022年）》，提出要发挥中韩自贸区地方经济合作示范区政策优势，进一步完善跨境电子商务基础设施体系和服务体系，打造面向韩国、辐射东北亚的跨境电子商务中心城市

第二节 中韩跨境电子商务相关法规及政策

一、韩国跨境电子商务法规及政策的提出和发展

20世纪90年代韩国开始发展电子商务，1992年制定《为了促进贸易业务自动化的法律》（2006年修改为《电子贸易促进法》）。1999年3月韩国政府提出了《21世纪E-韩国》规划，并颁布了《电子文书及电子交易基本法》，经过近30次修改，2016年2月实施了修改版，确立了韩国电子文书及电子交易的法律框架。

考虑到韩国消费者进行跨境电子商务进口主要原因——同样的商品跨境电子商务网站价格低于国内价格，2014年1月，韩国召开"物价关系长官会

议",主要议题是促进进口产品的价格下调,进一步加强"平行进口制度"[①]的实施,并于同年4月出台《垄断消费品进口结构改进方案——以平行进口和跨境电子商务进口为中心》。随后,韩国海关于6月采用负面清单制度将跨境电子商务进口目录通关的适用范围扩大至医药产品之外的所有跨境电子商务进口产品。修订后的韩国《关税法》规定对境外季度消费额超过5000美元的信用卡进行通报,这一制度虽然不是专门针对跨境电子商务的制度,但是这一通报制度,有助于海关有效控制跨境电子商务购买限额的问题。

2014年,韩国修订《个人信息保护法》规定不能随意收集居民登陆证号,韩国海关开始实施个人通关特定符号制度[②],通过个人通关特定符号制度韩国跨境电子商务消费者能够及时获得跨境电子商务进口申报明细,有效防止他人盗用。为了防止发生跨境电子商务进口偷税行为,韩国海关于2015年3月13日开始实行"合并纳税制度"。

表6-3 韩国跨境电子商务相关法规政策

时间	部门	法规政策
2014年1月	物价关系长官会议	加强实施"平行进口制度"
2014年4月	经济关系部长会议	《垄断消费品进口结构改进方案——以平行进口和跨境电子商务进口为中心》
2014年6月	韩国海关厅	以"负面清单制度"扩大目录通关范围
2014年7月	韩国海关厅	个人通关特定符号制度
2015年3月	韩国海关厅	合并纳税制度
2015年6月	大韩贸易投资振兴公社等	一站式电子商务出口支援系统
2016年	韩国海关厅	跨境电子商务退换货支援制度
2016年	韩国海关厅	跨境电子商务出口通关认证制度

资料来源:根据韩国海关厅、韩国贸易投资振兴公社等相关网站整理。

韩国海关等相关部门,一直致力于推动发展韩国跨境电子商务出口,出台相关法规政策积极地为跨境电子商务出口扫清障碍。2015年8月6日,大

---

① 平行进口是指为了降低进口产品的价格,多个进口商可以进口售卖同一商标的产品的制度。韩国在1995年11月开始引进平行进口制度。

② 个人通关特定符号制度,居民在韩国海关网站申请即可获得。

韩贸易投资振兴公社与其他相关协会通力合作推进"一站式电子商务出口支援系统",为跨境电子商务出口业务提供了便利。韩国海关厅将促进跨境电子商务出口作为2016年支援政策的核心,表示将引进"跨境电子商务退换货支援制度"和解决国外流通市场上的假货问题的"跨境电子商务出口通关认证制度"(见表6-3)。

二、中国跨境电子商务法规及政策的提出和发展

为了更好地规范中国跨境电子商务,中国各相关部门也在积极制定相关法规政策,总体基调是认可跨境电子商务给经济贸易带来的促进作用并积极发展跨境电子商务,但是对于跨境电子商务卫生检疫、进出口通关、税收监管等问题,也正处于探索期。总体上采取"先试点、后推广",逐步从税收、支付等方面完善监管的策略。

2012年初商务部出台相关意见,鼓励进出口企业以电子商务的方式进行进出口贸易,随后中国工业和信息化部在《电子商务"十二五"发展规划》中明确了支持企业开展跨境电子商务业务参与全球竞争。同年12月,海关总署将上海等五个城市划定为中国第一批跨境电子商务试点城市。随后各相关部门公布了一系列政策,主要是围绕跨境电子商务进出口通关监管规范、出口的检验检疫和出口的相应税款退还、相关税收、支付等(见表6-4)。2016年,相关部门出台了新的跨境电子商务税收监管政策,规定对于跨境电商零售进口商品按照货物的性质征收关税、增值税,同时对个人年度交易额进行了限定,该政策给跨境电子商务进口行业带来一定的冲击。为了缓解冲击,海关总署相关部门决定将该政策实施过渡期延长至2017年12月31日,这也从侧面反映出中国跨境电子商务监管还在不断探索中。

表6-4 中国跨境电子商务相关法规政策

时间	部门	法规政策
2012年3月27日	工信部	《电子商务"十二五"发展规划》
2012年12月19日	海关总署	第一批跨境电子商务试点城市设立

续表

时间	部门	法规政策
2013年12月30日	国家税务总局	《关于跨境电子商务零售出口税收政策的通知》
2013年7月24日	国务院	《国务院办公厅关于促进进出口稳增长、调结构的若干意见》
2013年8月21日	商务部等	《关于实施支持跨境电子商务零售出口有关政策意见的通知》
2013年10月31日	商务部	《关于促进电子商务应用的实施意见》
2013年12月30日	财政部等	《关于跨境电子商务零售出口税收政策的通知》
2014年1月24日	海关总署	《关于增列海关监管方式代码的公告》
2014年3月4日	海关总署	《关于跨境贸易电子商务服务试点网购保税进口模式有关问题的通知》
2014年7月23日	海关总署	《关于跨境贸易电子商务进出境货物、物品有关监管事宜的公告》
2014年7月23日	海关总署	《关于跨境贸易电子商务进出境货物、物品有关监管事宜的公告》
2014年7月30日	海关总署	《关于增列海关监管方式代码的公告》
2015年3月12日	国务院	《国务院关于同意设立中国（杭州）跨境电子商务综合试验区的批复》
2015年5月7日	国务院	《国务院关于大力发展电子商务加快培育经济新动力的意见》
2015年6月20日	国务院	《国务院办公厅关于促进跨境电子商务健康快速发展的指导意见》
2015年12月18日	财政部等	《关于中国（杭州）跨境电子商务综合试验区出口货物有关税收政策的通知》
2016年1月15日	国务院	《国务院关于同意在天津等12个城市设立跨境电子商务综合试验区的批复》
2016年3月24日	财政部等	《关于跨境电子商务零售进口税收政策的通知》
2016年3月24日	海关总署	《关于修订〈中华人民共和国海关进出口货物报关单填制规范〉的公告》
2016年4月6日	财政部等	《关于公布跨境电子商务零售进口商品清单的公告》
2016年4月6日	海关总署	《关于跨境电子商务零售进出口商品有关监管事宜的公告》
2016年10月12日	海关总署	《关于跨境电子商务进口统一版信息化系统企业接入事宜的公告》
2016年12月5日	海关总署	《关于增列海关监管方式代码的公告》
2016年12月16日	国家发改委等	《关于同意大连市等17个城市创建国家电子商务示范城市的通知》
2016年12月24日	商务部等	《电子商务"十三五"发展规划》
2017年9月25日	工信部	《工业电子商务发展三年行动计划》
2017年10月11日	海关总署	《关于规范转关运输业务的公告》
2018年4月13日	海关总署	《关于规范跨境电子商务支付企业登记管理》

续 表

时间	部门	法规政策
2018年6月14日	海关总署	《关于跨境电子商务统一版信息化系统企业接入事宜的公告》
2018年8月7日	国务院	《关于同意在北京等22个城市设立跨境电子商务综合试验区的批复》
2018年8月31日	第十三届全国人大常委会	《中华人民共和国电子商务法》
2018年9月4日	海关总署	《关于修订跨境电子商务统一版信息化系统企业接入报文规范的公告》
2018年9月28日	财政部等	《关于跨境电子商务综合试验区零售出口货物税收政策的通知》
2018年11月8日	海关总署	《关于实时获取跨境电子商务平台企业支付相关原始数据有关事宜的公告》
2018年11月28日	财政部等	《关于完善跨境电子商务零售进口税收政策的通知》
2018年11月28日	商务部等	《关于完善跨境电子商务零售进口监管有关工作的通知》
2018年11月30日	财政部等	《关于调整跨境电商零售进口商品清单的公告》
2018年12月3日	海关总署	《关于实时获取跨境电子商务平台企业支付相关原始数据接入有关事宜的公告》
2018年12月12日	海关总署	《关于跨境电子商务零售进出口商品有关监管事宜的公告》
2018年12月29日	海关总署	《关于跨境电子商务企业海关注册登记管理有关事宜的公告》
2019年4月22日	海关总署	《关于发布〈海关监管作业场所（场地）设置规范〉的公告》
2019年4月22日	海关总署	《关于进出口预包装食品标签检验监督管理有关事宜的公告》
2019年10月26日	国家税务总局	《关于跨境电子商务综合试验区零售出口企业所得税核定征收有关问题的公告》
2019年11月13日	国家税务总局	《关于〈国家税务总局关于跨境电子商务综合试验区零售出口企业所得税核定征收有关问题的公告〉的解读》
2019年12月24日	国务院	《关于同意在石家庄等24个城市设立跨境电子商务综合试验区的批复》
2019年12月27日	海关总署	《关于公布〈海关认证企业标准〉的公告》
2019年12月30日	国家税务总局	《关于跨境电子商务综合试验区零售出口企业所得税核定征收有关问题的公告》
2020年3月27日	海关总署	《关于全面推广跨境电子商务出口商品退货监管措施有关事宜的公告》
2020年3月28日	海关总署	《关于跨境电子商务零售进口商品退货有关监管事宜的公告》
2020年5月6日	国务院	《关于同意在雄安新区等46个城市和地区设立跨境电子商务综合试验区的批复》

续表

时间	部门	法规政策
2020年6月12日	海关总署	《关于开展跨境电子商务企业对企业出口监管试点的公告》
2020年8月13日	海关总署	《关于扩大跨境电子商务企业对企业出口监管试点范围的公告》
2021年7月9日	国务院	《关于加快发展外贸新业态新模式的意见》

注：各部门包括财政部，国家发展和改革委员会，工业和信息化部，生态环境部，农业农村部，商务部，中国人民银行，海关总署，国家税务总局，国家市场监督管理总局，国家药品监督管理局，国家密码管理局，濒危物种进出口管理办公室等。

资料来源：根据海关总署、商务局、国务院办公厅、发改委等相关网站整理。

比较分析中韩跨境电子商务进出口相关法规政策可知，跨境电子商务给中韩两国传统国际贸易监管模式带来了新挑战，两国政府相关部门对跨境电子商务进出口的政策法规也都处于不断探索中。中国跨境电子商务进出口政策从宏观规划指导转向具体城市和企业的试点，韩国跨境电子商务进出口政策偏重于具体操作，如韩国海关等部门一直致力于解决困扰韩国跨境电子商务出口企业的具体问题，韩国贸易协会连同其他相关部门从具体业务环节支持中小公司出口业务的发展。

第三节　中韩跨境电子商务主要支付方式及物流方式

一、中韩跨境电子商务的主要支付方式

根据Adyen（一家全球支付公司）的调查报告，2015年，中国跨境电子商务的主要支付方式为支付宝（48%）、财付通（19%）、银联（14%）、国际卡（1%）、其他（18%）（见图6-2）；韩国跨境电子商务的主要支付方式为信用卡（45%）、万事达卡（25%）、银行转账（15%）、账单支付（5%）、其他（10%）（见图6-3）。

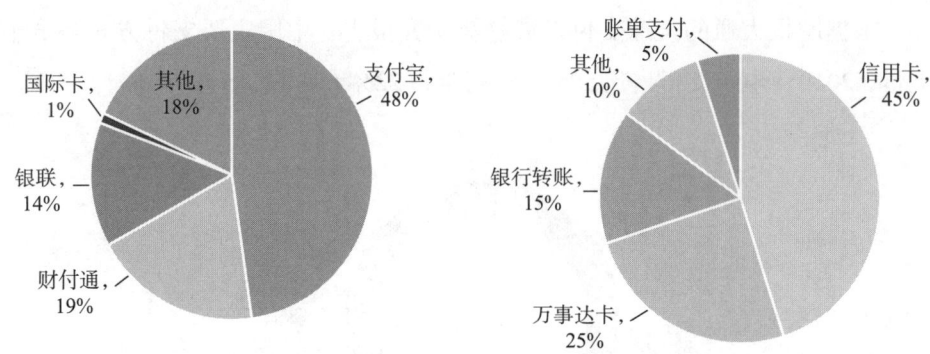

图6-2　中国跨境电子商务支付方式（2015年）　　图6-3　韩国跨境电子商务支付方式（2015年）

资料来源：Adyen. The Global E-Commerce Payments Guide，2015。

中国跨境电子商务支付方式主要集中在第三方支付（支付宝和财付通占电子商务支付总额的67%）。一方面，因为中国电子商务市场第三方支付比较普遍；另一方面，因为中国消费者主要通过国内电子商务平台进行跨境消费。韩国跨境电子商务支付方式主要是信用卡。一方面，因为韩国信用卡普及率高，韩国人均四张信用卡；另一方面，因为韩国消费者主要通过国外电子商务平台进行跨境消费，而国外跨境电子商务网站多支持信用卡消费。

韩国科技信息通信部调查显示，2020年韩国消费者每月网上购物平均支出约16.7万韩元，信用卡仍是其网上购物的主要支付方式之一（见图6-4）。

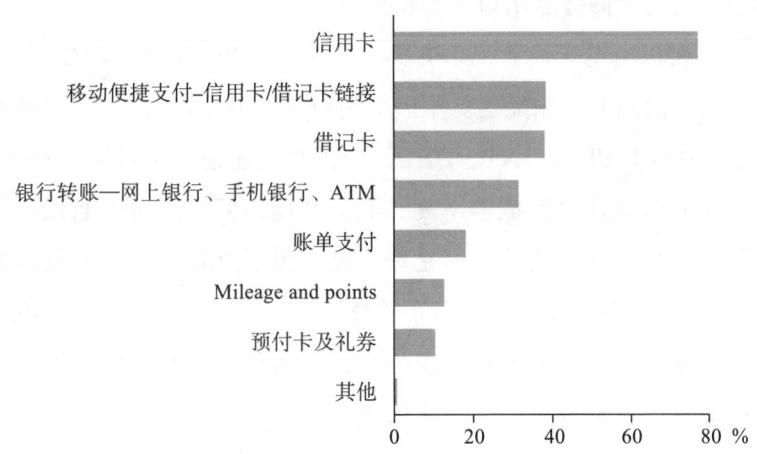

图6-4　韩国线上购物主要支付方式（2020年）

资料来源：根据 Ministry of Science and ICT（South Korea）资料整理。

根据摩根大通的全球支付发展趋势研究报告,中国主要支付方式是电子支付,2019年电子支付占比58%,银行卡占22%(见图6-5)。

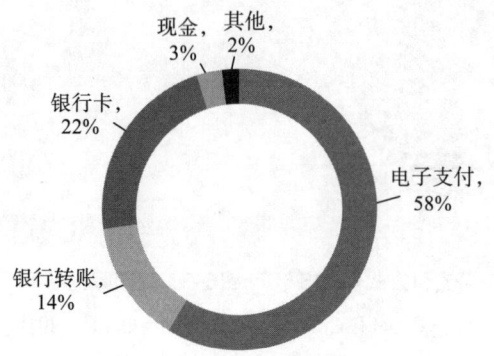

图6-5　2019年中国主要支付方式

资料来源:摩根大通《全球支付发展趋势研究报告》,https://www.jpmorgan.com/merchant-services/insights#global-payment-reports。

中韩两国跨境电子商务支付习惯存在着较大差别,这在一定程度上给中韩两国跨境电子商务企业进入对方市场带来了挑战。

二、中韩跨境电子商务的主要物流方式

1.中国跨境电子商务进出口主要物流方式

据统计,在跨境电子商务出口方面,中国大多以国际快递方式和国际小包邮政方式进行商品的运输配送。中国跨境电子商务出口普遍使用MSK国际海运、联合包裹、FedEx、TNT、DHL、中国邮政速递等国际国内物流企业。传统国际小包邮政快递虽然成本不高、通关便捷,但是运送周期长、丢包率高;国际快递虽然运输速度快,但是费用高。为了克服现有快递包裹物流配送的缺点,有不少跨境电子商务出口企业开始摸索建立"海外仓"[①],既节约物流配送时间及成本,又方便消费者退换货,但海外仓建设前期需要投入大量资金、对企业库存预测管理能力要求较高。除此之外,中国跨境电子商务出

[①] 海外仓模式是指跨境电子商务出口公司先通过一般贸易方式把货物运输到出口目的国的仓库,待该国消费者下单后把商品配送给购买者。

口运输配送还有集货配送、第四方物流配送、国际物流专线等方式。

中国跨境电子商务大多通过海外直邮进口和保税进口这两种模式开展进口业务，相应地也就存在"海外物流配送＋国内物流配送"和"保税仓库＋国内物流配送"这两种模式。对于海外直邮进口模式，通过国际快递或国际小包邮政将商品配送至消费者；对于保税进口模式，先通过传统贸易物流手段将货物运输至保税仓，消费者在跨境电子商务平台下单后，商品出仓清关，通过国内物流配送将商品配送至消费者。与海外直邮模式的物流相比，保税进口模式的物流成本更低、配送时间更短，但保税进口模式对于跨境电子商务进口企业的资金实力、选品能力及出货速度要求更高。

2. 韩国跨境电子商务进出口主要物流方式

韩国跨境电子商务出口的物流方式一般有两种：直接配送和集货配送。直接配送是指跨境电子商务出口商利用邮政 EMS 或其他快递通过空运将商品配送给海外消费者；集货配送是指跨境电子商务出口商先将商品通过国内快递配送至集货仓库，待商品达到一定数量，再集体运送至目的国家。韩国最大的电子商务网站 Gmarket 通过在仁川建立仓库以集货配送的方式向全球配送快递，以达到有效降低物流费用的目的。

韩国跨境电子商务进口的主要方式为代理配送，即韩国消费者通过跨境电子商务平台下单购买，跨境电子商务平台物流将商品配送到消费者指定的代理配送中心，代理配送中心在消费者支付完运费后通过空运将相应物品运送到韩国，通关后由国内的物流企业负责物品的国内配送。因此韩国跨境电子商务进口的物流运输主要是通过国内外快递企业的合作将商品送到消费者手里。具体流程是国外快递企业先将跨境电子商务进口的商品运输至韩国，韩国物流企业再将商品配送至跨境电子商务最终消费者。但也有不少韩国本土快递企业在国外建立代理派送地，通过自身的跨境电子商务物流网络，将商品准确高效地配送给消费者。

第四节 中韩跨境电子商务进出口通关流程比较

一、中国跨境电子商务进出口通关流程

1. 中国跨境电子商务进口主要以海外直邮进口和保税进口模式开展

对于保税进口模式，通过"跨境电子商务通关服务平台"，[①]中国跨境电子商务进口以"清单核放"的方式申请报关手续。海关通过"跨境电子商务通关服务平台"接收企业上传的跨境电子商务交易、结算、配送等相关数据，并将平台数据与实际物品进行比对，比对一致的物品予以放行入境，利用跨境电子商务进口商品的消费者需要按照《跨境电子商务零售进口税收政策》缴纳相关税费。对于海外直邮模式，消费者需要以邮递商品或者快件的方式申报进口，并按照商品类别缴纳一定比例的行邮税[②]（见表6-5）。

表6-5 中国跨境电子商务进口通关模式及税费计算

进口通关模式	适用范围	缴费类别
"清单核放"	保税进口： 单次5000元以内 年度总额26000元以内	关税0元 增值税×70% 消费税×70%
	保税进口： 单次超过5000元 年度低于26000元 且订单下仅一件商品时	可以自跨境电商零售渠道进口，按照货物税率全额征收关税和进口环节增值税、消费税，交易额计入年度交易总额
	保税进口：年度总额超过26000元	按一般贸易管理
邮寄商品或快件	海外直邮	行邮税：10%，20%，30%，50%

资料来源：根据《跨境电子商务零售进口税收政策》《关于完善跨境电子商务零售进口税收政策的通知》《关于跨境电子商务零售进出口商品有关监管事宜的公告》等整理。

2. 中国跨境电子商务出口通过"通关服务平台"进行

在出口方面，中国跨境电子商务出口企业通过"通关服务平台"向海关提

[①] 中国海关自2017年1月1日启用"跨境电商进口统一版"，实现了交易、支付、物流信息自动比对。

[②] 行邮税是行李和邮递物品进口税的简称。

交相关信息,以"清单核放、汇总申报"的方式办理报关手续,即跨境电子商务出口公司及支付公司、物流公司向"平台"提交电子商务交易、支付、物流相关信息,由海关核对"商品清单"与实际物品是否相符,"商品清单"与实际物品一致的可办理放行手续。跨境电子商务出口公司根据"商品清单"明细,每月10日前汇总成《中国海关出口货物报关单》进行出口申报,申报成功的跨境电子商务出口货物可以正常申请出口退税。

二、韩国跨境电子商务进出口通关流程

1. 韩国跨境电子商务进口以快递物品的方式通关

韩国跨境电子商务进口以快递物品的方式通关。快递物品的通关流程根据商品的种类、价格、来源地等分为目录通关和一般通关两种。

(1)目录通关

目录通关是指快递企业不通过报关师,而是直接向韩国海关提交记载进口物品名称、收发件人姓名、价格、重量等的进口物品目录,如果商品的价格在150美元以下(从美国进口的产品200美元以下)[①]即可快速通关,并且免征关税和附加税。目录通关采用"负面清单制",只要在清单之外且价格在150美元以下(从美国进口的产品200美元以下)均可申请目录通关。

(2)一般通关

一般通关适用于海关审批未通过的产品或产品价格超过150美元(美国进口产品超过200美元)的产品,根据商品的购买价(商品价格+出口国国内税金+出口国国内配送费)分为简易进口申报和一般进口申报,并缴纳关税及附加税。关税金额以120美元为界,即120美元以下的免征关税(见表6-6)。

表6-6 韩国跨境电子商务进口通关流程及税费计算

类型	一般快递货物	发自美国的快递货物	关税标准
目录通关	150美元以下	200美元以下	免关税

---

① 商品价格计算依据是出口国国内税、国内配送税、保险费,不包括海外配送费及保险费。

续 表

类型		一般快递货物	发自美国的快递货物	关税标准
一般通关	简易进口申报	150～2000美元	200～2000美元	150美元以下免关税
	一般进口申报	2000美元以上排除在目录通关及简易通关之外的产品		

资料来源：根据韩国海关厅相关资料整理。

为了防止企业或个人为获得免税分期分批寄送跨境电子商务产品，韩国海关厅于2015年3月13日制定实施了合计纳税制度。具体包括：1）通过同一个海运提单（B/L）或空运提单（AWB）进口的商品，为了符合免税金额规定而故意分批通关的，海关会对此进行合计纳税；2）对同一天到达港口的两个以上的物品要实行合计纳税，来自两个不同国家的除外；3）对在同一天向同一供应商购买的产品实行合计纳税（见表6–7）。

表6–7　韩国目录通关合计纳税类型

购物平台	购买日	购买种类	到港日期	是否合计纳税
同一购物平台	同一天	不相关	不相关	合计纳税
	非同一天	不相关	同一天	合计纳税
不同购物平台	不相关	同一种类	同一天	合计纳税

资料来源：根据韩国海关厅相关资料整理。

此外，韩国海关还在2015年上线了X-Ray物品信息成像系统及个人通关固定符号跨境电子商务进口申报信息短信通知制度。X-Ray物品信息成像系统是指进口通关物品的影像、物品名称、价格等信息在X-Ray系统画面中同时出现，这一举措能够有效防止非法进口；个人通关固定符号跨境电子商务进口申报信息短信通知是指海关系统会给个人通关固定符号对应的手机发短信，以防止利用他人名义进行跨境电子商务消费。

2.韩国跨境电子商务出口通关通过"电子商务出口申报平台"进行

在跨境电子商务出口方面，韩国海关一直在探索更适合韩国企业实情的出口通关监管程序。韩国跨境电子商务出口通关模式的发展先后经历了目录通关、电子商务简易出口申报、电子商务出口申报平台及出口申报自动化的演变过程。

目前，韩国跨境电子商务出口的通关流程是企业通过"电子商务出口申报平台"向韩国海关进行出口申报，报关成功的公司可以正常申请出口税收退回。为了进一步方便跨境电子商务出口企业的出口申报，韩国产业通商资源部联合韩国电子商务企业正在着手推进电子商务出口申报自动化。并且为了提高跨境电子商务出口通关速度，韩国海关还引进了包含货物自动分类机、X-Ray 综合检查室等拥有尖端设备的快递货物专用物流仓库。

通过比较中韩两国进出口通关流程可知，随着跨境电子商务进出口规模不断增大，如何在满足境内外消费者需求的同时有效地监管出入境物品是中韩两国共同面临的问题。在跨境电子商务进口监管方面，中国海关要求电子商务公司、物流公司、支付平台分别向海关跨境电子商务服务平台发送商品、结算、配送信息，通过三单比对有效监管虚报商品价格等不法行为。韩国海关通过 X-Ray 物品信息成像系统及个人通关固定符号跨境电子商务进口申报信息短信通知制度管控跨境电子商务进口。对跨境电子商务出口监管而言，中国海关通过跨境电子商务服务平台以"清单核放，汇总申报"的方式为企业办理申报手续。韩国海关通过上线"电子商务出口申报平台"及引进相关设备，方便出口企业的申报通关。

第七章

《中国—韩国自由贸易协定》的其他领域规则

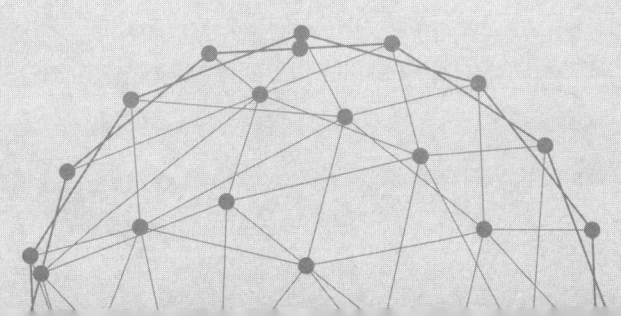

中韩自贸协定项下的海关管理和贸易便利化、卫生与植物卫生措施、技术性贸易壁垒、知识产权规则、环境与贸易、经济技术合作等行政措施为中韩贸易自由化发展确立了公共政策框架。通过对本章的阅读，企业可以了解以下内容：

1. 中韩自贸协定中海关程序和贸易便利化相关条款，尤其是海关合作、单一窗口、无纸化通关、法律法规透明化给企业带来的机遇；

2. 中韩自贸协定中卫生与植物卫生相关措施的规定及其执行状况；

3. 中韩自贸协定中技术性贸易壁垒相关规则及常见的技术性贸易壁垒与解决途径；

4. 中韩自贸协定知识产权规则及企业如何利用相关规则趋利避害；

5. 中韩在农业、工业、旅游、药品、医疗器械和化妆品、地方经济、人员交流等领域的合作规则与发展状况；

6. 中韩在环境贸易领域的合作规则及启示。

第一节 海关程序和贸易便利化

中韩自贸协定第四章海关程序和贸易便利化包括19项条款，目的是通过海关和边境的便捷性来促进中韩两国贸易与海关合作，推动区域供应链的整合以及双方企业的发展。

一、规则解读

（一）范围与目标

依照中韩双方各自国际义务及国内海关法，确认适用于双方间贸易往来的货物及双方间来往运输工具移动所适用的海关程序。目标是：简化与协调中韩双方的海关程序；促进双方间贸易；促进双方海关当局合作。

（二）贸易便利化

便利化、一致性、透明度的原则，以确保海关程序及做法的可预测、一致及公开透明。

1. 便利化

中韩双方尽力提供电子或其他形式的联系点，以便于贸易商提交通关所需的所有法定信息，包括采用或应用简化的海关程序高效放行货物，允许提前申报、担保放行等。

2. 一致性

强调在可能的情况下，缔约方应当确保在全国范围内海关法律法规的统一，避免国内各地海关因对法律法规的不同理解而实施不同的通关流程，从而影响整体通关水平的提高。

3. 透明度

双方应在官方指定媒介将海关法律或程序、法规等事项公开,并指定或沿用一个或多个咨询点。中韩双方将及时在互联网上公布与双边贸易相关的法律、法规及规章,就商品的税则归类、所适用的原产地规则等作出预裁定,如果有关法律发生变化,中韩两国需互相在网上及时公布相关信息(见表7–1)。

表7–1 公布事项、渠道与方式

事项	公布渠道与方式
费用与规费	官方指定媒介及所有利益相关方
所有适用或实施地海关法律及任何行政程序	官方指定媒介
咨询程序相关信息	官方网站
将要实施的关于海关事务的新制定或修订的普遍适用的法规	提前公布,并在实施前给予利益相关人评论的机会
货物及运输工具移动的海关法律或程序的重大修改	及时向另一海关当局通报

4. 海关估价

目的是对进口商品的申报价值进行审查,以确定合理的完税价格,本协定适用世界贸易组织《关于实施〈GATT 1994〉第7条的协定》(简称《海关估价协定》)。

5. 税则归类

准确的商品归类是税则归类的前提,本协定适用《商品名称及编码协调制度的国际公约》(简称"HS"),该编码于1988年正式实施,每四年修订一次,世界上已有200多个国家、地区使用,全球贸易总量90%以上的货物都是以此分类的。

6. 海关合作

双方海关当局要对协定第四章及双方同意的事项提供相互援助,以便利双方合法的货物移动,交流提高海关技术及程序与自动化系统应用的专业技术。

7. 复议与诉讼

赋予双方进出口商、生产商以及任何受其决定影响的其他人一种争端解决机制，包括向独立于或高于作出原决定的人员或部门以外的另一海关部门提出行政复议，依据法律法规就行政决定提起司法诉讼，而相应的生产商或出口商应复议当局请求，直接向作出行政复议一方提供信息，且可以请求对其所提供的信息进行保密。

8. 预裁定

双方海关当局应以合理的方式并在90天内对已提交的书面申请作出书面预裁定，使出口方知道他们的货物在到达国外港口时会被如何处理。其裁定内容包括税则归类、货物原产地以及缔约双方可能同意的其他事项。

9. 处罚

双方应当或沿用措施，对包括税则归类、海关估价、原产地、享受本协定规定的优惠关税待遇等方面的违法行为进行行政处罚，甚至追究刑事责任。

10. 风险管理

双方海关当局应当将海关监管措施重点放在高风险货物上，而在实施海关程序时要便利低风险货物通关，既保证通关便利，又加强风险管理。

（三）通关便利化

1. 货物放行

双方高效放行货物以便利双方贸易。各方应采用或沿用以下程序：规定在满足特定条件或要求的情况下，在货物实际到达前可预先以电子形式提交信息并进行处理，使得货物到达后尽快放行；如进口方提交了足额和有效的担保，且货物已被决定无须进一步审核、查验或提交任何其他材料，可允许进口方在符合所有进口要求之前获得货物放行；规定货物放行的期限不超过执行海关法及其他贸易相关法律及手续所必需的时间，并且尽可能在货物到达后48小时内放行；允许除禁止、限制或管制以外的货物在海关监管地点自由流转，无须临时转入仓库或其他设施。

2. 快件

双方应当在保持适当的海关监管与选择的情况下，为快件采用或沿用单独和快速的海关程序。这些程序应允许提交的一份单独舱单中包含该票快件中所有货物,并尽可能通过电子形式;在可能的情况下,允许特定货物以最少文件通关;适用时不考虑快件的重量或海关价值,除非其国内法律、法规和规章另有规定。

(四)行政程序

1. 磋商

在有请求方提供的合理根据或事实的情况下,双方海关当局可请求就在执行或实施中出现有关本章内容的任何问题进行磋商。除非双方海关当局另外同意,此类磋商应通过相关联络人员,在被请求方收到请求的10个工作日内进行确认,并在请求后60天内进行。若此类磋商未能解决有关问题,请求方可将问题提请海关委员会考虑。

各方海关当局应指定一个或多个联络人,并向另一方提供联络人的联系方式。联络人及联系方式如果发生改变,双方海关当局应及时向对方通报。

2. 海关委员会

海关委员会由海关程序与贸易便利化分委会和原产地规则分委会组成。海关程序与贸易便利化分委会应当由双方海关当局代表组成。分委会应当在双方同意的时间、地点会面。其职责包括确保海关程序和贸易便利化的合理实施并解决实施中发生的所有问题;对节的解释与实施进行评估,同时酌情进行修订;确认与章节有关的便利双方贸易的有关改进完善领域;以及向委员会报告。

二、实务应用案例解析

根据中韩自贸协定,进口货物原产地证书应当由韩国授权机构在货物装运前、装运时或者装运后7个工作日内签发,由于山东半岛与韩国距离较近,货物基本上实现了朝发夕至,部分货物在抵港申报时尚未取得优惠贸易原产地证书,因此需要逐票办理税款担保手续,给企业造成较大负担,部分企业为保障及时通关,只能放弃享受协定税率。为让更多企业分享自贸协定优惠税率的红利,中国(山东)自由贸易试验区烟台片区积极开展担保业务流程上的制度创新，采取以企业为单元办理担保的方式，允许开展汇总征税的企业在申报时只随附原产地声明，不再另行办理担保手续，此章大大提高了企业享惠率，推动汇总征税适用率显著提升。

新模式简化逐票担保手续，实现以企业为单元的汇总办理。对于已办理汇总征税业务的企业，抵港申报时如暂时无法提供原产地证书，允许其在申报时选择汇总征税模式，并逐票上传"原产地资格声明"扫描件，现场海关不再要求逐票办理需要三级审批的原产地资格担保手续，凭借汇总征税担保，系统自动完成担保额度核扣，自动完成报关单卡口后即可放行。待企业办理完毕原产地证书，在税款缴纳前（次月5个工作日），通过报关单修改撤销系统补充申报原产资格，提交原产地证书，海关在报关单中添加原产地证书编号并按照应享受的优惠税率重新计征税费，企业查询到税费信息后，完成电子支付，汇总征税担保自动完成核销。若企业在次月5个工作日前，仍未提交原产地证书，可以自主选择担保额度自动核扣，或者转为普通担保。

新模式实行以后，企业无须在提高通关效率和降低税费成本之间做选择题，担保手续实现自动化、电子化，可有效避免因担保手续繁杂，影响享惠率的情况，帮助企业减负增效。以斗山工程机械有限公司和乐金电子部品（烟台）有限公司为例，两家公司均是主要自韩国采购原材料。新模式实行前，中韩自贸协定的享惠率为40%～60%，通过简化原产资格担保手续，公司享惠率均提升至80%左右，两家公司较往年年均节省税收成本800多万元。

新模式减少了企业办理担保手续人力成本，提高了通关效率。报关单基本上能实现申报后秒放，相比之前办理担保手续、人工登记放行模式，通关时间可以压缩1～2个工作日（见图7-1）。

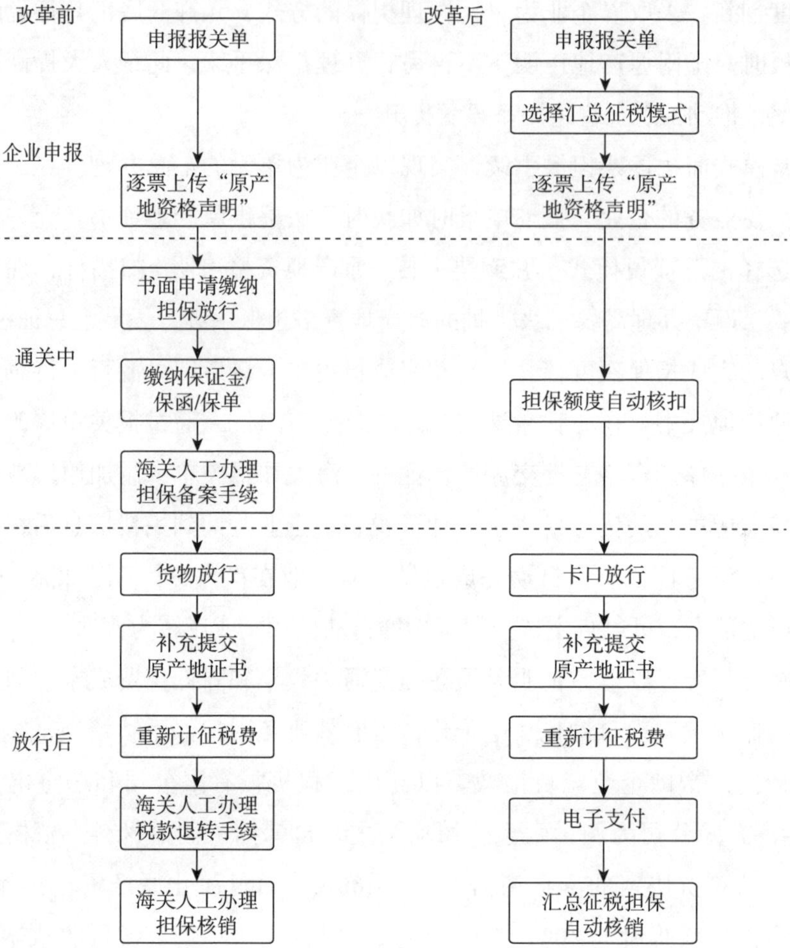

《中国—韩国自由贸易协定》商务应用指南

改革前	改革后
企业申报	
申报报关单 → 逐票上传"原产地资格声明"	申报报关单 → 选择汇总征税模式 → 逐票上传"原产地资格声明"
通关中	
书面申请缴纳担保放行 → 缴纳保证金/保函/保单 → 海关人工办理担保备案手续	担保额度自动核扣
放行后	
货物放行 → 补充提交原产地证书 → 重新计征税费 → 海关人工办理税款退转手续 → 海关人工办理担保核销	卡口放行 → 补充提交原产地证书 → 重新计征税费 → 电子支付 → 汇总征税担保自动核销

图7-1 以企业为单元简化原产地资格担保手续前后比较

三、对企业的启示

海关管理和贸易便利化措施对企业贸易成本影响较大。贸易成本主要集中在贸易程序、清关程序、服务费用以及法律规则透明等方面。韩国设立了专门的自贸区全球中心，开发出了19个单一窗口系统。中国商务部、海关总署、中国国际贸易促进委员会自2019年在全国范围内实施对外贸易经营者备案和原产地企业备案"两证合一"，实现"一次受理、一次备案、一次发证"。随着互联网和数据分析技术的发展与成熟，中韩都在努力实施单一窗口，无纸化通关，明确并公布各通关环节的权力与责任清单等，进一步提高便利化水平。企业应充分利用以上措施，提高通关效率、降低通关成本。

第二节 卫生与植物卫生措施

为保护中韩双方人类、动物或植物的生命与健康，中韩自贸协定第五章卫生与植物卫生措施制定了目标、范围和定义、技术合作等6项条款，确立了双方实施卫生与植物卫生措施的基本框架。

一、规则解读

（一）范围和定义

将卫生与植物卫生措施对双边贸易的消极影响降到最低，保护双方境内人类、动植物的生命健康；提高双方实施卫生与植物卫生措施的透明度并增进相互了解；加强双方相关机构之间的合作与交流，推动世界贸易组织《实施卫生与植物卫生措施协定》（简称"WTO/SPS协定"）的实施。

WTO/SPS协定是关于食品安全和动植物健康检疫的法规。中韩自贸协定中的卫生与植物卫生措施条款主要适用该协定附件A，并将该协定作为其组成部分。

（二）技术合作

双方同意探索在卫生与植物卫生领域开展技术合作的机会，以增进对彼此管理体制的了解，并最大限度地减少对双边贸易的消极影响。

双方应适当考虑与卫生、植物卫生议题相关的合作事宜。此类合作应以双方同意的条款和条件为基础，可以包括但不限于：增进在制定和实施国内卫生与植物卫生措施及国际标准方面的经验交流与合作；特别加强在风险分析方法、疫病/病虫害控制方法、实验室检测技术等方面的合作，并就国内法规交流信息；推动双方WTO/SPS协定咨询点之间的合作与经验交流；研究制定主管部门间的官员交流项目，以提升双方在动物疫病和植物病虫害管理方面的能力和信心；在下列领域开展联合研究并分享研究成果：

1. 动植物疫病/有害生物监测；
2. 动植物疫病/有害生物防控；
3. 食品中致病微生物的检测方法；
4. 有害物质、农药、兽药残留的监测和控制；
5. 其他食品安全问题。

（三）卫生与植物卫生措施委员会和联系点

双方以换文的形式确定主要代表与职责范围，委员会每年至少召开一次会议，指定国家质量监督检验检疫总局①为中方联系点，农业、食品和乡村事业部为韩方联系点。

二、2016—2020年SPS通报情况

根据世界贸易组织有关协议规定，各成员国在制定或修订现行技术法规、强制性标准、合格评定程序及措施时，如缺乏国际标准或与有关国际标准不一致，并且可能对其他成员的贸易有明显影响时，必须在法规批准60天前向世界贸易组织秘书处通报，给予其他成员国一定的评议时间并尽可能考虑他们的合理意见。技术性贸易壁垒通报（简称"TBT通报"）、卫生与植物卫生通报（简称"SPS通报"）工作可在法规生效的同时进行，不留征求意见期，但必须在通报中说明采取紧急措施的正当理由。这种通报咨询制度除沟通信息外，还有更进一步的意义，即技术协调。通报是为了技术信息的沟通，咨询是为了技术要求的协调。

SPS通报主要由通报成员针对通报的问题、覆盖的产品、可能受影响的地区或国家对负责机构提出目标与理由进行通报。韩国通报的主要对象有食

---

① 2018年3月，根据第十三届全国人民代表大会第一次会议批准的国务院机构改革方案，将国家质量监督检验检疫总局的职责整合，组建中华人民共和国国家市场监督管理总局，将国家质量监督检验检疫总局的出入境检验检疫管理职责和队伍划入海关总署，即目前以海关总署作为中方联系点。

品和药物安全部（MFDS）、农业食品乡村事务部（MAFRA）、动植物检疫局（APQA）；中国通报的主要对象为国家健康卫生委员会和国家市场监督管理总局（国家标准化管理委员会）。通报理由分为食品安全、动物健康、植物保护、保护国家免受有害生物的其他危害、保护人类免受动/植物有害生物的危害。

（一）通报数量

2016—2020年中国和韩国向世界贸易组织递交SPS通报的数量见图7-2，总体上，中国对外SPS通报数量少于韩国。

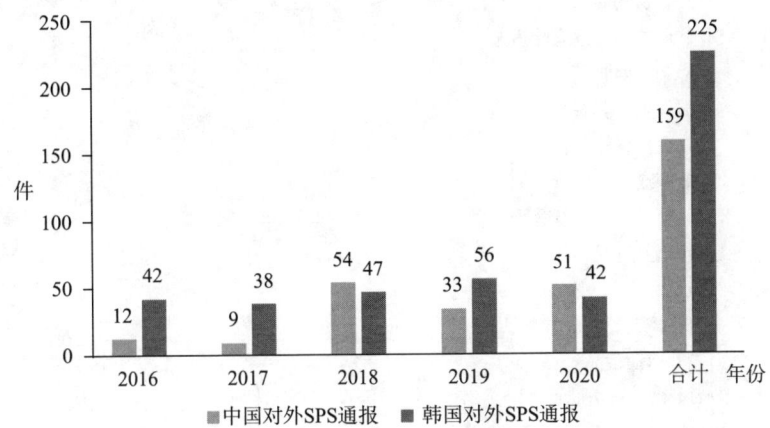

图7-2　2016—2020年中国与韩国对外SPS通报数量
资料来源：根据中国WTO/TBT-SPS通报咨询网整理。

（二）通报涉及产品

中国动植物及相关产品进口企业需重点关注中国对外SPS通报。通过分析2016—2020年中国对外SPS通报涉及产品，企业应重点关注：（1）食品农药残留限量、真菌毒素限量、添加剂等食品成分安全问题；（2）各类人群适用配方食品成分安全问题；（3）乳酪制品安全；（4）食品接触用各类材质材料及制品安全；（5）蔬菜水果肉类等食品安全问题（见表7-2）。

表 7-2　2016—2020 年中国对外 SPS 通报涉及产品

年份	涉及产品
2016	1. 食品中农药最大残留量 2. 饲料卫生 3. 进境水生动物 4. 食品营养强化剂
2017	1. 动物性食品中兽药最大残留量 2. 食品中农药最大残留量 3. 食品添加剂
2018	1. 食品添加剂 2. 饲料添加剂 3. 香料物质和天然香料混合物 4. 调味品（混合味道） 5. 调味面制品 6. 学生营养餐操作指南 7. 食品营养强化剂 8. 癌症患者全营养配方食品 9. 糖尿病人全营养配方食品 10. 老年食品通则 11. 婴儿配方食品 12. 较大婴儿配方食品 13. 运动食品 14. 幼儿配方食品 15. 特殊医疗用途配方食品 16. 炎性肠病全营养配方食品 17. 食品接触复合材料及制品 18. 可食用血制品 19. 党参等 9 种物质按照既是传统食品又是中药材物质 20. 熟肉制品 21. 即食鲜切蔬果
2019	1. 炼乳、干酪、再制干酪 2. 饲料添加剂 3. 食品接触材料及制品用黏合剂 4. 食品营养强化剂 5. 食品中农药最大残留量、真菌毒素限量
2020	1. 检疫性有害生物名录 2. 进口木材

续 表

年份	涉及产品
2020	3. 食品接触用竹木材料及制品、油墨 4. 食品接触用纸和纸板材料及制品 5. 食品接触用金属材料和制品 6. 食品添加剂 7. 食品营养强化剂 8. 洗涤剂 9. 冷链食品 10. 预包装食品营养标签 11. 食品中农药最大残留量、污染物最大限量 12. 散装即食食品中致病微生物等 13. 调制乳、发酵乳、乳清粉和乳清蛋白粉、饮料、加工乳酪和乳酪产品等乳制品 14. 微生物食品培植 15. 酒酿

资料来源：根据中国 WTO/TBT-SPS 通报咨询网整理。

出口至韩国的中国企业需重点关注韩国对外 SPS 通报，韩国对外 SPS 通报涉及产品近五年并未出现较大变动（见表7-3）；但基于国际环境变化和韩国国内动植物检验检疫标准及生物安全问题，韩国会对外发布即时 SPS 通报，中国企业应警惕可能发生的风险。

表7-3　2016—2020年韩国对外 SPS 通报涉及产品

年份	涉及产品
2016	1. 鱼产品 2. 畜产品 3. 儿童膳食 4. 禁止宿主 5. 转基因食品 6. 兽用消毒剂 7. 畜产品标准和规范 8. 家禽种蛋 9. 日孵雏鸡 10. 动物园展出偶蹄类动物
2017	1. 明胶和胶原蛋白 2. 畜产品 3. 进口水产品

年份	涉及产品
2017	4. 食品器具、容器和包装 5. 转基因食品 6. 健康功能产品 7. 兽药产品 8. 食品添加剂
2018	1. 食品添加剂 2. 活转基因生物 3. 胡萝卜 4. 禁止寄生植物 5. 禁止宿主 6. 保健/功能食品 7. 食品器具、容器和包装 8. 畜产品
2019	1. 检疫性有害生物 2. 食品添加剂 3. 保健功能食品 4. 鱼产品 5. 偶蹄类动物天然肠衣 6. 兽药产品 7. 禁止宿主 8. 儿童偏好食品 9. 动物蛋白饲料 10. 畜产品 11. 草秆与草料
2020	1. 保健功能食品 2. 检疫性有害生物 3. 食品器具、容器和包装 4. 畜产品 5. 圈养和野生哺乳动物 6. 食品添加剂 7. 水生生物 8. 禁止宿主

资料来源：根据中国 WTO/TBT-SPS 通报咨询网整理。

(三)通报目标和理由

2016—2020年,中韩两国就紧急和常规通报而言,以食品安全为由的通报数量最多,为282件。其次是动物保护,为36件。植物保护、保护国家免受有害生物的其他危害、保护人类免受动/植物有害生物的危害的通报数量分别为14件、3件和7件。这说明中韩进行SPS通报领域集中在本国动物保护以及食品安全等方面(见表7-4)。

表7-4 2016—2020年中韩向世界贸易组织递交SPS通报目标和理由

国家/原因	食品安全	动物保护	植物保护	保护国家免受有害生物的其他危害	保护人类免受动/植物有害生物的危害
韩国	144	22	13	1	4
中国	138	14	1	2	3

资料来源:根据中国WTO/TBT-SPS通报咨询网整理。

(四)通报热点

食品安全方面,第一类是与食品相关的技术法规、国家标准、禁令以及法规修改的SPS通报,该类通报数最多;第二类是有关家禽类的饲料添加剂、进口的兽医条件、兽医卫生的管理规定;第三类是有关种植或繁殖植物疾病、进口农业器械的规定;第四类是关于进口生物检疫方面的认证要求。

2020年中国对外进行SPS通报51件,相比2019年的33件,增长了54.55%。其中,涉及食品安全的SPS通报为49件,主要针对食品添加剂,如丁香酚、越橘红、磷脂、碳酸锰等。另外,部分涉及食品安全的SPS通报是与食品微生物最大含量相关的国家标准,如霉菌素、农药等。涉及植物保护和保护国家免受有害生物的其他危害的通报为1件,是关于增补中国检疫性有害生物名录(草案)的通知,将番茄褐色皱纹果病毒、玉米矮花叶病毒、马铃薯斑纹片病毒、乳状耳形螺以及玫瑰蜗牛5种有害生物列入了名录。涉及保护人类免受动/植物有害生物的危害的通报也有1件,覆盖原木及锯材,但不包括木质包装材料、木制品和竹制品。可以看出,中国对食品安全的重视程度远超过其他领域,尤其对食品添加剂、微生物含量等颁布了详细的管理办法,以提高中国进口食品的标准。

2020年韩国对外进行SPS通报42件,相对于2019年的56件,减少了25%。其中,涉及食品安全的SPS通报为31件,主要针对食品、食品添加剂、保健功能食品标准与规范进行拟定修改。涉及动物健康的SPS通报为3件,主要是修改水生生物疫病控制法案执行规则和起草目的是尽量减少动物传染病风险的草案。涉及植物保护的SPS通报为6件,包括增加检疫性有害生物名单、更新了叶缘焦枯病菌寄主及病毒载体的分布区、禁止进口斑马片的寄主部分等。涉及保护人类免受动/植物有害生物的危害的SPS通报有2件,主要针对韩国限制进口的货物,如进口可能传播9种疫病的野生动物,均要事先获得批准,以保护生态系统与人类免受野生动物疾病的危害。显然,韩国对食品安全的重视程度较高,主要是针对食品、食品添加剂以及保健功能食品标准与规范进行修订,以提高韩国的食品安全等级。

随着我国对外贸易规模的不断扩大,面临的卫生和植物卫生种类和来源地问题越来越广泛。我国在《国家中长期科学与技术发展规划纲要(2006—2020年)》中,将食品安全与出入境检验检疫,研究食品安全和出入境检验检疫风险评估、污染物溯源、安全标准制定、有效监测检测等关键技术,开发食物污染防控智能化技术和高通量检验检疫安全监控技术,由以前从属的国际贸易领域改为公共安全领域,将检验检疫作为治理非传统安全问题的一个重要手段。

对国内企业来说,当出口的产品面临进口国家歧视性贸易壁垒与以卫生和植物卫生为由的贸易限制时,应充分利用政府、行业协会等相关机构,主动收集数据和资料,积极寻求中国WTO/TBT-SPS国家通报咨询中心、当地海关或者当地评议机构的援助,参与海关部门组织的通报评议,提出要求国外推迟、更改,甚至取消实施相关措施的意见和建议,最大限度地减少此类技术性贸易壁垒带来的损失。

对国内相关部门来说,应积极成立争端解决小组,充分利用两国合作机制,向相关联络点提出磋商建议,抓住世界贸易组织每年召开卫生和植物卫生措施委员会例会时机,指出其他世界贸易组织成员拟实施或已实施的不符合《技术性贸易壁垒协定》《实施卫生与植物卫生协定》原则,对贸易造成不必要障碍的措施和做法,提出"特别贸易关注",敦促其他成员对相关措施进行澄清、修改、废止、推迟实施等。①

第三节 技术性贸易壁垒

中韩自贸协定第六章技术贸易壁垒包括目标、范围和定义、标准、技术法规、合格评定程序、透明度、合作等15条内容。为增进对彼此标准、技术法规与合格评定程序的了解,加强合作,以及在标准、技术法规与合格评定程序领域的信息交流,降低贸易成本,推动和促进双边贸易发展;确保标准、技术法规与合格评定程序不会对贸易构成不必要的障碍。

一、规则解读

（一）范围和定义

本章适用于中央政府机构制定、采用和实施的可能影响双边货物贸易的所有标准、技术法规与合格评定程序。

（二）标准和技术法规

1. 标准

在制定、采用和实施标准时,双方应确保本国标准化机构接受和遵守世界贸易组织《技术性贸易壁垒协定》附件3的规定。双方应鼓励各自领土内的标准化机构与对方标准化机构合作。这些合作应包括但不限于标准方面的信息和经验。如需要制定技术法规或合格评定程序,而相关国际标准已经存在或即将拟就,各方应使用这些国际标准或其中的相关部分作为其技术法规或合格评定程序的基础,除非这些国际标准或其中的相关部分对达到其追求的

---

① 参见中国 WTO/TBT-SPS 国家通报咨询中心,http：//www.tbt-sps.gov.cn/page/cwtoz/Indexquery.action。

合法目标无效或不适当。

在确认世界贸易组织《技术性贸易壁垒协定》所述的国际标准是否存在时,双方应考虑世界贸易组织下设的技术性贸易壁垒(WTO/TBT)委员会的决议。此类国际标准应包括但不限于国际标准化组织(ISO)、国际电工委员会(IEC)、国际电信联盟(ITU)、国际食品法典委员会(CAC)颁布的国际标准。

2. 技术法规

中韩双方应积极考虑将对方技术法规作为等效法规,即使这些法规不同于自己的法规,只要其足以实现与自身法规相同的目标就应予以接受。如果一方不接受,应对方要求,应对不予接受的原因作出解释。

(三)合格评定程序、透明度及合作

1. 合格评定程序

诸多机制可以便利承认对方领土内作出的合格评定结果。例如:

(1)一方可与另一方达成一致,接受对方境内机构根据特定技术法规作出的合格评定;

(2)一方可采用认可程序授予另一方境内合格评定机构资格;

(3)一方可指定另一方境内的合格评定机构;

(4)一方可承认另一方境内作出的合格评定结果;

(5)双方境内的合格评定机构可以自行安排,接受彼此评定结果;

(6)进口方可信任供应商的合格声明。

双方应就制定和实践上述第一款提及的方法及其他适当方法交流经验,鼓励合格评定机构之间开展合作,以便利合格评定结果的相互认可。各方应确保其合格评定程序的制定、采用和实施,以不低于给予本国同类产品供应商的条件使源自对方领土的产品获得准入。一方应积极考虑另一方关于就合格评定结果互认安排进行谈判的请求。

2. 透明度

双方向世界贸易组织通知登记中心通报其技术法规和合格评定程序时，应给予不少于60天的评议期，双方应确保及时公布其采用的技术法规和合格评定程序，或通过其他有效方式使另一方及另一方的利益相关人知晓。

3. 合作

双方要加强在技术法规、标准和合格评定程序领域的合作，目的是增强对各自管理体系的理解、提高技术能力并促进能力建设活动的开展。同意就对方在本国境内设立和经营合格评定机构展开合作。双方同意在制定新技术和新功能产品的标准、技术法规、合格评定程序方面分享信息和经验。应鼓励各自的国家认证机构成为国际电工委员会电工产品合格测试与认证组织关于电工产品测试证书的相互认可体系（IECEE-CB）的成员，接受彼此由该体系颁发的测试证书，并将其作为电气安全认证的基础，以减少重复检测和认证要求。

4. 边境措施

如果一方因发现未满足技术法规或合格评定程序而在入境口岸扣留来自另一方的货物，包括用于合格评定检测的样品，应向进口方或其代表迅速通报扣留原因。

（四）标识和标签

确保包括强制性标识或标签在内的技术法规的制定、采用或实施的目的或效果不能对国际贸易形成不必要壁垒，且不得超过为实现合法目标所必需的限度，对强制性标识或标签作出要求。

（五）技术性贸易壁垒委员会

技术性贸易壁垒委员会由以下机构负责协调：

中国：国家质量监督检验检疫总局，或其继任者；[1]

韩国：韩国技术标准局或其继任者。

---

[1] 目前中国海关总署作为中国联系点。

委员会的主要职责为促进技术性贸易壁垒的实施以及双方与此有关的合作；监督和鼓励技术性贸易壁垒的实施、执行和管理；迅速处理一方提出的有关标准、技术法规和合格评定程序的制定、采用、应用或实施的问题；就标准、技术法规和合格评定程序进行信息交流。委员会应通过包括电子邮件、电话会议、视频会议或其他方式来开展工作。另一方要求所提供的任何信息或解释，一方应尽力在60天内以纸质或电子的形式逐一回应。

对本章下产生的任何事项，任何一方都不得诉诸于第二十章（争端解决）。

二、2016—2020年TBT通报情况

（一）通报数量

2016—2020年中国和韩国分别向世界贸易组织进行了376件和342件TBT通报（见图7-3）。

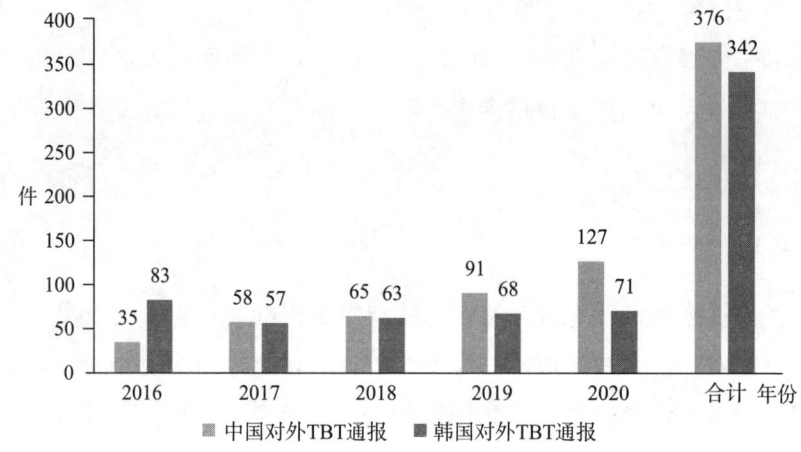

图7-3　2016—2020年中国与韩国对外TBT通报数量

资料来源：根据中国WTO/TBT-SPS通报咨询网整理。

（二）通报涉及产品

中国对外TBT通报数量较多，进口企业需重点关注。通过分析2016—2020年中国对外TBT通报涉及产品，企业应重点关注：（1）电气设备基本安

全和基本性能专用要求;(2)车辆污染物排放限值及测量方法;(3)化妆品、药品安全和质量管理;(4)电器及器械的能效限定值及能效等级;(5)产品中有害物质限值;(6)医疗卫生技术等。

在对 TBT 通报的梳理中发现,中国对外 TBT 通报覆盖的产品种类越来越多,企业应多加注意(见表7-5)。

表7-5　2016—2020年中国对外 TBT 通报涉及产品

年份	涉及产品
2016	1. 新能源汽车生产企业及产品准入管理规定 2. 体外诊断试剂 3. 医疗器械 4. 轻型汽车污染物排放限值及测量方法 5. 坐便器水效限定 6. 轻型汽车能源消耗 7. 轻便摩托车污染物排放限值及测量方法 8. 汽车、挂车及汽车列车外廓尺寸、轴荷及质量限值 9. 化学物质 10. 保健食品 11. 钢质无缝气瓶 12. 婴幼儿配方乳粉 13. 船用燃烧油 14. 特殊医学用途配方食品
2017	1. 商用燃气燃烧器具 2. 道路运输爆炸品和剧毒化学品车辆安全技术条件 3. 交流接触器能效 4. 重型商用车辆燃料消耗量限值 5. 瓶装液化石油气房间空气调节器用全封闭型电动机 6. 进口可用作原料的固体废物环境保护控制标准 7. 药品 8. 电器电子产品有害物质 9. 摩托车乘员头盔 10. 商品煤质量 11. 船舶水污染物排放标准

续 表

年份	涉及产品
2018	1. 防盗保险柜（箱） 2. 化妆品 3. 金库门 4. 可燃气体探测器 5. 除尘器能效限定值 6. 防爆电器产品 7. 道路和隧道照明用具 8. 室内照明用LED产品 9. 洗碗机能效水效 10. 污水处理用潜水搅拌机、旋转曝气机 11. 商用制冷器具 12. 单元式空气调节机 13. 通过式金属探测门 14. 微剂量X射线 15. 手持式金属探测器 16. 医疗器械 17. 玩具及童车类产品 18. 室内消火栓 19. 空气净化器 20. 自动喷水灭火系统 21. 原油 22. 进出口预包装食品标签检验监督管理办法
2019	1. 乘用车燃料消耗量 2. 信息技术设备 3. 可燃气体探测器 4. 木器涂料中有害物质 5. 油墨中可挥发有机化合物含量 6. 建筑用墙面涂料中有害物质 7. 船舶涂料中有害物质 8. 室内地坪涂料中有害物质限量 9. 清洗剂挥发性有机化合物 10. 自动喷水灭火系统 11. 车辆涂料中有害物质 12. 工业防护涂料中有害物质 13. 胶黏剂挥发性有机化合物 14. 智能坐便器能效水效 15. 眼科仪器 16. 蓄热式轧钢加热锅炉 17. 坠落防护水平生命线装置

续　表

年份	涉及产品
2019	18. 抗菌和抑菌洗剂 19. 防化学品鞋 20. 药品 21. 防护服 22. 容积式空气压缩机 23. 水嘴水效 24. 消防车 25. 安全帽 26. 房间空气调节器 27. 电焊机能效 28. 普通照明用 LED 平板灯能效 29. 消防炮 30. 呼吸防护 31. 手部防护 32. 淋浴器水效 33. 肥料 34. 汽车 35. 婴幼儿配方奶粉 36. 木牙签 37. 进口药材质量管理 38. 化妆品
2020	1. 化妆品 2. 牙膏 3. 安全带 4. 平板玻璃，移动电话电磁辐射暴露限值 5. 防护服 6. 防护手套 7. 硅酸盐水泥 8. 岩棉防护具 9. 医用电气设备 10. 车辆、船和内燃机无线电骚扰特性 11. 空调机组能效限定值及能效等级 12. 含铜宫内节育器 13. 儿童青少年学习用品近视防控卫生要求 14. 凿岩机械与气动工具安全要求 15. 室内装饰装修材料 16. 网络关键设备安全技术要求 17. 锌负极原电池汞镉铅含量限制 18. 饲料加工

续 表

年份	涉及产品
2020	19. 限制商品过度包装
	20. 音视频、信息技术和通信技术设备
	21. 升降工作平台安全规则
	22. 机动车玻璃
	23. 连铸机
	24. 肥料标识、内容和要求
	25. 固定式电子设备
	26. 埋刮板输送机
	27. 汽车和挂车
	28. 固体氰化物包装
	29. 离心机安全要求
	30. 汽车转向系
	31. 商用车驾驶室乘员保护
	32. 自动喷水灭火系统
	33. 油墨中部分重金属的限量
	34. 干粉灭火器
	35. 摩托车轮胎
	36. 柜式气体灭火装置
	37. 手表外观件中有害物质限量
	38. 家用卫生杀虫物品
	39. 消防联动控制系统
	40. 牙刷及口腔器具
	41. 乘用车燃料消耗量限值
	42. 国家电气设备
	43. 气瓶安全
	44. 燃气容积式热水器
	45. 有机热载体
	46. 摩托车乘员扶手和脚踏
	47. 变性燃料乙醇
	48. 城镇燃气调压器和调压箱
	49. 粮食作物种子
	50. 饲料添加剂
	51. 燃气燃烧器具安全
	52. 商用电磁炉
	53. 无线电发射器
	54. 药品
	55. 民用无人机
	56. 道路机动车辆准入新技术、新工艺、新材料
	57. 安全鞋

续　表

年份	涉及产品
2020	58. 稀土产品的包装、标志、运输和储存 59. 酸性电解水生成器 60. 电力变压器 61. 平板电视与机顶盒 62. 电动机能效限定 63. 通风机能效 64. 婴幼儿用奶瓶和奶嘴 65. 啤酒瓶

图 7-4 显示了中国在 2020 年的通报产品分类。其中，医药卫生技术遭到的 TBT 通报最多，共有 32 件，占总 TBT 通报的 25.81%。其次是环保、保健与安全，有 20 件，占总 TBT 通报的 16.13%。化工技术、能源和热传导工程

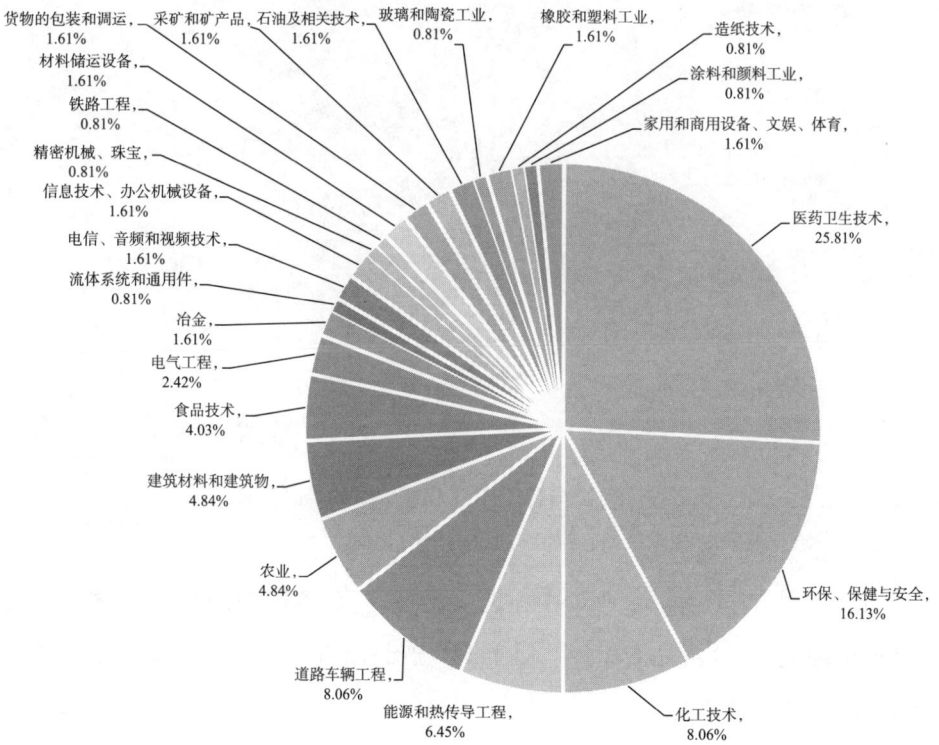

图 7-4　2020 年中国 TBT 通报涉及的产品分类

数据来源：根据中国 WTO/TBT-SPS 通报咨询网整理。

分别有10件和8件,分别占总TBT通报的8.06%和6.45%。其余行业的通报数较少。

图7-5显示了韩国在2020年的通报产品分类。其中,医药卫生技术遭到的TBT通报最多,共有19件,占总TBT通报的27.14%。其次是电气工程和食品技术,分别有6件,各占总TBT通报的8.57%。其余行业的通报数均较小,例如,道路车辆工程有5件,占7.14%;铁路工程和化工技术分别有4件,各占5.71%。

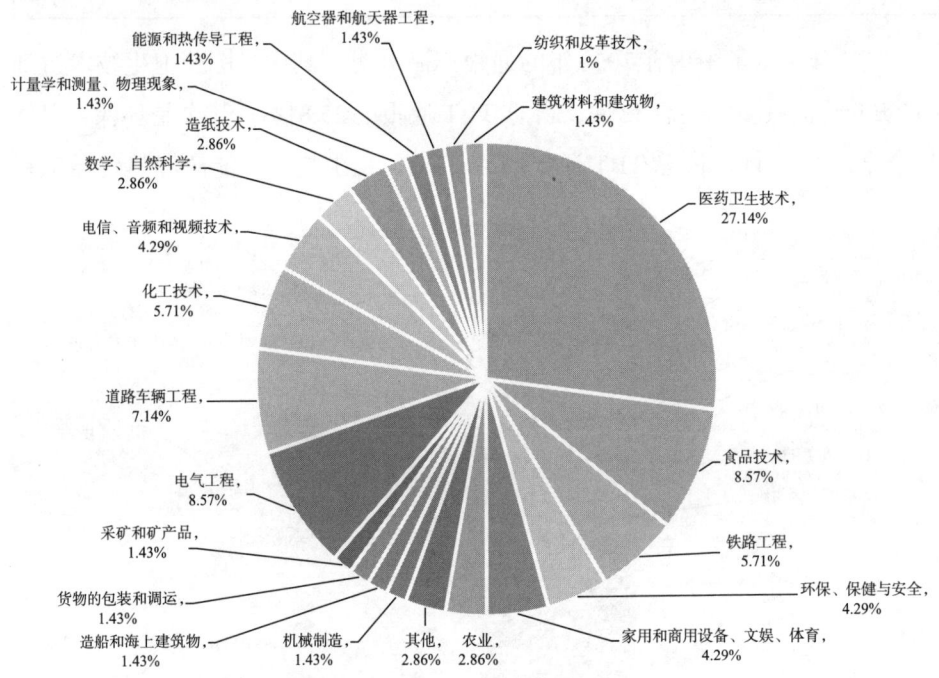

图7-5　2020年韩国TBT通报涉及的产品分类

数据来源:根据中国WTO/TBT-SPS通报咨询网整理。

韩国对外TBT通报主要集中在四大类产品:(1)医美产品;(2)机动车;(3)通信终端;(4)食品安全等。以上四类产品出口企业应及时关注韩国对外TBT通报(见表7-6)。

表7-6　2016—2020年韩国对外TBT通报涉及产品

年份	涉及产品
2016	1. 化妆品 2. 药品 3. 健康功能产品 4. 医疗设备 5. 功能性保健食品 6. 畜产品 7. 机动车及零件 8. 无线电通信设备 9. 能源管理设备 10. 电器和工业产品 11. 兽药产品 12. 无线电广播服务设备 13. 儿童饮食 14. 家具 15. 木材产品 16. 纺织品和皮革制品 17. 儿童产品 18. 婴儿纺织品
2017	1. 消费化学品和生物杀菌剂 2. 医疗设备 3. 保健功能食品 4. 化妆品 5. 电器和工业产品 6. 生物产品 7. 兽医消毒剂 8. 汽车风挡玻璃 9. 铁路组件技术 10. 木材 11. 广播通信设备 12. 锂电池蓄电池 13. 能效管理设备 14. 清洁与卫生设备 15. 汽车及零部件 16. 清洁与卫生产品

续 表

年份	涉及产品
2018	1. 机动车及零部件 2. 木材 3. 电信终端设备 4. 化妆品 5. 电动车辆充电器和部件 6. 健康功能食品 7. 麻醉品 8. 转基因食品 9. 畜产品 10. 电器及工业产品 11. 清洁卫生产品 12. 能效管理设备 13. 消费化学品和生物杀毒剂 14. 医疗设备 15. 活性物质 16. 消费化学品 17. 塑料制品 18. 电信终端设备 19. 二次锂电池
2019	1. 医疗设备 2. 化学品 3. 健康功能食品 4. 兽药产品 5. 清洁及卫生产品 6. 有机化妆品 7. 电动汽车充电器及部件 8. 户外运动设备 9. 药品 10. 便携式梯子 11. 生物制品 12. 木制品 13. 化妆品 14. 伞和遮阳伞 15. 机动车及零部件 16. 儿童产品 17. 电信终端设备 18. 个人电动车

续 表

年份	涉及产品
2019	19. 保健功能食品 20. 电磁兼容性技术 21. 体外诊断设备
2020	1. 消费化学品 2. 化妆品 3. 空气净化器 4. 手持式电动花园鼓风机 5. 真空吸尘器 6. 电池充电器 7. 电池和电信设备 8. 先进再生医学 9. 先进生物制品 10. 电信终端设备 11. 机动车及零部件 12. 电动个人移动设备 13. 气枪 14. 医疗设备 15. 医疗设备软件 16. 婴幼儿化妆品安全数据 17. 航空无线电设备 18. 先进生物制品 19. 电磁兼容性技术 20. 体外诊断医疗设备 21. 木制品

资料来源：根据中国 WTO/TBT-SPS 通报咨询网整理。

（三）通报依据的条款

通过分析 WTO/TBT 通报文本，可以发现，中国主要依据《技术性贸易壁垒协定》中的第2.9.2、第2.10.1、第5.6.2和第5.7.1条对技术法规、标准和合格评定程序进行通报，具体如下：

第2.9.2条：关于中央政府机构拟议的技术法规的通报要求；

第2.10.1条：关于中央政府机构针对紧急情况技术法规的通报要求；

第5.6.2条：关于中央政府机构拟议的合格评定程序的通报要求；

第5.7.1条：关于中央政府机构对紧急情况下通过的合格评定程序的通报

要求。

图7-6显示了中国依据各项条款进行的TBT通报数量。就常规通报而言，涉及第2.9.2条技术法规通报数为109件，涉及第2.10.1条紧急情况下的技术法规通报零件，与第5.6.2条合格评定程序有关的TBT通报数为17件，涉及第5.7.1条紧急情况下的合格评定程序有零件。

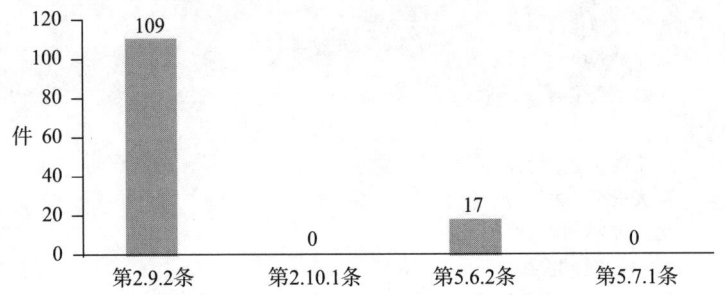

图7-6　2020年中国TBT通报依据的条款

资料来源：根据中国WTO/TBT-SPS通报咨询网整理。

通过分析WTO/TBT通报文本，可以发现韩国主要依据《技术性贸易壁垒协定》中的第2.9.2、第2.10.1、第5.6.2和第5.7.1条对技术法规、标准和合格评定程序进行通报，具体如下：

第2.9.2条：关于中央政府机构拟议的技术法规的通报要求；

第2.10.1条：关于中央政府机构针对紧急情况通过的技术法规的通报要求；

第5.6.2条：关于中央政府机构拟议的合格评定程序的通报要求；

第5.7.1条：关于中央政府机构对紧急情况下通过的合格评定程序的通报要求。

图7-7显示了韩国依据各项条款进行的TBT通报数量。就常规通报而言，涉及第2.9.2条技术法规通报数为52件，涉及第2.10.1条紧急情况下的技术法规通报9件，与第5.6.2条合格评定程序有关的TBT通报数为19件，涉及第5.7.1条紧急情况下的合格评定程序有4件。从此可以看出，相比标准而言，技术法规作为强制性文件，在严格程度上远远高于标准。

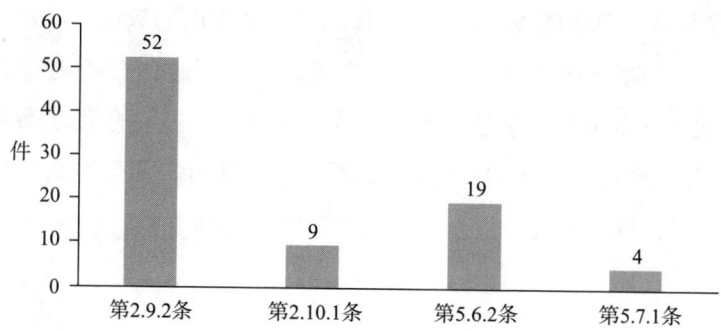

图7-7　2020年韩国TBT通报依据的条款

资料来源：根据中国WTO/TBT-SPS通报咨询网整理。

（四）通报的目标和理由

图7-8显示了2020年中国TBT通报的目标和理由的数量。就常规通报而言，保护人类健康和安全仍然是TBT实施的主要目标，TBT通报数量共有101件。其次，涉及质量要求以及与国际标准协调的TBT通报数量均为59件，防止欺诈，保护消费者利益25件，保护环境19件，这几项是TBT通报的主要目标和理由。其余涉及消费者信息，标签以及节约成本，提高生产力等目标的TBT通报数较少。

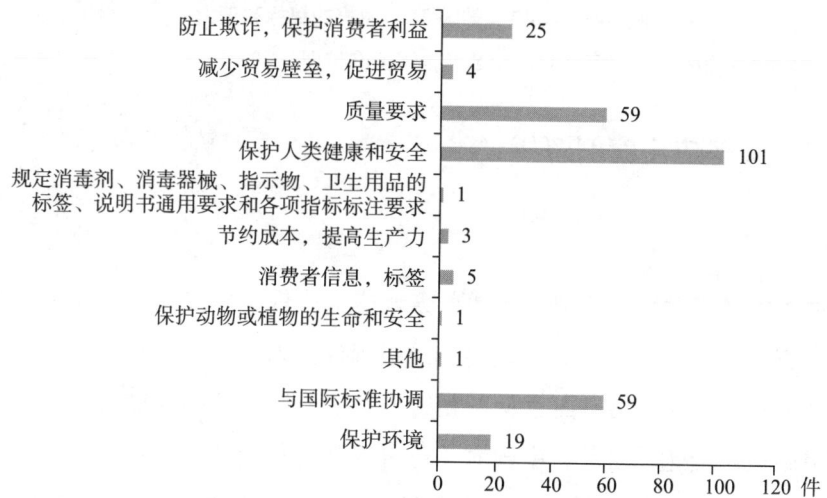

图7-8　2020年中国TBT通报的目标和理由

资料来源：根据中国WTO/TBT-SPS通报咨询网整理。

图7-9显示了2020年韩国TBT通报的目标和理由的数量。就常规通报而言，保护人类健康和安全仍然是TBT实施的主要目标，TBT通报数量共有42件。其次，涉及消费者信息、标签以及与国际标准协调的TBT数量分别为12件和10件，这几项是TBT通报的主要目标和理由。其余涉及减少贸易壁垒和促进贸易，保护环境等目标的TBT通报数较少。

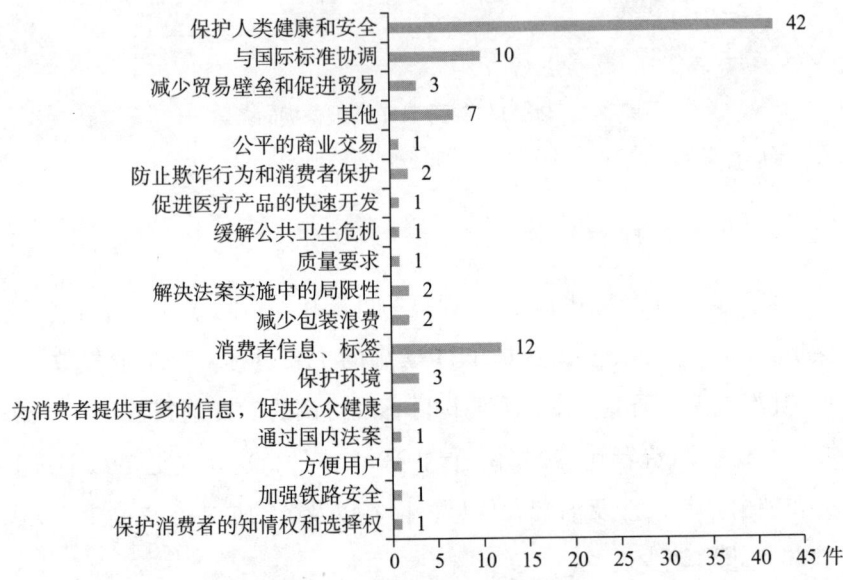

图7-9　2020年韩国TBT通报的目标和理由

资料来源：根据中国WTO/TBT-SPS通报咨询网整理。

三、实务应用案例解析

（一）案例

世界贸易组织成员在制/修订和实施技术法规、标准及合格评定程序等技术性贸易措施时，须向其他世界贸易组织成员通报，给予其他成员合理时间（通常为60天）提出书面意见，并给出答复，以保证其他成员及时了解并采取措施适应变化。目前，中国海关总署国际合作司负责海关系统技术性贸易措施通报评议工作，各地海关均有开展技术性贸易措施通报评议的职责。企业遇到新发布还未实施的技术性贸易措施，如认为其存在不合理、不科学要求,影响企业出口时,可向当地海关提出评议,积极参与海关部门组织的通报评议,提出要求推迟、更改甚至取消相关措施的意见或建议,报海关总署国际合作司、中华人民共和国 WTO/TBT-SPS 国家通报咨询中心对外发出意见,以维护产业利益。

韩国 2020 年 8 月向世界贸易组织通报的《保健功能食品标准与规范》草案,济南海关积极配合海关总署国际合作司、国家质量检验检疫总局标准法规中心开展对外评议工作,依据世界贸易组织规则提出其缺少外观检测方法及判断标准、部分物质制定标准缺少风险分析等评议意见,并通过中华人民共和国 WTO/SPS 通报咨询中心向韩方通报。韩国采纳中国意见并于 10 月 10 日回函,称其已在官网公布外观检测方法和判断标准,为中国保健功能食品合规出口韩国提供标准依据。

(二)企业如何应对技术性贸易壁垒

与卫生与植物卫生措施相似,技术性贸易壁垒对中国企业也具有双重影响,既会提高国内企业的技术水平以及在国际市场上的竞争力,短期内也会对一些产业和企业造成冲击。

影响技术性贸易壁垒因素多,解决全球信息不对称、"达标"环节成本高的问题需要构建信息共享、专家支撑、咨询服务三大平台,强化世界贸易组织规则技术性贸易壁垒协定、中韩自贸协定技术贸易壁垒研究,建立技术贸易壁垒预警机制,建立政府、行业协会、企业、学界四方联动机制,构建多体系应对技术性贸易壁垒的公共服务平台。目前,国内也有一批技术性贸易壁垒研究机构,如 2015 年由国家质量监督检验检疫总局标准法规中心(暨中国 WTO/TBT-SPS 国家通报咨询中心)与山东省质量技术监督局合作共建的"中国 WTO/TBT-SPS 国家通报咨询中心中韩自贸区研究基地";又如 2019 年由国家市场监督管理总局发展研究中心牵头成立的技术性贸易措施研究与服务联盟等。这些平台均已发挥作用,企业在遇到国外技术性贸易措施实施时间不清、细则不明、无法核实等问题,又无法通过其他渠道获取准确信息时,可直接向当地海关反映,通过海关总署国际合作司或 WTO/TBT-SPS 国家通报咨询中心对外咨询。

同时，中国企业也可以从以下几方面来应对贸易中的技术性贸易壁垒：一是对韩出口规模较大的企业可以设立专门的技术壁垒应对部门，全面、及时、准确地收集相关产品进出口信息，研究分析有关技术壁垒的动态信息资料，制定有针对性的应对策略。二是要进一步提升标准意识，引进国外先进的技术检测设备，制定严格与国际标准接轨的内部质量安全标准体系，并严格按照标准进行生产。三是调整产品资料、改进设备，加大技术研发和开发力度，调整产业结构，促进产业升级，打造高新技术产业。

第四节 知识产权规则

中韩自贸协定中的第十五章为知识产权章，共31个条款，以中韩双方的国内现行知识产权法律体制为基础，参考双方各自此前对外签署的自贸协定知识产权章节的相关内容，对双边经贸关系中重点关注的知识产权问题进行了较全面规定。在中国已签署的自贸协定中，中韩自贸协定的知识产权保护水平较高，与世界贸易组织《与贸易有关的知识产权协定》（TRIPS）相比有突破之处。本节拟对中韩自贸协定知识产权规则进行解读并结合案例进行说明。

一、规则解读

现阶段对中韩两国知识产权问题有约束力的协定主要是 TRIPS 和中韩自贸协定。随着经济发展与科技进步，虽然 TRIPS 已不能满足发达国家对于保护知识产权的诉求，但在目前所签订的所有协议中，对国际贸易知识产权保护仍最具影响力。中韩自贸协定在借鉴 TRIPS 规则和糅合中韩特色的基础上进行了实质性调整，中韩自贸协定中知识产权规则具体内容及解读如下：

（一）一般规定

中韩自贸协定的知识产权章涵盖了更多的国际公约，除了 TRIPS 协定中包括的基础性条约外，还纳入了诸多与知识产权相关的国际条约，加强了对缔约方知识产权的保护力度。TRIPS涵盖的国际条约有《巴黎公约》《伯尔尼公约》《罗马公约》《关于集成电路的知识产权条约》。而中韩自贸协定除上述之外，还包括《专利合作条约》《国际承认用于专利程序的微生物保存布达佩斯条约》《商标注册用商品和服务国际分类尼斯协定》《商标国际注册马德里协定有关议定书》《世界知识产权组织表演和录音制品条约》《世界知识产权组织版权条约》《保护录音制品制作者防止未经许可复制其录音制品公约》《国际植物新品种保护公约1978》及《建立世界知识产权组织公约》。此外，该协定认同《TRIPS协定与公共健康宣言》中确立的原则，并重申落实《TRIPS协定与公共健康多哈宣言》的决议。中韩自贸协定第十五章在重申遵守缔约双方均已加入的已有国际协定下，通过知识、技术和创造性作品的传播，促进国际贸易以及经济、社会和文化发展；为知识产权权利人及使用者提供知识产权保护和执法方面的确定性；促进知识产权执法。

中韩自贸协定充分利用了现有国际公约/条约对知识产权的保护，随着涵盖公约/条约范围的扩大，对中韩企业知识产权的保护力度也在增强。

（二）版权和相关权

中韩自贸协定第十五章第二节为版权和相关权，共包括5条内容：版权和相关权的保护、广播和向公众传播、技术措施的保护、权利管理信息的保护、限制与例外。

版权条款承诺按照缔约双方均已签署的国际协定的义务，向作品、表演、录音制品和广播的相应作者、表演者、录音制品制作者以及广播组织提供并确保充分和有效的保护。将广播和公众传播、技术措施的保护、权利管理信息的保护等条款作为强劲和平衡条款。中韩自贸协定在版权体系下保留了限制和例外条款，各缔约方应将对专有权的限制和例外规定限于某些特殊情况，使之不影响作品、表演、录音制品或广播的正常使用，也不会损害权利人的正当利益，以此来寻求相对平衡。

中韩自贸协定在沿用TRIPS关于知识产权所有者的相关权力之外，延长了 TRIPS 对于广播的保护期,"广播的保护期不得少于广播首次播出之日起 50 年,无论是以有线还是无线方式播出,包括通过有线电缆或卫星"。因此,企业要注意广播保护期的延长问题。

(三)商标

缔约双方应给予商品或服务的商标权利人充分和有效的保护;注册商标所有人应当享有专有权;具有欺骗性的标记不得作为商标使用且不得注册为商标。缔约任何一方都不得将标记必须视觉上可以感知作为一项注册条件,也不得仅以标记由声音构成为由而拒绝注册一项商标。这是与 TRIPS 的不同之处,TRIPS 各成员要求,任何标记或标记的组合应为视觉上可感知的。因此,企业要注意声音商标也是受到保护的,不要对韩国声音商标造成侵犯。

在符合一定条件的情况下,各缔约方可对商标所赋予的权利规定例外,例如,合理使用描述性术语,条件是此种例外要考虑到商标所有人和第三方的正当利益。

中韩自贸协定对驰名商标加强了保护,该条款对驰名商标的认定、复制、摹仿、翻译等情况作出了界定,并对上述情况制定了适当措施,维护驰名商标所有人的利益。驰名商标是品牌知名度的代表,对企业品牌形象十分重要,能为企业带来经济效益。因此,中国企业应及时对驰名商标进行注册,维护自身利益。

各缔约方应设置商标注册机制,使申请人享有回复商标主管机关有关通知、对初步驳回决定提出复审、对最终驳回决定申请司法审查的机会,利害关系人享有在注册前对商标注册申请提出异议、对已经获得注册的商标提出撤销或申请无效的机会。这对企业而言,是商标注册申请的一种便利机制。

(四)专利和实用新型

中韩自贸协定对专利的获得、例外进行了明确界定。各缔约方可以根据国内法律法规在加快审查的议题上加强合作。

尽管中韩自贸协定并没有对保护方式进行详细规定,但与 TRIPS 未把实用新型纳入专利保护对象相比,也是一种进步。中韩双方已建立了实用新型制度,同意通过交换有关实用新型法律法规的信息和经验,在实用新型法律框架方面加强合作。这有利于双方企业对相关制度的了解利用,便于实务操作。此外,中韩自贸协定规定,涉及实用新型的纠纷,在缔约方没有规定实质审查的情况下,法院可以要求原告出具由有权机构基于现有技术检索所做的评价报告,作为审理实用新型侵权纠纷的证据,这是对受害企业的一种保障。

(五)遗传资源、传统知识和民间文艺

双方承认并且重申《生物多样性公约》的原则,根据国际权利与义务以及国内法律,可采取或者保持促进生物多样性以及公平利用遗传资源和传统知识所产生的惠益的措施,在此领域展开合作,推动遗传资源、传统知识和民间文艺对科学、文化和经济发展继续作出贡献。

该条款是中韩自贸协定特有的内容,凸显了中韩特色,突破了TRIPS协定对知识产权的保护范围。中韩两国,特别是中国有着丰富的遗传资源、传统知识和民间文艺。在该条款下企业进入韩国市场时会受到保护,使相关企业可以更加放心地进行文化交流,避免文化剽窃。

(六)植物新品种保护

缔约双方应遵守对方关于植物新品种保护的规则,并对植物新品种育种者给予充分和有效的保护;应加强在植物新品种测试方面的合作,以提高效率;涉及受保护品种繁殖材料的相关活动应获得育种者授权。

该条款是对《国际植物新品种保护条例》(UPOV)的遵守与沿用,对于中国植物新品种开发企业利好。

(七)未披露信息

双方应依据TRIPS协议第39条保护未披露信息。

(八) 工业品外观设计

双方应确保其国内法律给予工业品外观设计充分和有效的保护,并设立一个保护期。在符合一定条件的情况下各方可以对受保护的外观设计规定例外。

中韩自贸协定以将许诺销售纳入权利人有权禁止的方式赋予权利人更大的权利,这意味着给予了专利权更为有效、更为广泛的法律保护,可以及时制止侵权行为,减少权利人的损失,进一步加强了对工业品外观设计专利权人的保护力度。

(九) 知识产权的取得与存续

双方的知识产权取得形式为授予或注册,应确保授权或注册程序与TRIPS协议,特别是第62条保持一致。

(十) 知识产权的执行

第十五章第十节为知识产权的执行,共包括8条内容,分别为一般义务、作者身份推定、民事和行政程序和救济、临时措施、有关边境措施的特殊要求、刑事程序和救济、反网络版权重复侵权的措施、提供侵权人信息的要求。

1. 一般义务

与知识产权执法有关的最终司法判决和普遍适用的行政裁决应以其国家语言公布,或者采取其他公众可以获取的方式,以使政府和权利人能够知悉这些判决和裁决。各缔约方可根据法律法规设定例外情况。各缔约方公开提供有效知识产权执法等信息。

2. 作者身份推定

在版权或相关权的民事、行政和刑事程序中,各缔约方应当设置这样一种推定,即在缺乏相关证据的情况下,以通常方式表明其姓名的人是该作品、表演、录音制品或广播的权利人。

3. 民事和行政程序和救济

中韩自贸协定中对争议的解决方式较为丰富,增加了许多细节,赋予了司法机关对侵权行为的更高处罚权,保护了权利所有者的利益。针对侵权行为，权利人可利用任何与知识产权执法有关的民事司法程序，要求侵权人向权利人支付赔偿金，以弥补侵权行为对权利人造成的所有伤害。此外，权利人还可要求销毁盗版或假冒货物及相关材料工具，司法机关还对权利人相关信息进行了保护。

4. 临时措施

各方应规定其司法机关在适当情况下，可以基于临时措施请求单方作出迅速反应。

5. 有关边境措施的特殊要求

各方应根据国内法，阻止侵犯知识产权的货物的流通，或扣留此类货物。中韩自贸区扩大了该措施的应用范围，且界定了"侵权"范围，这也是在TRIPS条款上的一大进步。权利人在提供涉嫌侵权的相关信息后，可以请求海关保护其权利，海关也给予权利人申请启动中止放行货物程序的机会。

6. 刑事程序和救济

各方应当规定刑事程序和处罚。中韩自贸协定提高了对权利所有者的保护，规定了其司法机关有权扣押涉嫌假冒或盗版货物、用于实施侵权行为的材料和工具、与侵权有关的文件证据和任何可追踪至侵权行为的资产。这也是 TRIPS 条款的一个体现。条款还规定，相关司法机关有权扣押被控侵权的货物和任何主要用于生产侵权货物的材料和工具，并且有权扣押与侵权有关的文件证据。主要用于生产侵权货物的材料和工具应当迅速予以销毁且不给予任何补偿，或以使侵权的风险最小化的方式将其排除在商业渠道之外且不给予任何补偿。

7. 反网络版权重复侵权的措施

各方应采取有效措施，减少在互联网或其他数字网络上的版权和相关权的重复侵权行为。该措施是 TRIPS 条款中未提及的，对相关企业在数字环境下的侵权行为敲响了警钟，响应了时代要求。

8. 提供侵权人信息的要求

各方可以设置行政或司法程序，使已经发出有效侵权指控通知的版权人或相关机构能够从服务提供商那里迅速获取其所掌握的识别被控侵权人的信息。

（十一）其他条款

在本协定建立的框架之下，已有合作形式之外，各缔约方应积极交换相关信息，合作互助。

本条款规定了委员会的职能及召开会议的要求。

由上述可见，中韩自贸协定在借鉴 TRIPS 规则和融合中韩特色的基础上进行了实质性调整，保护力度增强，保护措施更加完善。中国企业可以在事前申请相关专利、商标、版权等保护自身利益；在发现他方侵权后，可运用民事司法程序或向相关司法机关寻求帮助；针对侵权货物，可请求海关中止放行，进而要求销毁及赔偿。

中韩自贸协定知识产权章尚未包含地理标识、集成电路布图设计、对协议许可中限制竞争行为的控制等条款。但该协定仍对中国与其他国家签订自贸协定具有示范意义。

二、实务应用案例解析

知识产权是企业的核心竞争力、发展推动力，并逐渐作为一种生产要素，融入企业的生产活动中，为提升企业的经济效益作出巨大贡献。自贸协定中知识产权相关规则的签署，一方面保护了企业的知识产权，推动企业进行知识产权的创新，为刺激企业创新提供了制度支持，可以促进企业大力创新、升级转型。另一方面，知识产权规则使企业面对较高的知识产权贸易壁垒，增加了技术的传播成本，且中国自贸规则的实践基础薄弱，对技术追赶产生了一定的制约。因此，对企业来说如何利用中韩自贸协定知识产权相关规则趋利避害尤为重要。

案例：华为诉三星的专利侵权

2016年5月，华为公司分别在美国和中国向三星公司提起知识产权诉讼，并要求三星公司就其知识产权侵权行为对华为进行赔偿，这些知识产权包括涉及通信技术的高价值专利和三星手机使用的软件。这是中国企业第一次通过法律手段向国外手机巨头要求专利权。三星和华为的专利侵权战持续了两年之久，最终裁定三星公司共计22款产品构成专利侵权，并赔偿华为8000万元经济损失。

本案例是在中韩自贸协定规则约束下发生的，中韩自贸协定知识产权专章第四节对专利保护作出明确规定，在遵守总则和国际协定的前提下，所有技术领域的任何发明，不论是产品还是方法，只要是新颖的、包含创造性并且能在产业上应用的，都可以获得专利。虽然可以对专利的专有权规定有限的例外，但不能损害专利所有人的合法利益。由此可见，在中韩自贸协定框架下，华为利用知识产权规则有效地维护了自身权益，并让侵权方付出了不可忽视的代价。

三、企业如何利用自贸协定中的知识产权规则

（一）利用相关规则，保护企业知识产权

了解知识产权规则，完善相关制度体系。中国企业尤其是研发企业应树立产权保护意识，深入学习中韩自贸协定中知识产权规则，既能利用知识产权规则保护自身，提高企业技术创新的积极性，又能将知识产权规则作为武器抵制对方国家的侵权行为，保护我方利益。另外，在中韩自贸协定升级谈判过程中，可积极参与规则制定，通过中国国际贸易促进委员会、商务部、国家知识产权局等国家机关以及地方对应机构反映企业的知识产权诉求，并在升级谈判中予以考虑，最终享受规则红利。

（二）规避侵权问题，提高企业竞争力

首先，企业应积极主动获取并利用已签订自贸协定中有关知识产权的规则，确保对外贸易产品满足中韩自贸协定中的知识产权规则。例如，由于中韩自贸协定把声音纳入商标保护范围，中国企业需要额外注意在出口商品中是否含有已在国外注册的声音，避免陷入知识产权纠纷，造成额外损失。其次，将自贸协定规则运用到企业层面，纳入企业管理体系，在对外贸易过程中严格遵守。例如，中韩自贸协定中对知识产权侵权行为执法措施增强、处

置力度变大。企业应提高对知识产权的重视程度，在专利申报前进行检索，避免因抄袭导致知识产权纠纷。通过合法途径（比如许可证等），进行中韩企业之间的技术转移，避免侵权。

（三）查阅相关判例、拓展渠道，提升企业应对知识产权侵权的能力

企业应主动查阅韩国知识产权局（KIPO）建立的《美日欧中韩知识产权纠纷判例数据库》，通过了解相关判例，提升企业应对知识产权诉讼的能力。此外，韩国知识产权保护协会与中国阿里巴巴集团达成了知识产权合作谅解备忘录，保护阿里巴巴旗下网络市场的企业。京东集团与韩国知识产权保护院签署知识产权合作备忘录，加强在知识产权保护方面的合作交流，打击侵犯知识产权的行为，有效地化解了平台企业知识产权侵权问题。

（四）主动求助相关机构，获取更多信息

韩国多家企业曾向韩国知识产权保护院提出求助，申请调查中国相关电子商务网站上侵犯其知识产权的产品。最终，韩国专利厅通过韩国知识产权保护院向阿里巴巴集团申请删除了两万多件假冒产品。由此可见，积极寻求相关机构的帮助，以便获得更多资源和更多渠道维护企业自身利益。

自1957年起，中国贸促会就开展涉外知识产权服务，在专利、商标、商业外观、著作权域名、商业秘密等领域提供咨询、申请、调解、行政保护和诉讼服务，设中国贸促会专利商标事务所、中国专利代理（香港）有限公司、中国贸促会知识产权服务中心等知识产权代理和维权机构，并在多地设有分支机构，中国企业可据自身情况请求帮助。

第五节　经济技术合作规则

中韩自贸协定在多个章节涉及经济合作，第十七章经济合作作为专章出现，体现了双方从国家战略和政策目标层面上推动经济合作的重要意义。

一、规则解读

(一)目标

以提升本协定下相互间利益为目的,按照各自国家战略和政策目标,加强经济合作。合作应追求以下目标:促进本协定的实施,以期推动缔约双方经济和社会发展;通过促进缔约双方间的贸易和投资,增强竞争力和创新能力,创造和增加可持续的贸易和投资机遇,以促进可持续的经济增长和发展。

(二)方法和手段

双方应以有效的方法和手段开展合作,应与相关国际组织协调,并在可行的情况下,与缔约双方间现有的其他形式的双边合作协同。遵循现有的规则和程序,彼此间的合作将通过可用的工具、资源和机制实现,并由主管机构履行合作关系。缔约双方可使用交流信息、经验和最佳实践等手段或模式,以确认、发展和实施项目。

(三)合作领域

1. 农渔林业的合作

包括粮食安全、渔业合作与林业的合作(见表7-7)。

表7-7 粮食、渔业、林业的合作

领域	合作目的	合作途径	合作形式
粮食安全	在农业和粮食领域推动和促进高效互惠的贸易和投资	通过G20、APEC、FAO和东盟—中日韩合作机制	区域和国际论坛合作的机会
渔业合作	促进双方水产品贸易稳定发展	促进海洋生物资源的保护和管理;更多对话和信息交换;提高双方的研究和技术能力;鼓励水产品消费	
林业	加强林产品供应安全方面的相互合作	尽全力避免对林产品使用任何出口限制措施;促进合法来源的林产品贸易;推动和促进在林业领域的相互投资	分享经验、交流信息;促进联合论坛、研讨会、座谈会、会议、研究和开发、教育和培训等合作;研究人员、技术人员、专家和官员的交流

资料来源:根据中韩自贸协定文本整理。

2.工业合作

包括钢铁、中小企业、信息和通信技术、纺织等领域的合作（见表7-8）。

表7-8　钢铁、中小企业、信息和通信技术、纺织的合作

领域	合作目的	合作领域和合作形式
钢铁	推动钢铁出口的合作	交换钢铁市场的国内法规和支持政策、供需方面的信息；公平竞争市场环境的营造
中小企业	为其创造良好环境，开展能力建设	促进相互投资；促进在贸易程序、贸易促进网络、联合商业论坛、商务合作手段以及其他相关统计数据和信息方面的交流；推动培训和交流项目，加强企业发展的相关举措和政策措施的经验交流；提高微型企业的竞争力
信息和通信技术	推动其发展，以获得使用信息和通信技术的最大收益	推动私人部门和公共部门的合作；加强国际展会和论坛合作；加强与国际标准相关的国际组织的合作；软件业的科学技术合作；信息技术园的研究、开发与管理；广播电视和电信的融合等信息技术服务的研究和开发；网络和电信的研究、开发和配置；智能交通系统、汽车电子、移动智能终端、平板显示关键材料和设备等其他领域的合作
纺织	推动建立产业链合作共赢关系	产业用纺织用品、功能性纤维面料、高档面料和针织面料的开发和应用；服装和时装设计、品牌营销和推广领域的合作和交流；标准质量体系认证和先进管理经验等领域的合作和交流；行业技术、信息、研究人员、技术人员和其他专家的交流。推动合作，组织联合论坛、研讨会、会议、展览和研究项目等

3.政府采购

协定将政府采购纳入经济合作领域，强调双方应加强政府采购领域的合作，提高法律法规的透明度，并积极开展信息交流，同时明确提出中国加入世界贸易组织《政府采购协定》（GPA）谈判后，将启动政府采购谈判的条款。2019年10月20日中国向世界贸易组织提交了加入GPA第七份出价清单，这为今后两国政府进行政府采购领域合作打下了基础。

4.其他领域合作

包括能源与资源、科学与技术、海运、旅游、出境游、文化以及药品、医疗器械和化妆品、地方经济合作以及中韩产业园九个方面（见表7-9）。

表7-9 能源与资源、科学与技术、海运、旅游、出境游等合作

领域	合作目的	合作形式或领域
能源与资源	建立更坚固、更稳定和互惠伙伴关系	推动公共与私营部门合作；鼓励与支持相关投资；促进与协定和已形成的合作实体相关的活动；加强政策对话，推动环境产业合作；促进研究人员、技术人员和其他专家的访问和交流，推广联合论坛、研讨会、座谈会、会议、展览和研究项目
科学与技术	发展和推动合作活动	联合研究和开发；专业人员的交流；研讨会、座谈会等研究机制以及活动的参与；信息交流；产品和服务商业化合作
海运合作		建立联络点；安排与港口营运管理有关的培训项目和技术合作；技术支持和能力建设活动
旅游	增进相互了解，且是经济中的重要产业	联合研究，以增加双方的入境游客；旅游培训和教育方面合作；加强研讨会，合作开展联合活动；推动双方境内旅游业的持续发展；交换有关数据、宣传材料、政策、法律法规等信息；提升双方航空互联性
出境游		鼓励韩国旅行社申请出境游运营业务，优先积极考虑批准韩国旅行社开展出境游业务
文化	推动文化交流	鼓励包括周边环境和文化风景在内的文化遗址和古迹保护的专业知识和最佳实践进行交流；交换信息，以识别、追回和避免在现有双边合作机制下对其文化遗产的非法运输；推动广播电视和视听服务领域合作
药品、医疗器械和化妆品	促进在此领域的共同增长和发展	信息交换：政策以及会议、研讨会、展会等活动；私营部门的合作；相关专业人员的交流；研究计划与项目的商业化应用；产品质量升级、供应链联网、技术贸易、投资等
地方经济合作	促进地方经济合作，将威海和仁川自由经济区作为示范区	贸易、投资、服务、产业合作等方面发挥示范和引导作用；探索把地方经济合作推广到全国的可能性
中韩产业园		在制定产业园的设立、运营和发展上的合作，包括知识分享、信息交换和投资促进；推动相互投资

（四）联络点

为方便磋商和交流，双方指定以下部门作为工业合作的联络点：

中国：工业和信息化部，或其继任者；

韩国：产业通商资源部，或其继任者。

二、中韩经济技术合作领域概况

基于中韩自贸协定视角的两国经济合作领域较多，涉及纺织业、农业、渔业、自然人移动等各个领域，下面以纺织业和农业为例进行说明。

（一）纺织业的合作

纺织品服装在中韩贸易中一直占有重要地位，随着中韩关税降低以及原产地规则的实施，进一步加强了中韩纺织品服装产业内的分工与协作。如2012年，山东省如意控股集团收购了韩国排名第二的服装集团YeonSeung70%的股份，威海迪尚集团有限公司以132亿韩元（约合7500万元）收购韩国服装企业AVISTA公司新发行的480万股，持股率达到36.9%，成为AVISTA的第一大股东。韩国市场上销售的服装，70%来自山东省。

近年来中国对韩纺织服装出口增长迅速，一方面与中韩自贸协定签署后关税减让有很大关系，中韩自贸协定生效后，韩国对来自中国的纺织品服装分阶段取消进口关税。其中，涉及服装类的HS60～HS63章进口税在10年内降为"零关税"，HS50章、HS52章、HS54～HS63章的153个税目项下的进口关税5年内降为"零关税"，HS52～HS63章517个税目项下的进口关税10年内降为"零关税"。另一方面原产地规则的实施也大大提升了中韩纺织服装产业内分工与协作，根据中韩自贸协定的原产地规则，HS61～HS63章（服装类）所有税目均适用于选择性标准，这样出口商可以在税目归类改变标准与区域价值成分标准之间进行选择，使中韩双方产业内的贸易更加紧密，进而实现互利共赢。

（二）农业合作

中韩两国在农业生产的自然资源禀赋上差异性较大，两国农产品的贸易属于互补性大于竞争性，中韩自贸协定签署后两国间的农产品贸易与农业合作不断提升，2018年，韩国是中国的第四大农产品出口国。韩国是山东省第四大农产品出口市场,对韩农产品出口占全省农产品出口总量的10%左右,主要产品包括水海产品、蔬菜、果品和肉食品等。截至2020年6月底,全省共有4家企业在韩国设立4个境外公司,分别是山东嘉元食用菌科技有限公司、淄博菇丰苑农业开发有限公司、威海钧源水产品有限公司、好当家集团有限公司,4家企业国内企业注册资本为9.79亿元,境外企业注册资本为650万美元,累计对外投资650万美元,资产总额为1713万美元。

从2005年开始,山东七河生物科技股份有限公司在韩国忠清北道报恩郡投资建设标准韩式出菇大棚20栋,直接从国内公司进口菌棒,逐渐形成了一条"国内发菌、国外出菇、鲜菇就地上市"的独特经营模式。现在这种模式被广泛认可,好处是菌棒进口关税低,通关时间短,避开了蘑菇成品的价格歧视。经过多年的发展,公司目前拥有8家境外全资子公司,国际发明授权专利3项,先后通过了美国最权威的USDA有机认证、GFS食品安全标准体系认证,公司境外基地已牢牢占据了当地香菇市场的主导地位,践行了国家贸易投资一体化的主导方向,为中国农业企业"走出去"提供了样板。

第六节 环境与贸易规则

在世界经济一体化进程中,中韩自贸协定在序言、卫生和植物卫生措施、技术性贸易壁垒、投资、经济合作、机构条款、例外等章节都有涉及环境的内容,并单独设立了环境和贸易章节来规范环境合作。中韩自贸协定是继《中国—瑞士自由贸易协定》之后第二个设立环境专章的自贸协定,有助于加强两国环境与贸易的合作。

中韩地理相邻,环境问题是两国共同面临的严峻课题。中韩自贸协定环境章是中国已签自贸协定中水平最高的,规定了广泛的适用范围和环境保护核心义务条款。约定设立环境与贸易委员会,监督环境义务的履行情况,不仅内容更为全面,而且执行力度更强,凸显两国对环境问题的重视,也使中国能够在积极推进自贸协定战略的过程中，提高环境标准和改善环境管理。

第十六章环境与贸易主要包括背景与目标、范围、保护水平、多边环境协定、包括法律和规范的对环境措施的执行、环境影响、双边合作、机构和资金安排以及争端解决不适用等基础性条款，为中韩两国在环境贸易中采取或者维持的各种措施提供了标准。

一、规则解读

（一）背景与目标

两国确认了环境保护相关的国际基本协定:《1972年斯德哥尔摩人类环境宣言》《1992年里约环境与发展宣言》《1992年21世纪议程》《2002年约翰内斯堡可持续发展实施计划》和《2012年"里约+20"峰会成果文件"我们希望的未来"》。双方认识到经济发展、社会发展和环境保护是可持续发展中相互依存、相互支持的组成部分。强调在环境议题的合作获益是实现可持续发展的全球努力的组成部分，既不可因贸易发展降低环境标准，也不可将环境标准用于贸易保护的目的。承诺以有助于实现可持续发展为目标，并确保将该目标纳入双边贸易关系中，以促进经济发展。

（二）范围

除非另有规定，本章适用于中韩双方为解决环境问题而采取或维持的包括法律和法规在内的各种措施。

（三）保护水平

缔约双方重申拥有确定各自环保水平及环境发展的优先领域，以及制定或修订其环境法律和政策的主权权利。

（四）多边环境协定条款

明确了与多边环境协定条款的关系：缔约双方认识到多边环境协定在全

球和国内层面对保护环境均发挥着重要作用。缔约双方进一步认识到第十六章将有助于实现多边环境协定的目标。缔约双方承诺，在双方均为缔约方的多边环境协定的谈判中，可在适当时就共同感兴趣的与贸易相关的环境问题进行磋商与合作。缔约双方承诺在各自的法律和相关实践中有效实施双方均为缔约方的多边环境协定。

（五）环境措施的执行条款

规定了两国有权执行对贸易和投资产生有效影响的环境措施：一缔约方不得通过持续或不间断的作为或有意的不作为，使包括法律法规在内的环境措施不能有效执行，影响到缔约双方之间的贸易或投资的方式。缔约双方认识到，通过削弱或减少其各自环境法律、法规、政策和实践所赋予的保护来鼓励贸易或投资是不恰当的。因此，任何一方不应以削弱或减少这些环境法律、法规、政策和实践所赋予的保护的方式而放弃或贬损这些环境法律、法规、政策和实践。

（六）环境影响

双方约定评估该协定的履行对环境的影响：缔约双方承诺在本协定正式生效后的适当时间，通过各自的参与性程序和机构，评估该协定的实施对环境的影响。一方在适当时与另一方分享关于本协定环境影响评估的技术和方法的信息。

（七）双边合作条款

缔约双方承诺在共同利益领域深化合作，并确定了合作清单，具体包括：

1. 推广包括环境友好产品在内的环境产品和环境服务；
2. 环境技术开发与环境产业促进的合作；
3. 交流关于环境保护政策、活动和措施的信息；
4. 建立包括环境专家交流的环境智库合作机制；
5. 能力建设，包括环境领域的专题会、研讨会、博览会和展览会；

6. 各自建立环境产业示范区基地；

7. 双方认为适当的其他形式的环境合作。

（八）机构和资金安排

为实施第十六章之目的，一缔约方应在其行政部门内指定一个办公室为与另一缔约方的联络点。一缔约方可通过联络点要求另一缔约方就本章产生的任何事项进行磋商。

缔约双方成立环境与贸易委员会（以下简称"委员会"）。委员会应由双方行政部门的若干高级官员组成。委员会应在认为必要时开会，以监督第十六章的执行。缔约双方认识到充足和可持续的财政资源对本章的实施是必要的，且这些资源应是可获得的。

（九）争端解决不适用

明确规定环境纠纷不适用第二十章的条款：对于第十六章下产生的任何事项，任何一方不得诉诸本协定第二十章（争端解决）。

二、实务应用案例解析

中韩自贸协定环境贸易章节16.7，中韩双方确定的合作清单中第一条是"推广包括环境友好产品在内的环境产品和环境服务"。

目前国际上对"环境产品"还没有形成一个普遍接受的定义①，通过识别特定产品建立环境产品清单有助于避免对环境产品定义不明造成的争议而被

---

① 世界贸易组织对环境产品（Environmental Goods, EGs）贸易自由化的谈判已进行18轮，对于"环境产品"迄今没有形成一个普遍接受的定义，且许多WTO成员已经选择不讨论定义问题，关键问题转为如何确定环境产品清单，参见：MAHESH S. Lists of environmental goods: An overview; environmental goods and services series.International Centre for Trade and Sustainable Development, Geneva, Switzerland, 2013.

广泛接受。① APEC 确定的清单涉及 HS 编码第 44 章、第 84 章、第 85 章及第 90 章的 54 个 6 位数字的子目商品。从 54 项环境产品看，中国环境产品的贸易额在不断增加，国际地位相应提高。根据哈佛大学助理教授 Mark Wu 的测算，中国在 APEC 清单的 54 种 6 位 HS 编码的环境产品出口中，排名世界第一位，在蒸汽发电锅炉（Steam /vapor Generating Boilers）、太阳能板（Solar Panels）等环境产品的出口中，中国的出口份额比其他发展中成员总和还要多。②

2007 年以来，中国成为环境产品第一出口国、第一进口国和第一交易国，韩国的环境产品进出口规模在国际上的位次分别为第四、第五位。中韩互为环境产品贸易大国。2002 年以来，中国是韩国环境产品的第一出口国，并从韩国环境产品的第四进口国上升为第三进口国。③

---

① 寻求通过识别特定产品建立环境产品清单逐渐成为共识。目前具有代表性的清单有：经济合作与发展组织（OECD）清单、世界银行清单和 APEC 清单。APEC 清单从产业和企业的视角，侧重在贸易、投资领域的应用性以及降低关税以尽早实现贸易自由化，因而被广泛接受。参见龚清华、张建民：《我国环境产品界定及清单完善思考》，《现代商贸工业》2012 年第 19 期。

② 师华.《环境产品协定》谈判的主要问题与中国应对 [J]. 经济问题，2018（10）.

③ 但并非该清单只有 54 种环境产品。由于该子类项下包含更具体定义的环境产品，在多数情况下仅代表该子类部分产品，即从 6 位 HS 编码子类中选出的环境产品。在 6 位 HS 编码中，大多数的商品描述比环境产品的范围要宽。因而在 APEC 清单中，仅有选出来的部分产品即 "Ex — out / Additional Product Specification" 符合 "R emarks" 的产品，才是能够享受关税减免待遇的环境产品。参见冯楠、朴英爱：《中日韩环境产品的贸易特点分析》，《现代日本经济》2015 年第 3 期，第 39～50 页。

第八章

《中国—韩国自由贸易协定》的贸易救济措施与争端解决机制

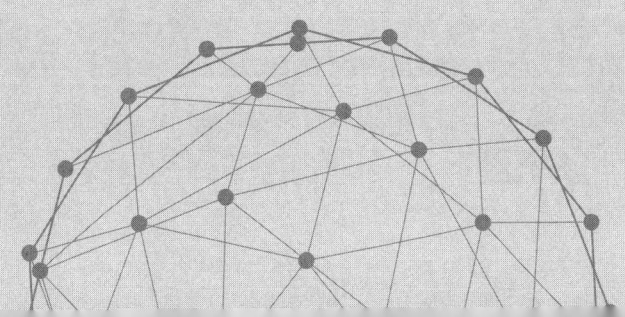

贸易救济措施包括反倾销、反补贴和贸易保障等内容，是中韩两国保护双方国内产业的制度安排。争端解决机制为中韩两国提供了一致认可的贸易标准解释和应用，是解决两国贸易摩擦或投资争端而设立的一整套解决方案，可以有效地促进对中韩自贸协定规则的遵守，维护中韩两国贸易自由化的发展。

通过对本章的阅读，企业可以了解和掌握以下内容：

1. 中韩两国的反倾销与反补贴制度；
2. 中韩两国的保障措施制度；
3. 中国企业如何申请贸易救济措施；
4. 中国企业如何应对贸易救济措施；
5. 中韩自贸协定争端解决机制的一般性安排；
6. 中韩自贸协定中对其他争端解决的规定；
7. 中韩自贸协定与其他协定中的投资争端解决机制；
8. 涉外商事纠纷的仲裁解决与民事诉讼解决。

第一节 贸易救济措施

贸易救济措施是指为维护公平贸易和正常的竞争秩序，世界贸易组织允许成员方在进口产品倾销、补贴或过激增长等给国内产业造成损害的情况下，使用反倾销、反补贴和保障措施等手段，对国内产业进行救济的措施。根据商务部贸易救济信息网的统计，1995—2020年，韩国对中国共发起贸易救济措施38起，其中，反倾销措施36起、保障措施2起。在被发起反倾销调查的行业当中，涉及化学原料和制品工业共11起，涉及造纸工业共6起，涉及钢铁工业共4起，涉及非金属制品、电气工业各3起，涉及木材及制品、塑料制品业各2起，涉及文体、工美和娱乐用品、有色金属、金属制品、化纤工业、纺织工业各1起。韩国对中国发起保障措施的行业分别为农产品和其他运输设备。韩国对中国反倾销制裁的部分主要产品名单可见本书第八章后附录。

1995—2020年，中国对韩国共发起贸易救济措施45起，其中，反倾销措施43起、保障措施2起。在被发起反倾销调查的行业中，涉及化学原料和制品工业共32起，涉及钢铁工业共4起，涉及造纸工业共3起，涉及化纤工业共2起，涉及电气工业、光伏产品各1起。中国对韩国发起保障措施的行业分别为食品和钢铁工业。

一、主要规则

（一）反倾销措施和反补贴措施

1. 反倾销措施

倾销是指一国（地区）的生产方或出口方以低于正常价值的价格将其商品销售到另一国（地区）市场的行为。按照《1994年关税与贸易总协定》第6条，一产品以低于它的正常价值挤入进口国的贸易内，系指从一国向另一国出口的产品的价格：

（1）低于相同产品在出口国用于国内消费时在正常情况下的可比价格；

（2）如果没有这种国内价格，低于相同产品在正常贸易情况下向第三国出口的最高可比价格；或产品在原产国的生产成本加合理的推销费用和利润。

反倾销是指对外国商品在本国市场上倾销造成的损害所采取的救济措施。按照世界贸易组织《关于执行1994年关贸总协定第六条的协定》规定，成员方采取反倾销措施需具备以下三个条件：

（1）确定某一进口产品存在倾销，即一国（地区）产品以低于其正常价值的价格进入另一国（地区）市场。

（2）由此对该进口国（地区）内已建立的相关产业造成实质损害或者产生实质损害的威胁，或者对国内正在建立的相关产业造成实质阻碍。

（3）倾销与损害之间存在因果关系。反倾销措施以征收反倾销税、价格承诺等形式执行。

2. 反补贴措施

补贴是指出口国（地区）政府或者其任何公共机构提供的并为接受者带来利益的财政资助以及任何形式的收入或者价格支持。根据世界贸易组织《补贴与反补贴措施协定》，补贴分为三类：禁止性补贴、可诉性补贴和不可诉补贴，其中关于不可诉补贴的规定已到期失效。

禁止性补贴分为出口补贴（目的在于鼓励出口）和进口替代补贴（目的在于使用本国产品）。比较常见的禁止性补贴包括出口直补、出口优惠信贷、购买国产零部件的退税、出口名牌扶持措施等。

可诉性补贴通常为国内支持补贴，不与出口直接挂钩，构成要件分别为：（1）政府或公共机构的财政资助；（2）授予了利益；（3）具有专向性，即针对特定企业、产业或地区的补贴。比较常见的可诉补贴包括针对特定地区、行业和企业的优惠贷款、税收优惠、技改贴息、低价出让土地使用权、开发区的一系列优惠措施等。对于禁止性补贴和对其他世界贸易组织成员造成损害或不利影响的可诉性补贴，有关世界贸易成员可以采取反补贴措施，或者将其诉诸世界贸易争端解决机制。

不可诉补贴通常为研发活动支持、落后地区援助和环保补贴等。

反补贴是指进口国（地区）主管机构依法对接受补贴的进口产品进行调查，并通过征收反补贴税或价格承诺等方式，抵消由禁止性补贴和部分可诉性补贴造成不利影响的一种贸易救济措施。

3. 中韩自贸协定关于反倾销与反补贴的规定

中韩自贸协定在第七章第二节中对双方的反倾销和反补贴税进行了规定。该节重申中韩两国将继续保留其在世界贸易组织协定项下有关反倾销和反补贴的权利和义务。值得注意的是，虽然韩国在2005年承认了中国的市场经济地位，在协定中也规定计算倾销幅度时不使用第三国替代价值的方法，但在实际操作中，韩国依然采取个案处理的方式，即针对具体案件决定是否使用第三国替代价值，因此韩国对中国产品的反倾销调查依然频繁。

（二）保障措施

保障措施是指世界贸易组织成员方在进口产品数量激增并对其国内相关产业造成严重损害或严重损害威胁时，采取的进口限制措施。按照世界贸易组织《保障措施协定》规定，成员方实施保障措施必须满足三个条件：

（1）某项产品的进口激增；

（2）进口激增是由于不可预见的情况和成员方履行世界贸易组织义务的结果；

（3）进口激增对国内生产同类产品或直接竞争产品的产业，造成了严重损害或受到了严重损害威胁。

中国出口企业可能遭遇来自韩国的保障措施主要分为双边保障措施和全球保障措施，两者在适用范围、实施手段等方面存在差异，下文将对两者进行介绍。

1. 全球保障措施及中韩自贸协定的规定

全球保障措施是指某一产品进口数量大为增加，以致对本国领土内的相同产品或与它直接竞争产品的国内生产者造成严重损害或产生严重损害威胁时，依据《1994年关税与贸易总协定》进口国可以采取进口限制措施，包括全部或部分地暂停、撤销、修改或减让其所承诺的协定义务。全球保障措施可以采取提高关税、限制数量和关税配额等形式，通常应当无歧视地适用于所有出口国家和地区。世界贸易组织《保障措施协定》规定了保障措施的启动条件、调查方法、实施程序、措施种类和时限，要求保障措施实施方对受影响的其他世界贸易组织成员履行通知、磋商的义务，赋予其他世界贸易组织成员补偿和中止减让的权利，并对相关争端的处理作出规定。

中韩自贸协定中规定两国保留《1994年关税与贸易总协定》和《保障措施协定》项下的权利和义务，对全球保障措施没有增加额外的规定。协定中还明确规定，任一缔约方不能对同一产品同时实施全球保障措施和双边保障措施。

2. 双边保障措施及中韩自贸协定的规定

双边保障措施是区域贸易协定特有的制度，它是指区域贸易协定的一缔约方仅对原产于其他缔约方的产品采取的保障措施。中韩自贸协定建立了双边保障措施（也称为过渡性保障措施）。该措施规定，在按照自贸协定内容降低或消除关税的过程中，若某一受益于自贸协定关税优惠的原产产品进口到缔约一方领土内的数量绝对增加，或相较于国内生产数量相对增加，且对生产同类产品或直接竞争产品的国内产业造成严重损害或产生严重损害威胁时，进口方可在过渡期内采取双边保障措施。

双边保障措施仅限于在过渡期内实施。过渡期是指中韩自贸协定生效之日起10年，但对于减税期间超过10年的产品，过渡期是指该产品的关税减让期，即过渡期至少为10年。协定规定，任何一方采取保障措施时不得超出过渡期，除非经另一方同意。

中韩自贸协定第七章7.2（五）的主要含义是：（1）不要过度补救；（2）对于一项已经实施的双边保障措施，原则上实施期不超过2年，最多可再延长2年，总实施期限不得超过4年；（3）对一项保障措施的实施期不能超过所涉产品的降税期，如某项产品的降税期为15年，则针对该产品的保障措施只能在这15年内发起；除非双方一致同意，否则，在15年之后则不能针对该产品发起保障措施，如在第14年发起了保障措施，到第15年时必须终止。

此外，在迟延会造成严重损害的紧急情况下，一方可以根据明确证据对进口增加已经造成严重损害或受到严重损害威胁的初步裁定采取临时保障措施，临时保障措施的期限不得超过200天。

双边保障措施只会以关税措施的形式出现。如果韩国对中国实施双边保障措施，中国企业面临的关税税率将会是按照双方自由贸易协定削减关税过程中的某一水平执行，或者回到协定开始前的税率水平，即最坏情况是无法享受自贸协定带来的税收减让；但不会面临高额的惩罚性关税，亦不会受到世界贸易组织全球保障措施下还可能存在的配额或数量限制的影响。

双边保障措施实施前需要进行磋商和调查。一缔约方只有在主管机关按照规定的世界贸易组织保障措施协定规定的程序进行调查后，才能实施双边保障措施。各方应保证调查在启动之日后1年内完成。

协定还建议向被实施一方给予补偿。中韩自贸协定建议，实施保障措施的缔约方向另一方提供双方均同意的，与预计增加关税负担实质相等的减让作为贸易自由化补偿。该补偿并非一定由受到保障措施影响的企业享有。

3.双边保障措施与全球保障措施的差异

第一，双边保障措施是由中韩自贸协定规定的，而全球保障措施的依据是世界贸易组织的《保障措施协定》。

第二，双边保障措施仅在中韩自贸协定缔约方之间适用，而全球保障协定则针对的是所有的世界贸易组织成员。而且中韩自贸协定当中规定同一产品不能同时适用双边保障措施和全球保障措施，即"一事不二罚"。

第三，双边保障措施只在中韩自贸协定的过渡期内适用，而过渡期满后只能采用全球保障措施，全球保障措施不存在过渡期。

第四，双边保障措施只会使相关进口产品的关税税率暂停减让或回到减让前的水平，而全球保障措施还包括数量限制等额外措施。

二、中国企业如何申请贸易救济措施——以反倾销为例

1.反倾销调查申请向谁提出？

商务部贸易救济调查局具体负责反倾销调查申请的受理和立案工作。①

2. 企业提起反倾销调查申请需要满足哪些法定条件？

（1）具备申请人资格，即代表国内产业；

（2）书面提交申请；

（3）提供有关倾销、损害及其因果关系等证据材料。

3. 商务部贸易救济调查局如何审查反倾销调查申请？

通常采用问卷或实地核查等方式对申请书及证据资料进行审查，审查的内容包括申请书中所含的全部内容。

三、企业应对贸易救济调查应注意的事项

在对华贸易救济调查案件中涉案的企业应积极应诉，作为应诉主体，企业在享有权利的同时应承担相应的义务。企业在应诉方式上有自由选择的权利，以适应市场机制的发展和政企分开的要求，另外，企业享有知情权、获得指导和帮助权、要求政府进行交涉的权利；与此同时，也要承担一定的义务，即应诉企业不得从事任何可能影响其他应诉企业合法权益或可能影响行业整体应诉工作的活动，以维护我方应诉的整体利益。

（一）提高企业对应诉国外贸易救济调查重要性的认识

目前，部分涉案企业对国外贸易救济调查案件的重要性认识不足，对反倾销、反补贴等案件的特点缺乏了解，因而造成主观上的一些失误；对国外的贸易救济调查反应迟钝，缺乏必要的思想准备和心理承受能力，一旦被诉，或惊慌失措，或无动于衷，无法及时收集、提供有力的抗辩资料。

当今各国贸易救济措施越来越普遍，甚至南美、亚洲、非洲的发展中国家也开始积极尝试使用反倾销等手段。对中国而言，贸易救济案件不断增加，涉及金额不断扩大，被征收反倾销、反补贴税的产品面临退出市场的危险，有些商品出口额大幅度下降，有的甚至完全失去出口市场。可见，应诉不单

---

① 企业可登录 http://trb.mofcom.gov.cn/ 网站，了解和查询反倾销申请涉及的法律法规及相关程序，也可直接向贸易救济调查局咨询有关问题。

纯是为了某企业挽回经济损失，更应被视为清除贸易障碍的第一步。因此，中国企业及时采取有效措施对付国外的贸易救济调查，积极应诉，已成为当务之急。而预防投诉、积极应诉、争取胜诉，应该作为企业日常经营管理活动的重要工作内容。尤其对出口量大的企业而言，可以力争将应对国外贸易救济调查作为专项工作落实到企业的日常生产和经营管理中去。

（二）建立应对国外贸易救济调查的预警机制

除了国外贸易救济调查开始后的应对，建立应对国外贸易救济调查的预警机制也十分必要。预警机制不仅包括对本国相关产业市场状况的监测，还包括对进口国相关产业市场状况的监测。通过对重点行业、重点产品、重点国家（地区）市场状况变化的监测、整理和分析，建立预警模型，可以增强国内企业快速反应的能力，实现贸易救济调查应对工作的前置化，大幅节约企业收集资料和填答问卷的时间。同时，还可以密切跟踪进口国贸易救济调查动向，通过产业界之间的沟通交流，避免和防止国外对我产品提起贸易救济调查。

（三）积极应诉，充分准备，讲究策略方法

1. 企业要积极应诉，积极争取市场经济地位；
2. 成立贸易救济调查应诉工作班子；
3. 和有关商协会保持良好的联系，必要时求助政府主管部门；
4. 聘请具有专业经验的律师；
5. 注意各项应诉时限；
6. 充分准备实地复核；
7. 选取重点问题进行有力抗辩；
8. 善于借助国外利害关系方的力量。

（四）善于运用调查国复审程序和司法程序

在调查国对涉案出口产品采取贸易救济措施后，涉案企业还可以根据调查机构所在国的相关法律法规,通过期中复审(或称年度复审、行政复审或再调查)、日落复审、新出口商复审等程序,争取取消反倾销、反补贴措施或者降低税率,从而获得较好的市场环境。此外,世界贸易组织要求调查国对行政机构的贸易救济提供司法审查,发达国家均有较为完善的贸易救济司法审查机制,我国企业在美、欧均有在司法审查阶段胜诉的先例。如果企业发现调查机构的裁决存在法律上或程序上的错误,或有不公正的做法,则可在当地提起行政复议和/或司法诉讼,请求改变或撤销原裁决或决定。

(五)加强企业内部管理

企业在生产环节应严格按照市场经济的规则运作。企业在生产中应当向注重质量、注重效益的质量扩张型转变,不断增强竞争力。特别需要指出的是,当前情况下,广大中小企业应当更加注重建立一套完善的、规范的财务会计制度,加强财务管理,完善和规范会计资料,这将有助于争取更有利的计算结果,并在调查中保持主动,尽可能避免因混乱的企业财会制度而导致不利的结果。

同时,企业在出口环节要积极实施市场多元化和以质取胜的经营策略,避免出口贸易中的恶性竞争、低价竞销、低开出口发票等现象。在出口市场的选择上,应避免市场过于集中,在巩固现有市场的同时,实施出口市场多元化,积极、果断地选择合适的合作伙伴,联合国内乃至国际大公司,走国际化合作与竞争道路。在产品营销策略上,注重增加花色品种,提高技术含量和产品质量,改善售后服务以提高产品的附加值。

四、与贸易救济相关的法规及管理机构

贸易救济的法律体系包括国际法和国内法两部分。国际法主要是指世界贸易组织规则中与反倾销、补贴和反补贴以及保障措施相关的各项协定内容,国内法则是各国制定的与贸易救济有关的各项法律法规。双边自由贸易协定通常会制定贸易救济条款。

目前,与贸易救济相关的主要国际协定包括世界贸易组织《关于实施

1994年关税与贸易总协定第六条的协定》(即《反倾销协定》)、《补贴与反补贴措施协定》、《保障措施协定》以及《关税与贸易总协定》第19条等。而世界贸易组织争端解决机构是解决与贸易救济有关的国际贸易争端的主要机构。

中国国内贸易救济主要法律法规包括《中华人民共和国对外贸易法》《中华人民共和国反倾销条例》《中华人民共和国反补贴条例》《中华人民共和国保障措施条例》以及《中华人民共和国货物进出口管理条例》。中国国内的主要管理机构为中国商务部贸易救济调查局（http：//trb.mofcom.gov.cn/）。

韩国国内贸易救济主要法律法规包括《对外贸易法》及其施行法令、《关税法》及其施行法令和实施规则、《关于不公正贸易行为调查及产业损害救济的法律》及其施行令。韩国贸易救济措施的运作采用调查与仲裁相分离的二元制模式。调查程序主要由韩国贸易委员会（https：//www.ktc.go.kr/en/main.do）负责，而是否采取贸易救济措施的最终决定由产业通商资源部（http：//www.motie.go.kr/www/main.do）或企划财政部（https：//www.moef.go.kr/main.do）作出。

企业可通过上述管理机构网站查询与贸易救济有关的法律法规，以及中韩两国的贸易救济案例等信息，也可通过中国贸易救济信息网（http：//cacs.mofcom.gov.cn/）查询贸易救济案件信息。

五、案例解读——韩国对华浮法玻璃反倾销案

（一）案件始末

2007年3月30日，韩国贸易委员会致函中国驻韩国使馆经商参赞处，称韩国KCC公司和韩国玻璃工业公司于2007年3月29日向其提出申请，要求对原产于中国的浮法玻璃进行反倾销调查。2007年10月29日，韩国贸易委员会对原产于中国的浮法玻璃征收11.42%～39.05%的临时反倾销关税。

（二）案件判决

2008年2月27日，韩国贸易委员会公布了对原产于中国的浮法玻璃倾

销问题的审议结果,判定中国涉案产品的倾销行为对韩国国内产业造成了实质性损害。对此,韩国方面将按照企划财政部的建议对中国产浮法玻璃征收15.22%～36.01%的反倾销税,实施期限为3年。在此次反倾销关税征收中,中国玻璃集团由于承认存在倾销行为并承诺上调出口价格,而不予征收反倾销税。2008年3月18日,韩国贸易委员会致函中国驻韩国使馆经商参赞处,通报其对原产于中国的浮法玻璃作出的反倾销终裁结果。韩国最终决定对进口自中国的涉案产品征收12.73%～36.01%的反倾销税,实施期限为3年。

(三)案件后续

韩国在2011年、2014年、2018年分别通过日落(期终)复审,继续对原产自中国的浮法玻璃征收反倾销税,这意味着中国相关企业仍需向韩国缴纳高额反倾销税。2021年4月23日,韩国再次对中国浮法玻璃进行日落(期终)复审立案,目前仍处于调查阶段。

(四)案件启示

韩国与中国的贸易关系虽然密切,但因其国内自然资源相对匮乏和劳动力价格较高,容易对原产自中国的资源密集型和劳动密集型产品发起反倾销调查。因此相关企业应当注意研究韩国反倾销案例,掌握应对技巧;同时通过提升自身产品质量避免陷入低价竞争。

韩国对华反倾销的执行率高,中国企业一旦遭遇韩国的反倾销调查,一定要积极应诉,积极配合调查,同时可以通过价格承诺,避免被征收反倾销税。此外,韩国会通过日落(期终)复审不断延长反倾销税的征收期限,中国企业应当发挥主观能动性,采取积极措施避免日落(期终)复审的肯定性终裁。

第二节 争端解决机制

贸易与投资争端从其主体上可以划分为国家间的争端、国家与非国家行为主体(个人、团体、法人等)之间的争端以及非国家行为主体之间的争端。

中韩两国除在自贸协定中制定了争端解决机制外，还在中韩《关于促进和保护投资的协定》(以下简称"中韩投资协定")、中日韩《关于促进、便利和保护投资的协定》(以下简称"中日韩投资协定")中对投资争端解决进行了相应的规定。本节将首先对中韩自贸协定建立的争端解决机制进行解读，再对协定外其他可能有助于中国企业解决争端的机制进行介绍，以便中国企业对韩贸易及投资过程中在权利受到侵害时能够通过法律途径维护权利。

本节内容主要涉及中韩自贸协定第二十章争端解决章节与第十二章投资章节中的投资争端解决程序。

一、争端解决机制的一般性安排

（一）争端解决机制的适用范围和场所选择

中韩自贸协定第二十章将进行争端解决的对象确定为缔约方，从而将非政府机关排除在外，一般的民营企业以及具有国营性质的类似中国的国有企业、韩国的公共企业等非政府机关都不能成为中韩自贸协定争端解决机制的对象。

另外，中韩自贸协定还在卫生与植物卫生措施、技术性贸易壁垒、电子商务、竞争政策、环境与贸易争端、投资等章节中规定了不适用上述争端解决机制的情况；自然人移动也对争端解决有例外安排，对国家间的自然人移动的措施和管理的纠纷可以适用争端解决机制，但对临时入境许可的拒绝，不得启动争端解决程序，除非"该事由涉及一习惯性做法；或该自然人已用尽关于该项具体事由的所有可能的行政救济"。

同时，为了杜绝自贸协定在缔约当事国作为裁判准则直接适用，防止以自贸协定的规定为依据滥用诉讼的可能性，任一方不得在其国内法下提供以另一方措施不符合本协定为理由的诉讼权利，即任一缔约方不能在本国的国内法规定的纠纷解决机构以对方不遵守自贸协定义务为理由提起诉讼。

（二）争端解决的程序：先磋商后仲裁

中韩自贸协定旨在建立一个持久的、具有活力的双边贸易体系。争端解决机制的目的是协调贸易的有效进行,因此和平友好的磋商是其争端解决机制的首推方式。协定中将磋商设定为争端解决的必经程序,在一定程度上有助于争端各方的和解,尽可能缓和争端各方的关系,将分歧消除在申请专家组裁决之前。

任一争端方还可以随时请求斡旋、调停和调解。此程序可随时开始和结束。在争端由专家组审理时,斡旋、调解和调停也可同时继续进行。斡旋、调停和调解可以在一定程度上看作磋商与专家组两种方式的补充,能够在一定程度上促使双方通过快速的方式,在合理的期限内进行调解,达到解决争端的目的。

专家组仲裁是解决争端双方纠纷最终的程序,依据中韩自贸协定文本,当缔约双方产生争端时,应按图8-1的流程解决。

(三)专家组的组成

专家组应当包括三名成员,在专家组设立后15日内缔约双方各自指定一名专家组成员,在专家组设立后30日内缔约双方共同指定第三名专家组成员并由其担任专家组主席。如果在专家组设立后30日内缔约双方无法就前述主席人选达成一致,世界贸易组织总干事在应争端一方请求后于30日内指定主席人选。如果世界贸易组织总干事为任一缔约方国民或无法履行职责时,则该职责应请求非任一缔约国国民的世界贸易组织副总干事履行。

所有专家组成员应当具有法律、国际贸易、本协定项下其他事务或解决国际贸易协定项下的争端的专业知识或经验;依据客观性、可靠性及良好判断能力进行严格挑选;独立于任一缔约方,并且不隶属于或听命于任一缔约方;且遵守专家组成员和调解员行为守则。其中,专家组主席不应为任一缔约方的国民,其经常居住地也不应在任一缔约方境内,不应受雇于任一缔约方,也不应曾以任何身份处理过争端事项。

第八章 《中国—韩国自由贸易协定》的贸易救济措施与争端解决机制

阶段	内容
磋商	・在磋商请求做出后，被请求方应当在收到请求后的10日内以书面形式进行答复 ・磋商应当在收到磋商请求后30日内，以达成双方满意的解决方案为目的善意地进行 ・为通过有效磋商达成双方均满意的解决方案，缔约双方应该： （1）提供足够信息，以全面审查磋商事项如何可能影响本协定的实施； （2）在与信息提供缔约方相同的基础上，处理磋商过程中交换的任何保密信息 ・磋商应保密，并不得损害任一缔约方在任何进一步程序中的权利
斡旋、调解和调停	・涉及斡旋、调停和调解的程序，尤其是缔约双方在这些程序中所采取的立场应当保密，且不得损害任一缔约方在本章下任何进一步程序中的权利 ・任一缔约方可随时请求进行斡旋、调停和调解。此程序可随时开始，可随时终止。如缔约双方同意，斡旋、调停和调解程序可以在专家组审理程序进行的同时继续进行 ・缔约双方被鼓励进入调解程序，尤其是在一缔约方认为某一非关税措施对缔约双方的贸易带来负面影响，且该措施与本协定中货物市场准入事项相关并受本章节约束时，除非缔约双方另有约定
专家组仲裁	・设立专家组的前提为：磋商未能在收到磋商请求后60日内或其他双方达成一致的时间内解决争端 ・专家组成立后的相关程序及时间节点 　。提交中期报告：正常情况应在指定最后一名专家组成员120日内，例外情况下除非缔约双方另有规定，延迟不超过30日 　。缔约方反馈：各缔约方可在中期报告提交后15日内，向专家组就此报告提交书面评论。基于此，专家组可以重新考虑其报告，并做出其认为合适的进一步审查 　。提交最终报告：提交中期报告后的45日内，在保护机密信息的前提下，缔约双方应当在最终报告散发后15日内使公众可获得，除非双方决定不公开 ・专家组可在缔约双方一致同意的基础上，应一缔约方要求或自行向其认为适当的任何个人或机构寻求信息或技术建议 ・缔约双方可以一致同意专家组在任何时间中止其工作，该中止期限自协商一致起不超过12个月。如果专家组的工作已中止12个月以上，则设立专家组的授权即告终止 ・缔约双方可以一致同意终止专家组程序
执行	・如果在最终报告中，专家组认定一缔约方未能遵守本协定项下的义务，其解决方案应尽可能消除上述不一致 ・如果立即消除不可行，应在合理期限内消除。合理期限应由缔约双方共同商定，如双方在专家组报告散发后30日内无法就合理期限达成一致，则可申请由原专家组确定。合理期限一般不得超过自专家组最终报告散发之日起15个月
一致性审查—中止减让	・被诉方应当在合理执行期结束时通知起诉方其所采取的执行专家组报告的任何措施 ・当双方就执行专家组建议所采取的措施或与本协定一致性分歧时，此项争端应当提交专家组程序，包括在可能的情况下提交原专家组 ・专家组应在该事项提交后60日内向缔约双方提交报告，该期限可延迟，但一般不得超过30日 ・被诉方在合理期限内未能使被认定与该协定不一致的措施符合专家组的建议，或者被诉方以书面形式表示其将不执行建议，或者没有任何执行措施存在，并且缔约双方未能在进入补偿谈判后20日内就补偿达成一致，起诉方可以对被诉方中止减让或其他义务。起诉方应当在中止减让或其他义务前30日通知被诉方。通知应当表明中止减让或其他义务的水平和范围 ・中止程序：如果被诉方认为其已消除专家组认定的不符之处，可以书面通知起诉方并描述不符之处如何已被消除。如果起诉方存在分歧，可在收到该书面通知后60日内将该事项提交原专家组。否则，起诉方应立即停止中止减让或其他义务

图 8-1　中韩自贸协定争端解决程序

资料来源：整理自中韩自贸协定争端解决章节。

二、其他争端解决规定

(一)金融服务项目争端解决

中韩自贸协定在第九章的金融服务条款中规定争端解决专家组应该具备与该争端中特定金融服务相关的专门知识。

(二)知识产权民事及行政救济

中韩自贸协定还规定了缔约双方可以使用替代性争端解决程序处理涉及知识产权的民事纠纷。组成的委员会应能够对可能产生的有关知识产权章节的解释和使用问题的纠纷作出合理裁决。

(三)电信争端调节机制

1. 申请帮助

公共电信网络或服务提供商可以向其所在领土内的电信监管机构或其他相关机构及时请求帮助,基于中韩自贸协定从第10.3条到第10.6条规定的措施,解决公共电信网络或服务提供商间的纠纷。

另一缔约方公共电信网络或服务提供商在该方境内取得相关电信业务经营许可,并与缔约方境内的主导电信提供商进行互联互通后,在合理、公开的特定期限内,可向电信监管机构或其他相关机构申请审查帮助以解决与主导提供商有关条款、条件及互联互通费用的争议。

2. 司法审查

任何公共电信网络或服务提供商的合法利益因一缔约方电信监管机构决定或决议受到负面影响的,可以依据该国法律获得司法机构的审查。任何一缔约方不应允许以司法审查申请为由不遵守监管机构的裁定或决定,除非相关司法机构作出了相反判决。

三、投资争端解决机制

（一）中韩自贸协定项下的投资争端解决

1. 延续先磋商的基本原则

中韩自贸协定第十二章规定中韩双方的投资争端应尽可能通过争端投资者（即企业）与争端缔约方之间通过友好协商解决。如中国企业与韩国政府出现投资争端，可向韩国政府提交书面协商请求，在请求中应当指明：争端投资者的名称及地址；主张的本章项下被违反的义务，即韩方违反自贸协定投资章节中所承诺的义务；投资争端事实简述；寻求的救济以及大致的损害金额。

韩国在收到书面协商请求后，将启动国内行政复议程序。该程序最多不超过4个月，如超过4个月将被视为已经完成，中国企业可以进一步申请仲裁。

2. 如磋商不成，企业可以申请仲裁

中韩自贸协定中不建议对投资争端使用外交类的解决方法，建议争端投资者请求将争端交由两国有管辖权的法院进行判决或根据相关有效的国际条约进行仲裁。

当中国企业遭遇投资争端且与韩方协商无果时，可以直接向韩国的管辖法院提交投资争端。之后将依据不同的适用情况，根据以下公约或规则进行仲裁：《国际投资争端解决中心公约》、《国际投资争端解决中心公约附加便利规则》、《联合国国际贸易法委员会仲裁规则》或争端缔约方（即韩国）同意的其他仲裁规则。

中国企业在申请仲裁时应当关注以下两个时间节点：

（1）中国企业递交书面协商请求的4个月后，如果投资争端未能解决，就可以进入仲裁程序。

（2）中国企业遭遇投资争端后，应当在其首次获悉或应当首次获悉之日起，3年内提出仲裁请求，否则不能提交。

中国企业在申请仲裁时还需要注意以下问题：

（1）中国企业在提起仲裁之前，需要向韩国发出书面弃权，放弃向韩国法院提起诉讼的权利。即申请仲裁后，不得再提起诉讼。

（2）中国企业的仲裁选择与最终的仲裁结果具有终局性。也就是说，中国企业的仲裁请求一旦提交不可更改，在仲裁结束后，中国企业也不能再将同一争端向韩国提起其他仲裁申请。因此在申请仲裁时，中国企业应当谨慎对待。

（二）中韩之间签署的其他投资协定规定争端解决机制

1. 中韩两国投资协定

1992年9月30日中国与韩国签订《关于鼓励和相互保护投资协定》，2007年9月7日两国重新签订了中韩投资协定。

中韩投资协定将投资争端划分为缔约双方间争端解决以及投资者与缔约一方争端解决。

中韩投资协定中缔约双方间争端解决与中韩自贸协定不同，缔约双方应首先通过外交途径进行协商，如果争端在6个月内未被解决，根据缔约一方的要求，应将争端提交至专设仲裁庭解决。

中韩投资协定中投资者与缔约一方争端解决方式基本与中韩自贸协定相同，若发生投资争端通过协商或谈判未能解决，投资者可将该投资争端提交到投资所在地有管辖权的法院，或者争端被任何一方提请协商之日起4个月后，进行国际仲裁。国际仲裁同样为根据《国际投资争端解决中心公约》设立的解决投资争端国际中心；根据《联合国国际贸易法委员会仲裁规则》或者经双方同意的任何其他仲裁规则设立的专设仲裁庭。但是，中韩投资协定特别规定，投资争端的投资者应至少在诉求提起前90日给争端中的缔约方一份书面通知，说明其提起争端解决的意向。

2. 中日韩三国投资协定

2012年5月13日中日韩三国签署中日韩投资协定。

中日韩投资协定同样将投资争端划分为缔约双方间争端解决以及投资者与缔约一方的争端解决。

对于缔约方之间的争端，中日韩投资协定规定，如果协商不能在收到请求之日后6个月内圆满解决,争端双方可以在向另一争端方提交书面请求后,将此争端提交仲裁庭。在争端双方未达成一致意见的情况下,应当在此终裁程序中比照适用联合国国际贸易法委员会仲裁规则。

对于投资者与缔约一方之间的投资争端解决,中日韩投资协定规定的解决方式基本与中韩自贸协定一致,故此处不再重述。

(三)三个协定中争端解决条款间的关系

若某一争端同时符合前述三个协定关于争端解决的条件,任一缔约方或投资者可以选择适用三个协定之一。但原则上当决定使用某一协定解决争端时,其他两个协定将被视为放弃使用。中韩自贸协定第12.12条第5款中也对此进行了规定,当争端投资者选择一种终裁方式后,该选择是终局的,不能再提交其他仲裁。

(四)国际仲裁介绍

在复杂的跨境业务中,各类纠纷屡见不鲜,通过国际仲裁程序解决跨国纠纷的案例日益增多。实践表明,仲裁作为一种最后手段在跨国业务中很受欢迎,因为它作为一种具有约束力的争端解决手段具有相对灵活性,并且世界上大多数国家的法院对这些案件的裁决给予了法律承认。"没有任何其他争议解决程序能够提供接近这一水平的覆盖范围或可移植性的结果。因此,国际仲裁条款赋予了跨境合同'牙齿',这是其他条款无法做到的。"

具体操作中,重大商务合同多规定仲裁条款,选择世界银行国际投资争端解决中心(ICSID)、国际商会(ICC)、伦敦国际仲裁法院(LCIA)、新加坡国际仲裁中心(SIAC)等。

四、涉外商事纠纷的仲裁解决与民事诉讼解决

本节前面部分介绍的争端解决机制主要针对国家间的争端以及国家与非国家行为主体之间的争端。而中国企业在对韩进行贸易与投资的过程中,难免与韩国企业产生纠纷,这类非国家行为主体之间的商事纠纷往往需要商事

仲裁和民事诉讼来解决。

（一）涉外商事纠纷的仲裁解决

韩国商事仲裁院于2007年1月25日制定了《国际仲裁规则》，专门对国际商事仲裁规定了仲裁程序。根据《国际仲裁规则》，如有下列情况即为国际仲裁：(1)仲裁协议的当事各方在缔结协议时，他们的营业地点位于不同的国家。(2)下列地点之一位于当事各方营业地点所在国以外：一是仲裁协议中确定的或根据仲裁协议而确定的仲裁地点；二是履行商事关系的大部分义务的任何地点或与争议标的关系最密切的地点。(3)当事各方明确的同意，仲裁协议的标的与一个以上的国家有关。因此中国企业与韩国企业之间的纠纷大部分适用《国际仲裁规则》。

1. 仲裁申请

申请仲裁时当事人向事务局提交仲裁申请书，事务局将申请书的受理事实以及受理时间通知被申请人。事务局受理申请书之日即为仲裁程序的开始日。

2. 答辩及反申请

国际商事仲裁要求被申请人在收到受理通知书之日起30日内向事务局提交答辩状。提交答辩状时，被申请人还可以提出反申请，反申请与本申请合并审理。

3. 仲裁庭组成

国际仲裁规则原则上由一名仲裁员成立独任仲裁庭进行审理。但若当事人之间另有约定或事务局根据当事人意愿、纠纷金额、纠纷复杂程度及其他因素认为由三名仲裁员组成更为合适时，将使用三名仲裁员组成的仲裁庭。

4. 仲裁裁决

除非当事人间另有协议，否则，仲裁庭将以最终书面意见提出日和审理结束日较晚者为准，在45日内下达最终裁决书。裁决对当事人具有法律约束力，当事人需要按照裁决书立即履行相关义务。除非仲裁裁决被法院裁定不予生效和执行，仲裁裁决的效力等同于生效判决。如当事人对仲裁裁决不服，可以通过向法院提起诉讼的方式予以撤销。

（二）涉外商事纠纷的民事诉讼解决

1. 韩国的民事诉讼法

韩国的民事诉讼法于1959年12月28日由国会通过，自1960年起正式实施。随着韩国经济的加速发展，民事诉讼法的许多规定不能适应时代的需要，因此，韩国对其进行过29次修改，现行版本于2017年2月实施。

2. 韩国的审级制度

韩国采用三审终审制。地方法院为一审法院，地方法院对大多数案件进行初审；高等法院为二审法院（抗诉、抗告审法院），在一审法院败诉的当事人可以抗诉于上级法院——高等法院，高等法院通过行使中级抗诉裁判权，审理不服地方法院和家庭法院所作出的判决或决定、命令的上诉案；大法院为三审法院，在二审法院败诉的当事人可以上诉于最高法院——大法院。专利法院审查专利局所作出的决定，大法院是裁决专利纠纷的最高法庭。

基于韩国不同于中国两审终审的三审终审制，其在有关审级制度的用语使用上也有所不同。韩国的裁判包括判决、决定和命令三种，其中判决是就实体问题作出的裁判，决定和命令是就程序问题作出的裁判。上诉是指对非终审法院作出的裁判不服。其中，不服第一审判决而提出的上诉称作抗诉；不服抗诉审判决（第二审判决）而向大法院提起的上诉称作上告。因此，当事人在原则上可以对一个判决提出两次不服，即抗诉和上告。在民事裁判中，对决定和命令提出第一次不服的，称作抗告；向大法院提起再次不服的，称作再抗告。因此，韩国的上诉包括抗诉、上告以及抗告、再抗告。

抗诉审是就事实问题和法律问题同时进行审理，其口头辩论被视为第一审的延续；上告审主要就法律问题进行审理，以抗诉审判决认定的事实为基础，就判决适用法律是否正确进行审查，其目的在于促进法律解释与适用的统一。

3. 韩国的审理方式

大法院审理案件实行小部合议制和全员合议部的方式。大法院除院长以外的12名大法官平均分成3个部,上告到大法院的案件首先由小部以合议制的方式审理。如果一个部的法官对案件的意见不一致,就提交由三分之二以上大法官参加的全员合议部审理。高等法院实行三人合议制。地方法院审理一审案件原则上是独任审判,超过1亿韩元等的案件实行三人合议制,地方法院总院合议部审理的二审案件实行合议制。

大法院审理案件一般都是书面审理,其他法院则需要经过开庭辩论的程序。上诉到大法院的案件多是对适用法律有异议,但如果当事人对事实问题一起上诉,大法院也会一并审理。

法庭的庭审都是由审判长主持,但与我国不同的是,韩国对当事人的所有发问都由审判长进行,合议庭成员在庭审中若要询问当事人需征得审判长同意。

4. 韩国民事诉讼程序的种类

韩国的民事诉讼程序包括通常诉讼程序和特别诉讼程序。通常诉讼程序是处理普通民事案件所适用的程序,包括裁判程序和执行程序,以及证据保全、诉讼费用确定程序等辅助程序。特别诉讼程序是处理特别民事案件的程序,包括家事诉讼程序、小额案件审判程序、督促程序和破产程序。其中小额案件是指诉讼标的低于2000万韩元的案件,根据《小额案件审判程序法》,此类案件有口述起诉和任意出席程序,并且可以在公休日或夜间开庭审理。这些规定与我国部分法院与当事人预约开庭等做法有异曲同工之处,但不同的是韩国将此法律化,从制度上为便利当事人诉讼提供了保障。

5. 韩国的判例制度

韩国的司法案例(宪法判例除外)虽不具有英美法系的判例意义,但是大法院作出的判决对其他法院具有约束力,当事人对其他法院依照大法院判例作出的判决依然可以上诉,案件到大法院后,大法院认为有必要可以改变原来的判例,但应由大法院全员合议部作出裁判。

附录：韩国对中国反倾销制裁的部分主要产品名单

商品种类	案件简介
锌锭	1995年1月7日，韩国对原产自中国的锌锭进行反倾销立案调查，涉案产品税号为7901110000、7901120000。1995年5月1日，韩国发布初裁结果，对所有中国公司征收20.4%的临时反倾销税，为期4个月。1995年6月23日，韩国最终作出了无损害裁决，不再对中国企业征收反倾销税
氯化胆碱	1996年3月29日，韩国对原产自中国的氯化胆碱进行反倾销立案调查，涉案产品税号为2309902099、29231020。1996年7月9日，韩国发布初裁结果，对所有中国公司征收33.83%~34.57%的临时反倾销税，为期4个月。1996年10月9日，韩国发布终裁结果，对中国企业征收33.83%~34.57%的反倾销税，为期5年 2010年1月29日，韩国经过日落复审作出肯定性终裁，对涉案产品征收10.28%~27.55%的反倾销税。2013年5月23日，韩国再次通过日落复审作出终裁，对中国涉案产品延长措施3年，反倾销税率为27.32%
电动剃须刀	1996年7月9日，韩国对原产自中国的电动剃须刀进行反倾销立案调查，涉案产品税号为85101000。1996年11月14日，韩国发布初裁结果，对所有中国公司征收34.59%~35.18%的临时反倾销税，为期4个月。1997年3月14日，韩国发布终裁结果，接受中国松下电子有限公司（Matsushita Electric Co Ltd）和中国飞利浦公司（Phillips China）的价格承诺，并对其他的中国企业征收23.14%~45.68%的反倾销税，为期5年
袖珍气体打火机	1997年2月27日，韩国对原产自中国的袖珍气体打火机进行反倾销立案调查，涉案产品税号为96131000.00、96132000.00。1997年5月30日，韩国发布初裁结果，对所有中国公司征收31.39%的临时反倾销税，为期4个月。1997年9月26日，韩国发布终裁结果，对中国企业征收32.84%的反倾销税，为期5年 1999年4月22日，韩国对中国企业开展期中复审立案调查，并于1999年10月11日作出肯定性终裁，对所有中国公司征收72.41%~100.1%的反倾销税。2001年8月17日，韩国再次展开期中复审立案调查，并于2001年11月1日作出肯定性终裁，但将倾销幅度降低到了36.42%。2002年5月1日，韩国开展日落复审立案调查，并于2003年5月23日作出肯定性终裁，继续对中国企业征收反倾销税，期限延长至2006年5月22日，税率为36.42%~65.31%
糠醇	1997年4月30日，韩国对原产自中国的糠醇进行反倾销立案调查。1997年9月5日，韩国发布初裁结果，对所有中国公司征收24.99%的临时反倾销税。1997年12月23日，韩国发布终裁结果，对中国企业征收24.99%的反倾销税
电熨斗	1997年10月15日，韩国对原产自中国的电熨斗进行反倾销立案调查，涉案产品税号为85164000。1998年2月20日，韩国发布初裁结果，对所有中国公司征收78.75%的临时反倾销税。1998年6月17日，韩国发布终裁结果，对中国企业征收43.77%的反倾销税。正式生效期为1998年4月6日，征税期为3年

续 表

商品种类	案件简介
硅锰铁合金	1997年11月17日,韩国对原产自中国的硅锰铁合金进行反倾销立案调查,涉案产品税号为72023000。1998年3月11日,韩国发布初裁结果,对所有中国公司征收20.58%的临时反倾销税。1998年7月2日,韩国发布终裁结果,接受五矿国际发展公司(Minmetals International Enterprises Development Co)、遵义铁合金进出口公司(Zunyi Ferroalloy Import and Export Co)、江西Chinabase进出口公司(Jiangxi Chinabase Import and Export Co)等9家中国公司的价格承诺,对其他企业普遍征收17.95%~24.68%的反倾销税。正式生效期为1998年4月10日,征税期为5年 2002年12月4日,韩国进行日落复审调查立案,并于2003年10月12日给出了肯定性终裁结果,继续对中国企业征收30.31%的反倾销税,实施期为5年,至2008年12月2日
纯碱	1997年12月1日,韩国对原产自中国的纯碱进行反倾销立案调查,涉案产品税号为28362000。1998年12月1日,韩国发布肯定性的终裁结果。1999年12月16日,韩国进行期中复审立案,并于2000年12月4日作出肯定性终裁,并接受中国企业的价格承诺,未征收反倾销税
碱锰电池	1999年11月16日,韩国对原产自中国的碱锰电池进行反倾销立案调查。2000年3月15日,韩国发布初裁结果,对所有中国公司征收78.61%~84.91%的临时反倾销税。2000年9月15日,韩国发布终裁结果,对中国企业普遍征收26.7%的反倾销税,正式生效期为2000年4月15日,为期3年 2002年12月5日,韩国进行日落复审立案,2003年10月12日发布终裁结果,接受劲量(中国)的价格承诺,对其他企业的反倾销税率为24.97%,实施期为3年。2006年8月1日,韩国进行日落复审立案,并于2007年5月9日作出肯定性终裁结果,但由于申请人撤销申请,韩国贸易委员会决定终止对原产于中国的碱锰电池的反倾销日落复审调查

第九章

《中国—韩国自由贸易协定》的中韩地方经济合作

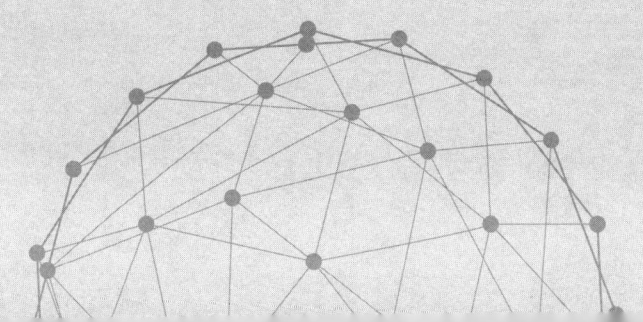

地方经济合作内容是中韩自贸协定的创新之处,也是中国21世纪自贸区战略发展的重大创举。"中韩产业合作园区"是由两国政府分别在中韩两国设立的产业园区。2015年10月31日,中华人民共和国商务部与韩国产业通商资源部签署《关于共建中韩产业园的谅解备忘录》。2017年12月15日,国务院对外公布《关于同意设立中韩产业园的批复》,同意在山东烟台、江苏盐城、广东惠州设立中韩产业园。

通过对本章的阅读,企业可以了解以下内容:

1. 威海与仁川地方经济合作示范区的发展基础和发展特点;
2. 中韩(盐城)产业园的发展特点;
3. 企业入驻中韩(盐城)产业园可获得的扶持政策;
4. 韩国国内的"中国特区":新万金产业园的发展布局;
5. 企业入驻新万金产业园可获得的优惠政策。

第一节 "公鸡打鸣都能听到的邻居":威海与仁川地方经济合作示范区

中国威海与韩国地理毗邻,坐飞机只需一个小时,被韩国人称"山东的公鸡打鸣韩国都能听到"。威海与韩国文化相近,民间交往历史悠久,在中国对韩交往中始终处于前沿位置。1990年,威海率先开通了中国至韩国的第一条海上航线,架起了威海与韩国经贸往来的"金桥"。

一、得天独厚的发展基础

(一)毗邻而居的客观优势

独特的区位优势。威海位于中国大陆海岸的最东端,是中国距离韩国最近的城市,最近处仅93海里;仁川广域市位于朝鲜半岛中西部,是韩国首都首尔的环城都市。威海与仁川隔海相望,同属东北亚环黄海经济圈。韩国以仁川港为中心的仁川自由经济区,威海是1小时经济圈的最前沿;中国以威海等城市为核心形成了山东半岛蓝色经济区,韩国西海岸的仁川等诸多城市也在1小时经济圈内。

便捷的交通条件。在中韩尚未正式建交的1990年,威海就与仁川开通了两国之间第一条海上航线。2010年12月21日,中韩陆海联运威海通道在全国率先开通。目前,威海已开通到韩国的海上航线9条、往返航班44个,是两国间海上运输时间最短、航线密度最大、运输成本最低的港口城市。同时,拥有中韩之间最快捷的空中航线,飞行时间仅45分钟,对韩国企业构成了强大的吸引力。

密切的经贸往来。韩国是威海第二大投资来源国和第一大贸易市场,截至2020年,共有823家韩国企业在威海投资兴业,占全市外商投资企业总数的57.1%。2020年1～12月,威海市对韩进出口额为437.5亿元,占全市进出口总额的27.1%。

（二）厚积薄发的产业基因

自2004年11月中韩两国共同宣布启动中韩自贸区民间可行性研究以来,威海凭借对韩合作的悠久历史、独特的区位优势及良好的经贸合作基础,积极参与中韩自贸区官产学联合研究、主动服务谈判相关工作,最终促成威海与仁川自由经济区成为地方经济合作示范区（见表9-1）。

表9-1　威海市政府推动成立地方经济合作示范区大事记

时间	事件
2012年8月	承办了中韩自贸区第3轮谈判
2013年6月	举办了中日韩自贸区研讨会、中韩自贸区推动地方经济合作研讨会
2014年	自1月至11月作为中韩两国唯一城市代表,连续派员参加第9～13轮中韩自贸区谈判,威海的产业实践为谈判提供具体案例
	利用仁川亚运会机遇,举办仁川亚运火炬传递仪式,使亚运火炬首次在主办国境外传递;通过在仁川赛场搭建威海主题馆,全方位展示威海的旅游、文化资源和投资环境,在韩国引起广泛反响
2015年1月	举办中韩自由贸易区说明会

（三）乘风破浪的发展之路

自2015年6月1日中韩自贸区地方经济合作示范区设立,威海与仁川已在多方面、多领域进行了探索,不断加强双方货物贸易和服务贸易合作。威海市对韩国的贸易额不断增长,从2015年的373亿元增长到2019年的427亿元,总量增长了14.5%。同时,威海还与仁川积极开展文化交流活动,为经贸合作服务。仁川与威海前后分别建立了仁川·威海馆和威海·仁川馆,并成立了中韩自贸协定经济合作支援中心,双方积极鼓励、推动各自企业参加威海国际食品博览会、国际渔具博览会以及仁川化妆品、美容、汽车零部件展会等。

二、示范区建设步步推进

为深化威海与仁川地方经济合作，积聚相关产业，威海市于2020年9月15日启动建设威海中韩自贸区地方经济合作示范区产业园（以下简称"产业园"），推进威海与仁川的合作共赢步入了新的发展阶段。

（一）基于可持续动力的辐射式布局

立足于港产城的融合发展的建设战略，作为核心辐射点，产业园与经济开发区、中心城区、威海全域形成环环相扣、层层支撑、资源联动的辐射式发展格局。

产业园选址在威海经济技术开发区，西连中心城区，东接东部滨海新城，南临综合保税区，总规划面积为24万平方米，分为四大功能区，主攻先进装备与智能制造、新医药与医疗器械制造、临港物流等产业，重点引进韩日高端龙头企业和国内外重大项目。产业园内建有威海国际新港，紧邻高铁站、汽车站和威海国际机场，加快推进"四纵两横"路网建设，保障了各类资源的高效移动。产业园旨在向优质的生态型发展，将变电站、污水泵站等管网设施配套工程建设提上日程，产业用地及非生产性服务设施用地配比科学，在不断提升宜居水平的基础上保证了产业园的产业集群、市场体系、基本公共服务和社会管理、生态环保一体化建设（见表9-2）。

表9-2 威海中韩自贸区地方经济合作示范区产业园各功能区发展规划

功能区	发展规划
港口物流区	以威海新港为核心，大力发展港口物流、航运服务等产业，打造高质量临港产业链条，构建海陆空联运的重要枢纽
先进制造区	以崮山产业园为核心，重点发展智能装备、生物医药、新一代信息技术等产业链条，面向日韩等跨国企业展开招商，深化先进制造业和科技领域合作
高端服务区	以九龙湾为核心，建设特色商贸、商务服务、总部经济等高端服务产业链条，打造中韩商业中心，促进高端服务业创新集聚发展
文旅休闲区	以五渚河沿岸和崮山镇驻地为核心，结合城市化改造，建设东浦渔灯、无花果小镇等项目，打造大型商贸居住和旅游度假区

（二）基于链条完整性的产业群结构

威海与仁川地方经济的合作主要依托300亩智能制造产业园、800亩电子信息产业园和2000亩临港装备制造产业园等专业园区载体，在产业选择上强化以港带产功能，着力打造先进装备与智能制造、新医药与医疗器械制造和临港物流三大主导产业，以供应链专业服务和文旅休闲为配套产业，以数字科技及应用为赋能产业的"3+2+1"产业体系架构，随着威海中韩自贸区地方经济合作示范区的建设推进，中韩合作产业链条趋于完整，并不断延伸至各个产业上下游，大幅增强了产业的集群化发展。借助自贸区大平台，三大主导产业快速发展。

三、欣欣向荣的发展景象

（一）当前的重点项目

产业园自2020年9月签约以来，共签署战略合作协议4个、产业项目14个，总投资89.2亿元。其中，内资项目8个，总投资62亿元；外资项目（合资）6个，总投资27.2亿元，涵盖医疗器械、高端制造、科技研发、跨境电商等多个业态。这些优质项目的落地，开启了产业园区大建设、大招商、大发展的新篇章。

山东港口集团确定在威海设立运营公司，为产业园提供港口物流产业链和金融等特色服务，积极推进开通威海与日本大阪的货运新航线，打造中日韩跨境物流便捷通道。总投资3亿元的中韩合资光学薄膜研发生产项目，可打破国外技术垄断，填补国内市场空白，达产后可实现年产值1.2亿元。产业园重点扶持迪沙药业集团，拓展海洋保健品市场，加大产业精准招商力度，培育壮大海洋生物医药产业集群。东浦渔灯·滨海运动文旅综合体项目加快建设，以崮山镇为中心建设集政、商、工、农、休闲养生于一体的无花果文旅小镇项目，辐射带动周边特色村庄，形成乡村旅游带，发展全域旅游。

积极建设碳纤维产业园、医疗器械与生物医药产业园、服务贸易产业园、海洋高技术产业园等多个产业园。其中，智能制造产业园项目总投资为17亿元,将打造"拎包入住"的现代化产业园区,为各类企业提供全链条服务,吸引高端智能制造类项目集聚发展(见表9-3)。

表9-3 威海与仁川地方经济合作示范区重点项目情况表

项目类型	编号	项目名称
港口物流	1	速必达希杰与泛亚国际项目
港口物流	2	山东省港口集团项目
智能制造	1	马夸特开关(威海)有限公司项目
智能制造	2	亿和精密工业(威海)有限公司项目
智能制造	3	科威制造机器人生产项目
智能制造	4	捷普制造业基地项目
智能制造	5	惠普3D打印中心项目
医疗器械	1	韩国原州医疗器械科技谷项目
医疗器械	2	香港盛望有限公司医疗器械项目
医疗医美	1	威海可丽你韩产后护理有限公司项目
医疗医美	2	科晶大卫元(威海)生物医学科技产业园项目
医疗医美	3	威海正源美容医院有限公司项目
医疗医美	4	威海威里医院有限公司项目
医疗医美	5	威海高瓴国际医疗中心有限公司项目
医疗医美	6	医疗综合体和体育综合体建设项目
休闲养老	1	同仁堂·鲁信中医康养综合体项目
休闲养老	2	日立康养产业园项目
休闲养老	3	齐鲁交通休闲驿区项目
休闲养老	4	水发运动康养小镇项目
休闲养老	5	绿城台·依湖酒庄酒产业小镇项目
商贸服务	1	侨乡二期韩国城项目
商贸服务	2	山东大韩家进出口有限公司项目
商贸服务	3	迪尚华悦服装研发加工基地项目
商贸服务	4	环翠区"电商小镇"项目
商贸服务	5	威海软件和服务外包产业园入驻项目

续表

项目类型	编号	项目名称
能源材料	1	泛海阳光能源项目
	2	LNG接收站和热电联产项目
	3	浦项化学锂电池负极材料生产项目
	4	星宜新材料高端湿法锂离子电池隔膜新材料项目
教育研发	1	三倍体牡蛎育苗及研发中心项目
	2	韩国仁川大学项目
	3	山东冠宇钮汇知识产权运营服务有限公司与韩国专利战略开发院知识产权合作项目

资料来源：根据威海中韩自贸区地方经济合作示范区官网资料整理。

（二）频繁的贸促活动

目前已完成园区规划编制和土地等资源要素整合，并引进赛科泵业、威高医疗器械、鸿宇医疗、迪沙药业、金陵船舶、华能海水淡化等多个产业项目，液化天然气接收站、热电联产项目和半导体真空泵项目等一批高质量项目也落户威海。充分发挥中韩地方经济合作联合委员会及分委员会作用，推动双方20多个对口部门，围绕产业、科技、通关、文化、体育等30余个合作议题进行交流探讨，共谋合作发展。充分发挥仁川·威海馆、威海·仁川馆双馆经贸交流平台作用，策划举办威海韩国周、中韩商品博览会、中韩电商合作大会等高层次投资贸易促进活动。

（三）有力的政策支持

1. 韩资准入政策。对来自韩国的投资实行准入前国民待遇和负面清单制度，逐步减少和取消韩国投资准入限制。在旅游、文化、医疗养生、创意设计等现代服务业和电子信息、医药医疗器材、船舶制造等先进制造业领域扩大对韩开放。

2. 投融资政策。对省级各类投资基金发起设立支持中韩地方合作示范区建设的产业引导、创业投资、股权投资等子基金，给予积极支持。鼓励韩资股权投资和创业投资管理机构发起管理人民币股权投资和创业投资基金。支持中韩地方合作示范区企业赴韩上市、发行人民币债券。

3. 招商政策。按照产业集群化、园区专业化、发展差异化的思路完善园区载体功能，搭建招商引资热力图云端平台，通过"地图＋信息"模式，整合各区域的推介项目、闲置资源、平台载体、产业用地等招商资源。

4. 关税政策。不断下调中韩双方进口关税税率，帮助企业减负增效，及时与保险公司沟通企业担保需求，实现全程助推、无缝监管。

5. 人才政策。支持韩国高端人才引进，将韩国人入境威海的就业许可、韩国专家来威海的工作许可等审批权下放到威海市，在制订赴韩国培训计划方面向威海倾斜，支持威海与韩国高校开展人才培训交流，在韩国专家入境手续办理方面给予便利条件。

6. 抓住《区域全面经济伙伴关系协定》机遇深化开放合作。开展关税减让、通关便利、产业开放、服务合作等领域的政策研究，帮助企业利用税差享受优惠、开拓协定缔约方市场。利用区域全面经济伙伴关系协定政策大力发展国际中转、跨境物流等业务，发挥对韩物流通道的时效优势。

四、面向未来的产业布局

（一）现代服务业成为扶持重点

产业园有着特殊的地域优势、逐渐完备的产业结构以及各项政策支持，有利于加速人才、资金、技术等要素的流转，增强产业园服务外包和信息技术服务、海洋服务和运输服务、健康医疗、文化服务等领域的发展实力。产业园以港口为载体，集中发展港口物流区，拓展商品物流集散、保税仓储、冷链物流、港口中转等业务，加快构建现代物流网络体系。从创业服务、投资融资、人才培训等方面大力支持软件和服务外包产业发展，发展信息传输、计算机服务和软件业等新兴生产性服务业，建立新一代信息技术产业园。推动多点布局公共海外仓，承接一般贸易和跨境电商业务，形成功能完备的服务链条，将"一带一路"与韩国新南北方政策的合作引向更大范围、更宽领域、更深层次。

（二）创新要素进一步突出

威海是一座在改革开放中成长起来的新兴城市，崇尚创新、开放包容，入选国家服务贸易创新发展试点城市、国家自主创新示范区、海洋经济创新发展试点城市。产业园坚持创新驱动、特色发展，在打造一流硬环境的同时，重视文化氛围、创新机制等软环境的建设，在关注招商引资的同时，也在关注"引智招商"，积极吸引科研院所、博士后工作站等落户园区，鼓励韩国大企业在园区设立科技研发机构，加速高端技术研发成果转化应用，引进韩国优质教育资源，集聚国际高端技术人才，为新兴产业培育和园区产业升级提供动力，实现园区经济的可持续增长。

（三）后疫情时代医疗合作被强化

新冠肺炎疫情的暴发使得医疗行业受到了前所未有的关注，该行业有着巨大的发展空间。产业园也将借此契机加大中韩之间的医疗合作，落实相关领域实质性开放或制度创新，开放医疗服务，加大医疗器械、医疗用品、生物医药自主生产和研发能力。依托威海国际医疗健康产业城，借助韩国医美资源、技术、人才等优势，重点发展医疗研发、高端医疗、养生疗养等产业，设立威海中韩国际医美产业园。依托荣成海洋高新技术产业园等海洋特色产业园，与韩国在海洋生物医药、海洋装备制造、海洋保健品等领域拓展产业技术合作交流。积极建设医疗器械和生物医药产业园，面向日韩等跨国企业展开招商，吸引众多国际医疗服务机构、国际商业医疗机构进驻，引入先进生物医药生产技术，逐渐完善生物医药产业链，促使生物医药产业聚集格局的形成。

第二节　最像"延边自治州"的东南沿海城市：
　　　　中韩（盐城）产业园

很多第一次去盐城的朋友，可能会有点恍惚，以为到错了地方，明明是东南沿海的城市,怎么像是延边自治州?大大小小的路牌、饭店的名字,都是用韩文标出来的。这是由于其地理分布优势,盐城注重引进外资,尤其是韩资,其中东风悦达起亚是龙头。盐城市现在有汽车及零部件生产企业60多家,各类汽车配套生产企业270多家,成为江苏最大的汽车制造基地。

2017年12月,国务院批准在盐城、烟台、惠州设立中韩产业园,计划到2020年,中韩盐城产业园实现对韩进出口额50亿美元,这标志着盐城将继续发挥与韩国经贸往来的优势,在长三角板块扮演重要角色。

一、位于黄海之滨的产业园区

(一)园区规划:一园三区、五大功能

中韩(盐城)产业园总体规划面积为50平方千米,空间布局为产城融合核心区和临港产业配套区。其中产城融合核心区,依托国家级盐城经济技术开发区,规划面积为42平方千米。临港产业配套区,依托大丰港一类开放口岸和大丰港保税物流中心(B型),规划面积为8平方千米,分为北部区、中部区和南部区。

"一园三区"的发展格局:"三区",指核心区、主体区、联动区。"核心区"为国家级盐城经济技术开发区;"主体区"为国家级盐城经济技术开发区、盐南高新区和大丰港经济区;"联动区"为市域10个省级以上开发区或平台载体,集聚全市最优质资源,着力打造对韩经贸合作新高地。中韩(盐城)产业园规划的主要内容可见表9-4。

表9-4 中韩(盐城)产业园规划

中韩(盐城)产业园重点打造七大功能平台	
韩资工业园	重点发展汽车零部件、健康医疗、文化创意、人工智能等产业
盐城综合保税区	重点发展新一代信息技术、智能制造、跨境电商产业,致力打造全国领先的区域性商贸物流中心和先进制造业基地
光电产业园	围绕产业集群培育,重点发展光伏、光照明、光显示三大产业,致力实现千亿元产业目标

续表

中韩（盐城）产业园重点打造七大功能平台	
新能源汽车产业园	集新能源汽车整车、智能网联汽车和关键零部件的研发、制造、试验、检测、推广于一体，是江苏省首家新能源汽车产业基地
智尚汽车小镇	注重产、城、人、文、旅融合发展，致力打造江苏汽车智慧产业发展集聚区、全国知名的汽车产业特色小镇
盐城空港	是国家一类开放口岸，已开通北京、上海、广州、首尔、台北、曼谷等30条境内外航线
盐城海港	大丰港是国家一类开放口岸，港口年吞吐量超亿吨，已开通海参崴、釜山、长崎、基隆等27条航线

（二）产业发展："五个优等生"一同进步

中韩（盐城）产业园重点发展汽车（包括新能源汽车、智能网联汽车）、电子信息和新能源装备产业，积极培育临港产业和现代服务业。

1. 汽车产业。支持东风悦达起亚加强纯电动和氢燃料汽车技术研发、量产上市和扩大出口。积极引进新能源整车及关键零部件等项目，发展电动化、轻量化、智能化、网联化新能源汽车全产业链，打造国家新能源汽车产业基地。发展汽车研发设计、检测改装、商贸物流、金融保险、文化创意等汽车服务业，建设智尚汽车小镇、汽车服务业集聚区和智能汽车科创园。

2. 电子信息产业。着力引进韩国半导体研发、制造、封测等高端产业项目，重点发展集成电路、新型显示、汽车电子、高端软件、高端服务器等核心基础产业，积极发展新一代信息技术、5G、人工智能、OLED等产业，打造中韩信息通信技术产业基地。加强与国内优势企业的战略合作，发展工业互联网，打造智能制造大数据云服务平台，提高制造业智能化、数字化、网络化水平。

3. 新能源装备产业。发展风力发电、光伏发电、新能源装备制造、海洋可再生能源、新能源海水淡化设备制造与综合利用、海底电缆制造等产业，加快储能技术和物联网开发应用，构建"新能源+"全产业链，培育绿色主导产业，打造国家清洁能源基地。

4. 临港产业。发挥大丰港与韩国釜山、仁川、平泽等重要港口通航优势，深化与韩国优势企业合作,重点发展高端装备制造、新材料、海洋生物、保税仓储物流等产业,建设国际化临港高端装备制造基地。

5. 现代服务业。坚持高端制造业和现代服务业"双轮驱动",加快发展数字经济、枢纽经济和都市产业,着力提升服务业发展水平。推动中韩合资合作,加快发展健康医疗产业。发展跨境电商产业,着力打造中韩进出口商品物流和贸易基地。挖掘在软件、工业设计、检测、人工智能、供应链管理等领域的服务外包业务,带动盐城服务外包产业发展。

二、中韩(盐城)产业园的发展特点

(一)对韩合作典型化

盐城地处长三角经济圈、"一带一路"和长江经济带建设的交汇区域,拥有海港空港三个一类开放口岸。在中韩合作领域已经取得了许多突破。2018年,现代起亚、摩比斯、京信电子、新韩银行等763家韩资企业落户盐城,实际使用韩资46.7亿美元(55163.441亿韩元),占韩国对华投资的近1/3;2019年政府工作报告提到,中韩(盐城)产业园发展基金引导投资76.3亿元,其中撬动社会资本59.6亿元。截至2020年,中韩(盐城)产业园已经入驻近千家韩资企业,总投资超过60亿美元,年销售额突破150亿美元。2021年1~9月,中韩(盐城)产业园核心区实际利用外资同比增长63%,占全市1/3,提前一个季度完成全年外资任务;外贸进出口同比增长35.2%,总量为盐城市第二;实际利用韩资和对韩进出口同比分别增长60.5%、40.6%。

(二)营商环境完善化

盐城在对韩经贸合作中出台了多个政策措施,营造了良好的营商环境,从资本、技术、人才、管理等多领域增强了对韩企的吸引力。中韩(盐城)产业园每年投入100亿元以上用于基础设施建设,不断完善园区功能配套、公共服务。自2019年起在全市推进中韩(盐城)产业园建设,推动中韩产业园合作协调机制、合作交流会等各项工作机制常态化,举办中韩(盐城)贸易投资博览会,促进中韩自贸协定各项政策落地见效。

(三)项目引进规范化

中韩(盐城)产业园重点扶持生态产业链发展,将项目落地建设作为重中之重,按照"一个重大项目、一名牵头领导、一个工作班子、一个推进计划"的模式,建立重大项目进展日报告、周察看、旬督查制度,实施超常规、无假日、保姆式全程服务,全力以赴推动产业项目快开工、快建设、快投产。

在施工建设上,从源头入手,招引有实力的央企,确保工程进度、质量和安全,用"盐城速度"赋能企业发展。正是基于这样的努力,在新冠肺炎疫情之下,中韩(盐城)产业园依然吸引了大量龙头企业和标志性、引领性项目,项目投资额从18亿美元增至20.1亿美元。

三、中韩(盐城)产业园的利好条件

(一)政策支持

1. 推进投资贸易便利化改革。落实国家级开发区全链审批赋权清单,简化申报程序,深入推进"互联网+政务""证照分离""不见面审批"等改革,并开展企业投资项目"信用承诺不再审批严格监管"改革试点。推进园区的投资项目"三书合一"改革和大丰港的启运港退税政策申报,设立海关监管专门机构,对中韩(盐城)产业园进口货物实施海关预裁定和仓储货物按状态分类监管。

2. 有序扩大服务领域开放。支持不断放宽外资准入政策,包括允许设立韩商投资的娱乐场所和专业健康(养老)保险机构,吸引更多韩资进入农产品加工和流通领域以及建筑、设计、咨询等服务领域,对韩国进口化妆品分销在盐城实施许可(备案)管理。争取开展汽车平行进口试点,开展日韩及欧美汽车进口业务。

3. 优化贸易监管服务。为园区企业提供签发中韩自贸协定下的优惠原产地证书等商事法律服务。扩大中韩AEO(经认证的经营者)互认成果,积极开展企业信用培育。支持盐城综合保税区争取区内外企业委内、委托加工和赋予区内企业增值税一般纳税人资格等试点政策。

4. 支持跨境电商发展。积极申报国家跨境电子商务综合试验区试点，大力推进大丰港跨境电商孵化中心和网上丝绸之路江苏省运营中心平台建设，依托盐城综合保税区和大丰港保税物流中心（B型），培育发展跨境电子商务网购保税进口、保税展示交易等新兴业态，通过规范的"海外仓"、体验店和配送网点等模式，融入境外零售体系。

5. 推进金融改革创新。支持韩国银行机构对园区内企业开展跨境人民币贷款业务。支持韩资跨国企业集团开展跨境双向人民币资金池业务。支持韩国银行、保险等金融机构到园区设立分支机构。支持符合条件的韩资企业在园区设立合资基金管理公司。支持园区内银行机构办理中韩货币互换项下韩元融资和各类海外直贷等创新业务。鼓励开展外商投资企业知识产权质押贷款业务。

6. 健全人才便利化服务机制。支持园区给予高层次人才在落户、出入境、医疗、子女入学、配偶安置等方面更加便利的服务。对园区内符合条件的外籍高层人才，主动跟进并提供口岸签证、长期签证、居留许可等便利举措，进一步提升外国人居停留服务水平。支持园区试点按企业纳税金额和居住期限给予韩籍人士绿卡、延长就业和从业资格证照时限、放宽多次往返签证等政策。重点支持产业园赴韩开展经贸活动团组，保证园区人员因公临时赴韩需要，对重要紧急的赴韩招商团组特事特办、加急办理。

（二）投资优势

1. 地理优势。随着长三角一体化发展进入快车道，盐城抓住"全面接轨大上海，加快融入长三角"的难得机遇，成为江苏高铁建设的重点地区。青盐铁路、沪通铁路、徐宿淮盐铁路、盐通高速铁路的建成通车将为接轨上海、深入长三角提供强有力的基础支撑。

2. 产业链发展优势。2020年，中韩（盐城）产业园成立SKI、华人运通、中国电子三大招商专班，接轨上海、深耕韩国，开展产业链、集群式、精准化招商，全力主攻产业链项目，汽车、新能源装备、电子信息三大主导产业，新落户韩国 IA、美国德纳、法国佛吉亚以及深圳英锐、台湾光燿等一批投资超亿美元或10亿元以上大企业、大项目。

3. 投资服务优势。盐城经开区积极承接审批赋权，扎实推进"2330"改革和"不见面审批"，全面推行"信用承诺制"，工程建设项目审批时限压缩40%，重点产业项目审批时间缩减2/3。同时，加快落实中韩自贸区政策，复制推广自贸试验区改革试点经验，目前盐城跨境电商中通分拨中心开仓运营、"1210"监管模式正式运行。

四、中韩（盐城）产业园的发展前景

中韩（盐城）产业园正按照"为国家试制度、为开放探路径、为转型作示范、为未来谋发展"的思路，充分发挥对韩合作综合优势，致力打造中韩地方经济合作和高端产业合作的新高地，加快建设成为深化供给侧结构性改革、加快建设创新型国家、推动形成全面开放新格局的示范区，以及中韩对接发展战略、共建"一带一路"、深化贸易和投资合作的先行区。

（一）产城一体化物流中心指日可待

1. 建设空港物流园区。完善盐城南洋国际机场一类开放口岸功能，积极推动新开和加密到韩国、中国台湾等国家和地区航线航班。支持发展以航空货运为主导的综合物流服务，建设中韩跨境电子商务口岸，设立国际快件监管中心和国际邮件互换分局，打造江苏对韩航空物流基地。

2. 提升对外通达能力。支持开通盐城港至韩国重要港口的邮轮航线，增辟盐城港至韩国新万金的国际集装箱直航航线。支持建设大丰港铁路支线，实施盐城—大丰快速通道、内环高架快速路网三期、东环路南延及高速互通、盐宝线航道整治提升等重点工程。

3. 完善园区配套功能。坚持市场化运作，引进有实力的跨国公司、央企国企、上市公司与韩资企业合资成立投资开发公司，共同开发建设园区。加快建设智尚汽车小镇、中韩2.5产业园、韩国特色文化街区、国际医院、国

际学校、国际社区等，营造产城融合、宜业宜居、宜商宜游的生产生活生态环境。

（二）综合科技服务平台成为新动力源

1. 建设贸易服务平台。积极参与推进中韩检验检疫互信互认体系建设，推动建立标准及技术法规共享平台和公共检测服务平台。支持建设大韩贸易投资振兴公社盐城馆，引进韩国企业来盐开展贸易投资，把江苏优势产品销往韩国市场。支持盐城申报并举办中韩贸易博览会，为产业园发展搭建平台。优化盐城综合保税区空间布局，支持将大丰港保税物流中心（B型）升级为综合保税区。

2. 搭建科技创新载体。与韩国未来创造科学部、大邱创造经济革新中心、板桥科技谷、麻谷区等加强合作，共建中韩科技企业孵化（盐城）基地。支持中国盐城（上海）国际科创中心集聚国际高端技术人才，开展"飞地"研发，支持江苏摩比斯公司在中韩（盐城）产业园设立新能源汽车研发中心，开展新能源汽车电池、轻量化新材料、无人驾驶等技术研发。

3. 强化综合组织领导。省政府成立中韩（盐城）产业园发展工作协调小组，盐城市、省商务厅建立联席会议工作制度，研究推进和具体落实园区建设发展具体事项，盐城经济技术开发区管委会作为中韩（盐城）产业园的建设管理机构，协调统筹大丰港经济开发区联动开展工作，保障中韩（盐城）产业园各项工作顺利推进。

（三）产能结构升级层层推进

盐城市相关部门高度重视、主动作为，确保各项措施落地见效。

1. 聚焦高端产业合作。支持中韩（盐城）产业园与韩国新万金、大韩贸易振兴公社等开展合作，持续深化投资，协同推进中韩（盐城）产业园建设的各类经贸促进活动，积极探索"两国双园"建设新路径。支持中韩（盐城）产业园主攻韩国大集团大企业，推动一批韩资高端产业项目尽快落户。支持园区拓展欧美、日本等招商领域，突破一批重大产业项目，加快外资结构优化升级,全面提升利用外资质效。

2. 拓展产能提升渠道。在中韩(盐城)产业园合作协调机制和中韩经贸联委会等对韩合作机制下,密切与韩方交流与磋商,加强对中韩(盐城)产业园建设工作的支持和指导,把赴韩举办经贸活动纳入省政府年度对外交流计划。支持江苏企业参与新万金韩中产业园建设,引导全省优势产业和产能"走出去",鼓励省内著名商贸企业到韩国投资兴建商贸基地。支持中韩两国经贸合作交流活动,推进与"一带一路"沿线国家、地区和国际性组织的务实合作,加强新能源、港口、通信、高端装备制造等领域的国际产能合作,共同开拓第三方市场。

3. 强化优势产业引导。支持中韩(盐城)产业园招引世界500强企业、全球行业龙头企业,鼓励设立跨国公司总部和功能性机构,积极引进全球产业链中高端环节和核心技术,对年实际到账外资超过2亿美元的世界500强企业投资项目,省级商务发展专项资金按"一事一议"方式给予重点支持。争取国家集成电路产业投资基金、国家新兴产业创业投资引导基金等在园区设立分支机构或设立子基金,有侧重地支持中韩(盐城)产业园优势产业项目发展。

第三节 韩国国内的"中国特区":新万金产业园

新万金产业园是一个由中韩两国共同开发且为建设城市而组建的"开放型经济特区",也是继2014年举行韩中首脑会谈之后,便被列为国家重大议程的新万金核心项目之一。2013年12月,中韩经济部长会议就新万金中韩经济合作园区持续开展合作及相关研究达成协议。2014年7月,中韩首脑会谈决定启动新万金中韩经济合作园区。此后,韩国产业通商资源部与中国商务部就建立中韩产业园园区签订谅解备忘录。新万金可以说是将中韩自贸区成果最大化,利用已与52个国家签订自贸协定的韩国贸易网,实现中国企业"走出去"的战略要地。

一、深谋远虑的发展规划

（一）高瞻远瞩的规划布局

新万金位于韩国西海岸中部，包含全罗北道金山市群山市和扶安郡的所有地区，是由世界上最长的海堤（全长33.9千米，入选吉尼斯纪录）围成的土地开发地区，总面积达409平方千米，包括29100公顷的内部土地和11800公顷的淡水湖泊，相当于首尔面积的2/3，中国香港面积的1/3。新万金开发项目是韩国国家级重点建设项目，整体建设投资预算约达22.2万亿韩元，努力将其打造为集经济、产业和旅游于一体的东北亚经济中心、符合生态环境标准的"全球化精品新万金"（见表9-5）。

表9-5 新万金产业园各功能区发展规划

功能区	发展规划
产业研究区域	主要行业的测试和研发功能，海洋、航空和能源融合技术以及城市服务功能被设置为主要引进功能，旨在满足国内外公司的个人投资需求以及与关联公司的综合的发展需求
国际合作区域	促进工业/物流、国际合作、文化/旅游功能和国际商务功能的复杂发展，从长远来看，将发展成为新万金的象征性基础和中心区域
生态环境区域	为新万金的自然恢复创造条件，引入了四个功能：自然形成，创造性的生态修复，生态水净化以及生态旅游和环境教育
农业用地区域	结合生态友好、优质、高科技农业，出口型农业，研发和农业服务支持以及农业生态旅游等多种功能，打造韩国代表性的农业生活群
旅游休闲用地	通过区分每个地区，引入各种类型的旅游和休闲功能，在全球旅游资本的基础上发展成为大规模的旅游休闲设施集群
产业园生活住宅区	建立集旅游、休闲、商务等功能于一体的中心区，并促进利用滨水区等开发滨水旅游基地

（二）稳步发展的定海神针

1. 空间结构规划。新万金项目开始于1991年，最初是建设"粮食生产基地"，目前是世界上最大的填海造陆工程，由韩国政府从国家层面大力推进的大规模填海造陆开发项目之一，计划在全罗北道的三江河口筑坝围海造陆，新造陆地4万公顷，打造一个集高新农业区、高科技开发、产业区、生态旅游开发于一体的"东北亚经济中心"。因为开发成各种用途和功能相融合的综合用地，结合产业之间的优点，有望成为世界化全球经济合作中心地（见表9-6、表9-7）。

表9-6 新万金产业园空间结构构想

项目	空间规划	内容
城市发展轴	核心工业革新轴	群山国家工业园区，工业用地，国际商务，国际旅游功能
	环黄海区域连接轴	工业，文化，商务，服务功能，国际商务，港口物流功能
	新工业发展轴	结合新能源、再生能源用地，工业用地
3×3动脉运输轴	东西1轴	利用21号国道，根据未来需求进行扩展
	东西2轴	新万金—全州高速公路
	东西3轴	利用30号国道
	南北1轴	利用防潮堤公路
	南北2轴	建立了一条将工业用地连接到30号国道的内部中心轴
	南北3轴	群山市和扶安郡之间的新路
生态绿化轴	井字形广域生态绿化轴	东西轴：将芒庆河和东津河连接到郡山市的海洋 南北轴：连接新万金地区内的海堤和湿地以及群山和Byeonsan地区的生态和绿色轴
	中央生态和绿化轴	综合考虑防风和防灾功能以及对候鸟的引导，并在每个区域内链接正形的广域生态轴和绿轴，来进行设置

表9-7 新万金产业园空间规划的变化

时间	空间规划
1991年（初步计划）	100%以农业和渔业为导向的发展，建立农业食品生产基地
2007年4月	综合发展计划，农业用地：非农业用地=72∶28
2008年10月	创建多功能融合基地，农业用地：非农业用地=30∶70
2010年1月	奢侈品综合体城市发展倡议，城市开放新文明，打造东北亚经济枢纽
2014年9月	改为针对消费者的开放计划，以振兴投资，引入特别经济合作区，以建立全球经济合作基础
2020年11月	将新万金定位从目前的全球自由贸易中心调整为韩国版新政和新产业中心，以清洁能源和绿色产业枢纽、生态旅游中心等为核心推进该地区建设

2.绿色海滨城市规划。新万金产业园积极建设环保水滨城市，创建与自

然共存的生态友好型城市、令人愉悦和有吸引力的自然友好型水景观。创造各种生态空间和生物群落，让居住在新万金的公民可以接触自然并观察物种；建立生态通道等促进生物多样性，并提供丰富的生态环境；通过引入野生动物等，鼓励恢复被切断的生态绿洲，并为生物提供良好的栖息地；创建环境友好的滨水空间，将水路和水友好空间结合在一起，增强整个新万金产业园的舒适度。

3. 国际交流中心城市规划。产业园规划创建世界一流的定居和交流空间，为所有公民创造舒适和安全的定居条件。创建"文化融合之城"，多种文化相互交流与合作，创建一个全球文化融合和交流的城市，提供适合国际水平的便利设施和服务。园区规划了居住区和行人区，以方便行人、自行车和公共交通，并且在行人区有效布置和连接附近设施。通过引入预防犯罪环境设计（CPTED）技术，创造一个确保心理稳定和体育锻炼的安全生活环境。

4. 基础设施规划。建立以环保公共交通为中心的绿色交通系统，为航空、港口铁路、公路等广域运输系统提供相应的运输设施。以3×3主干路网规划为中心，建立辅助干道网和环网规划；引入与都市铁路网相连的新交通方式，制订先进的交通系统计划；建立以人为本的绿色交通计划，如水路运输、公共交通专用路、自行车道、人行道等；建立新万金基地机场，以扩大对中国的人力、旅游和物流运输，改善全球通航能力。

5. 水质管理计划。保证连接河流、湖泊和海洋的清洁水，确保值得被新万金称为"水城"的清洁水质；积极开展水友好型活动，如旅游和休闲，并营造宜人的水景；共建立了45个用于河流、湖泊和海洋的水质管理设施；建立海洋水质和环境（生态、沉积物、水力结构等）的监测系统，全面分析新万金湖海水淡化的影响。

（三）新万金产业园重点发展产业

新万金产业园重点发展产业包括可再生能源、材料零件、农业食品、生物化妆品、旅游休闲、全球物流等，主要内容可见表9-8。

表9-8　新万金产业园重点发展产业

产业	主要内容
可再生能源	可再生能源发电量3GW； 与其他地区相比，投资回报率更高
材料零件	过去3年材料和零件贸易差额增长18.0%； 中韩技术合作联合研究中心； 无人机，自动驾驶汽车，物流技术试验台
农业食品	亚洲最大的农业生活谷和韩式智能农场产业创新基地； 与农业食品有关的政府机构和研究机构迁至全罗北道
生物化妆品	为每个出口国建立定制的认证体系和支持体系； 韩国溢价产品出口到其他国家/地区时，增强了消费者对产品的信心
旅游休闲	将新万金和郡山市列为西海岸地区的海上休闲旅游基地； 居民点基础设施水平低的周边地区创造了更多需求； 拥有丰富的旅游资源
全球物流	被指定为综合保税区； 航空，铁路，港口和公路（四港）运输基础设施； 根据新南方政策扩展东南亚航线

资料来源：根据韩国新万金开发厅官网资料整理。

二、新万金产业园的发展状况

（一）发展历程

自2014年《税法》修订，至2020年《新万金特别法》修订，新万金产业园的具体发展历程可见表9-9。

表9-9　新万金产业园发展历程

时间	事件	具体内容
2014年1月	《税法》修订	对"特殊税收待遇控制法"的修正，提高了其适用范围与减税利益的大规模外国投资从自由经济区到整个项目区；对进入的大型外国投资者征收企业税和所得税，新万金地区实行5年减免税政策
2014年7月	韩中两国首脑会晤	明确提出将新万金FTA产业合作区作为韩中经济合作区项目的领先项目
2015年7月	降低外国投资和雇佣门槛文件的颁布	简化投资雇佣流程；增加外籍工人配额，由20%提高到30%

续表

时间	事件	具体内容
2016年2月	盐城和新万金投资和发展委员会签署谅解备忘录	全面发展韩中产业合作综合体，吸引中国企业，双方都同意积极和持续地讨论合作领域，交流项目
2016年3月	新万金投资和发展委员会在广州举办了新万金投资论坛	向广州的官员和商业领袖详细介绍了新万金韩中产业合作园区概况、政策和规划，提高了他们对韩中产业园的认识。同时，吸取商业领袖和政府官员给予的建议
2016年4月	新万金投资和发展委员会和烟台签署谅解备忘录	定期举办合作论坛，寻求链接两个组织的网站等进行投资活动，这份谅解备忘录有望推动韩中工业产业合作园区的发展
2016年5月	新万金投资和发展委员会在青岛举办了投资论坛	向包括青岛华清在内的80位商业领袖，介绍了放松管制举措和投资韩中产业合作园区的好处
2017年5月	《新万金特别法》修订	国内公司将在土地长期租赁上享受和外商投资公司相同的福利，有利于激发国内资本活力，增加韩中产业园区的吸引力
2017年7月	新万金投资和发展委员会讨论与中国烟台的合作策略	新烟双方就经济、贸易共同繁荣的未来战略进行了讨论和交换意见，具体制定了韩中产业合作项目规划
2018年12月	《新万金特别法》修正案	简化审批流程；允许国内企业平等申请仅向外资企业提供的国家和共享房产使用费和租金减免优惠，鼓励国内企业积极投资
2020年1月	对《新万金特别法》进行了修订	通过给予研究院优惠租赁费用、移民优惠待遇等措施吸引研究机构进入新万金产业园，加强产业集群竞争力

（二）重点园区及项目招商情况

新万金产业园建成后积极招商引资，聚焦于新能源和生态建设，吸引了众多龙头企业入驻，在建重点项目可见表9-10。

表9-10 新万金产业园在建重点项目

时间	协议方	投资规模	建设项目
2013年7月	日本东丽工业公司	5500亿韩元	电动汽车和飞机的尖端聚苯硫醚树脂生产项目
2015年10月	东营光伏	2300亿韩元	发电工厂建设项目
2016年11月	索尔维	1200亿韩元	硅厂建设项目
2017年9月	宝成汉阳财团	3613亿韩元	新侍—夜味观光休闲用地开发项目
2018年5月	韩国联合科技有限公司	110亿韩元	工业和娱乐无人机的研发以及完整产业链的构建
2018年9月	雷纳国际	555亿韩元	太阳能光模块和储能系统生产项目

续表

时间	协议方	投资规模	建设项目
2018年9月	NemoENG	475亿韩元	光伏发电和储能设备的浮体和系泊系统生产项目
2019年7月	韩国电力委员会批准	4.6万亿韩元	全球最大的2.1万千瓦规模的超大型太阳能海上综合发电项目
2020年9月	SK集团	2万亿韩元	开发创业园区、建立数据中心建设项目
2021年4月	新万金开发公社	1451亿韩元	新万金太阳能发电3区项目开工

（三）深根固柢的基础条件

得天独厚的地理位置。新万金海堤连接韩国群山市与扶安郡，是世界上最长的海堤。与中国隔海相望，具备得天独厚的环境条件。地理位置上与中国、日本及俄罗斯相邻，与中国沿海经济特区的距离最近。

日渐完备的基础设施。新万金经济区位于巨大环黄海产业圈、风景区的核心区域，附近已经形成了群山国家产业园区、汽车机械零部件集群、国家食品集群，还有四通八达的交通、新港湾等物流设施、高速铁路及国际机场等基础设施。新万金填海工程的兴建，可使土地的每平方米开发费用占有额相对低廉，在内部设施等基础设施建成后作为工业用地时，可以低价卖出。

稳步推进的园区发展。新万金开发是适用特别法的政府主导的国家事业。新万金产业园区总投资额超过22万亿韩元（约合1329.3亿元），包括产业用地、科研用地、生态环境用地、新再生能源用地、复合城市用地、旅游休闲用地、农业用地以及以海洋旅游为主题的古群山群岛等。其中，中韩经济合作园区将位于该经济区的核心区域，是规划的"重中之重"。新万金与群山国家产业园区、国家食品产业园相邻，能够与相关企业形成最大的集群效应。

日臻完善的制度优势。新万金是唯一一个由韩国政府直接管理的经济特区，可享受"新万金特别法"法律上的优待。新万金为综合保税区，企业在此可享受永久免税。对进口的原材料不收关税，保管期限不加限制。产业园区的土地价格低廉，明显低于首都圈土地价格。由于韩国已与美国、欧盟等签订自贸协定，对中国企业而言，入驻新万金最大的优势就是更容易进军世界市场。新万金地区即将建立的中韩经济合作园区，是两国政府决定共同发展的开放性"经济特区",将实现中韩自贸区成果最大化,利用已与52个国家签订自贸协定的韩国贸易网,成为中国企业"走出去"的战略要地。

三、谱写璀璨的发展前景

（一）建设韩国绿色新政中心

2020年12月18日,全罗北道在群山新万金会展中心与新万金开发厅、韩国农渔村公社等共同举办了"新万金陆上光伏发电项目开工仪式暨智能绿色产业园区发展规划宣布仪式",由此宣告迈出了新万金绿色新政第一步。陆上光伏发电项目不仅能发挥促进新万金可再生能源事业发展的先导作用,还能成为今后加速推进新万金产业发展的契机。新万金智能绿色产业园区将促进全球企业投资,构筑稳定的绿色氢能生态系统,新万金将成为韩国真正意义上的全新发展动力。在未来,可以将新万金建设成世界级的可再生能源产业中心。

（二）打造智能水滨城市

新万金水滨城市建设项目是韩国国策项目之一,旨在均衡国家发展,消除大规模城市开发项目的不确定性,改善民间投资环境。新万金智能水滨城市是一座拥有丰富水资源的水滨城市,一座利用智能技术提升居民幸福感的智能城市,一座拥有舒适居住环境、能源循环自足的环保城市。新万金将建设出一座自然包容、技术融合、以人为本的自足型智能水滨城市。

（三）创建世界级旅游胜地

2020年5月21日,新万金签订了观光休闲用地开发项目投资协议。新万金观光休闲用地开发总项目费用为813亿韩元,工程期限为2020年5月至2025年,第一阶段计划在举办2023年世界童军大露营前,实现虚拟现实主题公园和高级度假村落成;第二阶段计划在2025年前,建成露天式家庭度假村和会展中心等。此旅游开发项目或将带来884个工作岗位和1614亿韩元的地区经济连锁效应,预计20年的运营将产生13577个工作岗位,地区经济连锁效应达到1.112万亿韩元,这将对促进区域经济发展产生积极作用。以打造世界级旅游胜地的方式带动新万金经济发展,寻求经济增长新模式。

结 语

中韩自贸协定是中国与单个国家签署的覆盖领域最广、涉及国别贸易额最大的自贸协定,是中韩两国在双边贸易自由化方面取得的突破性进展。该协定达到了"利益大体平衡、全面、高水平"的目标,对加强和拓展两国业已存在的长期经济合作和贸易关系具有重要意义,也有助于深化中韩战略合作伙伴关系。该协定内容包括货物贸易、原产地规则、海关程序及贸易便利化、卫生与植物卫生措施、技术性贸易壁垒、贸易救济、服务贸易、投资、自然人移动、知识产权、透明度以及争端解决等17个领域,包含电子商务、竞争政策、政府采购、环境等"21世纪经贸议题",不仅涉及经济领域,政治、地区稳定等因素也体现其中。协定致力于推动中韩两国双边经贸关系的深入发展,促进中韩经济和产业链的进一步融合,开拓两国合作共赢的新空间,为两国企业提供多元且持续的成长机会。本商务应用指南本着通俗易懂和注重实用的原则对该自由贸易协定的内容进行了全面解读和阐释,旨在帮助各方更加充分地理解及利用该协定。

货物贸易

- 在总体原则上,中韩双方相互承诺给予对方国民待遇,并取消大部分产品关税;遵守世界贸易组织规则,原则上不采取非关税措施;确保非关税措施的透明度,并成立工作组对非关税措施进行磋商。
- 韩国的关税减让安排尚未全部结束,各类产品的具体关税情况有较大差异,但货物贸易降税覆盖范围广,大部分制造业领域也实现了相当程度的开放,大部分产品已实现零关税进口。除极小部分敏感产品外,其他非高度敏感产品都将逐步取消关税。中国企业应及时关注不同产品关税调整情况,从中寻找商机,积极参与中韩经贸交流合作活动,充分利用检验检疫、认证、标准、原产地证电子信息等方面的贸易自由化措施。
- 中国的关税减让安排尚未全部结束,各类产品的具体关税情况有较大差异，大部分产品已实现零关税进口，少数类别产品将在未来几年内按照承诺完成关税减让。中国企业应促进自身加工贸易转型升级，提升产品附加值，逐步摆脱对价格优势的依赖。

• 中方的部分化工产品、机电产品、钢铁等尚未大幅度降低关税，韩方的部分农水产品、纺织品和服装、木材及木制品等尚未大幅降低关税。双方针对各自不同敏感度的产品，通过过渡期、部分降税、关税配额、例外等方式，进行了有区别的妥善处理。

原产地规则及程序

• 原产地被称为货物的"经济国籍"，尤其在自贸协定货物贸易自由化的实施过程中，发挥着至关重要的作用。本书就中韩自贸协定第三章原产地规则进行了深度解读。

• 中韩自贸协定项下货物原产规则规定了货物获得原产资格的实体性判定标准，由原产地标准和补充规则建立了一整套关于判定货物原产资格的规定。其中，原产地标准明确了原产货物的涵盖范围，列明了货物适用原产资格的具体条件。补充规则对累积、微小加工和处理、微小含量、可互换货物或材料、运输要求等作出了规定。

• 聚焦中韩自贸协定原产地规则的深度解读、原产地认证实务操作重点程序的介绍以及围绕原产地规则衍生出的中韩应用策略进行辅导，帮助广大企业，特别是中小企业更好地理解和应用该协定核心规则和优惠政策。

服务贸易

• 中韩自贸协定服务贸易所涉及的核心条款主要包括市场准入、国民待遇、国内规制、透明度、承认、利益的拒绝给予等，涉及市场的进入条件、可享受待遇、相关措施的实施以及商务人员资格认证等方面。协定几乎涵盖服务贸易所有核心条款，条款的程序性规则比较完善，协议执行力也较高，充分保障了中韩之间服务贸易的公平性、降低了中韩服务贸易的不确定性以及交易成本。协定还设立了严格的服务贸易监督机制，需要双方企业严格遵守，违规成本较大。正在进行中的中韩自贸协定第二阶段谈判，中韩双方已将负面清单模式纳入服务贸易磋商之中。

• 韩国在入世承诺基础上，以正面清单方式对中国承诺进一步开放商业服务、通信服务、建筑及相关工程服务、分销服务、教育服务、环境服务、金融服务、与旅游有关的服务、文体及娱乐服务、运输服务部门。对中国比较关注的速递、建筑服务方面，韩方首次作出超出其现有自贸协定水平的承诺。从总体承诺情况来看，韩方对中方服务贸易的市场开放度很高。

• 中国在入世承诺基础上，以正面清单方式对韩国承诺进一步开放商业服务、通信服务、建筑及相关工程服务、分销服务、教育服务、环境服务、金融服务、与旅游有关的服务、文体及娱乐服务、运输服务部门。对韩国重点关注的法律、建筑、环境、体育、娱乐和证券方面，根据现行法律法规承诺进一步开放。并且在上海自由贸易试验区对电信、法律、建筑和海运等部门采取了更加开放的措施。整体来看，中方对韩方服务贸易的市场开放度很高。

投资

• 中韩自贸协定在中国所签署的自贸协定中，对缔约双方国家的投资者和投资给予了较高水平的保护。协定下的投资规则通过规定"非歧视性义务""最低标准待遇""透明度""投资争端解决""提升投资环境联络点"等内容，促进了中韩两国投资自由化、便利化和规范化的发展，提高了市场准入的确定性。目前，中韩双方在自贸协定框架下只以正面清单的形式进一步开放了服务贸易投资领域。

• 中韩自贸协定项下的投资规则可进一步划分为投资者待遇相关规则和投资者保护相关规则。在投资者待遇相关规则里，韩国承诺给予中国准入后国民待遇、最惠国待遇、最低标准待遇以及禁止采取业绩要求；在投资者保护相关规则，韩国承诺不对中国投资者在其领土内的投资采取征用和补偿，保证投资者在其领土内的投资和收益可以自由转移以及代位，并就透明度和争端解决作出承诺。

- 在投资者待遇相关规则里，中国承诺给予韩国准入后国民待遇、最惠国待遇、最低标准待遇以及禁止采取业绩要求；在投资者保护相关规则，中国承诺不对韩国投资者在其领土内的投资采取征用和补偿，保证投资者在其领土内的投资和收益可以自由转移以及代位，并就透明度和争端解决作出承诺。

- 相比入世承诺，中韩自贸协定规定的服务贸易商业存在减让清单在部分领域中规定了更加优惠的减让条件。对于非服务贸易领域，包括农业、林业、渔业、制造业、采矿业等领域的投资开放，中韩自贸协定尚未作出专门的规定。双方约定，后续的投资谈判将回顾第一轮谈判签署的投资章节的所有内容，涵盖包括以商业存在模式提供服务在内的所有形式的投资，并以负面清单模式以及准入前国民待遇进行投资问题的后续谈判。

电子商务

- 中韩自贸协定是在中国所签署的自贸协定中首次将电子商务议题单独列章的协定，为推动中韩两国电子商务企业的合作与发展营造了有利的规则环境，显示出中韩双方对电子商务的重视，对消除中韩跨境电商壁垒、促进电子商务发展起到重要作用。

- 中韩自贸协定重点是对无纸贸易、电子认证和电子签名、个人信息保护、电子商务合作等作出规定，内容并不复杂，但体现出中韩双方对电子商务促进经济发展的认可、对减少电子商务贸易壁垒的决心和对开展电子商务合作的支持。

其他领域

- 中韩自贸协定中其他领域规则所涵盖的合作领域非常广泛，项下的海关管理和贸易便利化、卫生与植物卫生措施、技术性贸易壁垒、知识产权规则、环境与贸易、经济技术合作等行政措施为中韩贸易自由化发展确立了公共政策框架。第七章从上述六个方面对协定进行了详细解读，并选取典型案例进行分析，以帮助企业充分利用协定中的优惠条件并从中受益。

• 海关程序和贸易便利化依照中韩双方各自国际义务及国内海关法,确认适用于双方间贸易往来的货物及双方间来往运输工具移动所适用的海关程序以简化与协调中韩双方的海关程序,促进双方间贸易及促进双方海关当局合作。

• 卫生与植物卫生措施包括目标、范围和定义、技术合作等6项条款,确立了为保护中韩双方人类、动物或植物的生命或健康而制定、采取和实施卫生与植物卫生措施的基本框架。

• 技术贸易壁垒包括目标、范围和定义、标准、技术法规、合格评定程序、透明度、合作等15条内容,有助于增进对彼此标准、技术法规与合格评定程序的了解,加强合作,包括在标准、技术法规与合格评定程序领域的信息交流,降低贸易成本,推动和促进双边贸易发展,以及确保标准、技术法规与合格评定程序不会对贸易构成不必要的障碍。

• 知识产权章以中韩双方的国内现行知识产权法律体制为基础,参考双方各自此前对外签署的自贸协定知识产权章节的相关内容,对双边经贸关系中重点关注的知识产权问题进行了较全面规定。在中国已签署的自贸协定中,中韩自贸协定的知识产权保护水平较高,与世界贸易组织《与贸易有关的知识产权协定》相比有突破之处。

• 协定在多个章节涉及经济合作,经济合作作为专章出现,体现了中韩双方从国家战略和政策目标层面来推动经济合作的重要意义。

• 环境与贸易主要包括背景与目标、范围、保护水平、多边环境协定,包括法律和规范在内的环境措施的执行、环境影响、双边合作、机构和资金安排以及争端解决不适用等基础性条款,为中韩两国在环境贸易中采取或者维持的各种措施提供了标准。

贸易救济与争端解决

• 贸易救济措施包括反倾销、反补贴和贸易保障等内容,是中韩两国允许和有效规范的保护双方国内产业的制度安排。中韩自贸协定争端解决机制为中韩两国提供了统一的、双方一致认可的贸易标准解释和应用,是为解决两国贸易摩擦或投资争端而设立的一整套解决方案,可以有效地促进中韩自贸协定规则的遵守,维护中韩两国贸易自由化的发展。

• 中韩自贸协定对双方的反倾销和反补贴税进行了规定,重申中韩两国将继续保留其在世界贸易组织协定项下有关反倾销和反补贴的权利和义务。值得注意的是,韩国在2005年承认了中国的市场经济地位,在协定中也规定计算倾销幅度时不使用第三国替代价值的方法,但在实际操作中,韩国依然采取个案处理的方式,即针对具体案件决定是否使用第三国替代价值,因此韩国对中国产品的反倾销调查依然频繁。中国企业在对外贸易实践中应对相关国际规则进行深入学习,切实保护好合法权益。

• 中韩自贸协定的争端解决条款规定了如何解决因解释协定和适用协定而引发的争端,包括争端解决机制的适用范围、启动条件、仲裁程序和注意事项等。本书除了对中韩自贸协定建立的争端解决机制进行解读,还增加了对协定外其他可能有助于中国企业解决争端的机制的介绍,以便中国企业在对韩贸易及投资过程中权利受到侵害时能够通过法律途径维护自身权利。

地方经济合作

• 地方经济合作内容是中韩自贸协定的创新,根据协定,两国政府分别在两国设立了"中韩产业合作园区"。本书通过对现有中韩产业合作园区的发展特点、布局规划及园区企业扶持政策进行了详细介绍,期望对企业有所帮助。

总之,中韩自贸协定惠及两国企业和人民,作为东亚地区经济体之间达成的首个自贸协定,具有重要的示范意义,有利于促进亚太区域一体化进程。中韩自贸协定覆盖范围广、开放水平高、优惠政策多,并创新性地设立了中韩产业园,为中韩地方经济合作提供了样板区。然而协定内容复杂,风格严肃,技术性强,阅读难度较高,对读者的专业知识提出了较高要求。本书的撰写,旨在成为协定文本的有益补充,期望能够帮助各方更加充分地理解及利用该协定。中国企业应高度重视该协定相关政策措施的落实与实施情况,通过对协定内容的深入学习,把握机遇,发掘市场潜力,在更加广阔的国际市场实现开拓创新。

参考文献

[1] 韩爱勇. 中韩自贸区建设的多重意义 [J]. 理论视野, 2015（7）.

[2] 孔相宜. 中韩 FTA 的贸易效应及其对构建中日韩 FTA 的启示 [D]. 长春：东北师范大学, 2019.

[3] 刘文. 比较、竞争与合作——中日韩自贸区发展研究报告 [M]. 北京：中国经济出版社, 2014.

[4] 去年 OECD 国家中仅韩国服务贸易出口呈负增长 [N/OL]. (2018-05-15). http：//world.chinadaily.com.cn/2018-05/15/content_36201569.htm.

[5] 中国外资统计公报2020 [EB/OL]. http：//images.mofcom.gov.cn/wzs/202012/20201230152644144.pdf.

[6] 朱慧玲. 韩国华侨社会的变迁与特点 [J]. 华侨华人历史研究, 1996（2）.

[7] 中国—韩国自由贸易协定 [EB/OL]. http://fta.mofcom.gov.cn/korea/korea-special.shtml.

[8] 中国同韩国的关系 [EB/OL]. https：//www.fmprc.gov.cn/web/gjhdq_676201/gj_676203/yz_676205/1206_676524/sbgx_676528/.

[9] 中华人民共和国进出口税则（2021）[EB/OL]. http：//gss.mof.gov.cn/gzdt/zhengcefabu/202012/t20201231_3638557.htm.

[10] 贾怀勤. 服务贸易四种提供方式与服务贸易统计二元构架的协调方案——《国际服务贸易统计手册》"简化方法"评述 [J]. 统计研究, 2003（3）：9-13.

[11] 中华人民共和国政府和大韩民国政府自由贸易协定50问 [EB/OL]. http：//fta.mofcom.gov.cn/article/chinakorea/koreanews/201603/30777_1.html.

[12] 中韩自贸协定推动沈阳与韩国合作交流进入深度融合 [EB/OL]. http：//fta.mofcom.gov.cn/article/chinakorea/koreagfguandian/201607/32638_1.html.

[13] 中国同韩国的关系 [EB/OL]. https：//www.fmprc.gov.cn/web/gjhdq_676201/gj_676203/yz_676205/1206_676524/sbgx_676528/.

[14] 自贸协定畅通企业贸易之路 [N/OL]. http：//fta.mofcom.gov.cn/article/chinadongmeng/dongmengfguandian/201904/40378_1.html.

[15] 韩国驻华大使：韩中合作盼携手共掘第三方市场 [EB/OL]. http：//fta.mofcom.gov.cn/article/chinakorea/koreagfguandian/201907/40977_1.html.

[16] 刘文. 日韩工会发展比较及启示 [J]. 东北亚论坛，2021（2）：35-46.

[17] 史晓丽. 中日韩投资协定的构建 [J]. 东北亚论坛，2011（1）：3-18.

[18] 冯立果. 韩国的产业政策：形成、转型及启示 [J]. 经济研究参考，2019（5）：27-47.

[19] 自贸协定为企业带来新机遇 [N/OL]. http：//fta.mofcom.gov.cn/article/chinakorea/koreagfguandian/201604/31558_1.html.

[20] 杜莉杰，尹春华. 我国跨境电商物流发展现状研究 [J]. 物流工程与管理，2015（8）：68-70.

[21] 关于特级托运物品的关税指引 [EB/OL]. http：//www.customs.go.kr/kcshome/main/content/，2016.

[22] 柯颖. 我国B2C跨境电子商务物流模式选择 [J]. 中国流通经济，2015（8）：63-69.

[23] 刘文，张丹. 中韩跨境电子商务发展比较研究 [J]. 当打韩国，2017（1）：1-19.

[24] 电子商务海外销售出口申报自动化 [EB/OL]. http：//view.asiae.co.kr/news/view.htm?idxno=2016040617500139589，2016.

[25] 天猫国际接入蚂蚁花呗海淘可到货后下月付账 [EB/OL].（2015-08-12），http：//www.100ec.cn/detail--6270174.html.

[26] 天猫国际宣布启动环球免税店 [EB/OL].（2015-07-28），http：//www.100ec.cn/detail--6266905.html.

[27] 电商掘金韩国市场三大玩法 [EB/OL]. http：//news.xinhuanet.com/tech/2015-06/10/c_127898903.htm，2015.

[28] 龚清华，张建民. 我国环境产品界定及清单完善思考 [J]. 现代商贸工业，2012（19）.

[29] 师华.《环境产品协定》谈判的主要问题与中国应对[J].经济问题，2018（10）：120-128.

[30] 冯楠，朴英爱.中日韩环境产品的贸易特点分析[J].现代日本经济，2015（3）：39-50.

[31] 我国出口食品农产品累计创汇1260亿美元[EB/OL].http：//www.cqn.com.cn/zgzlb/content/2017-12/07/content_5180231.htm.

[32] 中日韩对接合作发展在山东营商环境优，引得"近邻"来[N/OL].（2020-04-15）.https：//baijiahao.baidu.com/s?id=1697056810998896798&wfr=spider&for=pc，（2021-05-30）.

[33] 海关贸易便利化助中韩FTA发展[N/OL].（2016-07-05），http：//www.chinatradenews.com.cn/epaper/content/2016-07-05/content_3993.htm.

[34] 郭燕.中韩FTA对我国纺织品服装贸易出口的影响[J].服装工程，2017（1）.

[35] 李天生，臧祥真.论中韩自贸区环境与贸易机制的完善——以NAFTA相关机制为启示[J].山东社会科学，2019（12）：48-54.

[36] 美日欧中韩五国知识产权纠纷判例数据库，https：//www.ip-case.or.kr.

[37] 海关关际合作让中韩自贸协定优惠通关更便利[EB/OL].（2019-11-04）.http：//www.comnews.cn/article/local/201911/20191100022734.shtml.

[38] 中国国际贸易促进委员会.企业对外投资国别（地区）营商环境指南韩国（2019年版）[R/OL].http：//aaa.ccpit.org/Category7/Asset/2020/Feb/13/onlineeditimages/file71581579233328.pdf.

[39] 青岛保税港区创新通关检测模式促进中韩贸易便利化[EB/OL].（2014-04-28）.http：//www.qingdao.gov.cn/n172/n24624151/n24631315/n24631329/n24631357/140428153633540180.html.

[40] 中韩宣布建立人员往来"快捷通道"[EB/OL].（2020-04-30）.http：//world.people.com.cn/n1/2020/0430/c1002-31695216.html.

[41] 王翚，王师敏.中国环境产品出口的影响因素研究[J].现代商贸工业，2017（20）：41-46.

[42] 张国华，虞静军，傅峰勇，等.出口欧美日韩水产品通报数据分析[J].现

代商贸工业,2017（2）:46-48.

[43] 张文文.技术性贸易壁垒与中日韩农产品贸易[J].现代商贸工业,2016（7）.

[44] 中国法院网,https://www.chinacourt.org/chat/chat/2010/11/id/4793.shtml.

[45] 金燕,崔容敏.中韩自由贸易协定与对韩贸易及投资法律实务指南[M].北京:中国法制出版社,2016.

[46] 中国商务部进出口公平贸易局.应对国外贸易救济调查指南[M].北京:中国商务出版社,2009.

[47] 中国商务部贸易救济信息网,http://cacs.mofcom.gov.cn.

[48] 朱诗慧.韩国安城公司诉中国政府投资仲裁案研究[D].沈阳:沈阳师范大学,2020.

[49] 中韩（盐城）产业园建设实施方案[EB/OL].http://www.yancheng.gov.cn/art/2018/9/29/art_21962_3046632.html.

[50] 省政府关于印发中韩（盐城）产业园建设实施方案的通知[EB/OL].（2018-09-29）.http://www.yancheng.gov.cn/art/2018/9/29/art_21962_3046632.html.

[51] 全省重大项目集中开工活动举行,我市25个项目集中开工[EB/OL].（2020-10-25）.http://www.weihai.gov.cn/art/2020/10/25/art_58817_2423581.html.

[52] 威海市首个德国独资项目奠基[EB/OL].（2017-09-20）.http://www.weihai-ckfta.cn/article/1146.html.

[53] 中韩（盐城）产业园推动项目快开工快建设快投产[N/OL].（2020-12-20）.http://www.zgjssw.gov.cn/shixianchuanzhen/yancheng/202012/t20201220_6919126.shtml.

[54] 中韩（盐城）产业园园区介绍[EB/OL].（2019-05-15）.http://www.yancheng.gov.cn/art/2019/5/15/art_22337_3083101.html.

后 记

自由贸易协定商务应用指南丛书终于付梓出版，与广大读者见面了。作为多年自由贸易协定谈判的参与者、见证者，我感到无比欣喜。这套丛书共计16册，涵盖了从《中国—东盟自由贸易协定》到《区域全面经济伙伴关系协定》我国迄今签署并生效的所有自由贸易协定，是对中国自由贸易协定最全面最翔实的解读，希望能够成为广大企业和从业人员利用自由贸易协定规则、开展国际贸易和跨境投资活动的最直接、最有效的工具书。

当今世界，自由贸易协定作为世界贸易组织规则的有益补充，正在发挥着越来越重要的作用。据世贸组织统计，截至2021年10月，世界各国已经生效并正在实施的自由贸易协定达到353个，而且数量呈加速增长态势，仅2021年上半年就有17个自由贸易协定被通报到世贸组织。目前，每一个世贸组织成员均参与了至少一个自由贸易协定。就货物贸易而言，自由贸易协定覆盖了世界近50%的贸易额，有20%的全球贸易发生在基于优惠关税税率的自贸伙伴之间。自贸协定成员间的服务贸易和相互投资也呈现上升态势。同时，现代的自由贸易协定已经超越传统的世贸组织规则范围，纳入了投资、竞争、电子商务、政府采购、环境、劳动力、中小企业等新条款，涉及内容从"边境上"向"边境后"拓展，成为国际经贸新规的探路者和先行军，对国际经贸规则重构具有重要的示范和导向意义。

积极商签自由贸易协定、建立自由贸易区是我国的一项重要战略。截至目前，我国已同26个国家和地区签署了19个自由贸易协定，涵盖了我国35%的货物贸易、1/3的服务贸易和80%的相互投资。充分利用自由贸易协定的优惠政策，可以极大改善我国企业的市场准入条件，降低经营成本，增强我国产品、服务和投资的国际竞争力。与此同时，自由贸易协定所包含的规则制度也逐渐成为我国企业开展国际化经营必须掌握和遵循的营商准则。据我国海关统计，2020年，我国享受优惠关税进口的货值达到10340.7亿元，税款减免832.6亿元，企业从中得到了实实在在的利益。我国"十四五"规划提出，

《中国—韩国自由贸易协定》商务应用指南

加快推进规则、规制、管理、标准等制度型开放,构建与国际通行规则相衔接的制度体系和监管模式,自由贸易协定就是一个不容忽视的重要参照系。

由于每一份自由贸易协定都是一份法律文件,为了保证协定法律上的严谨性和规范化,自由贸易协定的文字往往比较晦涩难懂,甚至有些佶屈聱牙,广大企业和从业人员阅读理解起来并非易事。为了解决这一问题,中国贸促会组织各方专家力量,历时近一年时间,编写了这套丛书,从商务应用的角度对我国目前签署并且生效的全部自由贸易协定进行解读,目的就是便于相关企业和人员学习掌握,真正把这些自由贸易协定转化为企业开展进口与出口、吸引外资与对外投资的"通行证"和"优惠券"。

本套丛书有以下突出特点:

一是全面性。目前对我国自由贸易协定的解读文本不少,但总体上还是比较零散的,尚没有形成一个完整的体系。本套丛书按照协定签署的时间顺序,从2002年11月我国达成的第一个自由贸易协定《中国—东盟自由贸易协定》写起,到2022年1月生效的《区域全面经济伙伴关系协定》收笔,依时排列,共计16册,囊括了我国正在实施的每一个自由贸易协定,时间跨度近20年,既做到了"一区一册",又实现了系统集成,使得读者一套丛书在手,便可尽览我国所有自由贸易协定。

二是系统性。本套丛书对每一个自由贸易协定的解读都独立成册,但在编写过程中也充分考虑到整套丛书内容和体例的协调统一。每册指南都包含了协定签署的时代背景、货物贸易、原产地规则、卫生与植物卫生措施、技术性贸易壁垒、贸易救济、海关合作与贸易便利化、服务贸易、投资、电子商务、知识产权、争端解决等内容,章节顺序也尽可能保持一致,以便于读者系统把握每个自由贸易协定的核心要义和横向比较各个自由贸易协定的规则异同。

三是专业性。本套丛书的编写者都是多年从事国际贸易投资研究的专家学者,在写作过程中又广泛听取了商务部、海关总署等有关政府部门直接参与协定谈判人员的意见和建议。文稿内容涵盖了我国自由贸易协定的全部主要章节要素,既有对经贸术语的释义,也有对案文条款的解读,结构完备,体系严密，内容全面，分析严谨、逻辑性强，对每一项规则的解释说明都力求准确到位，具有较高的专业水准，是当前关于自由贸易协定较具权威性的参考文献之一。

四是实用性。本套丛书面向的读者对象主要是广大企业和从业人员，因此，实用性始终是编写者追求的重要目标。丛书聚焦自由贸易协定的两大核心主题，即市场准入安排和规则制度设置，着重对自由贸易协定所包含的货物贸易、服务贸易、投资领域的市场准入机会按产品、分行业进行详细分析；同时，又对竞争政策、知识产权保护、贸易救济措施、争端解决机制等规则应用展开具体解读，并在每一章节辅以案例予以生动说明。通过阅读本套丛书，读者不仅可以充分掌握各类市场准入机遇，更好开拓国际市场，而且能够有效利用协定规则，维护自身的合法权益。

五是通俗性。作为对自由贸易协定这类法律文件的解读，本套丛书在保证各个协定法律原意的基础上，力求通俗易懂，尽量使用非专业人士容易理解的文字解释协定的条款内容；同时，为应对协定可能引发的各类问题，如贸易救济、争端解决等，制定了清晰明白、可以直接参用的路线图，从而使阅读本套丛书的每一家企业、每一位从业人员都能够读得懂、用得上。

本套丛书的中国—韩国篇、亚太贸易协定篇、中国—格鲁吉亚篇、中国—瑞士篇、中国—巴基斯坦篇、内地与港澳篇和海峡两岸篇由山东大学组织编写，刘文教授担任负责人；中国—新加坡篇、中国—智利、中国—秘鲁篇和中国—哥斯达黎加篇由中国人民大学和对外贸易经济大学组织编写，王亚星教授、卢福永副教授担任负责人；中国—新西兰篇、中国—冰岛篇和中国—澳大利亚篇由南开大学组织编写，于晓燕副教授担任负责人；中国—东盟篇和《区域全面经济伙伴关系协定》篇由南京大学组织编写，韩剑教授担任负责人。此外，丛书每篇中的原产地规则解读及应用章由中国贸促会商事认证中心组织编写，闫芸主任担任负责人。对于他们的专业精神和辛勤付出，在此表示衷心感谢！本套丛书在编写过程中也得到了商务部、海关总署等有关领导和同志的悉心指导和斧正，在此一并致谢！

本套丛书涉及的协定内容广博，条文复杂，受主观和客观条件的制约，解读未必完全精准，疏漏错误在所难免，诚恳希望广大读者朋友批评指正。

中国贸促会将以本套丛书的出版发行为契机，认真落实党中央关于实施自由贸易区提升战略的决策部署，立足新发展阶段，贯彻新发展理念，围绕构建新发展格局要求，与时俱进，履职尽责，密切跟踪我国商签自由贸易协定的新进展，继续做好未来新签自由贸易协定商务应用指南的编写工作；同时，进一步加强宣传推广，让我国在自由贸易领域的最新开放成果，更快更好地惠及我国企业和人民，为服务我国建设社会主义现代化国家的宏伟目标作出积极贡献。

中国国际贸易促进委员会副会长

张步刚

2022年10月8日